シリーズ
中世の寺社と武士 1

醍醐寺

西 弥生［編著］

戎光祥出版

序にかえて

世界文化遺産・醍醐寺は、山科盆地の南に聳える笠取山の山上（上醍醐）と山裾（下醍醐）にわたる広大な地域に位置する。貞観十六年（八七四）、聖宝によって創建されて以来、醍醐・朱雀・村上三代の天皇をはじめとする多くの人々の帰依を受けながら、醍醐寺は存続してきた。真言密教を伝える諸寺院の中で、醍醐寺はとりわけ「祈禱」を通じて社会に貢献してきた寺院である。病気平癒や天変消除をはじめとする世俗権力の様々な所願に応じて祈禱を勤修し、現世利益をもたらすことで発展を遂げ、今日に至っている。

醍醐寺には、その歴史を語る多彩な文書・聖教が伝存している。現在、これらの史料群は霊宝館において文書函に収納・保存管理されており、その数は十万点、函数としては八百函を超える。この膨大な史料群は、時代を超えて継承されてきた真言密教の歴史を如実に語ったものであるとともに、口伝を守り抜くべく努めた醍醐寺僧の想いの結晶ともいうべきものである。

大正二年（一九一三）、黒板勝美氏は史料保存の手立てを講ずることが喫緊の課題であると提言され、それに基づいて本格的な史料整理と目録作成が開始された。以来、醍醐寺文化財研究所による調査や、文化庁による重要文化財指定のための調査が継続的に行われ、平成二十五年（二〇一三）六月に至り、「醍醐寺文書聖教」六万九三七八点が国宝に指定された。調査の経緯と成果については、醍醐寺文化財研究所編『醍醐寺文化財調査百年誌「醍醐寺文書聖教」国宝指定への歩み』（勉誠出版、二〇一三年）にまとめられている。

こうした調査の進展に伴い、醍醐寺をめぐる研究も着実に進められてきた。醍醐寺と世俗権力との関係性は、「祈禱」を紐帯として維持されてきたことをふまえ、本書では、「祈禱」を媒介とする鎌倉幕府および室町幕府とのつながりを跡づける。また、寺院社会独自の諸条件のもとで、いかに「祈禱」が勤修・継承されてきたのか、そして、世俗権力との関係性を土台として、地方において醍醐寺がどのように教線を拡大していったのかを追うこととしたい。

本書に収録された諸論文によって、武家との関係のもとで醍醐寺が果たしてきた宗教的・社会的な役割が明らかになるとともに、世俗社会・寺院社会双方の観点から醍醐寺の特質を描き出すことが可能となろう。

二〇一八年四月

西　弥生

目　次

醍醐寺

総論　中世の醍醐寺

西　弥生

はじめに

真言密教は、教義の修学（教相）と教義に基づく実践としての祈禱（事相）を二つの柱として継承されている。創建以来、醍醐寺は特に「祈禱」を前面に掲げ、世俗権力との密接な関係のもとで存続と発展を図ってきた。醍醐寺に伝来する膨大な史料群のうち、その大半は祈禱の次第や所作・先例などを記す聖教が占めており、醍醐寺の歴史は祈禱の歴史といっても過言ではない。よって本書では、「祈禱」を軸に据えて、醍醐寺と武家権力との関係を辿ることとしたい。

祈禱を媒介とする醍醐寺と武家の関係性の歴史は、醍醐寺内部における本尊や聖教・口伝の相承や、公家との関係性が前提となって展開されたが、関東を舞台とする武家との関わりと、京都を舞台とする武家との関係性とでは自ずと基本的条件が異なることから、本書では分けて考えることとする。

本書の第一部「関東と醍醐寺」では、関東における醍醐寺の宗教的活動の痕跡を辿るとともに、それを支えた諸条件について明らかにした論文を収めた。まず、石田浩子氏「醍醐寺地蔵院親玄の関東下向―鎌倉幕府勤仕僧をめぐる一考察―」では、鎌倉下向後に醍醐寺座主や東寺一長者となった地蔵院院主親玄に注目し、下向僧と鎌倉幕府との関係および畿内本寺とのつながりを明らかにする。次に、永村眞氏「醍醐寺報恩院と走湯山密厳院」では、源頼朝護持の祈禱を勤仕すべく伊豆国に創建された走湯山密厳院と醍醐寺との関わりについて、醍醐寺側の視点から跡づける。そして、醍醐寺報恩院にとって走湯山密厳院は、「関東護持」・「武家護持」の拠り所として重要な意味があったとの見解を提示する。そして、中島丈晴氏「中世における関東醍醐寺領の基礎的考察」では、関東地方に散在する醍醐寺領の全体像を示した上で、それらの領地の特徴や、醍醐寺と幕府双方にとっての関東醍醐寺領の意味などを明らかにする。また、関東醍醐寺領の獲得にあたって武家祈禱の奉仕が重要な意味をもっていたことを指摘している。

第二部「武家祈禱の展開」は、醍醐寺内部における宗教的な面での諸条件をふまえつつ、醍醐寺と室町幕府との関係や、武家祈禱の体制を明らかにした研究成果である。まず、橘悠太氏「南北朝期における醍醐寺三宝院光済と室町幕府」では、光済が三宝院院主であった時期における三宝院の地位形成過程について、賢俊および満済の代と比較しながら辿る。小池勝也氏「南北朝末期の醍醐寺三宝院院主と理性院院主―宗助の座主就任の背景―」では、南北朝時代末期において三宝院門跡が実際にどれほどの権力を有していたのか、三宝院光助と理性院宗助の足跡や、両者の関係性に注目しながら再評価する。石田出氏「十五～十六世紀前半における室町幕府祈禱体制―醍醐寺三宝院の動向を中心に―」では、満済以後、特に義政期以降の三宝院の武家祈禱に関わる動向に注目しながら、当該期における武家祈禱の構造に迫る。

第三部「院家と法流」では、醍醐寺と世俗権力との関係構築や祈禱の勤修を支えた寺院社会側の諸条件として、「院家」や「法流」の相承実態に注目する。近年における聖教調査の進展に伴い、寺院内部の視点からの実態解明が格段に進んだことを示す成果といえる。まず、藤井雅子氏「三宝院門跡と門徒―主に室町時代を中心に―」では、室町前期の満済期前後を中心に三宝院門跡の組織や実態を辿り、門跡不在となった三宝院の経営に門徒が果たした役割について明らかにする。次に、佐藤亜莉華氏「三宝院門跡満済と報恩院隆源―法流相承をめぐって―」では、満済の宗教活動および、満済と隆源との関係性に注目し、三宝院門跡が諸流に対していかにして優位な立場を築いたのかを跡づける。さらに、伴瀬明美氏「室町期の醍醐寺地蔵院―善乗院聖通の生涯を通して―」では、満済の身内であり地蔵院の僧侶であった聖通の足跡から、これまであまり注目されてこなかった室町時代以降の地蔵院の実態に迫る。

第四部「教線の拡大」では、醍醐寺と公武権力との関わりを土台として、地方寺院との関係がいかに展開され、教線の拡大が実現したのかということに着目する。まず、高橋慎一朗氏「醍醐寺と慈恩寺」では、慈恩寺宝蔵院と華蔵院に伝存する醍醐寺系聖教の性格を明らかにし、修験道を実践していた関係で、慈恩寺が醍醐寺とのつながりをもとうとした可能性があるとの見解を提示する。室山孝氏「中世後期加賀国那谷寺の動向―本泉坊事件と醍醐寺金剛王院門跡の下向を中心に―」では、真言密教を伝持した加賀国那谷寺の子院、本泉坊の所領をめぐる事件を跡づける中で、地方寺院の存続に醍醐寺の力が必要とされた実相が描かれる。関口真規子氏「当山派と吉野―棟梁三宝院門跡の行場管理から―」は、祈禱の勤修とともに醍醐寺が重視した修験道に注目し、元禄年間の三宝院門跡が「当山」派の棟梁として吉野の行場管理に強い影響力を有していた実態を明らかにする。

これらの論文によって、中世醍醐寺の存続実態について聖・俗双方の観点から明らかにすることが可能となり、また京都から地方へと教線を拡大しながら発展を遂げていった醍醐寺の姿を追うことができよう。

以下、本稿では、「祈禱」を軸に中世の醍醐寺史を考えるための前提となる要件について考察していく。第一章では、真言密教を伝持する諸寺院からなる東寺一門としての醍醐寺のあり方を確認し、第二章では、武家との関わりの前提となった公家との関係性の実態について述べる。それをふまえて第三章では、醍醐寺と公武権力との紐帯としての役割を果たした祈禱の実態を跡づけることとしたい。

第一章　東寺一門としての醍醐寺

醍醐寺の聖教奥書に見られる自称表現に注目すると、しばしば醍醐寺僧が「東寺沙門」某と称している事例が見出される。東寺に止住あるいは東寺の寺職に在任していない醍醐寺僧が「東寺沙門」を名乗っているのはなぜであろうか。そこで、「東寺沙門」という自称表現やそこに込められた意識が、いかに生まれたのかを概観したい。

空海から東寺を継承した門弟実恵は、東寺における伝法灌頂および結縁灌頂の創始を公家に奏上した。それに対し、承和十年（八四三）十一月十六日に太政官符が下され、真言宗の阿闍梨を生み出して官許を得るために、東寺において伝法灌頂を行うことが朝廷から承認された。東寺を真言宗の中核に位置づけ、公家の外護を得るための体制的基盤を築こうとする実恵の東寺一門構想がここに見てとれる。

その後、東寺一門としての意識の形成と共有を大きく後押ししたのは、貞観十四年（八七二）に空海の門弟真雅が東寺長者として法務に補任されたことであった。これを嚆矢とし、続いて益信、聖宝、観賢というように東寺長者と法務の兼任例が重ねられ、その過程で、東寺長者への就任は法務補任につながるという認識が萌芽したと考えられる。真言密教の付法を受けた諸寺僧が積極的に東寺への接近を図り、東寺を舞台に真言一宗として勤修する法会の整備や継承に関与しようとする中で、東寺一門としての意識が次第に共有されていったとみなされる。

東寺一門という概念を聖俗両社会に浸透させた人物の一人は、醍醐寺初代座主観賢（八五三―九二五）である。空海が唐において師恵果から受法した経論・儀軌等を収める「三十帖策子」は、東寺経蔵に安置されて空海の門弟により相承されてきたが、真然が高野山に持ち出して返納されないことから相論となった。「三十帖策子」の返還に奔走した観賢による延喜十九年（九一九）十一月九日の申状には、「寔以根本一師之後、枝葉繁茂、別居之寺雖省《有》其員、東寺是根本、自餘皆枝葉、今以件法文置根本一所、枝葉諸寺自然帰仰」との一節があり[1]、ここには東寺一門に対する観賢の意識が明確に表現されているといえよう。

東寺一門としての意識は、醍醐寺内でその後も受け継がれていった。東寺一門としての立場を聖俗両社会において定着させることは、空海入定後に創建された醍醐寺にとっては、公家の外護を得て勢力伸長を図るための基盤を構築する上で重要であった。それと同時に、醍醐寺と同じく東寺一門において覇権を確立しようとしていた仁和寺に対し、いかに醍醐寺の独自性や優位性を主張するかという課題も抱えることになった。特に平安院政期以降は、鎮護国家と現世利益に対する世俗社会の期待を背景に、小野流・広沢流が各々独自の祈禱を前面に掲げて互いに拮抗した。

また、頼瑜撰「秘鈔問答」を貞治五年（一三六六）に書写した東大寺東南院聖珍が奥書に「東寺沙門聖珍」と記していることからもわかるように、東寺一門という概念は「宗」という枠組みを超えて広がりを見せた。つまり、「付法」を通じて諸宗・諸寺の僧侶を巻き込む形で、東寺一門は発展を遂げていったのである。このように、「宗」を超えて勢力拡大しつつあった東寺一門は、世俗権力にとっても軽視しえない存在だったはずであり、武家にとっては、公家と東寺一門との間に築かれた既存の関係性の中に、いかに入り込んでいくかが課題となったと考えられる。

例えば、東寺南大門の修復に関して『東宝記』第一には「建久右幕下施入銭一万貫文、〇如舊造営之云々」とあり、源頼朝の財施によって成し遂げられたことが記される（「南大門」の項）[2]。東寺観智院賢宝が中心となって南北朝時代に編纂された絵巻「弘法大師行状絵」巻八第一段「東寺勅給」にも同様に、頼朝の関与について、「平家追討の後、高雄の文覚、聖跡の凌廃をなげき、東関の幕下、大功の修造をとげしよりこのかた、梵閣甍をならへ、尊容堂にみつ、しかあれハ王化まさに古に複し、兵権しハヽ、政をたすく」とある[3]。南大門の修復における財施は、鎌倉幕府にとって東寺一門との関係を築くための重要な足がかりの一つとなったはずであり、弘法大師の行跡を語る絵巻の中で頼朝の功績が顕彰されていることは、武家にとって大きな意味をもったと考えられる。

本書所収の永村氏論文に論じられている、頼朝護持の祈禱を担う寺院として創建され、醍醐寺報恩院が別当職として関わりをもった走湯山密厳院も、鎌倉幕府と東寺一門とをつなぐ役割を果たしたといえる。また、同じく本書所収の中島氏論文によれば、醍醐寺は武家祈禱の奉仕を根拠として室町幕府に関東の寺社別当職を所望し、それにより関東醍醐寺領は十四世紀中葉から十五世紀中葉にかけて最盛期を迎えたと指摘されている。関東における醍醐寺の影響力が強まったことは、東寺一門の勢力が地方にも拡大したということでもある。

以上、醍醐寺をはじめ、真言密教を伝持する諸寺院や諸僧の間に共有された東寺一門としての意識について見てきた。東寺長者による法務兼任例を蓄積していくことは、諸宗に対する真言宗の優位な立場を確立することに他ならなかった。そのため、醍醐寺も東寺一門として行われる法会の創始や継承に積極的に関与した。そして、東寺長者を頂点とする真言宗の体制を維持していく一方で、真言密教の嫡流を標榜した醍醐寺や仁和寺は、法流の正統性を拠り所に、祈禱面における優位な立場を志向し、東寺一門の主導権を掌握すべく互いに凌ぎを削った。東寺一門による密教は、のちに『元亨釈書』において、「台密」に対して「東密」と表現された。東寺一門としての意識は、真言宗と世俗権力との関係性を支える重要な前提条件として、醍醐寺僧の動向を規定したことをおさえておきたい。

第二章　世俗権力との関係——武家との関わりの前提

醍醐寺と武家、特に祈禱を通じた室町幕府との関係性の歴史は、公家との関わりが前提となって展開された。したがって本章では、世俗社会とは異なる原理で存続する寺院社会が政治権力者の介入を必要とした内実に注目しつつ、醍醐寺と公家との関係を辿り、その経緯が前提となって武家との関係が形成されるまでの流れを跡づけることとしたい。

勧修寺寛信の撰述とされる「東寺要集」には、師僧が弟子を真言宗阿闍梨として推挙した文書とそれを認可する太政官牒十七通が掲載されている(4)。これらの文書に見られる推挙文言は常に一定とは限らず、世俗権力が寺院に期待する要件を反映して変化しており、推挙者あるいは阿闍梨候補者として醍醐寺僧の名が見られる文書例からは、醍醐寺に対する社会的評価の一端が垣間見られる。

一例として長元三年（一〇三〇）十月十一日付の東寺別当深覚奏状は、深覚が覚源を推挙したものである。覚源について、「爰究三密之奥趣、渫両部之源流、諸尊要法受習送年、護摩瑜伽修練有日、況早為醍醐寺之座主、久致国家之勤労」と記され、祈禱の修練を積むとともに、醍醐寺座主として「国家之勤労」を果たしてきた覚源は真言宗阿闍梨としてふさわしい資質を備えた人物であることが強調されている。この一文からは、醍醐寺座主としての実績が社会的に評価されていたことを窺い知ることができよう。

このように、鎮護国家と現世利益に対する世俗社会の期待を背景に、祈禱の実績が次第に重要度を増していく中で、下醍醐に創建されたのが三宝院である。村上天皇の流れを汲む源俊房を父とする勝覚によって、永久三年（一一一五）に三宝院が建立され、その後、勝覚の嫡弟定海の代に、三宝院は鳥羽院の御願所となった（『醍醐雑事記』巻四）。こうして三宝院が醍醐寺の中核的院家として発展するための礎が築かれたのである。

その後、三宝院・三宝院流・醍醐寺座主職の一体的な相承が慣例化したことは、三宝院が理性院や金剛王院などの諸院家を抑えて台頭するための重要な土台となったが、こうした相承の仕組みはいかにして生まれたのであろうか。

延喜十九年（九一九）には、醍醐寺開祖聖宝の門徒中から座主を選出し、朝廷への申請を経て補任がなされるという一連の手続きが太政官符によって定められ、他僧の門徒を座主に補任することは禁じられた。こうして延喜十九年に初代座主として補任されたのが観賢である（『醍醐寺新要録』巻第十四「濫觴篇」）。

その後、第十一代座主明観から第十二代座主覚源への譲補を契機として、座主職の師資相承が慣例化していった。後一条天皇の治世である寛仁二年（一〇一八）には、醍醐寺座主職を代々門弟に譲補するよう宣下が下され、明観に次いで覚源が補任されて以来、年戒や﨟次を問わず「師範之挙状」をもって門弟が補任されることとなった（同「譲補篇」のうち「一譲座主職於資初例」の項）。

文永十二年（一二七三）の醍醐寺寺解によれば、「第十二代座主覚源僧正、譲当職於附法嫡弟定賢僧正、是譲補之初也、自定賢法務至于実運僧都五代、以先師譲任座主職、云師匠、云弟子、皆為伝法之長資、全非法流之末弟」とあり（同「譲補篇」のうち「一譲嫡弟事」）、覚源からその嫡弟定賢に譲補されて以来、勝覚（三宝院開祖）、定海（三宝院流祖）、元海、実運と五代続いて法流の正嫡に対する座主職譲補の先例が続いた。こうして三宝院流正嫡と座主職を一体的に相承するあり方が定着していった。

また、法流と院家の相承について、『醍醐寺新要録』巻第十「三宝院篇」の「雑事類」には、「一為嫡弟院務事」として同じく文永十二年の醍醐寺寺解から次の一節が引用されている。

抑当寺附法嫡流之相承者三宝院々主是也、祖師勝覚権僧正始建立当院家、永伝一門之嫡弟、累代本尊・聖教等、密蔵之肝心、納于彼院家、寺家仏神事大小具足、寺領券契悉在彼所、誠当寺之眼目、門跡之肝心也、依之以此一門称三宝院之門流、以其院主仰当流之法将、

この記述によれば、勝覚による三宝院の建立以来、「一門之嫡弟」が「累代本尊・聖教等」や「密蔵之肝心」の納められた三宝院を相承してきた。よって、醍醐寺の「附法嫡流」を相承するのは三宝院院主に他ならないとし、醍醐寺における三宝院および三宝院流の中核的位置づけが強調されている。

以上のように、真言宗の存続や秩序を支える根本要件として「法流」があり、法流相承の過程で折々に公家の保証を得ながら、三宝院流正嫡が三宝院・醍醐寺座主職を合わせた形で相承する先例が蓄積されていった。こうした経緯の中で、法流・院家・座主職の三要素を一体化した相承形態が慣例であるとの認識が形成され、寺内で定着していったと考えられる。

こうして三宝院流祖とされる定海以降、第三十一代座主道禅までは代々三宝院流から座主が輩出されてきた。ところが、先例と異なり第三十二代座主に就いたのは金剛王院賢海であり、その後も第三十三代・三十四代と続けて金剛王院実賢、勝尊が座主職を相承した。その背景には、成賢の入滅に続く道教の早世により三宝院流が安定を欠いてい

たという事情があろう[5]。しかも、貞永元年（一二三二）七月の醍醐寺三宝院門徒等解によれば[6]、賢海は「座主房」と称して三宝院に居住し、これに対して三宝院流の面々は「非分之座主争可住他門之院家哉」と述べて賢海の三宝院居住の停止を求め、三宝院を門徒に返付することを要求している。

寛元二年（一二四四）五月日の醍醐寺衆徒等重解においても、三宝院側は「成賢僧正入滅之後、背次第相承之伝来、賢海僧正俄自補寺務職之以来、成賢之門徒亡先途失面目之條、綷舊于世上畢」との如く異義を申し立てている[7]。ここで注目されるのは、成賢の入滅後も「成賢之門徒」としての強い連帯意識が公家に対して表明されていることである。成賢は公家の祈禱を頻繁に勤修しており[8]、その実績をふまえるならば三宝院流から座主職が補任されて然るべきであるとの意識が、成賢亡き後も根強く受け継がれていたのであろう。「成賢門徒」としての意識は、鎌倉後期に鎌倉に下向した地蔵院親玄の動向を強く規定したことが本書所収の石田浩子氏論文によって指摘されており、こうした下向僧を媒介として、祖師成賢に自らの拠り所を求める意識は地方にも伝播していったと考えられる。

その後、三宝院と金剛王院の対立に終止符を打つべく出されたのは、天福元年（一二三三）十一月二十九日の後堀河上皇院宣であった[9]。この院宣により、三宝院は成賢門徒に付すべきことが承認され、賢海の三宝院居住の妥当性は却下された。一方で、結縁灌頂は賢海が座主として大阿闍梨を勤めるよう命じられ、こうして三宝院と金剛王院双方の「共存」と「静謐」が図られたのである。

しかし、この院宣は一応の処置にすぎず、寺院社会特有の原理原則が絡んだ諍いは、政治権力をもってしても根本的な解決を図ることのできない難題であった。金剛王院勝尊の後、第三十五代座主として報恩院憲深が寛元三年（一二四五）に補任されているが、建長年中（一二四九—一二五九）に憲深に宛てて出された後嵯峨上皇院宣（「醍」二二函四号）に「醍醐寺座主事、所被　宣下候也、是非被付三宝院門跡、依当寺之器量所被補也」とあるのは、座主補任の条件をめぐる議論がその後も寺内でくすぶっていたことを示唆している。

金剛王院流からの座主補任の問題はその後も引きずり、鎌倉後期には三宝院・三宝院流嫡流をめぐる相論が展開されたが、[10]結局、永仁二年（一二九四）四月四日の伏見天皇綸旨（「醍」二函七四号）により、「憲深僧正嫡流」である報恩院憲淳に三宝院の管領が認められることとなった。このことは、報恩院を拠点として三宝院流嫡流が相承されているとの認識が聖俗両社会で共有される一つのきっかけにはなったものの、それによって寺内相論が根本的に解決したわけではなく、その後の三宝院と報恩院の関係性にも影響を及ぼし続けた。

こうした相論を経て南北朝時代に入り、醍醐寺は室町幕府との関係性を構築していった。京都を舞台に武家との関係を本格的に築いたのは三宝院賢俊（一二九九―一三五七）であった。賢俊は北朝に仕えた日野俊光の息であったことから、足利尊氏との密接な関わりをもつに至った。藤井雅子氏によれば、尊氏が西海に没落した時、賢俊が尊氏のもとに光厳上皇の院宣をもたらしたことにより、尊氏は朝敵の汚名を免れて勢力を盛り返した。その後も賢俊は尊氏の陣に随従するなどして尊氏の信任を得たという。[11]

一方、報恩院文観・理性院顕円・金剛王院実助は南朝に加担したため、これらの院家は闕所となり、賢俊はその管領を公家に求めた。その結果、文和二年（一三五三）八月に後光厳天皇綸旨（「醍」二三函二三号二番）が下され、「文観僧正跡報恩院・蓮蔵院」の管領が賢俊に認められた。三宝院流嫡流の拠点とされる報恩院の管領が認められたことは、三宝院門跡が醍醐寺において覇権を確立する上で重要な基盤となったといえる。また、鎌倉幕府・室町幕府の崇敬を受けた六条八幡宮別当職を蓮蔵院院主が兼ねてきた経緯をふまえると、[12]蓮蔵院の管領が賢俊に認められたことは、三宝院門跡にとって武家との関係を強化する上で大きな意味があった。但し、それによって、報恩院を拠点に三宝院流嫡流が相承されているという認識が完全に払拭されたわけではない。

以上のように、世俗権力による社会的保証を得ながら醍醐寺は発展を遂げ、南北朝時代以降、三宝院門跡は室町幕府との関係性を固めていった。しかし、世俗権力であっても根本的には制御しがたい法流相承という側面では必ずしも盤石とは言えず、三宝院門跡が三宝院流嫡流を取り戻そうと腐心していた内実があることは、本書所収の佐藤氏論文に詳述されている通りである[13]。

公家・武家いずれに対しても醍醐寺の諸流・諸院家が執心していたのは、継続的に外護を受けるべく、祈禱を通じて鎮護国家を果たし、現世利益を世俗権力にもたらすことであった。本書所収の藤井氏論文により、京門跡法身院に止住して武家祈禱を展開するとともに、武家政権に参与した室町時代の三宝院門跡の実態が明らかにされているが、その背景には、三宝院流嫡流の相承拠点ではないという条件のもとで、いかにして報恩院方に比肩し得る祈禱実績を積み重ねていくべきか、また武家との関係強化および寺内における安定的立場の維持を図るかという切実な問題があった。

そこで次章では、公家祈禱の経緯をふまえた上で、武家祈禱がいかに展開されたのかを検討することにしたい。

第三章　公武の祈禱

醍醐寺が東寺一門の中で優位な立場を築くにあたってこだわったのは、真言密教の嫡流の相承であり、嫡流としての権威を裏づける「祈禱」であった。祈禱は聖俗両社会の間で共有する信仰の具体的な表現形態であり、世俗社会が寺院に期待する「鎮護国家」と「現世利益」を実現するための方法に他ならなかった。

多彩な諸尊法の中でも醍醐寺が特に重要視したのは仁王経法であった。空海が始修した祈禱としての由緒をもつ仁王経法は、[14]醍醐寺開祖聖宝やその弟子観賢をはじめとする代々の祖師によって勤修が重ねられた。

正和三年（一三一四）に根来寺頼淳が撰述した「正元元年仁王経法雑事」によれば、[15]中世の醍醐寺には仁海が仏師如照に描かせた増益の仁王経曼荼羅と、三宝院流祖定海が珍海に命じて増益曼荼羅から息災曼荼羅へと改めさせた仁王経曼荼羅の二つが存在していたことが知られる（以下「仁海本」・「定海本」と表記）。代々三宝院流正嫡が相承するものとされたこれらの仁王経曼荼羅は、三宝院流嫡流を相承する報恩院と三宝院門跡との間で、その所有をめぐってしばしば争われた重要な本尊である。とりわけ定海本に関しては、道教が師成賢から受けた口決を記した「遍口鈔」巻第二に、「件曼荼羅図絵以後、以彼息災曼荼羅為本尊也」とあるように、[16]三宝院流では専ら定海本を本尊として仁王経法を勤修してきたという（「仁王経法事」の項）。

仁王経法を含む多彩な祈禱を通じて醍醐寺と公家とのさらなる関係強化を図ったのは、成賢であった。建長元年（一二四九）五月十六日の権大僧都憲深申状土代（「醍」三函二五号）によれば、「先師者、後鳥羽法皇御代、忝任　叡襟、□〔専カ〕致潜衛、或祈雨、或攘災、建壇修法、及于一百餘箇度候、就中勤修大法秘法廿餘箇度、毎度有験蒙賞」とあり、成賢は後鳥羽上皇をはじめとする公家のための祈禱を頻繁に勤修している。仁王経法は建保年間（一二一三―一二一九）に五度勤修されているが、それは本尊である仁王経曼荼羅および仁王経法の口伝が、三宝院流において代々安定的に師資相承できていたからこその実績であることを見過ごしてはならない。

　その後、三宝院に安置されていた両曼荼羅は、憲深が座主在任中に報恩院に移され、門弟の実深が相承した。(17)同じく憲深の門弟である定済は、仁王経曼荼羅を三宝院に返還するよう再三求め、実深との間で相論が展開されたが、(18)結局定済の主張は認められず、実深から覚雅を経て報恩院憲淳に相承された。この相論は仁王経曼荼羅の所有をめぐるものであるが、その本質は三宝院流嫡流をめぐる争いであったことは言うまでもない。

　憲淳はその後、仁海本は後宇多法皇に、定海本は嫡弟隆勝に譲渡するとしている。徳治三年（一三〇八）年五月二十九日の権僧正憲淳進上本尊・聖教目録案（「醍」一五函三号）には、「太上法皇御住寺時、随仰可渡進本尊・聖教已下目録」として「秘曼荼羅一鋪小野僧正本、如照筆、」とある。つまり、後宇多法皇が醍醐寺に住寺することを条件に譲渡するとしたのであり、これに先立って憲淳は、本尊・道具等を寺外に持ち出すことは代々祖師の起請文により禁じられていることを法皇に伝えている。(19)

　後宇多法皇が三宝院流に連なり醍醐寺に住寺すること、そして仁海から勝覚・定海を経て憲深方に相承されてきた仁海本を後宇多法皇に譲渡することは、三宝院流憲深方が小野流の正統であることの裏づけとなる、というのが憲淳側の目論見であった。ゆえに、あくまでも「御住寺」の場合という条件を付した上で、仁王経曼荼羅の譲渡を許可したのである。(20)但し、法皇の住寺は実現しなかったため、結局、仁王経曼荼羅が法皇の手に渡ることはなかった。

一方、憲淳は同じく徳治三年五月二十九日、嫡弟隆勝に対し、「関東護持之門跡」として祈禱を継修すべく「仁王経曼荼羅一鋪大僧正（定海）図絵本」を譲与するとしている（「権僧正憲淳譲状写」、「醍」一一函四号―四）。但し、憲淳の意図は、両曼荼羅の使用用途を公家祈禱と武家祈禱に分けて固定化することにあったわけではなく、曼荼羅の分配によって公武双方との関係を円滑に保つことこそが憲淳の真意であったと理解される。本書所収の永村氏論文において明らかにされる伊豆国走湯山密厳院を拠り所とした報恩院の武家祈禱も、こうした由緒ある本尊の相承によって支えられて展開したのである。

仁王経法とその本尊である仁王経曼荼羅が正嫡の証として重視され、祈禱を通じた公家とのつながりが維持されてきた流れを受けて、武家祈禱に本格的に乗り出したのは賢俊であった。【表】は「五八代記」ならびに醍醐寺所蔵「三宝院賢俊僧正日記」に基づき、賢俊による修法勤修の履歴をまとめたものである。(21) 貞和二年（一三四六）頃より賢俊は武家祈禱を盛んに勤修しており、成賢の祈禱実績と比べると公武の比重が逆転しているが、総じて賢俊には成賢に比肩し得る実績があるといってよいであろう。

但し、仁王経法に注目すると、賢俊は康永元年（一三四二）四月に勤修しており、また貞和五年（一三四九）閏六月には仁王経護摩を修しているだけで、回数としては成賢よりも少ない。その理由は、本尊の仁王経曼荼羅が三宝院流嫡流である憲深方に相承されていたため、賢俊の意思によって自由に持ち出すことが難しかったからではなかろうか。前述の通り、文和二年（一三五三）八月には後光厳天皇綸旨により報恩院の管領が賢俊に認められてはいるが、仁王経法の本尊と口伝は三宝院流正嫡が代々相承してきたものであるとの認識を払拭するには至らず、このことは賢俊による祈禱の実施に少なからず影響していると考えられる。

【表】賢俊による修法勤修

始行年月日	勤修した修法	願主	備考
建武４年（1337）正月	後七日御修法	公家	
建武４年（1337）某月	五壇法（金剛夜叉）		天下静謐御祈、於本坊
建武５年（1338）正月	後七日御修法	公家	
建武５年（1338）某月	五壇法（大威徳）		御産御祈、於持明院殿
建武５年（1338）４月４日	五大虚空蔵法	武家	客星祈祷、護持僧として勤修
暦応２年（1339）正月	後七日御修法	公家	
暦応２年（1339）某月	五壇法（軍荼利）		
暦応２年（1339）10月24日	五大虚空蔵法	武家	於三条坊門
暦応３年（1339）正月	後七日御修法	公家	
暦応３年（1339）12月27日	五大虚空蔵法か	武家	於三条坊門
暦応４年（1341）正月	後七日御修法	公家	
暦応５年（1342）某月	五壇法（金剛夜叉）		
康永元年（1342）４月23日	仁王経法		於東寺講堂
康永３年（1344）５月24日	普賢延命法	武家（将軍御臺）	
康永３年（1344）10月14日	十一面法	武家	
康永３年（1344）12月15日	仏眼法	公家	仙洞御悩御修法
康永３年（1344）某月	延命法	公家	仙洞御祈
康永４年（1345）３月16日	北斗法	公家	仙洞御祈
康永４年（1345）４月18日	六字法		「於仙条《(マヽ)》坊門」とあり
康永４年（1345）５月	不動法	武家	
康永４年（1345）８月15日	五壇法（降三世）	公家	仙洞御祈、彗星御祈、於持明院殿
貞和２年（1346）２月１日	不動護摩		日蝕御祈
貞和２年（1346）２月25日	六字護摩	武家	於三条坊門
貞和２年（1346）３月28日	尊勝陀羅尼供養		於持明院殿
貞和２年（1346）４月３日	万タラ供	武家	於長寿堂、将軍逆修
貞和２年（1346）５月７日	愛染王法	武家	於三条殿
貞和２年（1346）７月16日	六字法	武家	
貞和２年（1346）８月19日	不動法	武家	
貞和２年（1346）９月29日	五壇法（降三世）	武家	於三条坊門、天下御祈
貞和２年（1346）10月20日	地蔵法	武家	「同時愛染王法是アリ」
貞和２年（1346）12月16日	普賢延命法	武家	
貞和２年（1346）某月日	普賢延命法		
貞和３年（1347）正月	後七日御修法	公家	
貞和３年（1347）２月12日	愛染王法	武家	於三条殿

貞和3年（1347）2月24日	愛染王法	武家	
貞和3年（1347）3月11日	六字法	武家	
貞和3年（1347）3月21日	不動法	武家	
貞和3年（1347）3月27日	北斗法	公家	於仙洞
貞和3年（1347）5月7日	愛染王法	武家	於三条殿、御産御祈
貞和3年（1347）7月	六字護摩	武家	於三条殿
貞和3年（1347）8月18日	不動法	武家	於三条殿
貞和3年（1347）8月23日	不動法	武家	
貞和3年（1347）9月4日	六字法		「為天下」
貞和3年（1347）9月18日	愛染王法	公家	仙洞御祈
貞和3年（1347）9月21日	金剛夜叉護摩	武家	
貞和3年（1347）10月15日	大威徳法	武家	
貞和3年（1347）11月28日	大威徳護摩	武家	於三条殿
貞和3年（1347）12月5日	六字法	武家	於三条殿、「同時不動護摩執行」
貞和3年（1347）12月23日	不動法	武家	
貞和4年（1348）正月	後七日御修法	公家	
貞和4年（1348）正月29日	愛染王法	武家	
貞和4年（1348）4月13日	愛染王法	武家	
貞和4年（1348）6月17日	愛染王法	武家	於三条殿
貞和4年（1348）10月19日	愛染王法	公家	仙洞御祈
貞和4年（1348）11月1日	愛染王法	武家	
貞和4年（1348）11月28日	愛染王法	武家	於三条殿
貞和5年（1349）2月5日	愛染王法	武家	
貞和5年（1349）3月7日	八字文殊法	武家	
貞和5年（1349）5月7日	不動法	武家	
貞和5年（1349）閏6月5日	五大虚空蔵法	武家	
貞和5年（1349）閏6月12日	仏眼法	武家	
貞和5年（1349）閏6月29日	仁王経護摩	公家	仙洞変異御祈
貞和5年（1349）8月2日	六字法	武家	於三条殿
貞和5年（1349）8月晦日	不動法	武家	「於本坊関東左馬頭殿京入御祈」
貞和5年（1349）10月10日	六字法	武家	於三条殿
貞和5年（1349）10月22日	不動法	武家	
貞和5年（1349）10月28日	愛染王法	武家	
貞和5年（1349）12月27日	愛染王法	武家	於三条殿
貞和6年（1350）正月24日	愛染王法	武家	
貞和6年（1350）2月27日	仏眼法	武家	於三条殿
観応元年（1350）4月1日	愛染王法	武家	

観応元年（1350）5月19日	愛染王法	武家	於三条殿
観応元年（1350）6月19日	五壇法（降三世）	武家	於三条殿、大地震
観応元年（1350）7月晦日	五壇護摩	武家	
観応元年（1350）9月9日	不動法	武家	
観応元年（1350）9月21日	仏眼法	武家	於三条殿
観応元年（1350）10月8日	愛染王法	武家	於三条殿
観応2年（1351）10月26日	愛染王法	武家	於三条殿
観応2年（1351）11月2日	不動法	武家	於三条殿
観応2年（1351）11月10日	愛染王法	武家	於三条殿
観応2年（1351）11月15日	仏眼法	武家	於三条殿
観応2年（1351）12月15日	六字法	武家	於三条殿
正平7年（文和元）（1352）2月7日	愛染王法	武家	於三条殿

※醍醐寺所蔵『五八代記』・『三宝院賢俊僧正日記』に基づいて作成した。

では、三宝院流嫡流を相承していないという不利な条件のもとで、賢俊はいかにして祈禱を通じて武家との密接な関係を築いたのであろうか。注目されるのは、「三宝院賢俊僧正日記」貞和二年（一三四六）五月二日条の裏書である。貞和二年は、賢俊にとって公家祈禱から武家祈禱に軸足を移し始めた時期に当たり、本格的に武家祈禱に乗り出すにあたって賢俊は、愛染王法・八字文殊法・六字法の三ヶ法こそ「法之肝心」・「宗之奥旨」であることを注進し、了承を求めているのである。注進先については裏書に明記されていないものの、既に長い祈禱の歴史をもつ公家に敢えて注進する必要性があったとは考え難く、賢俊によるその後の勤修実績からしても武家に対する注進であったと理解される。

さらに「三宝院賢俊僧正日記」同年十一月十三日条によれば、「於三条坊門愛染明王開眼供養了、御持仏道〔堂〕也」とある。足利直義亭において持仏堂の愛染明王像の開眼供養をしたことが記されているが、これも賢俊が愛染王法の重要性を説いたこととの関連性がうかがえ、以後の賢俊による祈禱の中で愛染王法の勤修回数は最多となっている。三宝院門跡と三宝院流嫡流の乖離に伴う不利な条件を克服すべく、憲深方の本尊や口伝に依拠せずに済む方法を賢俊が模索していた様子が見てとれる。

しかしながら、三宝院門跡が仁王経法に対するこだわりを捨てたわけではなかったことは、応永三十年(一四二三)九月二十四日の前大僧正満済事書案(「醍」二六函三八号)からも読み取れる。これによれば、報恩院とその本尊・聖教・荘園等は、「闕所」として建武三年(一三三六)に拝領して以来、三宝院の管領下にあり、報恩院に安置されている「仁王経曼荼羅三幅内、定海大僧正御坊時御図絵、珍海已講筆、一幅息災、小壇道具、代々座主起請箱、聖教少々」についても同様であると述べられている。このことから、憲深方との衝突を回避して円滑に祈禱勤修できる方法を模索しつつも、公武祈禱の核をなす本尊として重んじられてきた仁王経曼荼羅を取り戻したいという三宝院門跡の思いは依然としてあったことがわかる。

以上のように、仁王経法は醍醐寺を象徴する祈禱として極めて重要な意味をもっていたが、臨時祈禱として勤修された修法であり、世俗権力との恒常的な関係維持を図るにあたって、規模としては目立たないながらも継続的に行われることの多かった月次祈禱が大きな役割を果たした。中世社会で恒例祈禱として最も重視された修法の一つは北斗法であった。生年に配され、身分の上下を問わず各人に必ず備わっている本命星は、個人の運命や吉凶を支配するものとして社会的関心を集め、平安院政期になると公家の恒例祈禱として勤修されるようになり、醍醐寺僧もこれに携わった。[22]

その後、北斗法は公家のみならず武家からの関心も集めるに至った。榎本榮一氏は『吾妻鏡』をもとに、鎌倉幕府によっていかなる法会が行われたのかを検討されている。[23] 榎本氏が作成された修法の年代別回数一覧によれば、北斗法・北斗供の勤修回数は薬師護摩に次いで多い。特に、嘉禄二年(一二二六)から寛喜二年(一二三〇)にかけては、「天変御祈」および「御不例」に応じた勤修事例が集中している。

北斗法を重視したのは鎌倉幕府のみならず、室町幕府も同様であった。とりわけ注目されるのは、南北朝時代成立「西渓記」（「醍」一一四函一九号）の記述である。至徳三年（一三八六）十一月条には、「自今日室町殿左大臣家北斗番、理性院大僧正宗助此番、護持僧之巡役、自一日雖候壇所、於御修法者、十六日始行之、或廿二日始行之、自十六日始行之時者、必廿二日結願也、是廿二日御誕生日之間、開白〇歟結願歟」とあり、護持僧六人の輪番により足利義満の誕生日に合わせて月次北斗法が勤修されていたことがわかる。醍醐寺からは理性院宗助・地蔵院道快・三宝院光助がこれに携わっており、護持僧六人のうち半数を醍醐寺僧が占めている点に加え、三宝院以外の人物が含まれている点も注目される。

理性院宗助については、本書所収の小池氏論文に明らかにされているように、醍醐寺の「寺務代」として三宝院光済と密接な関係にあったために、護持僧として名を連ねるに至ったとみなされる。また、地蔵院道快は久我家出身で、初めは聖快と称していた。本書所収の伴瀬氏論文によって明らかにされているように、武家護持僧としての活躍の裏には、久我家と将軍家との間で板挟みになりながらも地蔵院の継承を支えようとする聖快の姿があった。

以上、祈禱を通じて醍醐寺が公武権力との密接な関係を保ちながら存続を図ってきた中で、三宝院が突出した院家として発展を遂げた実態を跡づけてきたが、ここで三宝院流に対する社会的評価がいかなるものであったかを確認しておきたい。

金剛王院流を相承した東寺増長院義宝によって撰述された、南北朝時代成立「密教血脈惣統記」（「醍」八四函二号）には、三宝院流に対する社会的評価として、「就中三宝院一流為小野正伝世之所推也」とあり、三宝院流が小野流の正統であるとの世論が南北朝時代には定着していたことがわかる。義宝自身も、顕と密、東寺（東密）と天台

（台密）、小野流と広沢流、醍醐寺と勧修寺という枠組のもとで、「血脈」に基づく寺院社会の秩序について再考している。種々の考察に基づき、「高祖《（弘法大師）》嫡伝」を継承しているのはまさに聖宝であると述べ、小野・広沢諸流の中で三宝院流を最も正統な法流として位置づけている。

三宝院流の正統性と優位性に対する東寺僧の評価や世論は、醍醐寺と世俗権力および地域権力・地方寺院との関係性にも少なからず影響を及ぼしたと考えられる。

本書所収の橘氏論文・小池氏論文・石田出氏論文では、武家護持僧の体制における三宝院門跡の位置づけや役割について論じられているが、武家祈禱の勤修を通じた武家と三宝院門跡との政治的関係は、三宝院流の宗教的実績と社会的評価に裏づけられたものといえる。一方で、武家護持僧に対する三宝院門跡の権限や政治力が、三宝院流の正統性をより社会的に印象づけたという一面もあろう。

また、本書所収の高橋氏論文が示すように、地方寺院が三宝院流の受法を求めたのも三宝院流の正統性と権威による保証を期待してのことであり、醍醐寺が広範囲にわたって教線拡大を実現できた根底には、京都を舞台に祈禱を媒介として展開された三宝院流と公武権力との関係がある。

本書所収の関口氏論文において明らかにされている通り、江戸時代における吉野の鉱山開発に際しても、吉野の清浄性を重視して開発に反対した三宝院門跡の意向が、鉱山資源の不足という世俗的な事情に対して優先されたのも、修験道を含む宗教的活動を通じた社会的貢献の蓄積があったからこそであろう。

また、金剛王院は三宝院を超える権力を維持することはなかったが、本書所収の室山氏論文が示すように、加賀国那谷寺が所領をめぐる相論に際して金剛王院門跡の下向を求めたことは、醍醐寺座主を輩出した院家としての由緒が後代においても重要な意味をもっていたことを示している。

恒例・臨時の祈禱を通じて世俗権力が求める効験をもたらすことは、醍醐寺にとって外護を得るために不可欠だったのであり、効験を保証するものとして、寺院社会では法流の正統性が強く意識された。祈禱をめぐる口伝の相承と勤修実績は、法流の存続や寺院の発展にとって重要な意味をもつとともに、武家政権と密着して政治的手腕を発揮した醍醐寺僧の活躍を支える基盤ともなっていたのである。

おわりに

本稿では、中世醍醐寺と武家との関わりについて、「祈禱」を軸に辿る上で前提となる諸要件をめぐって検討してきた。以下、本書に所収される諸論文により、世俗権力側の視点と寺院内部の視点の双方向からアプローチすることになるわけで、それによって醍醐寺の歴史が立体的に描き出されることとなろう。

最後に、今後の研究の展望を述べておきたい。

醍醐寺をはじめとする東寺一門の諸寺院・諸院家がいかなる関係性にあったのか、またその中で公武権力といかなる関係性が構築されたのかということについては、未だ十分に解明されたとは言い難い。この点については、本書の成果をふまえて今後引き続き取り組むべき課題として掲げておくこととしたい。

註

（1）『東宝記』第六「安置聖教」のうち「三十帖策子」の項。
（2）東宝記刊行会編『国宝東宝記 原本影印』（東京美術、一九八二年）。
（3）小松茂美氏編『続日本の絵巻一〇 弘法大師行状絵詞 下』（中央公論社、一九九〇年）、東寺宝物館展示図録『弘法大師行状絵巻の世界―永遠への飛翔―』（二〇〇〇年）。
（4）『続群書類従』第二六輯下所収。
（5）成賢は寛喜三年（一二三一）に、道教は嘉禎二年（一二三六）に入滅している。
（6）『鎌倉遺文』四三五三号。
（7）『鎌倉遺文』六三二六号。
（8）拙著『中世真言密教と修法』（勉誠出版、二〇〇八年）第二部第二章「遍智院成賢と三宝院流」。
（9）『鎌倉遺文』四五七七号。
（10）藤井雅子氏『中世醍醐寺と真言密教』（勉誠出版、二〇〇八年）第Ⅰ部第一章第五節「鎌倉時代における三宝院流の分派と嫡流」。
（11）藤井雅子氏前掲書、第Ⅰ部第二章第一節「醍醐寺における三宝院門跡の立場」、第二章第四節「三宝院門跡満済の修学と聖教」。
（12）関口崇史氏「鎌倉幕府と醍醐寺蓮蔵院」（『鴨台史学』第五号、二〇〇五年）。
（13）合わせて藤井雅子氏前掲書第Ⅰ部第二章第四節「三宝院門跡満済の修学と聖教」も参照。
（14）『東宝記』第五「当寺代々御修法勤例」の項に、「一、仁王経法、毎度於講堂被勤○被修之、法三宮御記云、真言最初場、公家御祈、大師始令行之、霊験尤有之」とある。
（15）『続群書類従』第二六輯上所収。
（16）『大正新脩大蔵経』第七八巻所収。
（17）頼瑜撰「秘鈔問答」第五による（『大正新脩大蔵経』第七九巻所収）。
（18）相論の経緯については『醍醐寺新要録』巻第十「三宝院篇」に記されている。

(19)（徳治三年（一三〇八）三月二十五日「憲淳請文案」（『鎌倉遺文』二三二一二号）。

(20) 後宇多法皇の三宝院流伝受については、永村眞氏「寺院と天皇」（石上英一氏・高埜利彦氏・永原慶二氏・水林彪氏・村井章介氏・義江彰夫氏・吉村武彦氏編『講座前近代の天皇』第三巻（青木書店、一九九三年）所収）および、藤井雅子氏前掲書第Ⅱ部「後宇多法皇と醍醐寺」を参照。後宇多法皇は小野・広沢両流を受法し、「法流の一揆」すなわち諸流の一統を図っていたという。但し、永村眞氏によれば、法流分派を否定する後宇多法皇に対し、憲淳は法流分派を大前提として「法流の一揆」を理解し、三宝院流を東密の頂点とする法流の階層化としてとらえていたとされる。

(21)「五八代記」は醍醐寺文化財研究所『研究紀要』第四号に掲載されている。「三宝院賢俊僧正日記」は、橋本初子氏「三宝院賢俊僧正日記―貞和二年―」（醍醐寺文化財研究所『研究紀要』第一二号、一九九二年）、同「三宝院賢俊僧正日記―文和四年―」（『同』第一三号、一九九三年）に翻刻と解説がある。

(22) 詳細は拙著『中世密教寺院と修法』第Ⅰ部第三章「台密・東密の共同勤修―北斗法を通して―」において検討している。

(23) 榎本榮一氏『吾妻鏡』における仏典と法会・修法について（『東洋学研究』二四号、一九八九年）。

第一部

関東と醍醐寺

Ⅰ　醍醐寺地蔵院親玄の関東下向
―鎌倉幕府勤仕僧をめぐる一考察―

石田浩子

はじめに

鎌倉時代における鎌倉の寺院史研究は鶴岡八幡宮に関するものが中心であった。その内容は源頼朝の信仰や御家人政策との関係から鶴岡八幡宮の性格を論じたもの(1)、鶴岡別当・供僧の機能や血脈的展開を明らかにしたもの(2)、北条氏による鶴岡八幡宮統制過程を論じたものなどであった(3)。その一方で、鎌倉幕府と宗教という視点から、佐々木馨氏は幕府の宗教思想を探ることを試み、松尾剛次氏は都市としての鎌倉を検討するなかで幕府と鎌倉寺社との関係について論じた(4)。

一九九四年以降、鎌倉の寺院史研究は新たな段階を迎えた。従来の寺院史研究における中世国家と顕密仏教との関係についての議論は、すなわち朝廷と畿内権門寺院との関係について論じるものであって、鎌倉幕府や東国仏教については十分に議論されていないのではないか、という問題意識から幕府や鎌倉の寺院社会が改めて研究対象として認識されるようになったのである。海老名尚氏や平雅行氏は「鶴岡政策」にとどまらない「幕府の宗教政策」という新しい視点を設定した。

海老名尚氏は、在鎌倉僧の僧官・僧位補任にいたる様々な実態や、鎌倉御願寺に対する統制政策を明らかにし、幕府が鎌倉の寺院社会に対して行った統制のあり方を考察した(5)。

平雅行氏による一連の研究は、鎌倉幕府の寺院政策研究の代表的なものといえる(6)。平氏の論考を受けて、鎌倉の寺院史研究では鶴岡別当・供僧に限らない様々な立場の幕府勤仕僧についても検討されるようになった(7)。

平氏は、幕府の畿内権門寺院政策と対幕府勤仕僧政策との関係を以下のように整理する。幕府の権門寺院政策は、北条得宗が寺院の紛争調停者として位置づけられたことから始まり、そこから寺院人事に介入するようになった。「さらに権門寺院に直接、幕府僧を送り込むことも行われた」（前掲一九九四年論文）という流れでとらえる。このような段階を経て、鎌倉後期には幕府が畿内権門寺院に対してかなりの影響力を発揮していたと指摘した。

平氏は、鎌倉を中心とする幕府の御願寺政策と畿内の顕密寺社政策との有機的連関を解明することを課題としている（前掲一九九五年論文）。その解明のために北条氏出身僧の仏教界への進出状況、および幕府に勤仕する僧の権門寺社長官への就任状況に注目した。幕府に勤仕する顕密僧が多く検出・検討された結果、彼らが幕府の推挙により僧官位の昇進や権門寺院の長官補任を果たしていることが明らかになった。こういった現象は幕府による畿内寺院政策の一面として理解されるようになった。

以上のような研究史の流れを踏まえると、幕府の寺院政策研究は、鎌倉・関東の寺院社会のなかでみる視点と、畿内権門寺院との関連からみる視点という双方からの検討が進められている段階だといえる。この二つの視点を結びつける上で重要なのが、鎌倉で幕府祈禱を勤仕する多くの下向僧たちの存在である(8)。鎌倉前期から京都より僧侶が下向し、鎌倉殿御願寺の落慶供養などの法会を勤めていることは『吾妻鏡』からうかがえるが、多くの場合は一時的な下向であった。[10] 鎌倉後期以降、権門寺院の別当・院主レベルの僧侶が数年にわたって滞在するようになり、将軍家や北条氏などを出身とする僧たちとともに幕府祈禱を勤仕したのであった。

従来の研究（平雅行氏の前掲各論文、稲葉伸道氏前掲論文）は、下向僧を材料に幕府と畿内権門寺院との関係をみようとしていた。しかしその主な関心は、幕府に勤仕した僧がその後どの権門寺院長官に補任されるか、ということに集中していた。そのため、下向僧を鎌倉在国中にも規定し続けた、畿内権門寺院僧であるという属性についてはあまり考えられず、また、権門寺院から僧侶が下向してくる背景についても問われなかった。

本論では、「下向僧」「京・鎌倉の寺院社会の連関」をキーワードとし、かつ幕府による寺院政策という視点からではなく、幕府に勤仕する下向僧の立場からその活動を検討することを試みる。具体的には醍醐寺地蔵院の院主であり、下向後に醍醐寺座主や東寺一長者となった親玄僧正を取り上げ、下向僧と鎌倉幕府との関係を畿内本寺とのつながりを含めて考える。畿内からの下向僧が幕府との関係をいかに認識していたのかをみることで、幕府の宗教政策の実態を見直すことができるのではないだろうか。

一、親玄の関東下向

本章では、鎌倉後期に活動した醍醐寺地蔵院親玄の、鎌倉における祈禱勤仕および法流意識を確認したい。親玄は右大将久我通忠の息として建長元年（一二四九）に生まれ、[11] 醍醐寺覚洞院親快から文永九年（一二七二）十一月に伝法灌頂を受けた。[12] 親玄の関東下向は遅くとも正応二年（一二八九）十二月には確認することができる。[13] その後約三十年にわたって鎌倉に滞在し、その期間に醍醐寺座主や東寺長者に補任されている。

親玄が下向中に記した「親玄僧正日記」（以下「日記」）は正応五年（一二九二）から永仁二年（一二九四）までの三年間分が現存する。[14]「日記」に記載される、祈禱を中心とする仏事の主な勤仕は、①「壇所」「社頭」「社壇」と記される鶴岡八幡宮、②「御所」と記される将軍久明親王亭、③「殿中」「相州亭」「太守亭」と記される得宗北条貞時亭、④親玄の「本坊」[15]、の四ヵ所で行われている。

この時期特有の活動として異国降伏祈禱がある。「日記」によれば、親玄は正応五年（一二九二）十月十一日、正応六年（一二九三）二月二十一日に関東御教書により「異国降伏御祈」を命じられ、永仁元年（一二九三）三月十七日、十月十五日などには鶴岡社頭で異国降伏のための五壇法を親玄が勤仕していることが分かる。鶴岡においては、蒙古襲来に備えた異国降伏御祈や国家安穏のための大仁王会などをはじめ、さまざまな仏事が修されていた。『吾妻鏡』からもうかがわれるように、鶴岡は鎌倉幕府の政策のもとに形成された最も重要な宗教施設であった。鶴岡における親玄の活動は、彼が幕府祈禱の要員として確実に位置づけられていたことを示す。親玄は鶴岡での活動のほかに、将軍御所や得宗貞時亭において加持や身固といった身辺護持を日常的に行っており、将軍や得宗の護持僧的な役割も果たしていたといえる。[16]

親玄は同じく東密僧の鶴岡別当頼助と連絡を取り合い、常に頼助の動向を把握していることが「日記」から分かる。頼助が修する予定である祈禱の手替を勤めることもあった（「日記」正応六年四月二十二日条、永仁元年十一月一日条、永仁二年正月二十六日条など）。

親玄は鎌倉で鶴岡八幡宮別当の頼助から正応五年（一二九二）六月に灌頂を受け頼助の弟子となった（『真言宗全

書』三九所収「血脈類集記」第十三、頼助の項）。頼助は四代執権経時の息であり、当時の鎌倉宗教界の中心的な人物であった(17)。親玄は関東下向以前に醍醐寺で親快から灌頂を受けている。頼助との間で新たに結ばれた師資関係は、親玄が鎌倉での宗教活動を円滑に行うために結ばれたものであろう(18)。

親玄の周囲では東密のほか寺門・山門僧が幕府祈禱を勤仕している。「日記」によれば、正応六年（一二九三）正月十日、鶴岡社頭にて廿壇護摩が以下のメンバーによって修された。〈　〉および《　》は門流を示す(19)。

若宮僧正頼助《東》覚乗僧正〈寺〉公朝僧正〈寺〉親玄僧正《東》能厳法印〈東〉承教法印《山》公寛法印《東》
能海法印《東》忠源法印〈山〉朝猷法印〈寺〉元瑜法印《東》承俊法印〈寺〉実誉法印〈山〉祐親法印《東》
定融法印〈東〉聖瑜法印《東》憲雅法印〈山〉澄誉法印〈寺〉上智法印〈寺〉忠禅大僧都《山》

鶴岡別当頼助を筆頭に、僧正が四人も入っていることから考えて、このメンバーが当時の幕府祈禱の主要人員であったと思われる(20)。鎌倉幕府主催の中心的な祈禱は東密・山門・寺門から構成され、親玄はその要員の一人として祈禱活動をしていたのであった。

親玄が幕府勤仕僧(21)として位置づけられていたことは、幕府から所領を拝領していることからも裏付けられる。親玄は正応六年（一二九三）七月八日付の関東御教書によって、紀伊国長尾郷および大和国丹原庄を拝領している（「日記」同年七月九日条）。

この所領拝領に関連して「醍醐寺座主次第」（東京大学史料編纂所架蔵謄写本）は「正応六年飯沼判官謀反時、於㆓関東㆒修㆓仏眼法㆒、伴僧廿人大法云々、賞二ヶ所」と記している。同年四月二十二日に得宗貞時の御内人であった平頼綱とその息飯沼助宗が討たれた（「日記」同日条）。「日記」によれば乱後の五月二十二日、おそらく世間静謐のために、親玄は仏眼法を命じられ、翌二十三日から修法を始行した。引き続き五月三十日から仏眼護摩を、六月六日からは仏眼供を、八月二十七日からは再び仏眼護摩を修した。「日記」九月六日条によれば、五月二十三日から九月六日までの祈禱が一連の仏眼法「百ヶ日祈禱」であり、これが「醍醐寺座主次第」に記される伴僧二十口の大法「仏眼法」に当たるであろう。親玄は祈禱賞として、祈禱の期間中である七月八日に長尾郷・丹原庄の二ヶ所を拝領している。

その他、拝領の時期は不明であるが、越前国重富保・二上社、安芸国和木・椋梨両郷の地頭職も親玄遺跡の「関東御恩地」として確認できる。[22] 親玄は幕府から少なくとも六箇所の地頭職を拝領していた。これらの地頭職は、「依二法之効験一、各為二勧賞之地一、令二拝領一者也」（「東寺宝菩提院三密蔵聖教」一七九函五四号所収、元亨二年（一三二二）三月六日親玄譲状写）と親玄が述べているように、幕府に対する祈禱勤仕の賞として与えられたものである。親玄は幕府祈禱を勤仕し、その恩賞として所領を与えられた幕府の祈禱要員であった。

僧侶が祈禱賞として個人的に所領を拝領することは、東国独自の賞のあり方だと思われる。畿内での祈禱賞は、祈禱に当たった僧侶に僧官位を与えたり、その僧侶が所属する寺や院家に対して有職を設置したりするのが一般的である（『醍醐寺新要録』（以下『新要録』）三宝院篇五八八頁参照）。親玄の場合は醍醐寺地蔵院に対してではなく、親玄個人に対して地頭職が与えられた。親玄は正応六年七月に拝領した地頭職を、長尾郷は地蔵院を継承した嫡弟覚雄に、丹原郷は弟子房玄に譲与し、醍醐寺内における法流相承の流れのなかで分与した。幕府は鎌倉殿御願寺に対して別当領や供僧領を設置しているが、それとは別に、幕府勤仕僧個人に対して地頭職を与えていたことが分かる。幕府と幕府勤仕僧とは、所属する寺や院家（鎌倉・京都を問わず）を介さない人的関係を形成していた可能性がある。

次に親玄のもつ法流意識を、鎌倉滞在中の任権僧正から読みとってみたい。親玄の任権僧正については、この昇進が鶴岡別当頼助の推挙によることや、この昇進に伏見天皇が不快の念を示していたこと（『伏見天皇日記』正応五年二月二十六日条）が史料上明らかであり、幕府推挙の有効性を示す事例として評価されている（平雅行氏前掲一九九五年論文）。正応五年（一二九二）二月の任権僧正の経緯は、「日記」同月二十八日条に記されている。親玄は「頼助僧正辞二退大僧正一之替」として鶴岡別当頼助の推挙により権僧正に任じられ、「二代之廃跡」を継ぐこの補任を「門跡之光華」であると認識した。ではこの「二代之廃跡」が示す血脈はどこに求められるのであろうか。頼助は大僧正であったので、頼助との師資関係を指しているのではない。そこで醍醐寺における親玄の血脈をみてみよう。[23]

勝賢（権僧正）―成賢（権僧正）―道教（大僧都）―親快（法印）―親玄

勝賢・成賢が権僧正になっていたのに対し、親玄の前代二人（道教・親快）が大僧都・法印どまりであったことを指すことが分かる。親玄は任権僧正について「門跡之光華」であるといい、自身の昇進を法流にとっての名誉だととらえている。親玄は鎌倉下向中にも京都醍醐寺における三宝院流の「門跡」（法流）を強く意識していたのである。[24]

二、親玄が抱える二つの相論

本章では、親玄が関わった二つの相論を検討することで、京都醍醐寺で形成された親玄の法流意識についてさらに掘り下げ、その上で鎌倉下向との関連づけを行いたい。

第一節　三宝院との相論

『新要録』遍智院篇によれば、醍醐寺において親玄を含む親快流と三宝院院主（定済流）とが遍智院の帰属をめぐって、鎌倉前期から南北朝期にかけて百年以上、相論していたことが分かる。この相論にはどのような意味があったのであろうか。

三宝院との相論のなかで「成賢之遺跡」（『新要録』遍智院篇六五三頁、三宝院定勝法印申状）が争われ、親玄がこの相論で「成賢・道教・親快等奉公異レ他候、親玄又為二彼嫡弟一、継二門流一候」（『新要録』遍智院篇六五五頁、親玄申状）というように成賢以来の血脈を主張していることから、遍智院僧正成賢没後の相承に相論の原因があることがうかがえる。

寛喜三年（一二三一）に没した成賢（親玄の三代前）が嫡弟道教に譲与したのは「三宝院・遍知（智）院・覚洞院・西南院・大知（智）院　已上五ヶ院」である。なかでも遍智院は「代々自鈔・嫡々秘篋」の「密蔵」と定められ、同院に附属する「堂舎・僧坊・宝蔵・経蔵・道具・本尊等」は「附法之仁」（嫡弟）である道教に譲与された（『鎌倉遺文』六―四二二五号）。遍智院は以後親快（親玄の師）にいたるまで嫡流相伝されている（『大日本古文書家わけ一九　醍醐寺文書』（以下『大古』）二―三四一号）。

成賢は遍智院について、「貴房」（道教）の後は定尊に付属させるよう遺言した（『大古』二―三四一（五）号[25]）。遍智院が嫡流相承されていることから考えて、成賢は道教後の嫡流に定尊を指名したと言える。しかし道教が嘉禎二年（一二三六）五月の譲状（『大古』二―三四一（七）号）で遍智院を譲与した相手は定尊ではなく親快であった[26]。

その後、定尊父の土御門定通が「重々問答」したことにより、道教は同月二十五日に親快・定尊の二人に分譲する

譲状を新たに書いた（「正嫡相承秘書」一八丁、道教譲状写）。しかし親快は宝治三年（一二四九）正月、病床にあった通円（定尊から改名）を遍智院から追い出した。追い出された通円は、「舍弟前大僧正」（定済）に譲状を書き残して失意のまま入滅したという（『新要録』遍智院篇六四四頁、三宝院定勝法印申状）。ここに成賢跡をめぐる二つの流れが生じることとなった。以後親快流（親快・実勝・親玄など）と、定済流（通円舍弟の定済およびその弟子たち）との間で相論が展開する（系図参照）。

親快と定済とは三宝院・遍智院両院家の帰属をめぐって争った。両院家は成賢から嫡弟道教へ譲与されたもので、嫡流相承の象徴であった。建長八年（一二五六）に定済が醍醐寺座主に補任された際には、太政官符の受け取りや吉書始が遍智院で行われている（『新要録』遍智院篇六四七頁）。弘長四年（一二六四）正月の時点で定済に勝訴の裁許があったようである(27)。その後、定済は文永二年（一二六五）十一月・同三年（一二六六）三月に遍智院で弟子へ伝法灌頂を授け（「血脈類集記」第十二、定済の項）、同四年（一二六七）九月には同院で「月蝕御祈」を修している（『新要録』遍智院篇六四七頁）。さらに同十一年（一二七四）二月には定済弟子の道朝が遍智院で座主補任の官符を受け取っている（『新要録』座主次第篇九一四頁）。これらの事例は、定済が実際に遍智院を管領していたことを示す(28)。このことを前提として、文永十一年に「重被レ下二院宣一而、僧正一期之後者、両流之間、可レ付二器量一之由、被二仰下一了」（『新要録』遍智院篇六五三頁、三宝院定勝法印申状）とあり、「僧正」（定済）の没後は、両流（定済流と親快流）の中でふさわしい者を遍智院に付すことを示した院宣が下された。

一方の親快は文永二年（一二六五）正月に遍智院を実勝に譲与している（『大古』二—三四一（九）号）。しかし文永十一年（一二七四）の院宣が定済の管領を前提としていることからみて、親快の遍智院管領および譲与は実体のないものであったと思われる。

定済法孫定任の申状（『新要録』遍智院篇六五四頁）によれば、「僧正（定済）入滅之刻、令レ譲二与定勝法印一之処、纔不レ全二一代之相伝一、不レ及二是非一、俄被レ仰二付実勝一之間、迷二是非一了」とあり、遍智院は定済から定勝に譲られたが、俄に親快弟子の実勝に「仰」があったという。定勝は裁許を得ないままに他界し、その後を定任に託した。実勝に対する「仰」とは、弘安八年（一二八五）三月の亀山院院宣案（『大古』一―一二〇八（三）号）が該当するであろう。以後、定済流は三宝院を管領し、親快流は遍智院を管領するようになるが、その一方で、遍智院と院領高良庄の所属はひきつづき相論された。双方の申状が『新要録』遍智院篇に抜粋した形で収録されている。「仰」を得ていた実勝は正応三年（一二九〇）三月に没し（『新要録』座主次第篇九一五頁）、今度は三宝院定任が院領高良庄を安堵する裁許を得た。これに対して親快弟子の親玄が朝廷に訴え出た。親玄は師親快から直接遍智院を譲与されることはなかったが、すでに鎌倉に下向していた（正応四年（一二九一）正月二十五日付の申状で「親玄為二附法之嫡資一、依レ為二其器一、覚洞院并遍智院等管領候」（『新要録』遍智院篇六四五頁。東京大学史料編纂所架蔵写真帳『醍醐寺文書』一三函一三号）と主張していることから、親玄が実勝弟子の遍智院宮聖雲を後見する形で院家を運営していたと思われる。

親玄は正応三年（一二九〇）五月十三日付申状（『大古』四―八七一号）で、遍智院領高良庄は「勝賢・成賢以後代々相承」してきたと主張する。また「宣陽門院御時、成賢・道教・親快等之奉公異レ他候、親玄又為二彼嫡弟一、継二門流一候之上者、旁奉公之器候」とあるように、自らを成賢・道教・親快に連なる嫡流であると認識し、この血脈こそが遍智院と高良庄管領の根拠となっている。さらに「且去々年比、彼　宸筆御書以下并附法状等之正文、備二　叡覧一候之処、殊可レ被二召仕一之由被二仰下一候之間、御祈等無二懈怠一候、今依二事之縁一、暫雖二在国仕候一、此御所御祈禱可レ致二精勤一之由、被二仰下一候之間、抽二忠勤一候」(29)とあり、下向以前と思われる正応元年（一二八八）頃、親玄は朝廷の祈禱に召されることとなり御祈を勤めていたという。今は「事之縁」により鎌倉に「在国」しているが、親玄「御所御祈禱」（朝廷のための祈禱）は在国のまま勤めていると述べている。親玄は同申状のなかで、自らの朝廷に対する活動を「都鄙之奉公」と称している。これは京都にあっても鎌倉にあっても奉公していることには変わりないことを主張しているのである。親玄にとって幕府勤仕僧であることと、公家政権への奉公とは同時になしうることであった。

三宝院方（定済流）との間で相論は続いていたが、実勝以降は親快流が遍智院を実際に管領していた。親玄は醍醐寺三宝院流の嫡流を相承していると認識し、特に同門のライバル実勝が没した正応三年（一二九〇）以降は、鎌倉に在国しながら醍醐寺遍智院・覚洞院・地蔵院等の管領者としてありつづけた。遍智院をめぐる相論は成賢以後の法流分派（親快流と定済流）の結果生じたものであり、すなわち成賢跡をめぐる正嫡相論の具体的表現に他ならない。その相論の当事者であった親玄は、在鎌倉中も醍醐寺三宝院流の正統な後継者であり続けようとしていたのである。

第二節　醍醐寺座主職がもつ意味

親玄は鎌倉滞在中に二度、醍醐寺座主職に補任されている。親玄にとって醍醐寺座主とはどのような意味をもつ地位であったのかを検討してみたい。

醍醐寺座主職は、明観が寛仁二年（一〇一八）十二月に座主職を弟子の覚源に譲与したことによって、以後の座主は「年戒浅深」や「位次上下」を問題とすることなく「師範之挙状」によって座主が補任されることになった（『新要録』八九〇頁「一　任二師範之譲一宣下為二寺例一事」）。この段階から、座主選定は師資相承によるとされるようになった。醍醐寺内に三宝院を建立した勝覚以後は、三宝院院主職とともに座主職が師資相承されるようになり、醍醐寺座主職は①醍醐寺（寺家）の長官　②三宝院（院家）の院主　③三宝院流（法流）の正嫡、という三要素を統合した存在として師資相承されるようになる。[30]

　ところが貞永元年（一二三二）六月、座主職が三宝院流から離れるという事件が起きる。金剛王院の賢海が座主に補任されたのである（『新要録』座主次第篇九一三頁）。賢海以後、実賢・勝尊と金剛王院から座主が輩出され、再び三宝院から座主が出たのは建長三年（一二五一）六月であり、賢海が座主に補任されてから約二十年が経過していた。成賢嫡弟の道教はすでに没し、その嫡弟親快の代になっていたが、座主に補任されたのは憲深（成賢弟子）であった。[31]憲深が撰ばれた理由は「依レ為二門徒中知法之透逸一」（『新要録』座主相論篇九四四頁「一　停二廃非分之座主一、被レ返二付于本門跡一事」）であったためであるという。

　憲深は成賢弟子としてどのような位置にあった人物であろうか。寛喜三年（一二三一）八月に成賢から憲深に譲与されたのは「極楽坊」「大和高田」「摂津国野間田参丁并阿知本田弐段」（『大古』二―三〇六（一）号）である。成賢嫡弟の道教に譲与されたのが遍智院以下五院家および院領庄園であったことに比べ、量的に少ない上に、その内容にも重要な違いがみられる。道教に譲与された「堂舎・僧房・経蔵・道具・本尊・聖教」といった法流相承の基盤となるような文言がみえないのである。[32]極楽坊は「為二閑居終焉之地一、始所レ構之草庵」（『新要録』報恩院篇七四七頁、文永十二年寺解）とあるように、成賢が最期を迎えるための草庵であり、憲深は成賢の後継者としてはみなされていなかったのである。

しかし憲深はこの極楽坊を大きく発展させた。建長五年（一二五三）八月頃、名称を極楽坊から報恩院と改め、有職の設置にも努めた（『新要録』報恩院篇七四二頁〜七四五頁）。憲深は座主に補任された建長三年（一二五一）の時点でも、すでに寺内でかなりの経済力を蓄えていたと思われる。というのは、三宝院が貞永元年（一二三二）の回禄によって「所レ残者、只経蔵・宝蔵而已」という状態であったのを、「憲深僧正管領之時、営二作数宇之屋舎一」（『新要録』三宝院篇五九二頁「一　報恩院御時造営事」）とあるように、憲深が三宝院坊舎を造営しているからである。成賢門徒から選出する新座主には回禄した三宝院の造営が期待されていたのであり[33]、憲深にはそれに応えうる財力があったのではなかろうか。

建長三年（一二五一）六月まで座主であった金剛王院勝尊はわざわざ「被レ止二寺務一了」（『新要録』座主次第篇九一三頁）という形で辞任している。そもそも勝尊を改替させるよう朝廷に働きかけたのは憲深自身であったのではなかろうか。座主職を「返二付当門跡一」（成賢門徒へ返付する）とは、実際には憲深の補任を指していたと考えるのが妥当と思われる。

建長三年（一二五一）六月「故成賢僧正門徒之中」（『新要録』座主相論篇九四五頁）から憲深が座主職に補任され、座主房とするために三宝院を管領することとなった[34]。成賢以来の嫡流相承によって三宝院・遍智院を相承していた親快は、この際「一期之後、親快必可二伝領一由、所下被二仰定一候上也」（『大古』七―一三八七号・一三八八号。親快申状案）とあるように、「僧正」（憲深）の後には親快が三宝院を領掌するという宣陽門院の「仰定」をとりつけていた[35]。憲深と親快とが座主職についてやりとりしたという史料はないが、座主房としての三宝院について交渉したのであるから、親快としては最終的に自らが座主になることを想定していたとみてよいであろう。

ところが憲深は座主職を弟子の実深および定済に譲った（『大古』二―三二五号・三三一号・七―一三八七号・一三八八号）。定済は親快と遍智院をめぐって争った人物である（前節参照）。座主職および三宝院は親快の手に渡ることなく、定済が獲得するところとなった。その後憲深門徒間においても、その嫡弟実深（報恩院）と座主職を継承する定済（三宝院）という二つの流れが生じた[36]。こうして、十三世紀後半には、成賢門徒はそれぞれが正統性を主張する三つの集団（地蔵院・報恩院・三宝院）に分かれることとなった[37]。

親快は「成賢門徒」に返付された座主職にこだわり続けた。親快の座主補任への要求は、座主となった三宝院定済に対する攻撃となって表れる。『新要録』座主相論篇（九四六頁）には「一　親快等濫訴事」という項目がある。定済が座主に補任された翌正嘉元年（一二五七）閏三月の醍醐寺衆徒等解（『大古』一―二二六号）の主張によれば、「寺門之中興」をなした座主定済に対して「異心」をもつ「凶徒等十余輩」が「狼籍（藉）之違背」をしたという。内容からみて、訴えの主体である「衆徒等」の実体は三宝院定済側の集団である。『新要録』の編者三宝院義演は、ここで「衆徒等」に訴えられている狼藉の主体について、「張本地蔵院親快法印也」（『新要録』九四七頁）と付記している。

一方、弘長二年（一二六二）閏七月に幕府に対して出された「衆徒等」の申状（『大古』三―五七〇号）は、逆に座主定済の改替を訴えたものである。義演の注（『新要録』九四七頁）によれば弘長二年は「度々訴状」が出されており、その「張本」の一人は親快である。この時期の醍醐寺内には「衆徒」と名乗る二つの集団（定済方と親快方）が存在したことが分かる。

その後文永十年（一二七三）十二月と同十二年（一二七五）正月とに「醍醐寺僧綱大法師等」約二十名の連署によ

る訴えが朝廷に出されている（『大古』三―五七三号・五七四号）。これらは、定済が座主職を弟子の道朝や定勝に譲与したことに異議を申し出たものであり、連署中に親快とその弟子実勝・親玄の名が見える。親快は座主職が定済流によって相承されることで、自らが補任される余地がなくなることを警戒していたと思われる。『新要録』の編者義演によれば、親快の訴えは「至二同十二年一、七ヶ度歎訴、雖レ然、依レ為二非分一、無二勅裁一」（『新要録』九四八頁）とあり、文永十二年（一二七五）までに七回も訴え出たが、結局親快は座主に補任されず、座主職は三宝院定済およびその弟子たちによって相承されることとなった。

建治二年（一二七六）五月、親快は実際には補任されなかったにも関わらず、醍醐寺座主職について弟子親玄に譲状を作成した（「正嫡相承秘書」九丁）。親快はこの譲状で、「寺務職」（座主職）について、「先師道教」は（成賢からの）「由緒相伝」が明白であったにもかかわらず、金剛王院賢海の介入によって補任されなかったこと、親快自身も座主補任という「本望」を果たすことができなかったことを述べている。親快は醍醐寺座主職を成賢―道教―親快とつながる血脈と不可分のものとして認識していることが分かる。「成賢門徒」の正統的立場を自認する親快としては、座主補任は果たされなくてはならないことであった。金剛王院流からの座主補任や成賢門徒の分派という事態により、座主職を相承すべき「嫡流」が自明ではなくなり、座主職を嫡流の象徴として改めて意識させることになったと思われる。親玄にとって座主職は成賢流正統として重い意味をもつポストであった。

鎌倉に下向した親玄は権僧正になったことを「門跡」（法流）の名誉として、実勝没後は名実共に親快嫡弟としてふるまった。親玄が座主職にこだわった背景には自らを成賢門徒の嫡流とする意識があり、嫡流の表現たる座主職に補任されることは師道教・親快以来の「本望」でもあった。親玄自身も永仁三年（一二九五）・同六年（一二九八）中状で醍醐寺座主職補任を望む際、「師資附嘱之嫡流」であることを繰り返し主張していたが（次章第二節）、この正統性の確立にこそ親玄の目的があったといえる。親玄はついに座主に二度補任され、嫡弟覚雄に座主職を相承することを意図して譲状（「正嫡相承秘書」一一丁）を作成した。

　　譲与

　　　醍醐寺座主職事

右、為二師資相承之職一、親玄於二関東一申二披子細一預二御挙一、拝補已及二両度一了、而依レ為二附法之仁一、以二次第證文等一、所レ譲二与覚雄阿闍梨一也、申二立所存一可レ被二補任一之状如レ件、

　　元亨二年（1322）三月六日

　　　　前大僧正（親玄）在判

弘安十年（一二八七）に実勝が補任されてからの醍醐寺座主職は、師資相承によらない交替が続いていた。親玄が乾元二年（一三〇三）四月に再度補任された後も、親玄から灌頂を受けた遍智院宮聖雲以外に、金剛王院・三宝院・報恩院・東大寺東南院などから座主が就任している（付図血脈参照）。このような対抗勢力の登場が、かえって座主職を嫡々相承すべきものとする認識を深化させたのであろう。だからこそ親玄は、必ずしも師資相承されなくなっていた座主職を嫡弟覚雄に譲与するという形をとったのであり、自らの法流（成賢—道教—親快—親玄—覚雄）で継承していこうとしたのであった。[38]

　親玄が抱えていた遍智院をめぐる相論および醍醐寺座主職補任という二つの問題の背景には、成賢門徒の嫡流としての位置を確立するという目的があったのであり、それは下向後にも親玄の行動を規定していた。そのことを踏まえ

図　醍醐寺座主と法流血脈　『醍醐寺新要録』座主次第篇・座主并法流血脈篇をもとに作成。座主には代と補任年を付す。

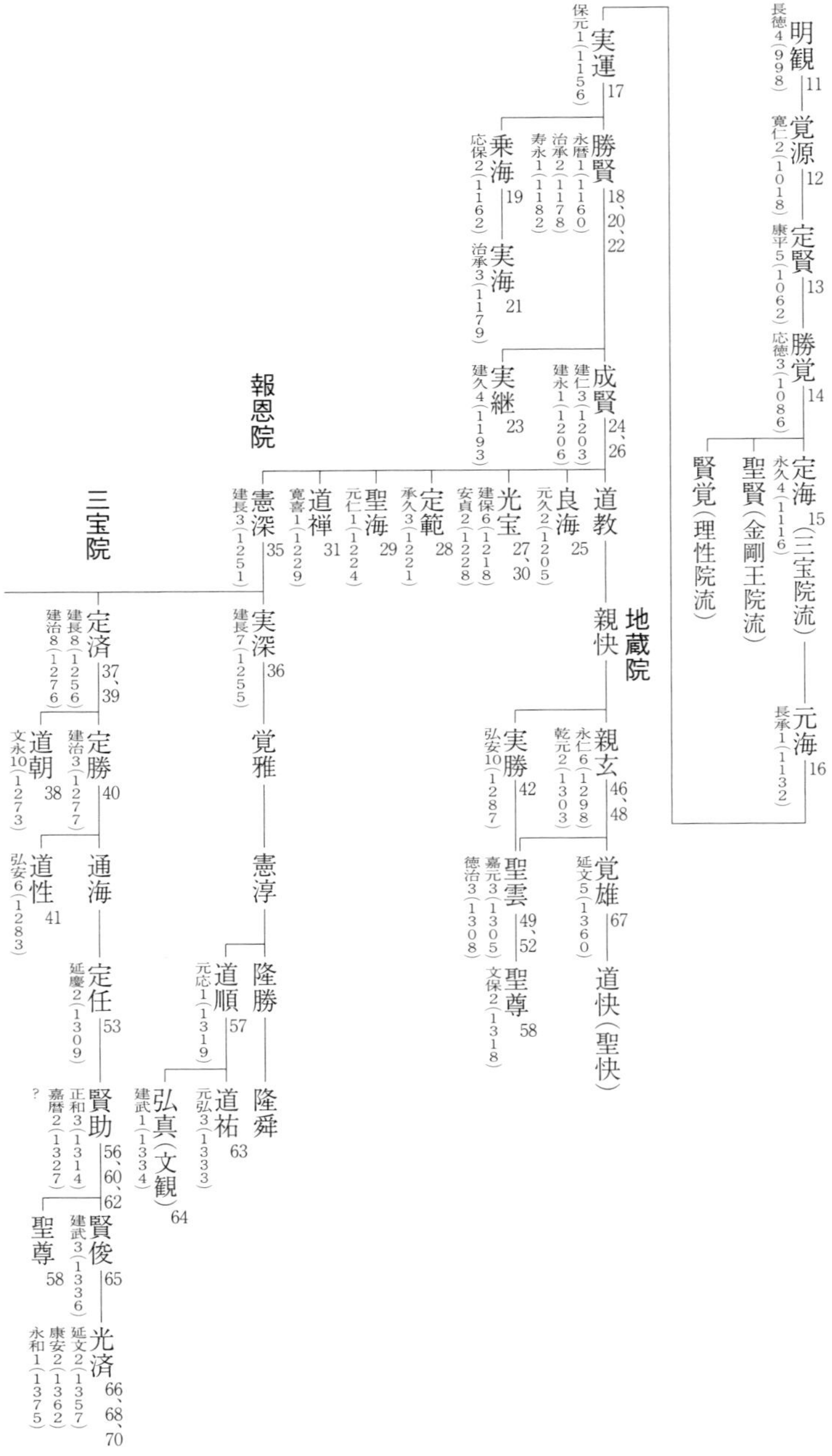

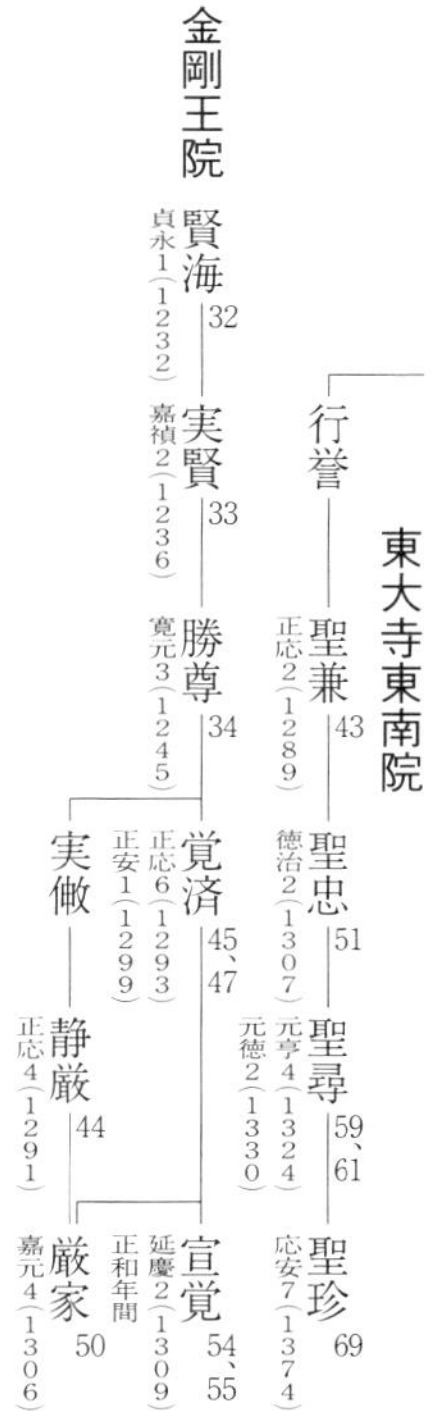

て、次章では再び鎌倉での親玄に目を向けてみたい。

三、親玄と鎌倉・京都

第一節　幕府への祈禱勤仕がもつ意味

親玄が抱える二つの相論の根底には、成賢門徒としての法流正嫡問題があった。徳治二年（一三〇七）十月の親玄書状写（「正嫡相承秘書」二十丁）[39]から、親玄が三宝院流における自らの正統性を幕府に対しても主張していたことが分かる。

三宝院御流相承事、祖師遍智院僧正成賢為二正統一附法伝来之次第、至二親玄一無二違失一候条御存知候歟、当院事去夏頃重々有二其沙汰一、為二正統一嫡々相承無二御不審一由、以二両奉行右近大夫入道、城介、一被二仰出一了、此間之子細世以無レ隠、人皆所レ知候、而今有二師資之御契約一、可レ被レ興二門跡一由承之条、返々奉二随喜一候歟、（中略）

頓首、

（徳治二年）十月八日　　前大僧正（親玄）判

蓮蔵院（運雅）法印御房

「三宝院御流」は「祖師遍智院僧正成賢」から親玄に至るまで嫡流相承されており、去夏頃にその嫡流相承を認める仰せが幕府からあったという(40)。では幕府が「正統嫡々相承」を認める行為とは、具体的にはどのようなものであろうか。まずは親玄が自らの法流の正統性を幕府に対して主張したその手段を探ってみてみたい。

親玄は後宇多院に召されて上洛し、嘉元二年（一三〇四）、醍醐寺において遍智院宮聖雲法親王に灌頂を授けている（東京大学史料編纂所架蔵謄写本「三宝院流嫡々相承次第」六丁、親玄伝授目録写。七丁、親玄附法状写）。そのとき親玄は「仁王経万荼羅二鋪所持之間、増益マタラ（珍海筆）奉レ譲レ之、於二息災マタラ一者、於二関東一可レ有二所用一故、不レ及二進置一也」（「三宝院法流嫡末等事」(41)）と記されるように、仁王経曼荼羅二鋪のうち一つについては関東での勤仕に必要な本尊として手許に残したという。聖霊に譲った珍海筆の仁王経曼荼羅は実は「息災」であるので(42)、ここで親玄が手元に残した仁王経曼荼羅は「息災」ではなく「増益」であろう。そして親玄流の嫡流で親玄法孫にあたる聖快（本名道快）が、応永二十四年（一四一七）十一月に「嫡々相承之秘仏」である本尊を列挙した譲状（「正嫡相承秘書」三四丁）によれば、その筆頭はまさに「仁王経曼荼羅一鋪（増益）」である。

親玄にとってこの仁王経曼荼羅は嫡流相承すべきもので(43)、かつ関東護持祈禱の本尊として必要なものであった。仁王経曼荼羅をよりどころとして、関東護持と法流相承とは一体のものとして主張されたのであった。

親玄が嫡流相承と関東護持とを一体化させていたことは、親玄が嫡弟覚雄に与えた元亨二年（一三二二）三月十二日付の譲状（「正嫡相承秘書」一三丁）からも分かる。この譲状によって「本寺三箇院家」（醍醐寺内の地蔵院・清浄光院・宝蓮院）や「経蔵」（地蔵院経蔵）、その他聖教や本尊・道具類が嫡弟覚雄に相承されている。(44)地蔵院経蔵に納められている「聖教数百帙」は、親玄の師である覚洞院法印親快が、三宝院・遍智院の聖教を移動させたものであるという。(45)このなかで「秘仏・秘曼荼羅并本尊・祖師影像等」のうち「本寺経蔵」（醍醐寺地蔵院経蔵）に納めてある「本尊等数百鋪」はいずれ「当所」に安置して「武門之御護」をなすようにと述べている。親玄は鎌倉で没したと思われるので、(46)「当所」とは鎌倉を指す。これらの道具を使用して幕府に勤仕せよというのである。仁王経曼荼羅と同様に、嫡流相承の本尊と幕府勤仕とを結びつけるという共通の思考が読みとれるのである。

言い換えれば、親玄は嫡流相承の本尊や道具類をあえて関東護持の道具として位置づけたということになる。嫡流相承された秘仏を用いて関東護持を行う祈禱要員として幕府に承認させることが、すなわち「為二正統一嫡々相承無二御不審一由」という承認につながったのではなかろうか。親玄は秘仏によって関東護持と正統嫡々とを一体のものとして主張し、幕府はそれを承認したのであった。

鎌倉幕府にとって親玄は重要な祈禱要員であり、親玄と祈禱勤仕とは不可分な関係にある。親玄は本尊という可視的な道具によって、幕府に対する祈禱勤仕をアピールした。幕府による「嫡流承認」は祈禱勤仕僧を正統と認めるものであったと考える。親玄はその正統性の支持を幕府に期待して下向したのではなかろうか。

幕府への祈禱勤仕によって法流相承を承認させる事例は、地蔵院と同じく三宝院流をくむ醍醐寺報恩院にも見出すことができる(47)（付図血脈参照）。報恩院の幕府に対する勤仕活動は永仁元年（一二九三）から確認できる（『大古』二―三五四（一）号・一―二三七（一）号）。徳治三年（一三〇八）四月には憲淳から隆勝へ、正和三年（一三一四）十月には隆勝から隆舜へと院主が代替わりしている。鎌倉に下向していた報恩院院主たちは代替わりの際には、「法流相承」を根拠に、後継者を幕府の「御祈之人数」に加えることを得宗に願い出ている。そして得宗は「法流相承并祈禱事承候了」とあるように、祈禱人数に加えることと同時に師資相承を承認している（『大古』一―二三七（一）～（七）号）。

延慶二年（一三〇九）六月、代替わりした報恩院隆勝は醍醐寺における「報恩院坊舎・正教《（聖）》・本尊・道具間事」の相承を承認するよう幕府に願い出た（同（四）号）。幕府に擁護をもとめるに際し、「為二関東護持一故、所二譲給一之重宝内転法輪筒」とあるように、相伝する転法輪筒が関東護持の道具であることを主張する。転法輪法は「調伏至極秘法」である。「関東護持」僧であることを主張する手段に転法輪筒という道具が用いられている。これに対し貞時は「法流御相承事、文書等加二一見一候訖」（同（五）号）と返事をした。「関東護持」をすることによって「法流御相承」を承認させたのであった。

鎌倉後期の報恩院は二つの相論を抱えていた。正応五年（一二九二）に鎌倉で没した覚雅は、弘安年中に佐女牛若宮（六条八幡宮）別当職を「不慮得替」されたため、関東に参向すること四五年であったという（『大古』二―三七二号、隆舜申状案。『新要録』報恩院篇七六六頁）[48]。さらに醍醐寺においては、後宇多法皇の介入により憲淳（覚雅弟子）以後の隆勝・隆舜による相承が危ぶまれる状況にあった[49]。報恩院が鎌倉後期になって幕府に接近するのは、覚雅が六条八幡宮別当職の改替を幕府に訴えたことを契機とするが、後宇多院の介入を受けた憲淳以降は祈禱要員に加わるという形で幕府との関係を深めている。憲淳は幕府に祈禱勤仕の継承を承認させるという形で、醍醐寺内における自らの後継者を認めさせようとしたのである。

親玄が抱える成賢門徒としての正嫡問題と、報恩院の後継者問題とは性格が異なるが、醍醐寺内で緊迫した問題を抱える両院主が祈禱勤仕の結果として幕府の協力を得ていることが共通する。幕府に対する自らの祈禱勤仕を強調するために、両者が用いたのは関東護持のための特定の本尊・道具類であった。法流相承を聖教類保持が担保することについては、永村眞氏が指摘しているが（前掲一九九一年論文）、特に鎌倉においては幕府への勤仕を可視的に象徴するものとして特定の本尊・道具類が僧侶側から示されていたと思われる。畿内での問題解決に得宗を頼るという考え方の背景には、単に幕府の影響力の強さというだけでなく、鎌倉での勤仕が京都における問題解決に還元されるという、「都鄙」を一体的にとらえる僧侶側の意識があったと思われる。また、祈禱による奉仕は単に安堵を得るためだけでなく、幕府祈禱要員として本尊・道具類を使用することで、法流相承の承認に密接に結びついていたのであった。

地蔵院親玄や報恩院憲淳・隆勝という、醍醐寺内での法流相承という問題を抱えた僧侶が鎌倉幕府のもとに集まり、祈禱勤仕の結果得宗の承認を得ていた。この承認には祈禱要員に加わることの承認と、法流相承の承認という二重の意味がある。鎌倉後期、問題を抱える畿内権門寺院僧は新たな解決主体として関東に注目した。地蔵院親玄や報恩院憲淳等は醍醐寺内で深刻な問題を抱えていたが故に鎌倉に下向したといえる。幕府が紛争調停者として認識されていたことを示す。畿内出身の幕府勤仕僧は明確な意図をもって鎌倉へ下向し、かつ祈禱要員として組みこまれたのであった。その一方で、問題を抱える下向僧と結びつくことで幕府祈禱は充実していった。下向僧の存在およびその活動は、畿内本寺との関わりの中で捉えなければならないであろう。

第二節　親玄と京都・鎌倉との関係

本節では親玄の二度にわたる醍醐寺座主補任の経緯から、親玄が京都・鎌倉での自身の活動をどのように認識していたのかを探ってみたい。

最初の醍醐寺座主補任　親玄の醍醐寺座主補任については以下のように指摘されている。平雅行氏は、幕府が権門寺院に直接「幕府僧」を送りこんだ例として挙げた（前掲一九九四年論文）。また稲葉伸道氏は、醍醐寺座主が現実には幕府の推挙によって決定されてしまうことを示すと理解した（前掲論文）。これらの指摘について若干の検討を加えてみたい。

親玄が醍醐寺座主に初めて補任されたのは永仁六年（一二九八）九月で、『新要録』座主次第篇（九一六頁）には「関東挙、于レ時僧正住二関東一、未入寺、無官符、無拝堂、正安元年　月　日去レ職」とある。親玄の補任は「関東挙」（幕府の推挙）によるものであった。鎌倉にいた親玄は補任に際しても上洛せず、翌正安元年（一二九九）には座主を辞任している。

その補任に至る過程については、親玄自身が醍醐寺座主職を強く望み、数年間にわたって運動していたことが「日記」からうかがわれる。正応五年（一二九二）二月末尾に権中納言京極為兼の親玄宛と頼助宛の書状が写されている。親玄宛書状には「醍醐寺座主職事、自二旧冬一連々承候之趣、具申入候也、御沙汰之次第無二相違一候」とあり、親玄が「旧冬」から醍醐寺座主補任のために京極為兼を通じて「連々」京都に申し入れていることが分かり、為兼も「御沙汰之次第無二相違一候」と述べて補任が実現するであろうと伝えている。頼助宛書状で為兼は「醍醐座主職事、度々蒙レ仰候」と伝えており、これは親玄宛書状での「御沙汰之次第無二相違一候」に対応する。親玄の座主補任は現実味を帯びた話になっていたようである。しかし正応六年（一二九三）正月に座主補任の宣下を受けたのは、親玄ではなく金剛王院覚済であった。そして永仁六年（一二九八）九月、この覚済の次にようやく親玄が補任されたのである（『新要録』座主次第篇九一六頁）。

「日記」は永仁二年（一二九四）までしか残っていないが、永仁三年（一二九五）八月の親玄申状写（「正嫡相承秘書」四七丁）は、醍醐寺座主職に親玄が補任されるよう幕府に「東風之吹嘘」を要求している。この申状によれば、正応三年（一二九〇）東大寺東南院聖兼が座主職を辞退するとき、親玄は自らの補任を「奏聞」していたが、補任されたのは金剛王院静厳であった。静厳の座主職改替を願う「一寺之鬱訴」があり、今度は親玄が「勅約」を得たという。先記の「日記」正応五年（一二九二）二月の京極為兼書状は、このときに親玄が為兼を通じて座主補任を申し出た様子を記していたのであり、「蒙レ仰」とは勅約があったことを指していた。しかし勅約は改められ、同六年（一二九三）正月には金剛王院覚済が補任された。そこで親玄はこの申状により幕府に推挙を願い出たのであった。

親玄が幕府に座主推挙を要求する根拠は、自らが「師資附嘱之嫡流」であること、幕府に対する「代々之旧労」があることの二点にある。幕府との結びつきについては、「右大将家」（頼朝）と「祖師勝賢僧正」との関係に遡及して主張している。さらに「将亦近年者、南都北嶺自門他門雖レ抱二理訴一、不レ預二勅裁一之輩、猶以二武家之厳命一、各全二師跡之相伝一、或令レ達二先途一、或還二補本職一、傍例多レ之、不レ可二勝計一」と記し、近年は畿内寺院で理訴にもかかわらず勅裁を得られない場合、武家の「厳命」によって師資相伝を遂げることが多く行われていると述べた上で、ましてや自分は関東に「参住之身」であるのだから、幕府の推挙を得るのは当然だと主張する。醍醐寺座主職についてはかつて「弘安・正応二箇度」にわたって「此方之御推薦」（幕府の推挙）があったとし、今回再び「東風之吹嘘」

を求めたのであった[50]。

永仁六年（一二九八）七月二十四日、親玄は再び幕府に座主補任の推挙を要請している（「正嫡相承秘書」四九丁）。「去年雖レ預二一往之御挙一、依レ無二 公請之労効一」と述べているように、前年に幕府の推挙を得たが京都での公請労がないために補任されなかったという。権僧正昇進の時と同様に、親玄に公請労がないことが問題となっていた。この申状によれば、このとき寺内には座主職補任を望む者が他にもいたようである。「傍流之輩」である東大寺東南院聖忠には「太閤并執柄之挙状等」（太政大臣や摂関の推挙等）があり、三宝院通海には「仙洞御吹嘘」があるということを聞き[51]、「正統与二傍流一差異相隔、用捨如何」とあるように、法流の正統な継承者と傍流との用捨を明確にするように訴えている。幕府に対して「勤労粉骨」している自分が「危急」の事態にあるのだと、幕府に「哀恤之御沙汰」を願ったのである。親玄が推挙を求める根拠は、自分が座主にふさわしい法流継承者であること、幕府に対して勤仕する「護持僧」であることの二つで、これは前記の永仁三年（一二九五）八月の申状と同じである。この申状に続けて「就二此申状一、被レ出二細色之御挙状一了」と記されており、この申状によって再び幕府の推挙を得られたことが分かる。そして九月、親玄はようやく念願叶って醍醐寺座主に補任された（『新要録』座主次第篇九一六頁）。

親玄の座主補任に至るまでのプロセスから以下の三点が指摘できる。第一は、幕府の推挙が摂関や院の推挙に対抗しうるものとして期待されていたことである。第二に、正応五年（前掲註（50）参照）や永仁五年に幕府から推挙があったにもかかわらず、親玄の座主補任が果たされなかったということである。稲葉伸道氏は、醍醐寺座主が幕府の推挙によって決定されてしまうと理解したが、その力は決定的とはいえず、院や摂関の推挙と並ぶものとして認識されていたのであった。幕府の推挙は補任を決定するものではなかった。下向僧に公請労がないことは、この時期においてもかなり不利に働いていた。第三に、親玄が永仁三年と同六年に幕府に推挙を要請していることからみて、幕府は親玄の座主補任にそれほど熱心ではないということである。特に永仁六年の親玄申状には「勤労粉骨之仁、身之安否危急」といった文言が並び、親玄の苛立ちが読みとれる。

平雅行氏は、親玄の座主補任について、幕府が直接「幕府僧」を送り込んだという理解を示した。しかし、以上の経緯からみるに幕府が親玄の醍醐寺座主補任に積極的であったとは言いがたい。親玄自身が正応三年（一二九〇）頃から補任にむけて強く運動していたことや、先記の永仁三年申状の「雖レ抱二理訴一、不レ預二　勅裁一之輩、猶以二武家之厳命一、各全二師跡之相伝一」という文言から考えれば、むしろ親玄が最終的手段として「関東挙」に頼り、それに幕府がなんとか対応したのだといえる(52)。鎌倉後期には畿内権門寺院僧の要求に対応しうる新たな主体として幕府が認識されていたことを示すが、幕府の推挙の効力については個別に検討することが必要である。

醍醐寺僧である親玄が幕府の推挙を利用したこの事例は、この補任を幕府による積極的な政策としてとらえることでは捨象されてしまった、下向僧が主体的に幕府と関わる様子をうかがわせる。親玄は幕府の支持を求める際に、自らの法流の正統性を源頼朝・勝賢僧正の関係からさかのぼり、その由緒を主張する方法をとった。三宝院流における自己の正統性と、幕府勤仕の由緒とを同時に主張する親玄の視線はつねに京都・鎌倉の両方に向いていたといえる(53)。

二度目の醍醐寺座主補任　親玄は乾元二年（一三〇三）四月、院宣によって再び醍醐寺座主に補任された（『新要録』座主次第篇九一六頁）が、幕府の関与を示す史料がないためかほとんど注目されることがなかった。そこでこの二度目の補任にいかなる背景があったのかを検討してみたい。まずはその前提と思われる、親快門徒（親玄・実勝、および実勝弟子）内部の法流相承問題について、「三宝院法流嫡末等事」（前掲註（41）（42）を参照）の記事から整理してみたい。以下、特に断りがない限り同史料による。

親快嫡弟の座をめぐって親玄と争い敗れた実勝（『新要録』地蔵院篇七三二頁「一　親快法印事」）は、弟子の聖雲法親王（亀山院皇子）に具支灌頂を授ける前に没した。実勝は入滅前に弟子の頼瑜法印に、宮が成人した後に灌頂を授けるよう申し置いた。そのため正安四年（一三〇二）二月十一日に「従二先師法印実勝御房一所二承置一宗大事并大法秘法已下」[54]が頼瑜から聖雲法親王へ授けられた。ところが「依レ為二根来法師一、聊有二御蔑一」とあり、聖雲は頼瑜が根来寺出身であるために軽んじる思いがあって、この付法をよしとせず親玄から灌頂を受けることにしたという。そのため親玄は「後宇多院之召」により鎌倉から上洛したのである。親玄は醍醐寺遍智院において嘉元二年（一三〇四）三月から十月にかけて十箇秘法を聖雲に伝授し、十一月二十一日に附法状を出すと再び鎌倉に下向した[55]。

密教僧にとって誰から灌頂を受けるかは、その評価に関わる重要な問題であった。遍智院宮聖雲が師として望んだのは親玄であり、聖雲への付法のために後宇多院がわざわざ親玄を鎌倉から呼び寄せたのである。親玄の法流継承者としての立場の高さが醍醐寺内でも認識されていたことを示している。聖雲が師実勝の指名した頼瑜よりも親玄を選んだのは、親玄と嫡弟争いをした実勝亡き後は、親玄が親快流の後継者として認知されていたからに他ならない。親玄の正統性が認知されるにいたった背景には、親快・親玄等が成賢流の正統性の表現としていた醍醐寺座主職に、親玄が永仁六年（一二九八）に補任されたことが影響しているであろう[56]。

次に、親玄が鎌倉から上洛した時期について整理したい。聖雲法親王に付法する前年の乾元二年（一三〇三）正月、後宇多院院宣（「正嫡相承秘書」四二丁）が親玄に下されている。「醍醐寺座主其闕出来、有下可レ被二仰合一旨上、可下令二上洛一給上之由、院御気色候也」とあるように、醍醐寺座主職に欠員が生じたことを理由に後宇多院から上洛を促されていることが分かる。

　そして同年四月、院宣によって親玄は再び醍醐寺座主に補任され、七月八日から醍醐寺清瀧宮で孔雀経御読経を修している（「醍醐寺座主次第」）。その後嘉元二年（一三〇四）三月から聖雲への諸尊法伝授が確認され（「三宝院流嫡々相承次第」六丁、親玄伝授目録写）、付法がほぼ終わりかけていた嘉元二年（一三〇四）十月二十一日、座主補任を正式に伝える太政官符が醍醐寺に到来し、親玄はそれを遍智院で受け取った（『新要録』座主次第篇九一六頁）。翌嘉元三年（一三〇五）正月には彗星御祈として仁王経護摩を修し、この年に再び鎌倉に下向した（「醍醐寺座主次第」）。聖雲への付法と醍醐寺座主補任とが時期的に整合することから、親玄の二度目の座主補任は、宮への付法に対する賞であった可能性が高い。今回は幕府とは関係なく京都における法流相承をめぐる人間関係のなかで、醍醐寺座主に補任されたのであった。

　従来、親玄の醍醐寺座主補任というと、「関東挙」と記される最初の補任が注目されてきた。それは幕府による畿内権門寺院政策という視点から親玄がとらえられてきたことによる。しかし、京都からの下向僧という立場から両度の補任経緯を通観してみると、ときには幕府の推挙を得ることで、ときには院や法親王と結びつくことで醍醐寺座主補任を果たしたこと自体に、京・鎌倉の双方に活動の基盤をもつ親玄の特質が表れているように思われる。親玄にとって、京・鎌倉間での活動は一体的なものとしてとらえられていたであろう。畿内から下向してきた幕府勤仕僧については、幕府との関係だけではなく畿内の本寺や公家政権との関係からもとらえることが実態に即した見方だと思われる。

おわりに

鎌倉における親玄の祈禱勤仕を伝えるのは、元亨元年（一三二一）正月が下限となる。鶴岡で月次御修法が修され、「正月二階堂別当僧正親玄、金門鳥敏法、二月大御堂別当僧正道潤、中薬師法、三月法華堂別当僧正顕弁、北斗法被レ勤二仕之一、三門跡如レ此」（「鶴岡社務記録」信忠の項）とあるように、永福寺別当親玄（東密）、勝長寿院別当道潤（山門）、右大将家法華堂別当顕弁（寺門）の三人が分担して勤仕した(57)。この三人は当時の幕府祈禱において、それぞれが東密・山門・寺門を代表する人物であったと推測される。親玄は翌元亨二年（一三二二）三月に没している。親玄は最晩年まで鎌倉で祈禱を勤仕し、しかも鎌倉殿御願寺である永福寺・久遠寿量院両別当の地位にも就いて（「東寺宝菩提院三密蔵聖教」一七九函七号・一五号）、幕府祈禱の最重要人物として終わっていることが分かる。

本論では京都醍醐寺から下向し幕府に勤仕した親玄について検討してきた。親玄にとって醍醐寺僧であるという属性は、下向するに際して、さらに鎌倉在国中においてもその活動を規定し続けた。親玄が京・鎌倉を活動の場として一体的にとらえていたことが様々な面からうかがえたと思う。親玄は鎌倉にあっても公家への奉公は続いていると認識していた。「日記」からは親玄が常に醍醐寺内（特に三宝院や報恩院）の動向に注意していたことが分かる。鎌倉在国中にも三宝院との相論や醍醐寺座主補任に向けて運動していた。親玄のこういった一連の動向は、成賢流としての正統性確立をめざしたものであったといえる。

畿内権門寺院やそこからの下向僧にとって、鎌倉幕府は自分たちの要求に応えうる新たな主体として認識されていた。しかしその一方で幕府推挙の効力や、勤仕僧の出世に対する幕府の積極性については、さらなる検討を要するであろう。幕府の寺院政策（対幕府勤仕僧・鎌倉殿御願寺、対畿内権門寺院）の実態を解明するためには、幕府の推挙・介入の過程やその背後にまでふみこんだ評価が必要だと思われる。

註

（1）江部陽子氏「鶴岡八幡宮発展の三階梯と源頼朝の信仰」（『神道学』六三号、一九六九年）、伊藤清郎氏「鎌倉幕府と鶴岡八幡宮」（初出一九七三年、『中世日本の国家と寺社』高志書院、二〇〇〇年）。

（2）（別当・供僧の機能に関するもの）川上淳氏「鶴岡八幡宮における供僧の役割」（『駒沢史学』二五号、一九七八年）、永村眞氏「鶴岡八幡宮寺両界壇所の成立と存続の要因」（『神奈川県史研究』五〇号、一九八三年）、吉田通子氏「鎌倉期鶴岡八幡宮寺の宗教的特質とその役割について」（『日本仏教史学』二一号、一九八六年）。

（別当を中心にした鎌倉・関東における血脈的展開に関するもの）櫛田良洪氏「関東に於ける東密の展開」（『真言密教成立過程の研究』山喜房佛書林、一九六四年）、川上淳氏「中世鶴岡八幡宮の血脈相承と法流の発展」（『史正』八号、一九七九年）、福島金治氏「仁和寺御流の鎌倉伝播―鎌倉佐々目遺身院とその役割―」（『守覚法親王と仁和寺御流の文献学的研究』論文編、勉誠社、一九九八年）。

（3）外岡慎一郎氏「鎌倉時代鶴岡八幡宮に関する基礎的考察」（『中央史学』三号、一九八〇年）、湯山学氏「隆弁とその門流―北条氏と天台宗（寺門）―」（『鎌倉』三八号、一九八一年A）、同氏「頼助とその門流―北条氏と真言宗（東寺）―」（『鎌倉』三九号、一九八一年B）、吉田通子氏「鎌倉後期の鶴岡別当頼助について」（『史学』五四―四号、一九八五年）。鶴岡別当であった定豪や頼助に注目する場合、彼らが東寺・東大寺などの畿内権門寺院の長官に補任されているため、そこに「幕府と権門寺院」という視点が生じる一因があったと思われる。湯山氏や吉田氏の研究は、今日における幕府の寺院政策研究の初期のものとして位置づけられるであろう。

（4）佐々木馨氏『中世国家の宗教構造』（吉川弘文館、一九八八年）、『中世仏教と鎌倉幕府』（吉川弘文館、一九九七年）。松尾剛次氏『中世都市鎌倉の風景』（吉川弘文館、一九九三年）、『中世都市鎌倉を歩く』（中公新書、一九九七年）、『中世の都市と非人』（法蔵館、一九九八年。初出は一九九二年）。

（5）海老名尚氏「鎌倉の寺院社会における僧官僧位―鎌倉幕府の宗教政策解明の一視点―」（福田豊彦氏編『中世の社会と武力』吉川弘文館、一九九四年）、同氏「鎌倉幕府の御願寺政策―鎌倉幕府の宗教政策解明にむけて―」（『史流』三九号、二〇〇〇年）。

（6）平雅行氏「鎌倉仏教論」（『岩波講座日本通史』第八巻中世二、岩波書店、一九九四年）、「鎌倉幕府の宗教政策について」（平成六年度科研報告『日本古代の葬制と社会関係の基礎的研究』、大阪大学文学部、一九九五年）、「定豪と鎌倉幕府」（大阪大学日本史研究室編『古代中世の社会と国家』清文堂出版、一九九八年）、「将軍九条頼経時代の鎌倉の山門僧」（薗田香融氏編『日本仏教の史的展開』塙書房、一九九九年）、「鎌倉山門派の成立と展開」（『大阪大学大学院文学研究科紀要』四〇巻、二〇〇〇年）、「鎌倉における顕密仏教の展開」（伊藤唯真氏編『日本仏教の形成と展開』法蔵館、二〇〇二年）、「鎌倉幕府と延暦寺」（中尾堯氏編『中世の寺院体制と社会』吉川弘文館、二〇〇二年）。

（7）橋本初子氏「関東と密教僧―京の記録にみる『関東住』の実態について―」（『三浦古文化』五五号、一九九四年）、稲葉伸道氏「鎌倉幕府の寺社政策に関する覚書」（『名古屋大学文学部研究論集』史学四五号、一九九九年）、永井晋氏「北条氏実泰流出身の寺門僧」（『金澤文庫研究』三〇三号、一九九九年）。

（8）平泉隆房氏「東下りの僧と鎌倉幕府―東西交流史の一側面―」（『皇學館史學』七・八号、一九九三年）は、摂関家出身僧侶の鎌倉下向に注目し、東下りの僧侶が鎌倉幕府での祈禱に重要な位置を占めていることを指摘している。

（9）本論で用いる鎌倉殿御願寺とは、寺院からの申請を承認する形での「御願寺」とは異なり、鎌倉殿が建立した寺院を意味し、具体的には鶴岡八幡宮・勝長寿院・永福寺・明王院・久遠寿量院などを指す。

（10）鎌倉前期の幕府と寺院との関係については、上横手雅敬氏「源頼朝の宗教政策」（『中世の寺社と信仰』吉川弘文館、二〇〇一年）を参照。

(11)「続傳燈廣録」（『続真言宗全書』三三）・「密宗血脈鈔」（『続真言宗全書』二五）によれば、親玄は元亨二年（一三二二）に七四歳で没している。

(12)「血脈類集記」（『真言宗全書』三九）第十二、親快の項。

(13)「正嫡相承秘書」（東京大学史料編纂所架蔵謄写本）七九丁、正応二年十二月十八日親玄夢想記に「正応二年十二月十七日夜、於二関東雪下坊一感二夢想一」と記されている。「正嫡相承秘書」は京都大通寺に伝わる史料で、醍醐寺座主職の補任状や法流・諸職の譲状などの文書を収録している。鎌倉前期の遍智院成賢から十五世紀の地蔵院聖快に至る親快流の、三宝院流における正統性を主張するために作成されたと思われる。

(14)東京大学史料編纂所架蔵写真帳。ダイゴの会によって『中世内乱史研究』一四号から一六号にて翻刻されている。「日記」および親玄僧正については、岩橋小弥太氏「親玄僧正と其の日記」（『国史学』二号、一九三〇年）、高橋慎一朗氏「『親玄僧正日記』と得宗被官」（五味文彦氏編『日記に中世を読む』吉川弘文館、一九九八年）を参照。

(15)親玄の鎌倉における本坊の所在は不明である。前掲の正応二年（一二八九）十二月十八日親玄夢想記（「正嫡相承秘書」七九丁）には「於二関東雪下坊一感二夢想一」とある。また親玄の遺跡として「鎌倉名越毘沙門堂谷坊敷地」「同谷本坊」を確認できる（「東寺宝菩提院三密蔵聖教」（東寺所蔵。大正大学所蔵マイクロフィルムを閲覧）一七九函一五号）。これらの地がある時期、親玄の本坊であった可能性がある。

(16)その一例を挙げれば、親玄は得宗貞時の妾播磨局の男子出産・平産無事を祈っている（正応五年十月二十一日条、永仁二年九月二十六日条・十月二十一日条など）。

(17)頼助の位置づけについては、湯山学氏前掲一九八一年論文Bや吉田通子氏前掲一九八五年論文に詳しい。

(18)鶴岡八幡宮において別当や供僧の職を持たなかった親玄が、鶴岡や将軍御所・得宗亭を場とする幕府祈禱に参加できたのは、頼助と師資関係を結ぶことによって、頼助を核とする東密集団の一員になっていたからであろう。親玄は下向以前から頼助と関係していたと思われる。時期は不明であるが、頼助は醍醐寺理性院院主でもあった（『醍醐寺新要録』理性院篇）。親玄下向以前の文永十二年（一二七五）正月、醍醐寺僧綱大法師等が三宝院定済による座主職譲与を停止するよう訴えた際、親玄は師親快とともに連署しているが、頼助もその名を連ねている（『大日本古文書家わけ一九　醍醐寺文書』三―五七四号）。親玄は鶴岡別当頼助という強力なパイプを頼りに下向したからこそ、頼助の近くにあって幕府祈禱の中心的な要員となりえたのだろう。

(19) 適宜、東京大学史料編纂所架蔵写真帳で校訂した。〈　〉は「日記」に門流の記載があったものであり、《　》はその記載がなかったものである。《　》の人物の門流を特定するにあたって、東密僧（頼助・親玄・公寛・能海・元瑜・祐親・聖瑜）は「血脈類集記」（第十三、頼助の項）で弟子や色衆などとして確認した。山門僧（承教・忠禅）については平氏前掲二〇〇〇年論文を参照した。

(20) 当時鎌倉の山門派では本覚院源恵僧正（九条頼経息）がトップにいたが、正応五年（一二九二）九月に天台座主、十月に護持僧に補任され、同六年二月には禁中で異国降伏御祈を修している（『天台宗全書』一所収「華頂要略」巻三二、本覚院）。源恵はこの廿壇護摩が実施された正応六年正月には京都にいたと思われる。鎌倉にいたならば、このメンバーに加えられていたであろう。（源恵については平雅行氏前掲二〇〇〇年論文参照）

(21) 本論で用いる「幕府勤仕僧」とは、幕府に祈禱を勤仕する僧侶を意味し、将軍・北条氏・御家人の子息や畿内からの下向僧などを広く含める。下向僧の場合、親玄のように畿内の本寺や公家との関係が継続していることが多い。平雅行氏が用いる「幕府僧」は幕府との関係を主眼とした概念であるように思われるので、本論では「幕府僧」の語を用いずに「幕府勤仕僧」と呼んでおきたい。

(22) 「東寺宝菩提院三密蔵聖教」一七九函三三号「先師大僧正遺跡得分親事」。元亨二年（一三二二）三月六日、親玄から覚雄に譲与されたものとして「越前国重富保　二上社　紀伊国長尾郷　安芸国和木　椋梨両郷、已上五箇所地頭職」、房玄に譲与されたものとして「大和国丹原庄地頭職」が挙げられている。これらの地頭職は「関東御恩地」（一七九函一五号）として三月十日付の関東下知状により親玄からの相伝が安堵されている（一七九函五四号）。

(23) 醍醐寺蔵「傳法灌頂師資相承血脈」（『醍醐寺文化財研究所研究紀要』一、一九七八年）。

(24) 永村眞氏「『門跡』と門跡」（大隅和雄氏編『中世の仏教と社会』吉川弘文館、二〇〇〇年）は、史料上に見える「門跡」の語義の変遷を以下のように整理する。「門跡」の最も根元的な語義は（A）法流を指す。そこから（B）門弟をも指すようになり、この二つは平安後期から鎌倉期を通じて用いられた。鎌倉前期から（C）院家・院主を指す事例が、鎌倉中期からは（D）貴種住持の院家や貴種の院主を指す事例が発生し、鎌倉後期から（D）へ収斂され始めるという。親玄がここで言う「門跡」とは（A）の意味だと考える。

(25) 成賢は院領高良社・金丸庄について、座主道禅の生前中に道教が死亡した場合、道禅が伝領し、その後は「付二遍智院一定尊禅師可二領知一」（遍智院領として定尊が領知するべき）としている。遍智院は、道教の後には定尊が相伝するものとされていたのであろう。

(26) 成賢弟子間で以後展開する相論の概要は林文子氏が整理している。ここでは親玄に関係する部分を整理したい。林文子氏「『報物集』にみる報恩院憲深―鎌倉中期における醍醐寺の一断面―」（稲垣栄三氏編『醍醐寺の密教と社会』山喜房佛書林、一九九一年）

(27) 弘長四年（一二六四）正月二十一日法印定済書状案（『大古』二―三三一号）。「遍智院既任二通円之譲一、定済蒙二裁許一了」とあり、親快に遍智院を追い出された兄通円の譲りによって、定済が遍智院管領の裁許を得ていることが分かる。

(28) 本論中で使う院家の「管領」とは、具体的には院家領や聖教を実際に管理する行為を指して用いている。

(29) 親玄は師親快から相伝した「書籍・日記并重宝等」の「目六并譲状等正文」を、正応元年六月に「叡覧」させた（『醍醐寺文書』一〇七函一三号）。「去々年比」の叡覧に対応するであろう。

(30) 平安末期以降の座主職およびその師資相承については、土谷恵氏「鎌倉時代の寺院機構―鎌倉初期の醍醐寺と座主職をめぐって―」（『論集日本仏教史』四、雄山閣出版、一九八八年）を参照。藤井雅子氏「南北朝期における三宝院門跡の確立」（『日本歴史』六四五号、二〇〇二年）は醍醐寺座主職について、「三宝院・三宝院流・座主の相承が三位一体である」として、これを「三位一体の原則」と呼んだ。

(31) 成賢流三宝院門徒と金剛王院との確執、および座主憲深の活動や位置づけは林文子氏前掲論文に詳しい。ここでは、成賢門徒としては傍流的存在であった憲深が、なぜ座主になりえたのかという視点から整理した。

(32) 法流とその相承基盤である院家や聖教との密接な関係については、永村眞氏「『院家』と『法流』―おもに醍醐寺報恩院流を通して―」（稲垣栄三氏編『醍醐寺の密教と社会』山喜房佛書林、一九九一年）を参照。

(33) 建長年中に記されたと思われる故成賢僧正門徒等申状（『新要録』座主相論篇九四一頁）は、座主職を金剛王院から三宝院門徒に返付するよう訴えるなかで、座主は「てらをもこうりうし、修理修造をも、かひかひしくすへき」とし、寺の修理修造が座主に期待されていたことが分かる。憲深から醍醐寺座主職を譲与された定済も三宝院の再建に尽力し、それが醍醐寺座主としての「造営之大功」であるとされている（『新要録』三宝院篇五九二頁「一　宝池院御時造営事」）。

(34) 三宝院が単なる子院にとどまらず、座主房としての機能をも果たしていたことについては、土谷恵氏前掲論文および同氏「中世初頭の醍醐寺三宝院―座主房の組織と運営―」（稲垣栄三氏編『醍醐寺の密教と社会』山喜房佛書林、一九九一年）を参照。

(35) 三宝院に関する憲深と親快との約束については、『新要録』六五八頁「一　通円法印事」が引用する「報物集」（報恩院憲深の口説）や、「弘鑁口説」（『続群書類従』二七上、七五頁）にも記載が見られる。

(36) 憲深以後の報恩院実深と三宝院定済との分派については、永村眞氏前掲一九九一年論文を参照。

(37) 寛喜三年（一二三一）九月に、成賢が嫡弟道教に譲与したのは「三宝院・遍知《(智)》院・覚洞院・西南院・大知《(智)》院　已上五箇院」である（『鎌倉遺文』六―四二二五号）。この文言は、置文の本文に記されたものではない。置文に連署する道教に対して書写段階で加筆されたと思われるが、以下の史料により道教にこの五ヶ院が相伝されたとみてよいであろう。三宝院（「三宝院流嫡々相承次第」七丁、「一　三宝院御相承事」）、遍智院・覚洞院・西南院（『大古』二―三四一（五）（六）号）、大智院（『醍醐寺文書』二〇函二号）。そして道教の後は、三宝院は定済流が、遍智院・覚洞院は親快流が管領することとなった。西南院は、弘長二年（一二六二）六月の時点で親快が「西南院法印」（「正嫡相承秘書」八丁）と称され、弘安元年（一二七八）春に親快弟子の実勝が西南院で遍口鈔を書写している（『大正新修大蔵経』七八巻「偽書論」九一七頁上段）。その一方で応長元年（一三一一）十月から付法活動を行っている報恩院道順が「西南院大僧正」（『新要録』報恩院篇七五三頁）と呼ばれている。経緯は不明であるが、西南院は親快流から憲深流（報恩院）が管領するようになったと思われる。大智院は、正和五年（一三一六）閏十月の後宇多院院宣で「永所レ被レ付二報恩院門跡一也」（『大古』二―四四〇（一）号）と認められている。同院は西南院と同様に憲深流（報恩院）に所属していたのであろう。以上のように、成賢から嫡流相承されたはずの五院家は法流分派に伴い、親快流・定済流・憲深流の三つに分散した。

(38)「親玄於㆓関東㆒申㆓披子細㆒預㆓御挙㆒、拝補已及㆓両度㆒了」という記述は、親玄が幕府の挙により二度の座主補任を果たしたとも解釈できる。しかし次章で述べるように、二度目の補任に幕府が関与した形跡はない。「親玄は関東下向中に御挙に預かった。座主に補任されることは二回におよんだ」と読み、「御挙」は「両度」に必ずしも直結しないと解釈したい。

(39)宛所の蓮蔵院法印は、『新要録』報恩院篇（七五八頁）に「運雅〈蓮蔵院僧正〉」と記される人物であると思われる。運雅は「捨㆓当流㆒、忽移㆓他門親玄僧正門下㆒」（『大古』二―三七二号、報恩院隆舜申状案）とあるように、報恩院憲淳の門下を離れ親玄門下に入った。ここでいう「師資之御契約」とは運雅が親玄門下に入ったことを示すのであろう。

(40)「両奉行」のうち右近大夫入道については不明であるが、城介は正和元年（一三一二）から引付頭人となる安達時顕であると思われる。親玄の三宝院流における正統性が、なぜこの時期に幕府から承認されたのか。同年の徳治二年四月に後宇多院が、三宝院流（成賢流）の報恩院憲淳から灌頂を受け（『大古』一―二五一（四）号）、報恩院に伝わる法流を「三宝院正流」と称している（『大古』一―二五〇号）（後掲註（49）の先行研究参照）。後宇多院が報恩院を三宝院流（成賢流）の正嫡と認めたことへの対応として、親玄が幕府に承認を求めた可能性がある。

(41)東京大学史料編纂所架蔵写真帳『田中穣氏旧蔵典籍古文書』三四七。

(42)「三宝院法流嫡末等事」は賢耀（十四世紀末期）の草案をもとに、大永二年（一五二二）に理性院厳助が作成した記録史料である。一方、以下に示す史料は史料的性格や成立時期からみてかなり信頼性が高いと思われ、一様に珍海筆の仁王経曼荼羅を息災としている。「三宝院法流嫡末等事」がこれを「増益」とするのは誤記であろうと考える。鎌倉前期の「遍口鈔」（成賢口・道教記。『大正新修大蔵経』七八巻、六九四頁下段）、鎌倉中期の「幸心鈔」（憲深口・親快記。『大正新修大蔵経』七八巻、七三六頁上段）、室町期の「弘鑁口説」（親玄弟子房玄の三代下に連なる弘鑁の口。『続群書類従』二七上、七六頁）、応永三十年（一四二三）の三宝院満済事書案（『醍醐寺文書』二六函三八号）がある。これらによれば、遍智院に安置され成賢から嫡弟道教に相承された仁王経曼荼羅には、仁海が如照に作成させた増益曼荼羅と、その後定海が珍海已講に作成させた息災曼荼羅とがあった。

（43）仁王経曼荼羅が平安末期から三宝院にとって重要であったことは、林文子氏前掲論文を参照。藤井雅子氏（前掲二〇〇二年論文）が三宝院嫡流と仁王経曼荼羅との関係に言及するなかで引用する満済事書案（『醍醐寺文書』二六函三八号）によれば、珍海筆の仁王経曼荼羅は三宝院から報恩院に移されていたとする。徳治三年（一三〇八）五月の報恩院憲淳置文では弟子隆勝へは「大僧正図絵」（定海作成・珍海筆）仁王経曼荼羅が譲られ（『大古』四―六四六号、八―一九三一号）、後宇多院へは「小野僧正本、如照筆」（仁海作成・如照筆）仁王経曼荼羅が譲られている（『大古』十―二三〇三号）。しかし一方で、鎌倉中期の報恩院憲深の口説「報物集」には「仁王経マタラナトモ今ハ遍智院ニコソアレ」（『新要録』三宝院篇五九九頁）とある。また、後述するように、親快（親玄の師）は遍智院に安置されていた聖教等を地蔵院へ移したようであるから、遍智院・地蔵院を管領する親玄が仁王経曼荼羅を所持していたことと矛盾しない。実際のところ、珍海筆のものを含めた嫡流相承の仁王経曼荼羅が報恩院と遍智院・地蔵院とのどちらに安置されていたかは不明であるが、仁王経曼荼羅を嫡流相承すべきものとする認識は共通する。可能性の問題として、嫡流相承される仁王経曼荼羅の所持を主張する集団は複数存在しうる。その状況で、いかに自らが所持していることを主張していたかにこそ意味があるであろう。

（44）親玄から覚雄への同年三月六日付譲状写（「正嫡相承秘書」一二丁）では「醍醐寺地蔵院并北経蔵」「清浄光院并宝蓮院」と明記されている。

（45）覚雄が嫡弟道快に出した応安二年（一三六九）六月八日付譲状写（「正嫡相承秘書」一七丁）にも「祖師親快法印時、三宝院経庫并遍智院経蔵之聖教・本尊・道具・重宝等、悉以被㆑運㆓渡于地蔵院庫蔵㆒訖」という文言がみえる。親玄譲状にみえる「当経蔵」が「地蔵院庫蔵」であることが分かる。

（46）親玄は亡くなる前年の元亨元年（一三二一）正月、鶴岡八幡宮で月次御修法を修している（『神道体系』神社編二十所収「鶴岡社務記録」信忠の項）。また清浄光院法印房玄雑掌成心申状（「東寺宝菩提院三密蔵聖教」一七九函七号）によれば、親玄が亡くなる数日前の元亨二年（一三二二）三月五日、親玄の「病席」に摂津刑部入道道準が訪れたという。道準は嘉暦二年（一三二七）から幕府引付当人になっているが、元亨二年の時点では親玄跡の地頭職や永福寺・久遠寿量院両別当職の安堵に関与していることが同史料から分かる。以上のことから、親玄が没したのは鎌倉であろうと考える。

(47)　報恩院の成立については永村眞氏前掲一九九一年論文を参照。憲深を祖とする報恩院が成賢門徒としての正統性を主張していたこと、憲深以後はその法流を継承する実深（報恩院）と座主職を継承する定済（三宝院）との二つの流れが生じたことが指摘されている。報恩院と鎌倉幕府との関係については同氏「醍醐寺報恩院と走湯山密厳院」（『静岡県史研究』六号、一九九〇年）を参照。

(48)　正応五年九月に覚雅が没すると、その弟子憲淳が何度か鎌倉を訪れている（「日記」永仁元年八月九日条、同二年六月一日条）。六条八幡宮別当職については幕府評定の結果、永仁二年九月鶴岡別当頼助に安堵されている（「日記」永仁二年七月十六日、十八日、二十日、八月十八日、九月三日条）。

(49)　報恩院憲淳が後宇多院に灌頂を授けたことや、後宇多院が報恩院流を三宝院流における正統と認めたことについては、永村眞氏や藤井雅子氏の論考に詳しい。憲淳は隆勝を嫡弟として定めていたが、後宇多院が自らに近侍する道順を嫡弟とすることを強要してきたため、憲淳・隆勝が得宗貞時を頼ったことが指摘されている。

永村眞氏前掲一九九〇年論文、同氏「寺院と天皇」（『講座前近代の天皇3　天皇と社会諸集団』青木書店、一九九三年）、藤井雅子氏「後宇多法皇と『御法流』」（『史艸』三七号、一九九六年）、澤博勝氏「両統迭立期の王権と仏教―青蓮院と醍醐寺を中心に―」（『歴史学研究』六四八号、一九九三年）、真木隆行氏「後宇多天皇の密教受法」（『古代中世の社会と国家』清文堂出版、一九九八年）。

(50)　弘安の推挙とは実勝補任時の「当所之御挙」を指し、正応の推挙は親玄に対するものだと思われる。「日記」正応五年（一二九二）二月二十八日条から分かるように、親玄と醍醐寺座主補任について連絡を取る京極為兼は、当事者である親玄だけではなく鶴岡別当頼助とも座主補任に関わるやりとりをしている。このことは正応五年の勅裁が幕府推挙によるものであることを示唆しているだろう。

(51)　東南院聖忠は鷹司基忠息である（『新要録』座主次第篇九一七頁）。永仁六年の前太政大臣は父の鷹司基忠、摂政は叔父の鷹司兼忠であるので、この血縁関係から推挙を得たと思われる。「仙洞」は伏見院であるが、三宝院通海をなぜ推挙したかは不明である。

(52)　親玄が醍醐寺座主職補任をねらって幕府に推挙を求めた背景には、同門の実勝が弘安十年に幕府推挙によって補任されたこと（永仁三年親玄申状）、過去に定豪や頼助などの鶴岡別当や北条氏出身僧が幕府の主導で東寺や東大寺の長官に補任されたことが意識されていたと思われる。すでに畿内権門寺院社会に認知されつつあった「関東挙」を親玄が利用したのである。定豪については、海老名尚氏前掲一九九四年論文・平雅行氏前掲一九九五年論文、および上田純代氏「鎌倉止住僧定豪について―その系譜と寺職獲得の経過の検討―」（『学習院史学』三三号、一九九五年）を参照。頼助（北条経時息）については、彼が得宗の寺院政策において重要な役割を果たし、幕府の意向として畿内の諸別当職に補任されたことが指摘されている（吉田通子氏前掲一九八五年論文）。

(53)　親玄について、幕府が畿内権門寺院に送りこむ「幕府僧」ととらえるよりも、このような親玄の立場をそのままとらえるほうが実態に即しているのではなかろうか。

(54)　「三宝院流嫡々相承次第」（東京大学史料編纂所架蔵謄写本）六丁、頼瑜附法状写。

(55)　聖雲への付法が醍醐寺遍智院で行われたことについては前掲の醍醐寺蔵「傳法灌頂師資相承血脈」による。諸尊法伝授の日付は「三宝院流嫡々相承次第」六丁、親玄伝授目録写による。七丁、親玄附法状写には朱書で「関東御下向之時被レ進レ之」の記載がある。

(56)　亀山法皇院宣と推測される正安元年（一二九九）七月十六日付の六条有房奉書（『大古』一―二四二号）によれば、親玄が後宇多院から招請される数年前に、亀山院が「醍醐座主僧正御房」親玄に対し「一流正統」としたうえで聖雲の「御師範」となることを命じていることが分かる。院宣発給主体の比定については、近藤成一氏（研究代表者）『論旨・院宣の網羅的収集による帰納的研究』（科研費報告、一九九九年）を参照。

(57)　道潤については、山門青蓮院の寺誌である「華頂要略」（『天台宗全書』一）巻三十二本覚院に「勝長寿院別当」とある。顕弁は翌元亨二年（一三二二）十月に鶴岡別当に補任された。園城寺別当・長吏にも補任された人物である（『神道体系』神社編二十所収「鶴岡八幡宮寺社務職次第」顕弁の項）。

【付記】本論の投稿後に、関連する研究成果として伊藤一美氏「鎌倉における親玄僧正の歴史的位置」（『鎌倉』九七号、二〇〇三年）を得た。併せてご参照いただきたい。

Ⅱ　醍醐寺報恩院と走湯山密厳院

永村　眞

はじめに

伊豆国走湯山（伊豆山）は、かつて箱根山とあわせて「二所権現」と称され、「伊呂波字類抄」によれば、千手観音を本地仏とする地主神の「走湯権現」を祀るとされていた(1)。今日の伊豆山神社の前身である走湯山は、古代より神仏習合による祭祀・堂宇を継承してきたが、明治維新政府による神仏分離政策の影響を蒙り、その様相を大きく変えた。しかし走湯山は、まぎれもなく「走湯権現」の供養を意図して創建された寺院であり、少なくとも中世における山内には、社殿を凌駕する規模の仏堂・院家が立ち並び、また多くの寺僧が止住していたことは確かである(2)。

治承四年（一一八〇）、源頼朝の挙兵から武家政権の草創の過程で、「兵衛佐殿（源頼朝）御祈禱所」とされた走湯山と止住僧は、宗教的のみならず軍事的な側面においても、無視しがたい役割を果たしたのである(3)。また武家政権の草創期における源頼朝と走湯山との緊密な関係により、以後武家政権は走湯山に手厚い保護と崇敬を寄せ、一方走湯山は、武家を檀越として形づくられた東国の寺院社会において、優越した地位を得ることになった。そこで武家政権の保護を享受する走湯山をめぐり、寺内外の勢力が法流や俗縁をたより、その支配・経営を争ったことも、至極当然のことと言えよう。

さて走湯山については、すでに戦前に『静岡県史料』として基本史料が公刊され、その歴史については、『静岡県史』（昭和十一年刊行）・『熱海市史』（昭和四十二年刊行）で触れられるほか、貫達人氏が「伊豆山神社の歴史」（『三浦古文化』三〇号）において、現存史料に拠り草創から近代までの足跡を詳述され、また太田君男氏は『熱海物語』（昭和六十二年刊）で、文献史料のみならず遺跡・遺物によって、走湯山にかかわる多彩な問題について述べられている。

ところで走湯山関連史料は、伊豆山神社に所蔵される「走湯古文一覧」（昭和三年作成）を除くと、その多くは京都醍醐寺に伝来しており、またその内容も、走湯山の寺家経営を主導した院家である密厳院に関するものである。これら既知の史料によって走湯山が存続した痕跡をたどる限り、先行研究に加える新たな知見は少ない。そこで本稿では、中世の走湯山とりわけ密厳院関連史料の多くが「醍醐寺文書」のなかに伝来したことに注目し、走湯山への視座を可能な限り醍醐寺側において、関連史料が成立した背景と伝来した理由を踏まえ、醍醐寺が走湯山に関わりをもった経緯とその意味について、検討を加えることにしたい(4)。

一、密厳院関係醍醐寺文書の整理

前述の通り、走湯山密厳院の関係文書のほとんどは「醍醐寺文書」である。そして醍醐寺報恩院が走湯山密厳院に対して関わりをもった事実を示す文書の多くは、密厳院別当職をめぐる訴訟に際して作成された具書、もしくは置文の中で引用された書継案文である。このように続紙に書継がれた案文・写として伝わる密厳院関係文書であるが、案文それ自体とは別に、案文から書写された写が作成され、しかもこれらの書継案文の多くが、伝来の過程で糊離れし、前後欠の案文、同一の内容・筆跡で成立事情の異なる複数の案文等が、錯綜して伝来することになった。(5) そこで密厳院関係文書は、その案文の成立事情が明らかにされることなく、渾然としたかたちで醍醐寺に現蔵されているのである。このため案文・写が作成された背景とその性格を踏まえ、関係文書を検討するためには、先ず継手の離れた具書・書継案文を集め、それらの接続を復元する必要がある。そこで「醍醐寺文書」のなかに散在する主要な関係史料の案文を対象として、形式・筆跡・法量等を手がかりに、具書・書継案文の復元と、案文・写相互の関連付けを試みるならば、以下の様な奥書・端裏書・包書上書・内題等をもつ文書群に大別することができる。なおこれらの具書・写に引用されている文書は、下掲付表の通りである。

A　密厳院證文校正案文（醍醐寺所蔵「醍醐寺文書」一四函一八号、以下本文中では醍醐一四―一八と略す。同一九―一四、同二〇―五五、同二一六六）

（包紙）「密厳院文書校正一巻十三通、奉行斎藤加賀守合点・裏判也、

応永廿四年丙申〔マヽ〕八月日　前大僧正〔隆源〕（花押）

右正文、先師隆｜斉〔済〕僧正御時、被遣奉行所之後、于今不取返之、此写本ハ、隆｜原〔源〕御代、加賀関東奉行、加裏判之間、於今者、以之可用正本者也、

于時文明五二八　権僧正賢深記之、」

（醍醐二五―五一）

B　密厳院證文案（醍醐一八―一九八、同二〇―五五）

（包紙）「伊豆山号走湯山、別当職又号御師職、文書、十一通、三通、」　（醍醐一八―二〇八）

（端裏）「伊豆山密厳院證文案　十三通、此一本校正下遣也、奉行斎藤加賀守、」　（醍醐一八―一九八）

C

報恩院隆源置文案（影写本「三宝院文書」第二回採訪二　三五丁、以下影写本はいずれも東京大学史料編纂所架蔵のものである。醍醐二四―二九に本置文土代あり）。

（端裏）「至徳年中雖用意、未及進覧之値遇、」

（内題）「醍醐水本法流幷院家相承次第」　（影写本三宝院文書二回採訪二）

D

密厳院管領系図幷具書案（醍醐一八―一九七、同二一―三〇）

（端裏）「密厳院管領系図等」

（奥書）「已上、三宝院僧正光済坊補任之時之御教書等也、一心（隆舜）院僧正円寂之時、依有其闕、有当院家契約之子細、以右大将家以来文書由緒申武家、先当彼僧正身、申賜安堵畢、祖師僧正多年執務之地之故、門徒等猶相残、皆存旧好、無□領状申畢、仍当院住民部卿律師源宥為使者、令請取院家畢、後日為□（不）審聊記之、」

E

尊運雑掌栄快申状具書案（醍醐一八―二〇〇）

（端裏）「関東敵方代々安堵御判ノ安（案）文」

E′　尊運雑掌栄快申状案（醍醐一八―二〇二）

（端裏）「関東敵方文状案」

さて右の通りに大別される一群の案文は、その端裏書・奥書・包紙上書・内題から、おのおのの成立の経緯を推測することができる。

まずA・B・Cは、いずれも報恩院々主隆源の筆跡である。この内Aは、「応永廿四年八月」付の包紙上書から、隆源が正文から書写した十三通の写に、幕府奉行人の斎藤基喜が合点と裏判を加えた校正案文であることが明らかである。隆源は、翌応永二十五年三月以降、この校正案文の奥に足利義持御内書案を書き加えたため、案文の通数は、包書上書と異なり計十四通となっている。校正案文であるAは、隆源より二代目の院主隆済の代に、その正文が幕府に提出されたまま返却されず、このため隆済をつぐ賢深が院主であった文明年中には、正文に准じた取り扱いを受けている。

次にBは、端裏書から、奉行斎藤基喜が合点・裏判を加えた十三通の校正案文と追記の一通を記載するAを、応永二十五年以降に、隆源自身が再度書写したものであることが知られる。

このような成立の経緯をもつAは、訴状に添付される具書であり、文書としての効力を保証するために、幕府奉行人の合点・裏判が求められたわけであるが、A・Bの他に、隆源の書写にかかる走湯山別当職文書目録（醍醐一八―一八八）・密厳院寺領目録（醍醐一八―一八九）が現存しており、これらと併せて、案文が成立した経緯を検討する必要があろう。

また同じく隆源により草されたCは、奥書から、当時の寺院社会内で報恩院がもつ卓越した由緒への再認と、院家

C

文書名／宛所	所在
	影写本三宝院文書2回2
	(S①1)
足利尊氏御判御教書案→水本僧正（隆舜）	
足利義詮書状案→密厳院僧正（隆舜）	(S①7)
足利義詮御判御教書案→水本僧都（隆源）	(S①22)
院の別当職事	
足利尊氏御判御教書案→水本僧正（隆舜）	(S①4)
足利義詮書状案→（仁木兵部大輔）	
足利義詮書状案→仁木兵部大輔	
報恩院経深書状案→大納言律師	(S①12)

D

No.	年月日	文書名／宛所	所在
1	伊豆国密厳院院務次第		D⑱197 (S①2)
2	貞治3.2.19	足利義詮御判御教書案→三宝院僧正（光済）	〃
3	貞治3.4.7〔10カ〕	足利義詮御判御教書案→右兵衛督（足利基氏）	D㉑30
4	（貞治3）9.4	足利義詮御内書案→上杉入道	〃
5	貞治3.12.25	足利基氏施行状案→高坂兵部大輔	〃
6	（貞治3）12.28	高坂兵部少輔（マヽ）施行状案→横田新左衛門尉	〃 (S①19)
7	貞治4.正.19	横田新左衛門尉某打渡状案	〃
8	（貞治4カ）3.6	上杉道昌施行状案→兵庫頭（上杉憲将）	〃 (S①21)

E

No.	年月日	文書名／宛所	所在
1	応永9.2.5	前大僧正弘賢譲状案→（尊賢）	D⑱200 (S①30)
2	応永12.10.15	足利満兼書状案→右兵衛督入道（斯波義重）	〃 (S①31)
3	応永19.4.27	足利義持御判御教書案	〃 (S①33)
4	応永19.6.2	細川満元施行状案→上杉右衛門佐入道	〃 (S①34)
5	応永20.2.17	前大僧正尊賢譲状案→（上杉龍徳丸）	〃 (S①35)
6	応永20.11.18	足利義持御判御教書案	〃 (S①36)

E′

No.	年月日	文書名／宛所	所在
	応永24.9.—	密厳院尊運雑掌栄快申状案	D⑱202 (S①39)

（注）　D⑳55：醍醐寺文書　20函55号
影写本三：東京大学史料編纂所架蔵影写本「三宝院文書」第2回採訪2冊
宝院文書
2回2
S①14：『静岡県史料』第一巻三宝院文書14号

再興のための末寺・院領回復を武家に求める隆源が、その訴訟のため至徳年中に作成した置文であると考えられる。

Dは、その奥書と密厳院々務次第から、報恩院経深の譲りにより、密厳院別当職を保有すると主張する三宝院光済の時代に到来した文書の案文を、応永年中に三宝院満済が作成したものと推測される。

最後にEは、その端裏書から、密厳院別当職をめぐって報恩院・三宝院の院主と相論を繰り返した、鶴岡若宮（鶴岡八幡宮寺）別当である弘賢・尊賢・尊運が発給・受給した文書の案文であり、尊運の雑掌である栄快の訴状に副えられた具書（「一巻　安堵御判幷手継證文等」）にあたると考えられる。同筆の案文であるE・E′は、走湯山領関東知行地注文（醍醐一八―一九九）・応永二十四年七月一日足利義持御内書案（影写本三宝院文書二回八）・応永二十五年十一月二日細川満元施行状案（醍醐一八―二〇三）と同様に、応永年中の相論に際して作成されたものである。

以上のように、復元され、また相互の関係の明らかになった一群の案文・写の過半は、後述することになる、南北朝期から室町前期にかけての、密厳院別当職の相承を主張する報恩院（一時は三宝

付表

A				B			
No.	年　月　日	文書名／宛所	所在	No.	年　月　日	文書名／宛所	所在
1	貞治3.2.19	足利義詮御判御教書案 →三宝院僧正（光済）	D⑳55	1	貞治3.2.19	足利義詮御判御教書案 →三宝院僧正（光済）	D⑱198 (S①14)
2	貞治3.4.10	足利義詮御判御教書案 →左兵衛督（足利基氏）	〃	2	貞治3.4.10	足利義詮御判御教書案 →左兵衛督（足利基氏）	〃 (S①15)
3	貞治3.12.13	足利義詮御内書案 →鎌倉殿（足利基氏）	D⑭18	3	貞治3.12.13	足利義詮御内書案 →鎌倉殿（足利基氏）	D⑳35 (S①17)
4	貞治3.12.25	足利基氏御判御教書案 →高坂兵部大輔	〃	4	貞治3.12.25	足利基氏御判御教書案 →高坂兵部大輔	〃 (S①18)
5	貞治4.正.19	横田新左衛門尉某打渡状案	D⑲14	5	貞治4.正.19	横田新左衛門尉某打渡状案	〃 (S①20)
6	応永5.閏4.4	足利義満御判御教書案 →三宝院大僧都（満済）	〃	6	応永5.閏4.4	足利義満御判御教書案 →三宝院大僧都（満済）	〃 (S①23)
7	応永5.閏4.8	足利義満御判御教書案 →左兵衛督（足利氏満）	〃	7	応永5.閏4.8	足利義満御判御教書案 →左兵衛督（足利氏満）	〃 (S①24)
8	応永5.閏4.10	斯波義将施行状案 →上杉中務少輔入道	D㉖6	8	応永5.閏4.10	斯波義将施行状案 →上杉中務少輔入道	〃 (S①25)
9	応永6.4.9	足利義満御内書案 →左馬頭（足利氏満）	〃	9	応永6.4.9	足利義満御内書案 →左馬頭（足利氏滴）	〃 (S①26)
10	応永6.6.6	畠山基国施行状案 →上杉中務少輔入道	D⑱201	10	応永6.6.6	畠山基国施行状案 →上杉中務少輔入道	〃 (S①27)
11	応永17.4.8	三宝院満済書状案 →水本御房（隆源）	〃	11	応永17.4.8	三宝院満済書状案 →水本御房（隆源）	〃 (S①32)
12	応永24.7.1	足利義持御内書案 →左兵衛督（足利持氏）	〃	12	応永24.7.1	足利義持御内書案	〃 (S①37)
13	応永24.7.1	細川満元御内書副状案 →上杉安房守	〃	13	応永24.7.1	細川満元御内書副状案 →上杉安房守	〃 (S①38)
14	応永25.3.27	足利義持御内書案	〃	14	(応永25)3.27	足利義持御内書案 →左兵衛督	〃

No.	年　月　日
一法流の他に異なる事	
一代々御祈禱の忠節の事	
1	観応2.10.22
2	観応2.11.8
3	貞治5.12.19
一伊豆の山号走湯山密厳	
1	建武4.7.24
2	（文和2）〔元ヵ〕6.5
3	（文和3）〔2ヵ〕8.13
4	（貞治）8.13
一左女牛若宮別当職事	
一報恩院領大智院事	
一別院末寺等事	
一東寺長者職事	
一醍醐座主職事	

院）が繰返した、幕府への訴訟の過程で作成されたものである。そしてA～Dが報恩院（三宝院）側の作成した具書・申状の案文・写であるのに対して、E・E′は、その「敵方」である鶴岡若宮別当側の作成した具書・申状の案文であり、その性格は大きく異なるものである。そこでこのような成立の経緯をもつ案文の性格を踏まえて、具体的な醍醐寺院家による密厳院への関わりについて考察することにしたい。

二、走湯山密厳院の相承

走湯山密厳院は、「最初の別当文養房阿闍梨覚淵、この密厳院を建立して、右大将家の御祈禱を始め置けり、自爾このかた、東寺門流の人むねと補任しきたる」[6]とあるように、挙兵前より源頼朝が帰依していた聞養房覚淵によって創建された、走湯山内の一院家である。この院家は、源頼朝を護持する願念のもとに創建され、開祖である覚淵の法流にしたがい、祈禱を勤修する「東寺門流」つまり東密僧が、その別当職を相承することになっていた。

室町前期に三宝院満済により作成されたと考えられる「密厳院々務次第」（醍醐一八―一九七）には、覚淵から覚誉（密厳坊法眼、東寺）・覚意（越後僧都、東寺）・覚玄（大夫法眼・左馬法眼、東寺）・覚海（左馬頭法印、東寺）・覚兼（安野法印、東寺）・覚遍（宮内卿法印、東寺）と相承された鎌倉時代の歴代院務（別当）と、顕潤（宰相法印、山門、「尊卑分脈」には頼潤）・具海（内大臣内供、山門）・隆舜（東寺）・乗基（太政法印、寺門）・光済（東寺）という南北朝時代の歴代院務が列記されており、少なくとも鎌倉時代には、たしかに「東寺門流」により院家は相承されていたわけである(7)。そして歴代院務の内、足利泰氏の息である覚玄・覚海、泰氏孫の覚遍、そして渋川義春息の顕潤等の存在は、密厳院と武家社会とりわけ足利氏との密接な関係をうかがわせるものである(8)。

さて醍醐寺報恩院の密厳院への関わりは、建武四年（一三三七）足利尊氏が水本僧正隆舜を「密厳院別当職」に補任して以降のことであろう(9)。鎌倉時代においては、開祖覚淵以来の歴代別当職に、「東寺門流」の東密僧が補任されてはいるものの、報恩院を含む醍醐寺の寺僧の姿はない。たしかに「野沢血脈集」巻二には、鎌倉後期に後宇多法皇の後援をうけた道順と報恩院法流をめぐり争った隆勝が、北条貞時の庇護を求めて関東に下向した際に、「伊豆別当職被補」るとされるが、醍醐寺側で作成された「密厳院々務次第」（醍醐一八―一九七）にその痕跡はなく、また他に有力な支証も見出しがたく、少なくとも鎌倉時代の隆勝の密厳院別当職就任については、にわかには信じがたい。

では南北朝時代初頭に、どのような経緯によって、隆舜が密厳院別当職に補任されたのであろうか。じつは隆舜が師隆勝から相承した醍醐寺報恩院は、隆舜が鎌倉に下向していた元弘三年（一三三三）、後醍醐天皇方に属する親雅僧都の法流からの押領の危機に瀕しており、加えて報恩院の堂宇は、「去建武三年七月、被向官軍於当寺之刻、大将軍今川五郎入道殿、報恩院等同令炎上畢、堂塔・僧坊・数宇精舎、片時回禄、仏像・経典・数万書帙、悉以成灰燼畢」のとおり、醍醐寺に陣をとる「凶徒」と「官軍」今川範国の軍勢との戦闘の中で、ことごとく焼亡してしまったのである。そこで隆舜は、いずれも回禄してはいるものの、自らが管領すべき、「公家・武家累代之護持、先師・祖師相続之旧跡」としての報恩院・蓮蔵院と、その院領の回復を図るため、建武三年（一三三六）に、「系図・相伝手継置文、綸旨・院宣、関東護持年来忠勤等所見」の具書を副え、申状を公家・武家に呈した。[10]そして「武家護持之由緒」を強調した隆舜の訴えが効を奏したのであろうか、同じく建武三年に、報恩・蓮蔵両院と院領の管領を安堵する光厳上皇の院宣が下されるとともに、[11]師隆勝から相承した鎌倉犬懸坊が安堵され、[12]さらに翌建武四年には、「密厳院別当職」に補任する足利尊氏御判御教書が発給されたのであった。

至徳年中に草された隆源置文土代（醍醐二四―二九）によれば、「建武年中に祖師隆舜僧正被補任也、是則前別当覚遍法印御一家、幷竹若御料人等持寺殿御息、の御遺跡として、殊に興隆を致し、彼御菩提を訪申へきよし、慇懃の仰を承て、社務十六箇年の間、随分造営の大功を励し、経会等の神事を興行之處、文和の比不慮に他人望み事に付て、改補せらるるあひた、就歎申入、宝篋院殿（足利義詮）度々御吹挙を進られ畢」のごとく、密厳院別当職に補任された隆舜は、建武四年から文和元年（一三五二）までの十六年間にわたり、走湯山の「社務」をつとめている。そして足利尊氏は、前別当覚遍と尊氏息竹若丸の「遺跡」である密厳院別当職に、隆舜を補任するにあたり、彼等の後世供養を委ねたのである。ここに密厳院別当職は、源頼朝の「護持」を淵源にもつ「武家護持」に加えて、足利尊氏のもとめる一族供養の祈禱を、固有の任務とすることになった。

またここで注目しておきたいのは、密厳院別当職が単なる寺内一院家の院主にとどまらず、走湯山「社務」をつとめたと記されている点である。つまり密厳院別当は、走湯山の寺家を統括する立場にあったわけで、別当に就任した隆舜の活動は、院の経営にとどまらず、寺家の経営にわたるものであった。走湯山内における密厳院別当のこの立場は、暦応二年（一三三九）に、「密厳院」が走湯山諸堂造営注進状を作成し、幕府に呈していることからも明らかであろう。[13]そこで、密厳院別当が「社務」を掌握した南北朝時代以降には、「走湯山密厳院領」は、事実上「走湯山領」と同義として史料上に現われることになる。

さて建武四年（一三三七）、密厳院別当に就任した隆舜は、ただちに寺領経営に着手するとともに、密厳院雑掌通性申状によって、「伊豆国大立野村内田地五町・在家壱宇」・「相模国金□(江)郷」等における狼藉停止をもとめる訴訟を行い、翌建武五年には将軍の裁許を得ている。[14]同じく雑掌通性は、暦応二年に神領土佐国介良荘における在地勢力による押領を訴え、貞和二年（一三四六）には、「社家本知行」を安堵する足利直義裁許状が下された。[15]さらに伊豆国目代祐禅等の寺領への介入に対し、貞和年中、密厳院雑掌宗泰・宗春・澄宣申状（醍醐一九一—一九一～一九五）により訴訟を提起し、鎌倉時代の先例に准じた役夫工米・三島社造営役の免除、「神領」である伊豆国丹那郷・熱海郷における押領停止・殺生禁断と祐禅等の処罰、「走湯山密厳院領」における他社神役免除の先例に基づく、寺領相模国柳下郷への鶴岡八幡宮修造料段銭の免除等々を求めている。このように隆舜は、幕府への訴訟を繰り返すことにより、積極的な寺領回復とその経営安定を図ったのである。

隆舜は、寺領経営と併行して寺内堂塔の整備を進め、その修造活動は「随分造営の大功」と評価された。走湯山上下諸堂目安には、鎌倉時代における特記すべき行事・事件が年月を逐って記されるが、その中には、諸堂宇の倒壊・炎上と再建・供養の記事が多々見出され、寺家経営のなかで、諸堂宇の修理・造営はきわめて重要な業務であったことが知られる。先にも触れた暦応二年の走湯山諸堂造営注進状によれば、「上諸堂」分として、回廊に囲まれた「中堂」（千手観音を本尊とする金堂）の本堂・礼堂と諸社を始め、常行堂・経蔵・経会堂（講堂か）・鐘楼・惣門・食堂・本宮等の修理・新造がなされている。しかもこの造営注進状は「密厳院」において起草され、幕府に提出されているわけで、密厳院別当隆舜の主導のもとに、「走湯山造営料所」等の年貢を財源として、「大功」と評価されるに相応しい修造活動がおこなわれたわけである。

　また隆舜は、修造活動により整備された寺内堂宇において、仁王会・御八講・諸講問等の恒例法会や、堂宇落慶・本尊開眼等の臨時法会など、「経会等の神事を興行」した。暦応四年（一三四一）隆舜は、先だつ暦応二年に足利尊氏から寄進された伊豆国白浜村地頭職を料所として、「天下静謐・伽藍安穏・御願成就」のために、千手観音の宝前で二口の供僧により勤修されることになる走湯山中堂本地供を創始し、供僧一口に法印覚鑑を補任している(16)。なお本地供の供僧には、「入壇」して伝法灌頂を受け、「各流口決」を伝受された寺僧が補任されることになっていた。そして自ら東密三宝院流の正統を伝える隆舜は、「祖師（隆舜）僧正多年執務之地之故、門徒等猶相残」とあるように(17)、密厳院に住持する間に付法伝受を行い、多くの三宝院流に連なる門徒集団を形造ることにより、密厳院と走湯山を維持したと思われる。

　しかし「社務十六箇年」の後、隆舜は「他人望み事」により、「不慮」にして密厳院別当職を改補された。密厳院々務次第（醍醐一八一―一九七）によれば、隆舜につぐ別当は乗基であり、乗基の競望により改替された可能性もあるが、その詳細については明らかではない。文和元年（一三五二）三月に、隆舜は自らがその幼少より「護持」をつとめた足利義詮から、「天下静謐御祈禱」を命ぜられたが、同年十月には報恩院以下の醍醐寺内院家を嫡弟隆憲に相承させ、「武家祈禱」を勤修する鎌倉犬懸坊は実弟経深に託す譲状・置文を草し、翌文和二年正月に入寂している。

しかも隆憲・経深に委ねた院家のなかに密厳院は見出されず、この時点ではすでに同院の別当職は隆舜のもとから離れていたことになる(18)。また報恩院隆源置文土代（醍醐二四─二九）に引用される、執事仁木頼章に宛てた文和元年六月五日付の足利義詮書状に記される、「就密厳院別当職事、水本僧正申入旨候歟、任道理可被経御沙汰候哉、以此旨可令披露給」との文言は、前掲の「就歎申入、宝篋院殿《足利義詮》度々御吹挙を進られ畢」との文言に対応するもので、隆舜の訴えをうけた義詮が、足利直義追討のため鎌倉に下向していた足利尊氏に再考を求めたものと理解できる。つまり隆舜は、少なくとも文和元年三月から六月までの間に、足利尊氏により密厳院別当職を改替されたわけである。

以上の通り、醍醐寺報恩院の密厳院への具体的な関わりは、報恩院々主隆舜の別当職補任から改補に至る十六年の間に確認することができる。そして密厳院別当職を改替された隆舜は、その還補を図り度々足利義詮に訴えたが適わず、また入寂後に彼の意思をついだ経深が、密厳院別当職の回復を求める申状を武家に呈したものの、足利尊氏が義詮の進言を容れて経深を密厳院別当職に還補することはなかった。

後述することになる密厳院別当職をめぐる相論は、いうまでもなく別当職還補をもとめる醍醐寺側の訴えによるものであるが、結論的にいうならば、隆舜の別当職任中を除いて、醍醐寺院家による、密厳院そして走湯山の経営への実質的な関わりは、史料上に確認し難いのである。

三、醍醐寺報恩院と「関東護持」

ここで走湯山密厳院の問題からは少し離れるが、前節で触れた報恩院々主隆舜が、密厳院別当職に補任される遠因と推測した、鎌倉時代における報恩院の「関東護持年来忠勤」について考えてみることにしたい。

付表のCに掲げた隆源置文案は、前述のとおり、南北朝時代も末に、院家再興を図る隆源により起草されたものである。貞治三年（一三六四）経深から正嫡として法流・院家を相承した隆源は、隆舜より数えて三代目の報恩院々主にあたる(19)。この隆源置文案には、三宝院流の正統に連なる報恩院法流の由緒と、武家護持の祈禱の実績を踏まえた、密厳院別当職・六条八幡別当職・大智院々主職を始めとする別院・末寺の所職の相承と、東寺長者・醍醐寺座主への補任等について、その由来と併せて文證となる文書が書き列ねられている。そしてこの一項をなす「代々御祈禱の忠節の事」のもとに、「祖師勝賢僧正は、鎌倉右大将家の護持として、関東に参向し、二階堂本仏の御衣木加持等を勤仕せしより、相続して御祈禱の忠を致せり、ちかうは則隆舜僧正、等持寺殿（足利尊氏）の御代、建武の始より、京・鎌倉の御祈をうけたまハる、恒例・臨時其数をしらす、就中に東寺御座の間も、かれに参住して肝膽をくたき、法験を顕し畢ぬ、又宝篋寺殿（足利義詮）御幼稚の初より、とりわき御祈禱の忠を抽つ、又経深法印これにおなし、隆源其師迹をうけて、本坊長日の大勝金剛供、于今退転なし、ちか比五壇法の時ハ、度々人数一分にめしくわへられ、精誠を励し訖」として、勝賢による源頼朝の「護持」を淵源とする「関東護持」祈禱の継修と、南北朝時代以降の隆舜・経深・隆源による「武家御祈禱」の由来が記されている。

「関東護持」の始祖というべき勝賢は、すでに寿永二年（一一八三）の「平家西国下落、其後兵乱頻起、国土不静」という時代背景のなかで、天下静謐と怨敵退散を祈願する大威徳供・転法輪法を自ら勤修するとともに、「右大将家護持」の請を受けて関東に下向し、「武家安全」の「長日不退勤行」に従った。また勝賢の弟子である成賢は、建暦三年（一二一三）に、「鎌倉御祈」としての尊勝法を勤修し(20)、さらに承久年中には、「為将軍、於京都、為御持〔護〕僧、可令勤仕行御祈給」として、「将軍御持〔護〕僧」に任ぜられたと考えられる。[21]

醍醐寺報恩院は、勝賢資の成賢が、「閑居終焉之地」として構えた草庵の極楽坊から生まれた院家であり、[22]成賢以後、憲深・実深・覚雅・憲淳・隆勝・隆舜と相承されてきた。そして報恩院という院家の相承は、「当流祖師勝賢僧正坊、右大将家御時、蒙貴命致懇祈以降、成賢・憲深・実深・覚雅・憲淳・隆勝・隆舜、鎮抽鄭重之丹精、送数廻之炎涼畢」とあるように、「関東護持之門跡」の相承系譜と重なり、報恩院は自らを「関東護持」の院家と認識していた。また報恩院には、この「祈禱」を維持するための「料所」が給付されていたのである。[23]

さて鎌倉後期における報恩院の相承をめぐって、この「関東護持」が強く注目されることになった。勝賢から数えて五代目の院主である憲淳は、正応五年（一二九二）に、「於関東二階堂」いて「病臥中」の覚雅から法流・院家を相承し、また執権北条貞時からは「関東御祈禱」の勤仕を安堵されている。[24]そして五年後の永仁五年（一二九七）に、弟子隆勝への院家・法流相承の意図のもとに、憲淳譲状が作成されたが、これは「納箱底、未披露」るままにおかれていた。[25]ところが徳治三年（一三〇八）、東密法流の伝受に執心する後宇多法皇が、当時病床にあった憲淳に書状を送り、東寺長者への加任を代償に、東密の正統である三宝院流の付属を求めてきたのである。[26]

宇多法皇にならい密教興隆に強い熱意を示す後宇多法皇の希望を憲淳は拒むことはできず、報恩院を仙洞御所とすることなどを条件として法流相承を受諾し、法皇のもとに相伝すべき本尊・道具・重書等の目録を進めた。[27]しかし後宇多法皇は、憲淳の弟子である道順に信頼をよせて身辺に近侍させ、自らへの三宝院流の付属とは別に、この道順への報恩院の相承を、暗に憲淳に求めたのである。後宇多法皇の真意を知った憲淳は、時に執権の座にあった得宗北条貞時をたより、「長日御祈事、所労之間、以隆勝法印令勤仕候、（中略）就法流御祈事、可申置之由存候、同者、自存日被加御祈之人数、被下御教書者、可畏存候」として、病床にある自らの代りに、隆勝に「長日御祈」・「法流御祈」つまり「関東護持」祈禱を勤修させたいとして、その承認を求めた。憲淳の依頼を受けた北条貞時は、時をおかず、「祈禱事、被申付大納言法印隆勝之由、承候了」との書状を送り、隆勝の立場を承認したのであった(28)。

すなわち憲淳は、後宇多法皇の意向に抗して、隆勝に院家・法流を相承させるため、武家政権の承認のもとに、「関東護持」を勤修する立場を隆勝に譲り、武家の後援によりその身分保証を図ろうとしたわけである。両統拮抗のなかで相対的に勢力が後退しつつある公家政権と、それを凌駕する実力をもつ武家政権との対立を、憲淳は巧みに利用し、また北条貞時も自らが期待される役割をわきまえた上で、憲淳・隆勝に後援の手を差し延べたのではなかろうか。そして、勝賢より継承されてきた「関東護持」は、公家・武家との政治的な対立を背景として、報恩院の相承をめぐる、憲淳・隆勝と後宇多法皇・道順との対立のなかで、憲淳等を武家政権に接近させ、その保護を実現するという、きわめて世俗的な役割を果たしたといえよう。

また憲淳は、隆勝への武家政権の身分保証を確認した後、あらためて隆勝に、法皇が報恩院を仙洞として住寺し法流相承した折には、勅定に従うべきことを付記した、「報恩院堂塔・僧坊幷本尊・聖教・道具等」の譲状と併せて、「秘仏・秘曼陀羅・重書・道具等」の譲状を作成した(29)。さらに「秘仏」以下の譲状とは別に、次に掲げる同日付の本尊・道具等の譲状を(30)、憲淳は作成している。

（端裏書）「後宇多法皇報恩院　御住持之事、報恩院憲淳譲状之写」
仁王経曼陀羅一鋪大僧正（定海）図絵本、
転法輪筒一中安後白河法皇御影、

小壇起戒等一合
已上、雖有　法皇御住寺、別而所譲于隆勝法印也、依為関東護持之門跡、相継可致祈禱之由申了、仍為彼證験、
修法道具在関東、
於此四種者、可預置之、就中重書已下、将来御末資之時、出他門者、必捧此祖師起請　勅書等、為申子細也、更
不可有依違之状如件、

徳治三年五月廿九日　　　　権僧正（憲淳）判

この譲状の冒頭に記される「四種」の本尊・道具は、「関東護持之門跡」を象徴し、その祈禱を勤修するためには必須のものであった。これらの本尊・道具を相伝することは、とりもなおさず「関東護持之門跡」を相承し、ひいては「関東護持」の祈禱を勤修する隆勝の立場を保証する。ただし右の本尊・道具について譲状が作成されてはいるものの、じつはこれらの内、「在関東」との付記のある「修法道具」を除く三種は、憲淳が譲状を作成した時点では、すでに彼の手もとにはなく、後宇多法皇により「召置」かれていたと思われる。このような事情から、法皇のもとに置かれた本尊・道具の帰属を明らかにするために、憲淳は「秘仏」以下の譲状とは別に、前記の「仁王経曼陀羅」以下の譲状を作成したのであろう。

法流相承をめぐる混乱の渦中、徳治三年八月に憲淳は入寂した。そして師匠を失った隆勝は、翌延慶二年（一三〇九）、報恩院の相承を証する憲淳譲状以下を鎌倉に進め、北条貞時に重ねての保証を求めた。そしてこの折に、「抑為関東護持故、所譲給之重宝内、転法輪筒者、祖師仁海僧正之所造候、凡此法者、調伏至極秘法、代々之祖師勤行之時、所用之筒、毎度効験不堕地候、件本尊・具書等、于今不散在、令相承候」との由緒をもつ「転法輪筒」が、後宇多法皇のもとに「召置」かれていることを訴え、その回収にあたっての助力を請うた(31)。

いうまでもなく「転法輪筒」以下の本尊・法具は、「長日御祈」を始めとする「関東護持」の祈禱の場で用いられるものである。とりわけ「転法輪筒」を用いた「調伏至極秘法」、つまり怨敵降伏を目的とする転法輪法は、権力者にとっては必須の祈禱といえる。(32) しかも隆勝が執着する仁海僧正造の「転法輪筒」は、源平争乱の続く寿永二年（一一八三）に、勝賢がこれを用いて平家降伏のための転法輪法を勤修した由緒をもつとされる。そこで憲淳がことさらに譲状に掲げ、また隆勝が武家政権の口添を得て返還をもとめたのも、至極当然のことといえる。そして正和五年（一三一四）に、隆勝の推挙と得宗北条高時の承認をうけ、報恩院と「関東護持」の法流を相承した隆舜も、やはり大覚寺に納められた「転法輪筒」を始めとする聖教・本尊・道具の返還を図るため、訴訟を繰り返しているのである。(33)

このように、「関東護持」の祈禱とその名目は、報恩院が存続する上で、単に「料所」という経済的基盤を保証するのみならず、祈禱の効験を享受する立場にある鎌倉幕府から、政治的保護を期待できるという現実的な意味をもっていた。そして世俗的な保証・保護の代償に、報恩院は、降伏法を含む「武家安全」のための祈禱を勤修し、宗教的な側面から武家政権の存続を支えたわけである。

なお鎌倉幕府が滅亡し、「関東護持」は当面の名目を失ったものの、京都に創設された武家政権が、実質的には鎌倉幕府を継承する以上、報恩院も依然「護持勤労」の実績をもつ「武家御祈禱之師迹」として、「武門累葉之御祈禱」を勤めることになった。(34) そして「関東護持」の名目は、内実はそのままに、「武家護持」・「武家御祈禱」に継承された。そして前節で触れた隆舜は、足利尊氏から密厳院別当に補任されるにあたり、「武家護持」と、竹若丸等追善の祈禱を委ねられたのである。

四、密厳院別当職の相論

「密厳院々務次第」による限り、文和元年（一三五二）に、心ならずも密厳院別当職を改替された隆舜にかわり、別当職についたのは山門の乗基であるが、彼については、補任の時期やその契機等、ほとんどが明らかではない。一方、文和二年に隆舜より鎌倉犬懸坊を相承した経深は、隆舜の意思をついで、密厳院別当職への還補を足利義詮に訴え、また義詮も足利尊氏に再考を促す御判御教書を送っているが、ついに還補は実現しなかった。そして貞治二年（一三六三）経深は、「愚身痛躰」を理由に、三宝院光済に「走湯山密厳院」を譲与し、また翌貞治三年、報恩院を隆源に相承させた直後に入寂した(35)。

さて「密厳院々務次第」の最後には、乗基についで三宝院光済の名が記されている。そしてこの院務次第を冒頭に掲げる「密厳院管領系図幷具書案」（付表D）は、光済から三宝院を継承した満済が、密厳院別当職への補任を求め、応永初年に幕府に提出した訴状に副えるために草されたことは既に触れた。そしてこの具書案の内容とその奥書から、貞治年中における三宝院光済による密厳院別当補任をめぐる経緯が知られる。

まずその奥書の、「已上、三宝院僧正光済坊補任之時之御教書也、一心院僧正（隆舜）円寂之時、依有其闕、有当院家契約之子細、以右大将家以来文書由緒、申武家、先当彼（光済）僧正身、申賜安堵畢」との文言から明らかなように、貞治二年に経深から「走湯山密厳院」を譲られた光済は、「右大将家以来文書由緒」により、隆舜跡職への補任を幕府にもとめた。光済の訴えを受けた将軍足利義詮は、以前から意向もあって、貞治三年に、「密厳院別当職付寺院等、事、任先例、可令執務給」との内容の御判御教書を三宝院光済に発給して所職を安堵するとともに、その由を鎌倉公方足利基氏と関東管領上杉憲顕に伝え、「関東寺領」の沙汰付を求めている。しかし足利義詮による別当職補任は、鎌倉府により直ちには遵行されず、「三宝院僧正雑掌重慶申」状をうけた義詮は、おって「三宝院僧正被申候密厳院別当事、先度令申候之處、未遵行之由歎申、急速可被仰付候」との御内書を携えた使者を下向させ、その遵行を督促した。足利義詮による重ねての御判御教書・御内書により、足利基氏はようやく「密厳院別当職」・「密厳院家」と寺領・末寺の、三宝院雑掌への沙汰付を管下に命じたのである。

　このように、三宝院光済の訴えをうけた足利義詮による別当補任と、鎌倉府によるその遵行がなされながら、光済が密厳院別当職として実質的な走湯山の経営に関与したという確たる痕跡は、史料上に見出しがたい。そして応永年中に、三宝院満済と密厳院別当職をめぐり相論することになる鶴岡若宮別当弘賢は、「右職者、去貞治年中、為岩殿山御留守賞而瑞泉寺殿（足利基氏）御代拝補訖」として、貞治二年（一三六三）の宇都宮氏綱の乱における功労により、鎌倉公方足利基氏から「走湯山別当職」（密厳院別当職）に補任されたと主張している[36]。別当職相論にあたっての弘賢の主張ではあるが、貞治三年の義詮による別当補任の遵行を、速やかに実行しなかった鎌倉公方基氏の態度を考え併せるならば、将軍とは全く別に、鎌倉公方独自による密厳院別当職補任が行われていたことが確認できよう。そして将軍により補任された三宝院光済と、鎌倉公方に補任された若宮別当弘賢という、二人の密厳院別当職が併存したわけで、法的には優位な前者と、地理的に優位な後者が、その法嗣をふくめて、以後も名実併せての別当職をめぐる相論を繰り返すことになる。

　康暦元年（一三七九）に入滅した光済の後、密厳院別当職をめぐる相論を提起したのは、「密厳院管領系図幷具書案」を作成した三宝院満済であった。そして満済による相論の経緯については、貞治三年（一三六四）に経深より報恩院を相承した隆源が、別当職相論のため作成した「密厳院證文校正案文」（付表Ａ）に書き継がれる案文から知ることができる。

足利義満の猶子である満済は、応永二年（一三九五）に院主を退いた定忠より、三宝院々主を相承するとともに、醍醐寺座主に補任されている。[37]「密厳院別当職」補任をもとめる満済の訴えをうけた足利義満は、応永五年、時に将軍を退きながら政務の実権をにぎる立場から、満済には「安堵」の御判御教書を、また鎌倉公方足利氏満には満済補任の由と「関東寺領」の沙汰付を求める御内書を発給した。しかし氏満の死去もあって、先の光済の場合と同様に、翌応永六年になっても、鎌倉府による「密厳院別当職」と「関東寺領等」の、三宝院雑掌への沙汰付は実行されず、再度、督促の義満御内書と管領畠山基国施行状が、おのおの鎌倉公方足利満兼と関東管領上杉朝宗に送られたのである。

ところが義満の意向をうけた満兼は、管領畠山基国に返状を送り、[38]「任被仰下之旨、久々致沙汰之處、若宮社務僧正坊代如支申者、当職拝任之後、已及三十余年、知行無相違候、以何篇可被改動哉之由、捧文書歎申之間、無左右難遵行之由、可令申沙汰候」として、「三十余年」に及ぶ別当職在任の実績を掲げる鶴岡若宮別当弘賢の嘆願を容れ、満済への沙汰付をただちには遵行し難い旨の弁明を寄せたのである。これより先、満兼による別当職をめぐる審理の折に、「自弘賢僧正方註進」された走湯山関東知行地注文案が、満兼書状より以前に三宝院に送付されていた。[39]しかもこの注文案には、「此内土左《佐》国介良庄除之、当時不知行故云々」との端裏書があり、介良荘を除く「知行地」は当知行であるという弘賢方の主張である。つまり若宮別当弘賢は、前述のとおり、鎌倉公方基氏から密厳院別当職に補任された貞治年中から応永年中にいたるまで、その所職と走湯山領を継続的に知行したと主張し、また歴代の鎌倉公方である基氏・氏満・満兼も、この弘賢の管領を承認してきたのであった。このように、三宝院光済・満済は、将軍義詮・義満の補任をうけて密厳院別当に就任したはずではあったが、実質的な寺家経営は、鎌倉公方の補任と安堵をうけた鶴岡若宮別当弘賢の手にあったことになる。そしてこの仮定は、実際に醍醐寺と走湯山とを往復して寺家経営に携わった隆舜の活動に比肩できる史料的な痕跡が、光済・満済には見られないことからも、蓋然性が高いといえる(40)。

さて若宮別当弘賢は、応永九年（一四〇二）に、「走湯山別当職」（密厳院別当職）を弟子尊賢に譲り、さらに尊賢は同二十年に、同職を弟子尊運に譲り、一方三宝院満済は、隆舜による「多年領掌之由緒」により、同十七年に「伊豆山号走湯山、別当職」を報恩院隆源に譲与した(41)。そこで密厳院別当職をめぐる、三宝院満済と若宮別当弘賢との相論は、満済と尊賢、さらに隆源と尊運の相論として継承されるが、その経緯については、隆源と尊運がおのおの作成した案文（付表AとE・E′）により知ることができる。

まずEに書継がれた案文によれば、弘賢から「走湯山密厳院々主職」を譲られた尊賢は、その所職への将軍の「安堵」を、鎌倉公方足利満兼に請い、また満兼もこの要請をうけて、応永十二年（一四〇五）管領斯波義重に「申沙汰」を求める書状を送った。どうして尊賢が将軍の「安堵」を求めたのか、その理由は想像の域をでないが、弘賢以来の三宝院光済・満済との相論に、根本的な決着をつけるためには、相手側の論拠となっている将軍の「安堵」を、自ら得ることが最善の策と考えたからではなかろうか。ところが満兼書状から時をおく応永十九年（一四一二）、「密厳院別当職」について、「尊賢僧正相伝領掌」を「安堵」する足利義持御判御教書案と、その「安堵」により「別当職」の沙汰付を求める、関東管領上杉氏憲宛の管領細川満元施行状案が、Eに列記されている。この将軍義持の「安堵」がなされた翌年の応永二十年、尊賢は「走湯山院主職幷所領等」を上杉龍徳丸（尊運）に譲与するとともに、譲状中に、「早可被申賜京都安堵」との文言を書き加えている。そして「京都安堵」にこだわる尊賢の意向をうけたかのように、同年中に、「任尊賢僧正譲与之旨、直叙法眼尊運領掌不可有相違」との文言の将軍足利義持御判御教書案が、やはりEに掲げられている。このようにEの案文による限り、応永年中に弘賢・尊賢・尊運は、鎌倉公方のみならず将軍の密厳院別当職「安堵」を得て、相論に勝訴するとともに、名実共にその所職・寺領を掌握することになったと言える。

さて応永二十年に将軍から密厳院別当職を安堵されたはずの尊運であるが、同二十四年九月に再度訴状を幕府に提出し、同十九年の師尊賢への「安堵」と、同二十年の尊運自身への「安堵」に基づき、「欲早被退水本僧正隆源非拠競望、任安堵御下文以下代々手継相承旨、預御裁許、全知行当院家職事」を訴えた（付表E'）。ここで「非拠競望」を行ったとされる隆源は、もちろん尊運訴状に先立ち、別当職補任を幕府に求めており、応永二十四年七月一日に、隆源を「密厳院別当職」に補任する旨、鎌倉公方足利持氏に伝える足利義持御内書と、同日付の関東管領上杉憲基宛の管領細川満元御内書副状が発給されている（付表A）。ところがこの同じ応永二十四年七月一日、尊運を「密厳院別当職」に「安堵」する足利義持御内書が発給されたことになっており、以下にこの二通を掲げることにする。

I　「（端裏書）伊豆御内書案　執筆伊勢因幡入道」

伊豆山密厳院別当職事、證文幷由緒異于他之間、所被補水本僧正隆源也、寺領已下無相違之様、計沙汰候者、可為本意之状如件、

（応永廿四）七月一日　　義―（足利義持）御判

左兵衛督（足利持氏）殿

（醍醐寺一七―一四二）

Ⅱ「若宮方所出御教書案（端裏書）応永廿五十二、、源宥上洛持参、此御教書、御所無御存知、奉行仰天子細有之、」

伊豆国走湯山密厳院別当職事、早任去応永廿年十一月十八日安堵、領掌不可有様（相違脱カ）、計沙汰候者、可為本意之状如件、

応永廿四
七月一日　　　義（足利義持）｜御判

左兵衛督（足利持氏）殿

（影写本三宝院文書二回八）

右の二通の御判御教書案は、個々には全く問題なく通用する形式をもつものの、Ⅰは幕府奉行人の合点・裏判が加えられた校正案文にも含まれているのに対して、Ⅱには、報恩院側で書き加えられた端裏書ではあるが、「此御教書、御所無御存知、奉行仰天子細有之」とある。すなわち尊運から鎌倉府に提出された具書と考えられるⅡの御判御教書案は、将軍自身に発給の覚えがなく、発給に関わる奉行人もとまどったわけであるから、この端裏書による限りは、偽文書ということになろう。よくよく特殊な事情でもなければ、同日付で全く反対の内容をもつ将軍家御判御教書が発給されるはずもなく、いずれかが偽文書となるわけで、その可能性は後者に濃厚である。そこでⅡが偽文書であるとするならば、その根拠となっている「去応永廿年十一月十八日安堵」にも疑いの目が向けられる。この御判御教書は、尊運の言葉を借りるならば、「応永廿年二月十七日、尊運于時童名龍徳丸、被譲与之、同年十一月上洛時、当于身給安堵者也」（付表E′）の如く、尊運が自ら上洛して受給したものとされる。ところが尊運に下された御判御教書には、前年に師尊賢に下された「安堵」の御判御教書と同様に、袖に足利義持の「御判」が加えられており、類似した別当職の補任・安堵が日下に「御判」が据えられているのとは異例である。このように考えてくると、尊運側の具書であ

るEに含まれる案文の内、弘賢・尊賢と足利満兼の発給した文書については、特に問題はないものの、将軍・管領の発給文書については、にわかには信じ難いことになろう。そして、このように問題を含む文書、つまり偽文書を具書として幕府に訴状を提出する背景には、「非拠競望」を一気に根絶したいという若宮別当側の意向とともに、鎌倉府の思惑とその具体的な関わりが想定されるのである。

応永二十四年の別当職相論において、隆源は校正案文という危なげない法的根拠により、所職補任の正当性を主張し、これは直ちに将軍に受け容れられ、翌応永二十五年に、「密厳院別当職」の隆源代官への沙汰付を求める足利義持御判御教書が、足利持氏に発給された(42)。一方、尊運はその申状（付表E）のなかで、「以不知行文書、他人譲与事者、御制法一篇也、縦又雖為由緒、当給人至無過失者、争可及子細哉」のように、法的根拠に欠ける自らの立場を自覚しながらも、弘賢以来の「当知行」を強調するとともに、「就中今度大乱刻、他門跡輩一人毛不令参陣處、尊運独召具内者、共馳参佐介御陣、去年十月六日於浜合戦、侍四人令討死、其外被疵輩、被切乗馬者、不可勝計」として、上杉禅秀の乱中における、寺僧に相応しからぬ勲功を掲げ、「御祈禱勤労」と「家人等忠節」という幕府・鎌倉府への実質的な貢献によって、所職安堵を求めている点は注目されよう。そして興味深い表現である、「以不知行文書、他人譲与事者、御制法一篇也」との一文は、「護持勤労」により別当職を「当知行」しながら、将軍の決定によって、しばしばその立場を脅かされた弘賢・尊賢・尊運等の、掛値のない本音ではなかろうか。ただし尊運の訴えをうけて、改めて尊運に対し発給されたとされる管領細川満元施行状は、「任去応永廿年十一月十八日安堵、領掌不可有相違之由」のとおり、前掲文書のⅡと同様の準拠に加えて、同文の端裏書をもつことから、同じく偽文書と判断される。しかしその端裏書から窺われるように、Ⅱや管領細川満元施行状は、いずれも応永二十五年、尊運が鎌倉府に重ねて訴訟をおこなった際に、提出されていた具書の写しが、使者源宥により内々に報恩院にもたらされたものであり、少なくとも鎌倉府においては、尊運の所職安堵を証拠付ける文書案として通用していたことになる。

満済と弘賢、満済と尊賢、隆源と尊運による一連の相論は、幕府と鎌倉府が双方の後盾となることにより、明快な決着がつけられることなく無為に繰り返され、以後も続くことになった。そして文明元年（一四六九）に、「伊豆山密厳院別当職幷寺領等事、任当知行之旨、退無謂之違乱、全知行、可令専御祈禱給之由」の後花園上皇院宣が、報恩院賢深に発給されているものの(43)、この「当知行」が果たして実態であるのか、またこの院宣の効力がいかほどのものであったのか、更には、以後の相論の推移についても、全く知る術をもたない。

おわりに

「密厳院別当職」をめぐる相論の過程で作成された、「醍醐寺文書」中に現存する案文・写の復元と、置文・申状等を含む関係史料の性格を前提として、醍醐寺報恩院（時に三宝院）の走湯山密厳院への関わりについて検討してきた。そして「関東護持」の由緒により、南北朝時代初頭に密厳院別当職に補任された報恩院隆舜が、寺家経営を主導した実績は、後代における醍醐寺院家の走湯山への関わりの重要な証拠とされた。しかし隆舜の退任から室町中期にいたるまで、歴代報恩院（時に三宝院）々主への別当補任状は発給されているものの、実際に走湯山経営に関与した別当は、隆舜を除いて見出し難いことも事実である。すなわち醍醐寺僧による走湯山経営への実質的な関わりは、隆舜が別当職に在任した十六年間にすぎず、それ以外は、将軍の発給した補任状に基づく相論のなかで、取りざたされたに過ぎない。そして室町前期から、「密厳院別当職」として走湯山の経営を実際に荷ったのは、鎌倉府の補任と後援をうけた、鶴岡若宮別当弘賢とその法嗣であり、ここに将軍の後援をもつ醍醐寺報恩院（時に三宝院）との間で、名実併せての別当職掌握をめぐる相論が繰り返されたということになる。

では鎌倉府の後援をうける若宮別当弘賢等により、「密厳院別当職」の当知行を阻まれた報恩院が、相論を繰り返してこの所職にこだわり続けたのはいかなる理由によるものであろうか。

その第一には、報恩院隆源が相論にあたり作成した密厳院寺領目録（醍醐一八―一八九）の存在から推測される、「関東寺領」という経済的条件があげられる。

第二には、隆舜の別当職在任中に、その付法により相承された報恩院の法流と「門徒」の存在、法流を媒介とする、本院である報恩院との継続的な交渉が想定されよう。

また「兵衛佐殿御祈禱所」として、幕府草創期から武家政権に関わりの深い走湯山の中核となる密厳院は、勝賢以来の「関東護持」・「武家護持」を相承する報恩院にとって、武家への「忠節」を尽くし、その外護を受ける上でも、格好の拠りどころと認識されたはずである。そしてこれこそ、南北朝時代以降の報恩院（三宝院）々主が「密厳院別当職」に執着した第三の、そして最大の理由であると考えられるのである。

以上のとおり、主に醍醐寺側からみた走湯山密厳院の所職と経営の実態について検討を重ねてきた。ただし本稿では、鎌倉幕府の成立とともに、鎌倉を一つの核として急速に形造られた東国の寺院社会のなかで、武家政権と密接な関係を保つ走湯山が占めた位置とその役割、教学活動を媒介とする広範囲な僧侶集団の交流という側面から、走湯山の足跡の検討はできておらず、今後の課題としておきたい。

註

（1）「走湯山」・「伊豆山」は所謂山号であり、通例であれば別に寺号が存在する訳であるが、神仏習合に基づく「権現」供養の寺院においては、明確な寺号をもたず、山号をあたかも寺号のように用いる、「熊野山」・「白山」・「金峰山」等の事例も多々あり、鎌倉時代に見られる「東明寺」等を、あえて固定的な寺号として用いる必要はない。また祭祀される「権現」を、便宜的に寺号として呼称する事例も史料上には見られ、昨年刊行された『静岡県史』（史料編中世一）でも、「走湯権現」を寺号として用いているが、本稿では、「走湯山」を、「走湯権現」を供養する寺院の呼称として用いることにしたい。

（2）「走湯山上下諸堂目安」（尊経閣文庫所蔵）、「走湯山諸堂造営注進状写」（『静岡県史料』第一巻「伊豆山神社文書」一一号）。なお「走湯山上下諸堂目安」の内容については、田辺久子・村井章介両氏よりご教示を受けた。

（3）「吾妻鏡」治承四年十月十八日条。

（4）『静岡県史料』に掲載されている「三宝院文書」とは、東京大学史料編纂所に架蔵される影写本「三宝院文書」である。この「三宝院文書」は、現存する醍醐寺所蔵の「醍醐寺文書」（約十万点）から抜き出した約三千点の史料の影写本（複製本）の総括書名であり、本来ならば「醍醐寺文書」と呼ぶべきものである。この「三宝院文書」は、影写本作成の時点で、「醍醐寺文書」から意図的に抜き出されたものであり、「醍醐寺文書」の架番号との対照は必ずしも容易ではないが、本稿では可能な限り「醍醐寺文書」に立ち返って確認作業をおこなうことにした。なお伊豆山神社に現在架蔵される「古文書」は、「三宝院文書」に含まれる走湯山関連文書の再影写であり、『静岡県史料』の編纂過程で作製されたと考えられる。

（5）例えば、「醍醐寺文書」の第二〇函五五号の文書は、六紙にわたり、第二紙から第六紙までは貼継ぎで、第一紙は前後の継手が糊離れしている。ところが第一紙と第二紙以下とを比較すると、筆跡は同一であるが、前者には校正の合点が加えられているものの、後者にはそれは見られず、また文書右肩に記される銘も、前者は「校正了」であるに対して、後者は「鎌倉殿御下知」等であり、この両者は別個の書継案文（付表のAとB）に属していたものと考えられる。つまり本号文書の場合、成立事情が異なる案文が、筆跡の類似のみで、誤って同一の書継案文と判断され、一括して分類番号が与えられたものである。

（6）報恩院隆源置文案（東京大学史料編纂所架蔵影写本「三宝院文書」第二回採訪二、以下、影写本三宝院文書二回二と略す、三五

丁）。なお「醍醐寺文書」二四函二九号は本置文の土代である。

（7）「伊豆国密厳院々務次第」は、『静岡県史料』の第一巻「三宝院文書」二号として掲載されているが、原本の写真によって、端裏書の「密厳院筆頭系図等」を「密厳院管領系図等」、院務次第の「隆舞」・「光潜」を「隆舜」・「光済」、具海の注の「山院大納言」を「中院大納言」に訂し、また覚遍の脇に「本名覚実」を加えておきたい。

（8）鎌倉末期に幕府に叛旗をひるがえした足利尊氏の嫡子竹若丸とともに、幕府使者長崎為基等に討たれた「宰相法印良遍」（『静岡県史』中世一　一八二〇号）とは、「宰相法印」から顕潤とも考えられるが、本節で引用した僧正隆舜置文土代（醍醐二四—二九）の記事と併せて、元弘三年九月十四日に、「宰相法印」宛の足利尊氏御判御教書（『静岡県史料』第一巻「神宮徴古館所蔵文書」二号）が存在することから、顕潤ではなく覚遍ではなかろうか。なお「尊卑分脈」には、覚遍は「元弘三壬〔五〕八—討死」とある。

（9）報恩院隆源置文案（影写本「三宝院文書」二回採訪二）。

（10）水本僧正坊雑掌通性申状案（影写本「田中忠三郎氏所蔵文書」一　一四丁）、僧正隆舜申状土代（影写本「報恩院文書」三　四四丁）。前者は年欠であるが、内容から建武三年に武家に提出するために、また後者も年欠であるが、同様に建武三年頃に公家への訴訟のために作成されたものであろう。

（11）『大日本史料』第六編三　延元元年九月三日条。

（12）「鎌倉犬懸坊相伝次第」（影写本「三宝院文書」二回二）。

（13）『静岡県史料』第一巻「伊豆山神社文書」一一号。

（14）高師直施行状案（影写本「田中教忠氏所蔵文書」一　一・二丁）。

（15）影写本「田中教忠氏所蔵文書」一　五丁。

（16）将軍家御教書（「醍醐寺文書」一八函一九〇号）、走湯山中堂本地供置文（同一〇函三三号）。

（17）「密厳院管領系図幷具書」案奥書（「醍醐寺文書」二二函三〇号）。

（18）『大日本史料』第六編十六　正平七年三月九日条、同十七　文和元年十月二日条・文和二年正月十四日条。

（19）経深付法状（「醍醐寺文書」三函六五号）、経深譲状（同二〇号）。

(20) 隆舜申状案（『大日本古文書　醍醐寺文書』二―三七二）、大威徳供百壇并転法輪法々会等記（同二―四〇九）。
(21) 関東巻数返状等案（『大日本古文書　醍醐寺文書』一―二〇七）。
(22) 『醍醐寺新要録』第一二　報恩院篇。
(23) 醍醐寺報恩院所司等申状（『大日本古文書　醍醐寺文書』二―四六三）。
(24) 覚雅附法状案（『大日本古文書　醍醐寺文書』四―八六八―二）、覚雅付属状（同二―三〇六―三）、北条貞時書状（同一―一三七）。
(25) 憲淳院家等譲状（『大日本古文書　醍醐寺文書』二―三〇六―四）、憲淳本尊等譲状（同二―三〇六―五）。
(26) 後宇多法皇の三宝院流付属については、拙稿「鎌倉仏教の展開」（『古文書の語る日本史』三）参照。
(27) 「太上法皇御住寺時随仰可渡進本尊・聖教已下目録」（醍醐一五函三号）。
(28) 憲淳挙状（『大日本古文書　醍醐寺文書』一―一三七―二）、北条貞時書状（同一―一三七―三）。
(29) 憲淳院家等譲状（『大日本古文書　醍醐寺文書』二―三〇六―六）、憲淳秘仏等譲状（同二―三〇六―七）。
(30) 憲淳譲状案（『大日本古文書　醍醐寺文書』七―一三六九）。なお本譲状と同日付で文言が異なる憲淳譲状（同四―六四六）が別に存在し、この譲状には、「仁王経曼陀羅一鋪」・「転法輪筒一」・「小壇起戒等」が、譲られるべき本尊・道具として記されている。ただしこの両者は、いずれも憲淳により作成されたものと判断される。
(31) 隆勝書状案（『大日本古文書　醍醐寺文書』一―一三七―四）。
(32) 仁海造のものではないが、鎌倉時代に作製された転法輪筒が、醍醐寺に現存し、その様を知ることができる（『（昭和五十年）醍醐寺密教美術展図録』参照）。なお転法輪筒については、有賀祥隆・高橋秀栄氏よりご教示を得た。
(33) 隆舜申状案（『大日本古文書　醍醐寺文書』二―四四二）。
(34) 醍醐寺報恩院所司等申状（『大日本古文書　醍醐寺文書』二―四六三）。
(35) 足利義詮御判御教書案（影写本「三宝院文書」二回二）、経深書状（同二回八）、経深附法状（「醍醐寺文書」三函六五号）、経深譲状（同三函二〇号）。なお「密厳院管領系図幷具書案」（付表D）奥書の、「一心《（隆舜）》院僧正円寂之時、依有其闕、有当院家契約之子

細」との文言からも、隆舜の入寂後に、その跡を継いだ経深が、密厳院別当職には補任されなかったことが窺われる。
(36) 弘賢譲状案（「醍醐寺文書」一八函二〇〇号）。
(37) 「五八代記」（醍醐寺文化財研究所紀要四号所収影印本）。
(38) 足利満兼書状（「醍醐寺文書」二六函一〇号）。
(39) 「醍醐寺文書」一八函一九九号。
(40) 「鶴岡八幡宮寺社務職次第」によれば、弘賢は遍智院聖尊から三宝院流の付法をうけ、また「関東護持奉行」として、走湯山別当や鑁阿寺・鶏足寺・越後国分寺等の別当職を兼帯しており、鎌倉公方にとっては依然として意味をもつ「関東護持」を継承していたわけである。すなわち鎌倉時代における「関東護持」は将軍・鎌倉幕府のための、南北朝時代以降の「関東護持」は鎌倉公方・鎌倉府のための、「安全」祈禱の機能を負っていたといえよう。なおこの「関東護持奉行」は、弘賢以後、尊運・尊仲等の鶴岡若宮別当に相承されている。
(41) 密厳院僧都尊運雑掌栄快申状案（「醍醐寺文書」一八函二〇二号）、三宝院満済譲状案（同二〇函五五号）。
(42) 「醍醐寺文書」一八函二〇一号。
(43) 「醍醐寺文書」一八函二〇四号。

Ⅲ

中世における関東醍醐寺領の基礎的考察

中島丈晴

はじめに

本論は、関東地方に散在する醍醐寺領（以下本論では関東醍醐寺領と呼称する）の検出と分析を行い、関東醍醐寺領がいかにして獲得されたのか、またその特徴とは何かについて検討しようとする基礎的考察である。まずこれまでの醍醐寺領の研究を整理し、問題点と課題を明確にしておこう。

醍醐寺領の研究は、竹内理三「寺院に於ける荘園経済の成立―醍醐寺の研究―」[1]にはじまる。竹内はこの論文で、醍醐寺の経済基盤が封戸や正税などの律令財源から荘園の収益に依存していくことを明らかにした。だが本論との関連で注目すべきは、論証過程で多くの醍醐寺領を提示したことで、その結果、醍醐寺領の総括的な研究としても位置づけられる点にある。しかし以下の点に検討の余地が残されていた。すなわち、①文治二年（一一八六）ごろ成立の『醍醐雑事記』[2]を主な素材としているため、それ以降の醍醐寺領については検討対象になっていない。②本寺財源の検討が中心となっており、院家領、末寺領の記述が少ない。③おそらく①の点に関わると思われるが、関東醍醐寺領には触れられていない。である。このうち①についてはその後、醍醐寺領に関する個別的検討によって進展がみられる。(3)また②についても、伊藤清郎が、院家領、末寺領も踏まえて多くの個別事例をあげ、醍醐寺領の成立、寺領の種類について検討している。(4)一方③の点については、管見の限り関東醍醐寺領に関わる専論は、走湯山密厳院別当職をめぐる醍醐寺と鶴岡若宮との相論を検討した永村眞の研究(5)しか見当たらず、関東以外の地方に比較して研究が進展しているとはいえない。それればかりか、関東地方にはどれだけの醍醐寺領が存在したのかという基本的事実すらも明らかになっていないのである。もっとも、これまでにも行論中で醍醐寺領に触れた研究はあり、(6)それらによって関東醍醐寺領の所在地は多少判明している。しかし行論中での関説では、論点に直接関わる所領のみが注目されるため、触れられていない関東醍醐寺領がまだ多く残されている点に問題がある。また、現在、醍醐寺領については、「醍醐寺領一覧」(『国史大辞典』八巻、七四一頁、大三輪竜彦執筆)によって一覧に供され容易に知ることができる。しかし、そこでも、あげられた所領のうち関東に属するものは、上総国梅佐古の一例のみである。つまりこれまでの研究を通じては、関東醍醐寺領の全体像を把握することができないのが現状である。

以上の問題点を踏まえて、本論では、第一に、中世において確認されうる関東醍醐寺領を検出し、それらを図化して一覧化し関東醍醐寺領の全体像を把握したい。第二に、その結果から読み取れる関東醍醐寺領の特徴点の分析から、関東醍醐寺領の拡大と室町幕府が密接な関係にあったことを検討し、醍醐寺と幕府双方にとっての関東醍醐寺領の持つ意味について考察したい。なお本論の検討を通じて、関東寺社と鎌倉府との結びつきを強調するこれまでの見方に新たな視角を提供することになろう。

一、中世における関東醍醐寺領

本章では、関東醍醐寺領について、所在地、時代ごとの変遷、所領分布などを検討し、その全体像を把握したい。その上で、醍醐寺が関東地方に所領を獲得しえた背景について室町幕府との関わりから検討していきたい。

第一節　関東醍醐寺領の検出

本節では関東醍醐寺領を検出していきたい。これまでに確認しえた所領をまとめると表一のごとくである。表にあげた所領には、史料から直接に醍醐寺領であることが分かるものは少ない。大半は、醍醐寺院家が関東寺社別当職にある期間に、その寺社領であることが明確な所領を醍醐寺領として判断している。表の「付属する寺社」項目に記載のある所領がそれである。そのうち、関東寺社別当職については表中に典拠を示したので、ここでは、関東寺社以外の別当職に属した所領について説明しておこう。

鳥羽金剛心院領である㊵伊南荘㊶伊北荘㊼千町荘㊾新田荘は、康暦二年（一三八〇）十一月二十二日後円融天皇綸旨案（東京大学史料編纂所架蔵影写本「三宝院文書」五三、3071.62／3／53）によって三宝院が鳥羽金剛心院寺務職に補任されていらい、また、建武二年（一三三五）九月二十四日に足利尊氏から篠村八幡宮に寄進され同宮領となった㊷梅佐古（足利尊氏寄進状「三宝院文書」県外二三九）は、貞和四年（一三四八）三月十五日に三宝院賢俊が篠村八幡宮別当職に補任（三宝院文書　大日本史料六編之十二所収補遺九頁）されていらい、応仁二年（一四六八）にいたるまで一貫

表一　中世における関東醍醐寺領一覧

No.	所領・所職	領有者	典拠	比定地	付属する寺社
［遠江国］					
1	小高下御厨内仏乗寺	理性院	貞治5年5月14日後光厳天皇綸旨案「口宣綸旨院宣御教書案」静6－740	静岡県掛川市	
2	原田荘	金剛王院→三宝院→本寺	弘安元年閏10月13日亀山上皇院宣「東寺百合文書レ」静5－1285、永享7年最勝光院方評定引付「東寺百合文書る」静6－1886、（寛正5年）10月9日室町幕府奉行人連署奉書案「東寺百合文書サ」静6－2458	静岡県掛川市	
［駿河国］					
3	伊賀留美	三宝院	応永5年密厳院領関東知行地注文「三宝院文書」神5213	静岡県藤枝市	走湯山密厳院領
4	内谷郷内宿分	地蔵院	元亨2年3月6日前大僧正親玄譲状案「早稲田大学荻野研究室所蔵文書」神2293	静岡県岡部市	久遠寿量院領
5	大幡寺別当職	地蔵院	応永21年7月28日足利満詮御教書「尊経閣古文書纂所収宝菩提院文書」静6－1520	静岡県裾野市ヵ	
6	岡宮（浅間神社）	地蔵院	同上	静岡県裾野市ヵ	
7	聖一色	三宝院	3伊賀留美と同じ	静岡県静岡市	走湯山密厳院領
8	富士村山寺	三宝院	同上	静岡県富士宮市	走湯山密厳院領
9	牧御堂	地蔵院	5大幡寺別当職と同じ	未詳	
10	藪田郷	理性院	応永10年6月18日権大僧都仲祐契約状案「青蓮院文書」神5330	静岡県藤枝市	金剛寺領
［甲斐国］					
11	塩戸荘	未詳	文治2年4月8日醍醐寺文書目録「醍醐雑事記十五」鎌倉遺文84	山梨県甲府市	
［伊豆国］					
12	青木村	三宝院	応永5年密厳院領関東知行地注文「三宝院文書」神5213	静岡県三島市	走湯山密厳院領
13	熱海郷	報恩院	貞和2年伊豆山密厳院雑掌宗泰申状案「醍醐寺文書」静6－353	静岡県熱海市	走湯山密厳院領
14	宇加賀郷	地蔵院	至徳3年5月25日室町幕府御教書「松雲寺文書」静6－5007、文正元年10月19日室町幕府奉行人連署奉書「尊経閣古文書纂所収宝菩提院文書」静6－2521	静岡県土肥町	右大将家法華堂領
15	大田家村	三宝院	3伊賀留美と同じ	静岡県函南町	走湯山密厳院領
16	大立野村内田地五町・在地一宇	報恩院	建武5年高師直奉書「田中教忠氏所蔵文書」静6－201	未詳	走湯山密厳院領

17	下田郷	地蔵院	14宇加賀郷と同じ	静岡県土肥町	右大将家法華堂領
18	白浜郷	報恩院→三宝院	暦応3年6月19日散位某奉書「醍醐寺文書」静6－258、応永5年密厳院領関東知行地注文「三宝院文書」神5213	静岡県下田市	走湯山密厳院領
19	田代郷	三宝院	3伊賀留美と同じ	静岡県函南町	走湯山密厳院領
20	丹那郷	報恩院→三宝院	貞和2年伊豆山密厳院雑掌宗泰申状案「醍醐寺文書」静6－355、応永5年密厳院領関東知行地注文「三宝院文書」神5213	静岡県函南町	走湯山密厳院領
21	仁科荘内田畠	三宝院	3伊賀留美と同じ	静岡県西伊豆町	走湯山密厳院領
22	初嶋領家職	三宝院	同上	静岡県熱海市	走湯山密厳院領
23	平井薬師堂	三宝院	同上	静岡県函南町	走湯山密厳院領
24	蛭嶋郷	三宝院	同上	静岡県韮山町	走湯山密厳院領
25	松下田畠	三宝院	同上	未詳	走湯山密厳院領
26	松輪村	三宝院	同上	静岡県熱海市	走湯山密厳院領
27	馬宮荘領家職	三宝院	同上	静岡県函南町	走湯山密厳院領
28	密厳院別当職	報恩院→三宝院→報恩院	元弘3年9月14日足利尊氏御判御教書写「神宮徴古館所蔵文書」静6－15、建武4年7月24日足利尊氏御判御教書案「醍醐寺文書」静6－166、貞治2年8月13日経深譲状写「醍醐寺文書」静6－681、貞治3年2月19日足利義詮書状「醍醐寺文書」静6－686、応永17年4月8日満済別当職譲状案「醍醐寺文書」静6－1458、文明元年9月27日後花園上皇院宣「醍醐寺文書」静6－2574	静岡県熱海市	
29	山上地	三宝院	3伊賀留美と同じ	未詳	走湯山密厳院領
30	山木郷	三宝院	同上	静岡県韮山町	走湯山密厳院領
[相模国]					
31	犬懸坊地・坊領	報恩院	鎌倉犬懸坊相伝次第案「三宝院文書」神5552	神奈川県鎌倉市	
32	右大将家法華堂別当職	地蔵院	応安4年6月2日室町幕府御教書「前田家所蔵文書実相院及東寺宝菩提院文書」神4665、応永24年10月21日前大僧正聖快所職所領譲状案写「正嫡相承秘書」神5547、『満済准后日記』応永34年正月4日条、宝徳2年10月11日室町幕府御教書案「松雲寺文書」神6108	神奈川県鎌倉市	
33	右大臣家・二位家法華堂別当職	三宝院	貞和3年12月21日足利直義書状「三宝院文書」神3991、応仁2年閏10月4日醍醐寺所領目録「三宝院文書」神6310	神奈川県鎌倉市	

34	大多和村	地蔵院	応永34年12月28日鎌倉府奉行人連署奉書「法華堂文書」神5796	神奈川県横須賀市	右大将家法華堂領
35	小笠原谷地六戸主	地蔵院	嘉元3年5月30日北条師時書下「前田家所蔵実相院及東寺宝菩提院文書」神1448、延慶3年6月4日金沢実時後室代沙弥成覚相博状「東寺百合文書リ」神1780	神奈川県鎌倉市	
36	小田原寺家方	三宝院	応永5年密厳院領関東知行地注文「三宝院文書」神5213、応永14年3月15日関東管領上杉憲定奉書「神田孝平氏所蔵文書」静6－1398	神奈川県小田原市	走湯山密厳院領
37	金江郷	報恩院	建武5年5月27日高師直奉書「田中教忠氏所蔵文書」静6－202	未詳	走湯山密厳院領
38	金目荘	三宝院	3伊賀留美と同じ	神奈川県平塚市	走湯山密厳院領
39	久遠寿量院別当職	地蔵院	文保3年正月26日前大僧正親玄譲状案「早稲田大学文学部荻野研究室所蔵文書」神2139、元亨2年3月6日前大僧正親玄譲状案「同上」神2293	神奈川県鎌倉市	
40	櫛橋郷	三宝院	3伊賀留美と同じ	神奈川県伊勢原市	走湯山密厳院領
41	金剛寺別当職	理性院	康暦元年4月17日足利義満寺務職等安堵状「理性院文書」神4824、応永12年9月24日前大僧正宗助所領所職譲状「醍醐寺文書」神5363、正長元年8月日理性院宗観申状案「理性院文書」神5811	神奈川県厚木市	
42	須加利谷村	地蔵院	文安5年12月30日室町幕府奉行人連署奉書「前田家所蔵文書実相院及東寺宝菩提院文書」神6074、宝徳2年10月11日室町幕府御教書案「松雲寺文書」神6108	神奈川県横須賀市	右大将家法華堂領
43	武村	地蔵院	同上	神奈川県横須賀市	右大将家法華堂領
44	千葉郷	報恩院	暦応4年正月18日僧都永承寄進状写「集古文書四十二所収伊豆走湯山東明寺文書」神3502	神奈川県小田原市	走湯山密厳院領
45	津久井村	地蔵院	42須加利谷村と同じ	神奈川県横須賀市	右大将家法華堂領
46	名越新善光寺下毘沙門堂入地六戸主	地蔵院	延慶3年6月4日金沢実時後室代沙弥成覚相博状「東寺百合文書リ」神1780	神奈川県鎌倉市	
47	日輪寺別当職	地蔵院	応永24年10月21日前大僧正聖快所職所領譲状案写「正嫡相承秘書」神5547	神奈川県鎌倉市	
48	林村	地蔵院	42須加利谷村と同じ	神奈川県横須賀市	右大将家法華堂領
49	明王院別当職	地蔵院→理性院	至徳4年7月日権僧正頼印申状案「明王院文書」神5026、(貞治3年) 8月15日足利義詮書状「前田家所蔵文書実相院及東寺宝菩提院文書」神4507、康暦元年4月17日足利義満寺務職等安堵状「理性院文書」神4824、応永12年9月24日前大僧正宗助所領所職譲状「醍醐寺文書」神5363、正長元年8月日理性院宗観申状案「理性院文書」神5811	神奈川県鎌倉市	
50	柳下郷	報恩院→三宝院	貞和2年閏9月7日雑掌澄宣請文案「三宝院文書」神3771、応永5年密厳院領関東知行地注文「三宝院文書」神5213	神奈川県小田原市	走湯山密厳院領

51	永福寺別当職	報恩院→地蔵院	年月日未詳覚雅付法状『醍醐寺文書』2－321－（3）、『鶴岡八幡宮寺社務職次第』（群書類従4）484頁、至徳2年12月25日足利氏満永福寺別当職安堵状写「相州文書所収鎌倉郡我覚院文書」神5000、応永24年10月21日前大僧正聖快所職所領譲状案写「正嫡相承秘書」神5547	神奈川県鎌倉市	
［武蔵国］					
52	栗木寺	報恩院	康安2年4月17日足利義詮書状案写「京都御所東山御文庫記録甲二百七十七所収醍醐報恩院（号水本）法流并門跡相承系図」神4399、応永18年4月26日足利義持安堵状案写「同上」神5435	未詳	犬懸坊領
53	白鳥郷内青木彦四郎入道跡	地蔵院	貞治2年5月16日関東公方足利基氏寄進状案写「相州文書所収鎌倉郡法華堂文書」神4455	埼玉県長瀞町・皆野町	右大将家法華堂領
54	高田郷	三宝院	観応3年11月12日足利尊氏御教書「三宝院文書」神4197、正長2年7月2日将軍足利義教袖判醍醐寺管領門跡等目録「三宝院文書」神5833、文安6年4月11日三宝院門跡所領目録「三宝院文書」神6076、応仁2年閏10月4日醍醐寺所領目録「三宝院文書」神6310	神奈川県横浜市	右大臣家・二位家法華堂領
55	野中村	三宝院	3伊賀留美と同じ	未詳	走湯山密厳院領
56	春原荘内別当領（平塚郷カ）	地蔵院	応永29年9月15日関東公方足利義持御教書写「相州文書所収足柄上郡最明寺文書」神5654	埼玉県熊谷市	永福寺別当領
57	人見郷内安保余五郎跡	地蔵院	53白鳥郷内青木彦四郎入道跡と同じ	埼玉県深谷市	右大将家法華堂領
58	吉田三ケ村	三宝院	3伊賀留美と同じ	埼玉県吉田町	走湯山密厳院領
［上総国］					
59	市原八幡宮別当職	地蔵院	観応元年10月26日室町幕府執事高師直奉書「尊経閣古文書纂宝菩提院文書」3千、応安4年9月12日室町幕府管領奉書「前田家所蔵文書実相院及東寺宝菩提院文書」神4671、応永24年10月21日前大僧正聖快所職所領譲状案写「正嫡相承秘書」神5547	千葉県市原市	
60	伊南荘	三宝院	12月19日玄珍書状「九条家文書」（図書寮叢刊）5－1454、応永6年醍醐寺方管領諸門跡所領目録「三宝院文書」神5224、正長2年7月2日将軍足利義教袖判醍醐寺管領門跡等目録「三宝院文書」神5833、応仁2年閏10月4日醍醐寺所領目録「三宝院文書」神6310	千葉県夷隅郡	鳥羽金剛心院領
61	伊北荘	三宝院	同上	千葉県夷隅郡	鳥羽金剛心院領
62	梅佐古	三宝院	応永6年醍醐寺方管領諸門跡所領目録「三宝院文書」神5224、正長2年7月2日将軍足利義教袖判醍醐寺管領門跡等目録「三宝院文書」神5833、応仁2年閏10月4日醍醐寺所領目録「三宝院文書」神6310	未詳	篠村八幡宮領

63	飯富社別当職	地蔵院	貞治3年10月28日関東公方足利基氏御教書「前田家所蔵文書実相院及東寺宝菩提院文書」神4513、応安元年12月26日細川頼之書状「尊経閣古文書纂宝菩提院文書」11　千、明徳3年5月7日足利義満御判御教書「尊経閣古文書纂宝菩提院文書」14　千、応永27年12月20日上総国守護宇都宮持綱遵行状「尊経閣古文書纂宝菩提院文書」15　千	千葉県袖ヶ浦市	
64	加納郷	地蔵院	貞治3年10月28日関東公方足利基氏御教書「前田家所蔵文書実相院及東寺宝菩提院文書」神4513、応永27年12月20日上総国守護宇都宮持綱遵行状「尊経閣古文書纂宝菩提院文書」15　千	千葉県袖ヶ浦市	飯富社領
65	周西郡内別当分所々	地蔵院	貞治4年2月3日左衛門尉基藤打渡状「尊経閣古文書纂宝菩提院文書」10　千	千葉県君津市	飯富社領 or 明王院領
66	橘木荘十三郷方	惣寺	元久3年4月11日頼遍譲状「橘木神社文書」県外274、貞応3年4月22日後堀河天皇皇后宮令旨「橘木神社文書」諸家278	千葉県茂原市	
67	千町荘	三宝院	60伊南荘と同じ	千葉県岬町・睦沢町	鳥羽金剛心院領
68	本納郷	地蔵院	64加納郷と同じ	未詳	飯富社領
[下総国]					
69	小見郷木内彦五郎跡	地蔵院	貞治3年10月28日関東公方足利基氏御教書「前田家所蔵文書実相院及東寺宝菩提院文書」神4513	千葉県山田町	
[常陸国]					
70	中郡荘内大田郷	地蔵院	応永27年10月4日伊勢貞経書状「法華堂文書」神5621	茨城県岩瀬町、協和町・大和町の一部	右大将家法華堂領
[上野国]					
71	青柳	三宝院	応永24年6月19日鎌倉法華堂供僧良助請文「三宝院文書」神5531	群馬県前橋市	右大臣家・二位家法華堂領
72	新田荘	三宝院	60伊南荘と同じ	群馬県新田郡全域・太田市・境町	鳥羽金剛心院領
73	拏嶋	三宝院	71青柳と同じ	群馬県前橋市	右大臣家・二位家法華堂領
74	淵名荘半分	三宝院	9月4日足利義詮書状案「三宝院文書」神4508、応永5年密厳院領関東知行地注文「三宝院文書」神5213	群馬県伊勢崎市	走湯山密厳院領

・典拠略称　『神奈川県史』資料編→神　『静岡県史』資料編5・6→静5・6　『千葉県の歴史』資料編中世4（県外文書1）→千　『千葉県史料』中世篇県外文書→県外　『千葉県史料』中世篇諸家文書→諸家

・所領検出では、鎌倉府管轄の十ヶ国のほか、史料探索の便宜から遠江国・駿河国も含めている。

・65周西郡内別当分所々の「別当」には、49明王院別当職63飯富社別当職の両方が考えられ、どちらが該当するか判断がつかない。

して三宝院の管領下にあったことから、両所ともに三宝院の経営下にあったものと判断している。

なお以上の検出作業を通して、安房国と下野国には醍醐寺領は確認できなかった。

以上本節では、中世文書に見える関東醍醐寺領を網羅的に検出した。その結果七十四ケ所を確認しえた。ただし、所領経営など、醍醐寺と遠隔地所領との関わりについては考慮していない。従って、所領経営の実態とは乖離しているおそれがある。事実、密厳院別当職を分析した永村眞(7)によれば、醍醐寺が別当として走湯山経営に携わりえたのはわずかな期間にすぎなかったことが指摘されている。しかし、関東醍醐寺領全体が把握されていない研究現状にあっては、所見のある醍醐寺領を網羅することが重要と考える。

第二節　関東醍醐寺領の変遷・分布と特徴点

本節では、以上検出した関東醍醐寺領を、変遷図と分布図にまとめてヴィジュアルとして把握し、そこから関東醍醐寺領の特徴点を指摘していきたい。まず図一変遷図と図二分布図を示そう。

では、図一変遷図から関東醍醐寺領に関するいくつかの特徴点を指摘していこう。

第一に注目されるのは所領の増減についてである。まず関東醍醐寺領全体を俯瞰的に見てみよう。図を見ると、所領は鎌倉期には②④⑪㉛㉟㊴㊻㊿51⑥6の九ヶ所で、そのうち南北朝期にも継続されるのは②㉛51である。その他は南北朝期とりわけ観応以降に増加傾向が顕著である。その後②を除いた所領は、一四七〇年には史料上確認できなくなる。つまり関東醍醐寺領は十四世紀中葉から十五世紀中葉がその最盛期であったといえよう。十五世紀中葉は畿内では応仁の乱、関東では享徳の乱が起こった時期にあたる。享徳の乱が遠隔地所領の不知行化をもたらしたことは峰岸純夫

図一　関東醍醐寺領変遷図

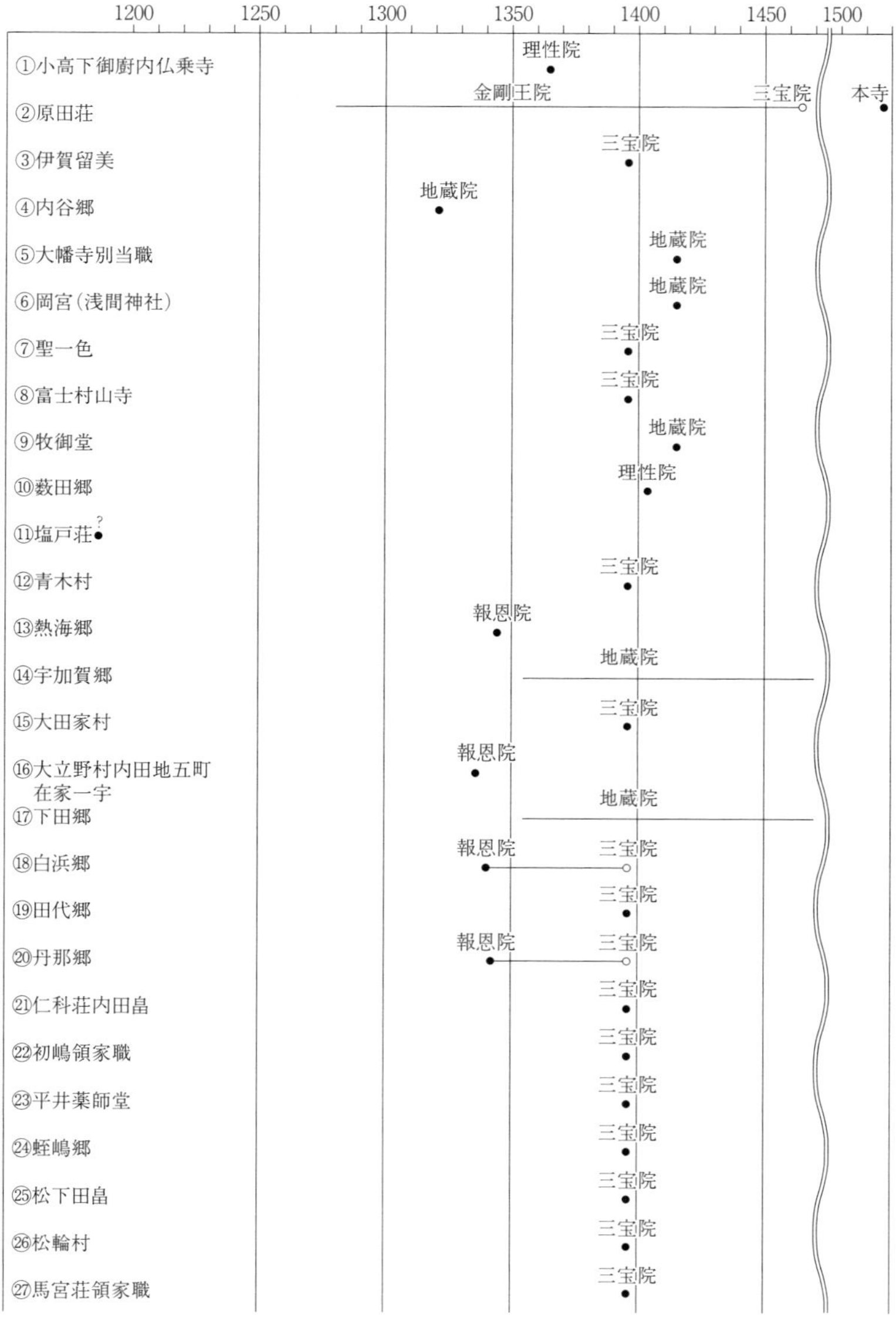

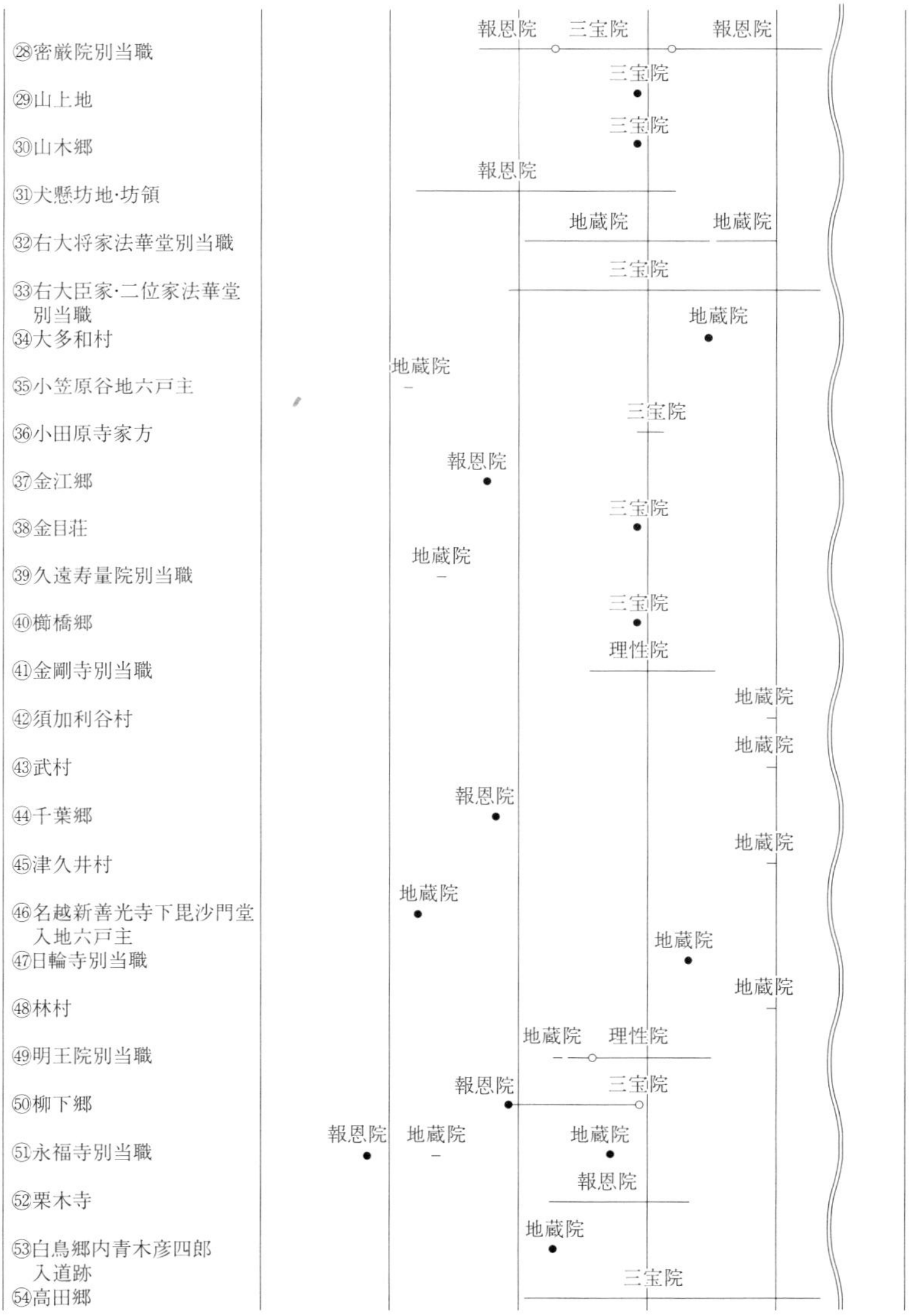
㉘密厳院別当職
報恩院　三宝院　報恩院
㉙山上地
三宝院
㉚山木郷
三宝院
㉛犬懸坊地･坊領
報恩院
㉜右大将家法華堂別当職
地蔵院　地蔵院
㉝右大臣家･二位家法華堂別当職
三宝院
㉞大多和村
地蔵院
㉟小笠原谷地六戸主
地蔵院
㊱小田原寺家方
三宝院
㊲金江郷
報恩院
㊳金目荘
三宝院
㊴久遠寿量院別当職
地蔵院
㊵櫛橋郷
三宝院
㊶金剛寺別当職
理性院
㊷須加利谷村
地蔵院
㊸武村
地蔵院
㊹千葉郷
報恩院
㊺津久井村
地蔵院
㊻名越新善光寺下毘沙門堂入地六戸主
地蔵院
㊼日輪寺別当職
地蔵院
㊽林村
地蔵院
㊾明王院別当職
地蔵院　理性院
㊿柳下郷
報恩院　三宝院
51永福寺別当職
報恩院　地蔵院　地蔵院
52栗木寺
報恩院
53白鳥郷内青木彦四郎入道跡
地蔵院
54高田郷
三宝院

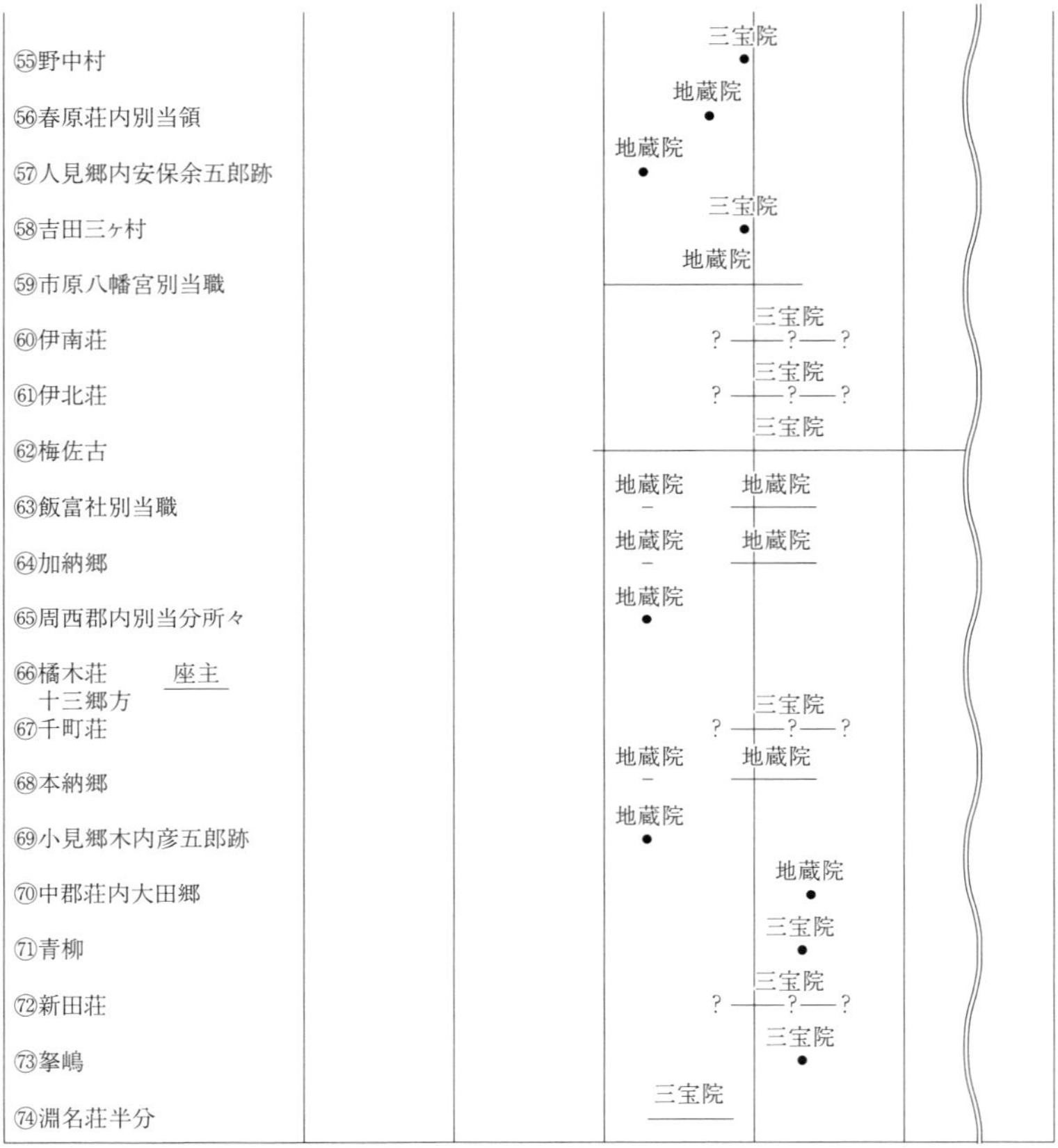

・黒丸は、その時点のみ領有が確認されるもの。
・実線は、その間の領有も推測されるもの。
・白丸は、院家の交替を示す。
・60,61,67,72は、年次不明のため、推測されている応永年代にわたり表示した。

が明らかにしており、(8) 関東醍醐寺領も同様であったと思われる。寺院のある京や所領のある関東がともに大乱にまきこまれるなかで、醍醐寺は遠隔地所領の経営権を失っていったのではないだろうか。

次に各院家ごとに見ていこう。鎌倉期をⅠ期、鎌倉期以降貞和以前をⅡ期、観応以降五〇年ごとをⅢ期Ⅳ期Ⅴ期に区切って院家所領数でまとめると以下のごとくである。(9)

Ⅰ期（—一三三三年五月）

地蔵院　5、報恩院　2、

金剛王院　1、座主　1、

不明　1

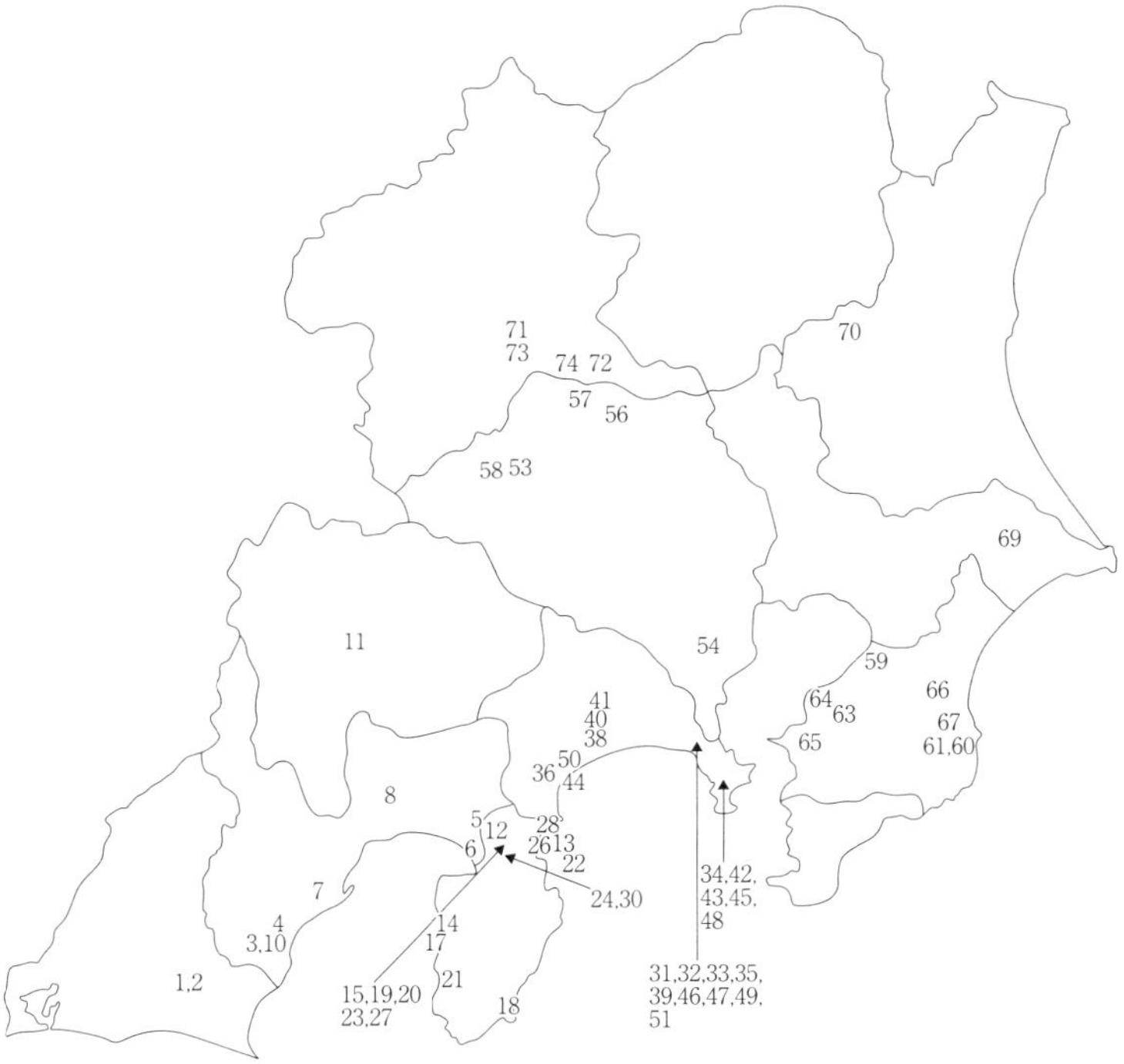

9,16,25,29,37,52,55,62,68は比定地未詳のため、記入していない

図二　関東醍醐寺領分布図

Ⅱ期（一三三三年六月―一三四九年）
報恩院　9、三宝院　2、金剛王院
1
Ⅲ期（一三五〇年―一三九九年）
三宝院　28、地蔵院　14、理性院　3、
報恩院　3、金剛王院　1
Ⅳ期（一四〇〇年―一四四九年）
地蔵院　17、三宝院　7、報恩院　3、
理性院　3、金剛王院　1
Ⅴ期（一四五〇年―）
三宝院　4、地蔵院　2、報恩院　1、
本寺　1

ここからまず注目されるのが、関東に所領を獲得した院家は、三宝院・地蔵院・報恩院・理性院・金剛王院といった醍醐寺の五院家である点である。なかでも三宝院・地蔵院の所領が増加傾向にあることが注目

される。三宝院は南北朝期にはじめてすがたを見せ、Ⅲ期で急激に所領数を増加させている。これは、報恩院から譲与され将軍義詮に安堵された㉘走湯山密蔵院別当職に付随して密蔵院領を獲得したことが大きい。他方地蔵院は、Ⅱ期では所領を確認しえなかったが、Ⅰ期では醍醐寺領のなかでトップの所領数であり、Ⅲ期では三宝院と同様に所領数をさらに増加させ、Ⅳ期では所領数が再びトップになっている。このうちⅠ期については、それらがすべて親玄に関わることから、関東における親玄の諸活動が所領増加につながったと考えられる。しかも、南北朝・室町期の所領増加傾向時の地蔵院々主は覚雄・道快であり、彼らは親玄の弟子にあたる。従って、関東地方における親玄の諸活動は、鎌倉期ばかりでなく、南北朝期から室町期にかけての地蔵院領の増加傾向を考える上で、極めて重要であったと考えられるのではないか。また、これまで南北朝・室町期における醍醐寺の活動は、三宝院のみが注目され、地蔵院は親玄の諸活動とリンクさせて鎌倉期ばかりが注目されていたが、本論での検討結果は、南北朝・室町期における地蔵院の活動が、鎌倉期に比して一層活発であったことを推測させるものである。

第二は所領の性格である。検出した七四ヶ所のうちのほとんどは別当職補任にともなって獲得した所領であり、それ以外の所領は、①②⑤⑥⑨⑪㉟㊻㊻⑯㊾にすぎない。こうしてみると、関東醍醐寺領は別当職の獲得によってもたらされたものといえよう。

以上本節では、関東醍醐寺領の変遷図と分布図を示し、そこから所領に関する特徴点を指摘した。では、ここで指摘した第一の特徴点、南北朝期から室町期にかけて関東醍醐寺領が増加傾向にあったのはなぜなのか次節で検討しよう。

第三節　祈禱と「武家恩補」

本節では、南北朝期から室町期における醍醐寺五院家の所領増加傾向がどのような理由によってもたらされたのかについて、室町幕府と醍醐寺院家との関係性から検討したい。

まずいかにして醍醐寺院家が別当職に補任されていたのか見てみよう。その事例として三宝院管領下の右大臣家・二位家法華堂別当職の史料を示そう。『三宝院賢俊僧正日記』[10] 貞和二年（一三四六）十二月十八日条には次のようにある。

十八日、壬辰、両法華堂別当職所望之事、付㆓申状於執事㆒了、即可㆑賦㆓斉藤左衛門太夫㆒云々、内々以㆓彼案文㆒、今川禅門可㆑令㆓内奏㆒之由申了、（以下略）

賢俊は両法華堂すなわち右大臣家・二位家法華堂別当職所望のことについて、執事高師直に申状を提出し、師直からは申状を斉藤左衛門太夫に賦るとの返答を得たことが分かる。そして翌貞和三年（一三四七）十二月二十一日には所望どおり、次の足利直義書状（三宝院文書　神三九九一）によって両法華堂別当職に補任されている。

「両法華堂」（端裏書）

右大臣家・二位家両法華堂別当職事、任㆓先例㆒、可㆘令㆑致㆓沙汰㆒給㆖候、恐々謹言、

「貞和三年」（異筆）

十二月廿一日　　直義（花押）

三宝院僧正御房

以上から、右大臣家・二位家法華堂別当職は、賢俊からの所望に幕府が応じたものであることが分かる。これは三宝院ばかりでなく他の院家でも同様である。地蔵院管領の明王院別当職に関する、貞治三年（一三六四）に推定され

る足利義詮書状（前田家所蔵文書実相院及東寺宝菩提院文書　神四五〇七）をみよう。

誕生事承候、殊為悦候、
抑明王院別当職事、御望候者、不レ可レ有二子細一候、左右忩承候て可レ致二沙汰一候、恐々謹言、
八月十五日　　義詮（花押）
地蔵院殿御返事

義詮は、地蔵院が明王院別当職を御望みならば子細ない、と言っている。史料は地蔵院への返事であるので、これ以前に地蔵院から義詮あてに明王院別当職を所望する文書が出されたことが分かる。つまりここでも別当職について、地蔵院から幕府への所望がなされていたことが明らかである。

こうした幕府への別当職所望は、幕府への祈禱奉仕をその根拠としていたことが、次の建武四年（一三三七）報恩院隆舜申状案（『大日本古文書醍醐寺文書』七―一三九四）から分かる。この史料は案文というよりむしろ土代で、訂正や挿入が随所になされた長文である。そこで史料は必要部分のみ引用し、省略部分は要旨のみ記すこととしたい。

目安
隆舜申都鄙寺社等執務○職闕所望事
（中略）
（イ）隆舜従二柳営参住之時一、至二于花洛御坐之今一、雖レ有二多年相続之労効一、未レ現二一度中絶之不忠一、就中両三年之間、長日臨時御祈殊抽二懇祈一之子細、先々言上事旧畢、何況去年六月馳二参東寺一以降、不退参住凝二丹誠之次第一、今更不レ能二注進一歟、

（中略）

（ロ）抑如二■■〔当時〕■■諸人一者、或奉公之労雖二日浅一、抽賞之功是厚、■■〔皆是〕或兼二帯○両三之重職一、或■■■■〔数郡之〕○数箇之新恩、面々達二所存一、各○々欲■〔仰〕二恩恵一、■■〔之者〕如レ斯仁○追レ日連綿○歟、是則徳化之所レ及也、又非二会遇之春一乎、○然者於二旧老忠勤身一■〔者〕何令二滞停一哉、所詮関東寺社等執務縦無二其闕一、都鄙之間雖二何処一、預二随分之御計一、慰二愁眉一之条、且為二門跡一且為二御祈禱一、可レ為二厚恩一者也、

（以下略）

冒頭から、史料は、報恩院隆舜が都鄙の寺社等の執務職の闕所を所望する申状であることが分かる。次の中略部分には、元弘以来度々執務職の闕所を望んだのにそれが果たされないことを歎いている。次に（イ）では、隆舜は幕府に参住してより多年の労効はあるが不忠は一度もない。とりわけ両三年の間、長日臨時御祈で懇祈にぬきんじたことは先々言上した。まして去年（建武三年）六月に東寺に馳参じて以降（幕府のもとを）退かずまごころをこめて（祈禱を）行った。これらは今更注進するまでもないではないか。と述べる。次の中略部分では、隆舜や勝深は共に忠勤抜群だが両人とも落ちぶれている。相承した報恩院や釈迦院や犬懸坊舎などは敵方により破却され焼き払われ、居住の場所もなく狼戻悲嘆の至りであることを述べる。次いで（ロ）では、諸人は奉公の労の日が浅くても抽賞は厚い。皆重職を兼帯し数箇の新恩である。面々は所存を達し恩恵に浴している。こうした人達は連綿といる。であるから、旧老忠勤の身にどうして（闕所所望が）停滞することがあろうか。関東寺社等の執務に闕所がなく都鄙の間どことい えども、執務職闕所を下さり愁眉を慰めることは、一方では門跡のため、また一方では御祈禱のため厚恩である。と主張する。

以上（イ）（ロ）から、隆舜は幕府への祈禱を行ったことを根拠として、関東寺社あるいは都鄙の寺社の執務職闕所への補任を要求したことが分かる。これは安堵においても同様であった。すなわち隆舜から隆憲への置文（文和元年〈一三五二〉十月二日僧正隆舜置文『大日本古文書醍醐寺文書』二―三五一―〈七〉）に、「又関東犬懸坊舎・所領等、同所二譲附一也、但当時者、於二彼坊一者、申二付于経深一、致二武家祈禱一、可レ申二賜安堵一也」とあり、相模国犬懸坊舎と付属所領の管理を経深に申し付けたこと、それらについて、幕府への祈禱をして安堵を賜るべきことを伝えていることから分かる。

そして幕府もこうした祈禱にもとづく補任要求に応えていた。応永二十五年（一四一八）三月二十七日足利義持御判御教書案（醍醐寺文書　静六―一六〇四）を見よう。

伊豆山密厳院別当職并寺領等事、可レ被レ沙二汰付水本僧正隆源代一之由、先度申候之処、未二事行一云々、彼僧正異レ他致二祈禱一事候之間、厳密被二沙汰付一候者、為二本意一之状如レ件、

三月廿七日　　義―御判

左兵衛督殿

（以下略）

これは、足利義持が、密厳院別当職とその付属所領を報恩院隆源代に沙汰付けるよう先度命じたにも関わらず、それが事行かないことを述べ、再度の沙汰付けを鎌倉公方足利持氏に命じている文書である。これ以前の応永二十四年（一四一七）七月一日に足利義持は、密蔵院別当職を「証文并由緒」が他に異なっていることを理由に報恩院隆源に補し、寺領なども相違なく計沙汰するよう足利持氏に命じている（醍醐寺文書　静六―一五八七）。従って先度の命令

とはこれを指すのであろう。さて史料で注目すべきは傍線部で、再度の沙汰付け命令の理由として、隆源が他に異なる祈禱をしていることを述べている点である。つまり幕府は、先度の沙汰付け命令に見られる証文や由緒と共に、醍醐寺僧による祈禱も補任理由の一つとしていたことが分かるのである。

ところで、三宝院賢俊が光済へ譲与する所職や料所を列挙した譲状（延文二年〈一三五七〉六月十一日前大僧正賢俊所職料所譲状「三宝院文書」神四三二三）には、先ほど提示した「鎌倉二位家・右大臣家両法華堂別当職」があげられているが、これらの所職は「武家恩補所職」と呼ばれている。従って、以上検討した幕府への祈禱奉仕に対する幕府からの別当職補任は、恩賞としての反対給付であったといえよう。つまり醍醐寺僧による幕府への祈禱奉仕と幕府から醍醐寺僧への別当職の補任・安堵＝「武家恩補」とは、ギブ・アンド・テイクの関係として理解されるのである。

南北朝・室町期に醍醐寺が関東に所領を獲得しえた背景には、醍醐寺院家と幕府とのこうした密接な関係があった。

以上本章では、関東醍醐寺領の全体像を把握するという意図のもと、中世文書にみえる関東醍醐寺領を網羅的に検出して、その変遷と分布を示し、その特徴点として、第一に、南北朝期から室町期にかけて大きく展開したこと、なかでも三宝院領と地蔵院領が増加する傾向にあること、第二に、関東醍醐寺領は別当職補任に伴って獲得されたものであったことを明らかにした。次いで南北朝期・室町期における関東醍醐寺領展開の理由として、幕府への祈禱奉仕と「武家恩補」という醍醐寺と幕府とのギブ・アンド・テイクによる密接な関係性があったことを指摘した。

では、なぜ関東醍醐寺領は、第二の特徴点に見られるように関東寺社別当職補任という形をとっていたのか。その解明のためには、醍醐寺と幕府との関係において関東寺社別当職が持っていた歴史的意味について検討する必要があるだろう。また、これら別当職は鎌倉府管轄国内にあることから、関東醍醐寺領をめぐり鎌倉公方がいかに関与したのかも視野に入れて検討しなければならない。これらの点については章をかえて検討することにしよう。

二、関東醍醐寺領と将軍・鎌倉公方

本章では、関東醍醐寺領をめぐる将軍と鎌倉公方の関係性を分析することを通じて、関東醍醐寺領における別当職の持つ歴史的意味について検討していきたい。

第一節　関東醍醐寺領への補任・安堵

本節では、関東醍醐寺領への補任・安堵権者の分析を通じて、関東醍醐寺領における将軍と鎌倉公方の関係性を見てゆきたい。南北朝期以降の関東醍醐寺領への補任・安堵をまとめると表二のごとくである。以下、表の内容に即して検討していこう。

まず補任から見ていこう。表二をみると、補任は将軍によるものが一番多い（③⑥⑲㉑㉙）。直義によるものが一例あるが（⑫）、当時は尊氏と直義の二頭政治期であるので、将軍によるものと一括して考える。また義満の弟・満詮によるものが一例あるが（①）、これは別当職を満詮自身が所持[11]していたという特殊性によるものと考えられる。他方、鎌倉公方によるものは二例あげられる（⑳㉝）。ただしこれはいずれも貞治三年のものである。その理由は不明だが、貞治三年以外に鎌倉公方が補任した事例は見られない。以上から関東醍醐寺領への補任は、将軍によるものがほとんどであることが分かる。こうした傾向は、安堵の場合一層顕著である。次に安堵を見よう。

表二　関東醍醐寺領への補任・安堵表　※網掛けは足利将軍以外

駿河国大岡荘内牧御堂・大幡寺・岡宮別当職						
1	応永21年（1414）7月28日	足利満詮	地蔵院持円	充行	尊経閣古文書纂所収宝菩提院文書	静6－1520
遠江国小高下御厨内仏乗寺						
2	貞治5年（1366）5月14日	後光厳天皇	理性院宗助	安堵	口宣綸旨院宣御教書案	静6－740
伊豆国走湯山密厳院別当職						
3	建武4年（1337）7月24日	足利尊氏	報恩院隆舜	充行	醍醐寺文書24函	静6－166
4	貞治3年（1364）2月19日	足利義詮	三宝院光済	安堵	醍醐寺文書20函	静6－686
5	応永5年（1398）閏4月4日	足利義満	三宝院満済	安堵	醍醐寺文書20函	静6－1228
6	応永24年（1417）7月1日以前	足利義持	報恩院隆源	補任	応永24年7月1日足利義持御判御教書案（静6－1587）に補任した旨がみえる。	
7	文明元年（1469）9月27日	後花園上皇	報恩院賢深	安堵	醍醐寺文書18函	静6－2574
相模国稲荷社下敷地						
8	建武3年（1336）11月27日	足利尊氏	報恩院隆舜	安堵	京都御所東山御文庫記録甲二百七十七所収	南北朝遺文九州編793
相模国犬懸坊舎・坊領						
9	建武3年（1336）11月27日	足利尊氏	報恩院隆舜	安堵	京都御所東山御文庫記録甲二百七十七所収	南北朝遺文九州編793
10	応安3年（1370）12月27日	細川頼之	報恩院隆源	安堵	醍醐寺文書	神4651
11	応永18年（1411）4月26日	足利義持	報恩院隆源	安堵	京都御所東山御文庫記録甲二百七十七所収醍醐報恩院法流并門跡相承系図	神5435

相模国右大臣・二位家法華堂別当職

12	貞和3年（1347）12月21日	足利直義	三宝院賢俊	充行	三宝院文書	神3991
13	観応2年（1351）11月2日	足利義詮	三宝院賢俊	安堵	三宝院文書	神4099
14	正長2年（1429）7月2日	足利義教	三宝院	安堵	三宝院文書	神5833
15	応仁2年（1468）閏10月4日	足利義政	三宝院義賢	安堵	三宝院文書	神6310

久遠寿量院別当職

16	観応2年（1351）			安堵	『観応二年日次記』に、幕府にて地蔵院房玄への安堵の可否をめぐる沙汰あり。	大日本史料6－15、36・37頁

相模国金剛寺別当職

17	康暦元年（1379）4月17日	足利義満	理性院宗助	安堵	理性院文書	神4824
18	応永12年（1405）9月29日	足利義満	理性院宗観	安堵	理性院文書	金沢市史資料編1 古代中世1 508

相模国右大将家法華堂別当職

19	観応年中	足利氏	地蔵院	補任	応安4年6月2日室町幕府御教書（神4665）にみえる。	

相模国明王院別当職

20	貞治3年（1364）12月2日	足利基氏	地蔵院覚雄	補任	前田家所蔵文書実相院及東寺宝菩提院文書	神4521
21	貞治6年（1367）9月20日	足利義詮	地蔵院覚雄	補任	前田家所蔵文書実相院及東寺宝菩提院文書	神4608
22	康暦元年（1379）4月17日	足利義満	理性院宗助	安堵	理性院文書	神4824
23	応永12年（1405）9月29日	足利義満	理性院宗観	安堵	理性院文書	金沢市史資料編1 古代中世1 508

武蔵国栗木寺						
24	建武3年（1336）11月27日	足利尊氏	報恩院隆舜	安堵	京都御所東山御文庫記録甲二百七十七所収	南北朝遺文九州編793
25	応永18年（1411）4月26日	足利義持	報恩院隆源	安堵	京都御所東山御文庫記録甲二百七十七所収醍醐報恩院法流并門跡相承系図	神5435
武蔵国高田郷						
26	応永6年（1399）3月22日	足利義満	三宝院満済	安堵	三宝院文書	神5224
27	正長2年（1429）7月2日	足利義教	三宝院	安堵	三宝院文書	神5833
28	応仁2年（1468）閏10月4日	足利義政	三宝院義賢	安堵	三宝院文書	神6310
上総国市原八幡宮別当職						
29	観応元年（1350）10月26日以前	足利氏	地蔵院覚雄	補任	観応元年10月26日室町幕府執事高師直奉書（千県外324）に、地蔵院への補任と沙汰付命令がみえる。	
上総国梅佐古						
30	応永6年（1399）3月22日	足利義満	三宝院満済	安堵	三宝院文書	神5224
31	正長2年（1429）7月2日	足利義教	三宝院	安堵	三宝院文書	神5833
32	応仁2年（1468）閏10月4日	足利義政	三宝院義賢	安堵	三宝院文書	神6310
上総国飯富社別当職						
33	貞治3年（1364）10月28日	足利基氏	地蔵院覚雄	充行	尊経閣文庫文書	千県外184
34	明徳3年（1392）5月6日	足利義満	地蔵院	安堵	尊経閣文庫文書	千県外186

表から明らかなように、安堵の大半は将軍が行っている（④⑤⑧⑨⑪⑬～⑱㉒～㉘㉚～㉜㉞）。細川頼之による安堵（⑩）は幼少だった将軍義満の代行としてのものなので、将軍からの安堵と理解できよう。その他天皇によるものが

二例ある(27)。他方、ここでは鎌倉公方によるものは見られない。

以上のごとく関東醍醐寺領への補任・安堵権者の事例を見てみると、そのほとんどが将軍に属していたと言えよう。こうした事実は、前章でみた醍醐寺と幕府とのギブ・アンド・テイク関係を背景とするものと考えられ、醍醐寺と幕府との密接な関係性がここからも看取される。

以上本節の検討から、関東醍醐寺領への補任・安堵のほとんどは将軍によって行われていたことが分かり、鎌倉公方のそれは、鎌倉府管轄国内にありながら貞治三年の二例を見るにすぎないことが明らかとなった。かつて渡辺世祐は、その著『関東中心足利時代之研究』において、鎌倉府管轄国内にありながら幕府進止の所職の一つとして、醍醐寺地蔵院領であった上総国飯富社別当職を挙げていた(一〇五頁)。しかし、本節での検討からは、幕府進止の所職が飯富社のみに止まらず、多くの関東寺社別当職にも該当することが明らかとなり、鎌倉府管轄国内への幕府の影響力が少なくなかったことがうかがえる。

第二節　幕府による関東醍醐寺領の保護政策

関東醍醐寺領への補任や安堵のほとんどが将軍によって行われたならば、当該所領の経営に対する濫妨行為などからの保護政策も幕府がとっていたと想定されるのではないか。そこで本節では、関東醍醐寺領にかかる所務沙汰に注目してその点を検討したい。所務沙汰関連の事項を院家ごとにまとめると表三のごとくである。

ここから以下の諸点が指摘できよう。第一は、関東醍醐寺領は院家間の差異なく幕府から所領が保護されていることである。事例には理性院関係のものがないが、他の院家と同じく幕府からの保護を受けたと考えられるのではない

表三　関東醍醐寺領への所務沙汰関与

院家	No.	年月日・文書	内容	典拠
三宝院	1	永享4年（1432）4月21日判門田性真書状案	幕府、三宝院領武蔵国高田郷について、三宝院雑掌に沙汰付けるよう関東管領上杉氏雑掌判門田氏を通じて、武蔵国守護上杉憲実に命ず。	『醍醐寺文書』9－2025（4）
地蔵院	2	応安4年（1371）6月2日室町幕府御教書	管領細川頼之、地蔵院道快が訴える右大将家法華堂別当職について、競望の族を退け相違なきよう沙汰するように関東管領上杉能憲に命ず。	「前田家所蔵文書実相院及東寺宝菩提院文書」神4665
	3	応安4年9月12日室町幕府御教書	管領細川頼之、地蔵院領上総国市原八幡宮別当職社領に対する石川左近将監の違乱により神事欠怠するのを止め、雑掌の所務・造営が行われるよう関東管領上杉能憲に命ず。	「前田家所蔵文書実相院及東寺宝菩提院文書」神4671
	4	明徳2年（1391）8月6日室町幕府御教書	管領細川頼之、地蔵院道快が訴える伊豆国宇加賀・下田郷について、地蔵院に返付するよう伊豆国守護上杉憲方に命ず。	「前田家所蔵文書実相院及東寺宝菩提院文書」神5082
	5	応永27年（1420）12月20日宇都宮持綱遵行状	上総国守護持綱、地蔵院領上総国飯富社別当職・本納・加納郷について、鶴岡八幡供僧恵命院法印代官を退けるよう守護代芳賀右兵衛尉に命ず。	「尊経閣文庫文書」県外187
	6	応永33年（1426）12月27日上杉家奉行人連署奉書	伊豆国守護上杉憲実奉行人、地蔵院管領右大将家法華堂領伊豆国宇加賀・下田両郷について、去六日御判・御施行に任せて下地を地蔵院雑掌に沙汰付けるよう守護代寺尾四郎左衛門尉に命ず。	「尊経閣古文書纂所収宝菩提院文書」静6－1695
	7	宝徳2年（1450）10月11日室町幕府御教書案	幕府管領畠山持国、地蔵院領武他四ケ村について、一色伊予守を退け、判門田祐元を代官に沙汰付けるよう関東管領上杉憲忠に命ず。	「松雲寺文書」神6108
	8	年未詳8月5日足利尊氏書状案	尊氏、地蔵院領の上総所領の違乱を沙汰するよう関東公方足利基氏に依頼する。	「前田家所蔵文書実相院及東寺宝菩提院文書」神4048
報恩院	9	建武5年（1338）5月27日高師直奉書	執事師直、相模国金江郷について、狼藉人を退け密厳院雑掌に沙汰付けるよう上杉民部大輔に命ずる。	「田中教忠氏所蔵文書」静6－202
	10	康安2年（1362）4月17日足利義詮書状案写	義詮、報恩院経深が訴える武蔵国栗木寺について、計沙汰するよう関東公方足利基氏に依頼する。〈所務沙汰か〉	「京都御所東山御文庫記録甲二百七十七所収醍醐報恩院〈号水本〉法流并門跡相承系図」神4399

	11	応永24年（1417）12月6日室町幕府御教書案	管領細川満元、報恩院雑掌が訴える栗木寺のことについて、違乱を止め雑掌に沙汰付けるよう命ず。	「醍醐寺文書」神5553
金剛王院	12	応永3年（1396）6月日室町幕府御教書案	管領斯波義将、金剛王院雑掌が訴える遠江国原田荘領家職について、守護被官人の妨げを退け金剛王院雑掌に沙汰付けるよう守護今川仲秋に命ず。	「醍醐寺文書」静6－1210

か。第二は、関東醍醐寺領にかかる所務沙汰はすべて幕府によるものであって、鎌倉公方によるものは見られないことである。ただし鎌倉公方が基氏のころは、⑧⑩の事例のごとく、将軍が鎌倉公方に計沙汰を依頼する形をとっていた。しかし以後は、将軍から鎌倉公方に依頼する形はとらず、幕府から関東管領や守護に沙汰付け命令がなされる遵行システムとなっている。また、⑥の事例は当時関東管領兼伊豆国守護上杉憲実による沙汰付け命令であり、「去六日御判」とは恐らく鎌倉公方の御教書をいうのであろう。しかしこれは、次節で検討するように、応永三十二年に幕府と鎌倉府との間で争われ、結果、鎌倉公方が法華堂別当職を地蔵院に還補した一件に伴うものであることから、幕府による地蔵院領保護に屈した結果出されたものと考えられ、鎌倉府による判決事例とは見做せない。従って、関東醍醐寺領の抱える所領問題は、幕府沙汰として処理されるものであったということになる。それと関わって第三は、醍醐寺—幕府—鎌倉府の関係性である。②④⑩⑪⑫から明らかなように、幕府沙汰の前提として、関東での所領問題について醍醐寺院家から幕府に訴訟がなされ、それが当初は将軍—鎌倉公方への依頼、のちには幕府管領—関東管領・守護の遵行システムを通じて、幕府から関東に対し沙汰をするよう命令伝達されている。つまり、幕府と醍醐寺僧は関東醍醐寺領の所務沙汰訴訟において直結し、鎌倉府は幕府沙汰の執行機関としての役割を担っていたものといえよう。

以上から、関東醍醐寺領は幕府から一貫して保護されていたものといえよう。その前提には、醍醐寺院家から幕府への提訴があった。ゆえに鎌倉府は、関東醍醐寺領にかかる所務沙汰審理や判決には関与せず、幕府による判決執行機関としての役割に止まらざるを得なかったといえよう。

さて、本節までの検討をまとめると、関東醍醐寺領は、ほとんどが将軍によって補任・安堵がなされたうえ、その所領経営も、幕府─鎌倉府のラインを通して幕府から一貫して保護されていた。ここからは、関東醍醐寺領は、鎌倉府管轄国内にありながら、鎌倉府による独自の統制が排除された所領であったといわざるを得ない。ただ、醍醐寺僧への補任・安堵権が幕府に存していたとしても、南北朝期から室町期にかけては鎌倉公方も鶴岡僧などを独自に補任・安堵し、将軍家と鎌倉公方の間で別当職をめぐる相論が展開したことは先学の研究[12]から明らかであり、鎌倉公方が醍醐寺領への介入を進めていたことも事実である。ではなぜ将軍は醍醐寺僧を支持し、鎌倉公方は他の僧を支持して別当職を争ったのか。以上の点の解明には、補任・安堵された別当職がどのような役割を持っていたのかが検討されなければならない。節をかえて検討しよう。

第三節　関東醍醐寺領における寺社別当職の役割

本節では、関東醍醐寺領における寺社別当職がどのような役割を果たしていたのかについて検討し、それが醍醐寺や幕府にとっていかなる歴史的意味を持ったのか考察したい。

別当職の役割を具体的に示す事例として、地蔵院領であった右大将家法華堂別当職をめぐる、応永三十二年（一四二五）から三十三年（一四二六）にかけての幕府と鎌倉府との争いに注目しよう。まず史料を示そう。

（イ）二階堂盛秀書状（前田家所蔵文書実相院及東寺宝菩提院文書　神五六五八）

就二右大将家法華堂寺務職御還補事一、去夏之比預二御札一候、其趣令二披露一候訖、①抑当堂御造営自二公方一被二仰付一事、往古例勿論候、雖レ然以二関東御分国計一難二事行一在所、以二寺社領之内一被レ遂二御造営一事、鶴岡［　］其例繁多候、仍先年当堂廻録之後、伊豆国宇賀々・下田於被レ寄二造営方一、如レ形雖下被レ立二仮堂一候上、彼両郷被レ入二御代官一之後、御造営退転候、就中大□已後常陸国寺領等、佐竹上総入道跡与党等致二押領一之間、随レ年及二大破一候、又供僧自レ元有名無実候、②寺務代助法印自二鎌倉一隔二十五里一被レ座之間、朝夕懃行・臨時御祈禱懈怠之式候、併天下重事候哉、仍為二修理懃行再興一、雖二御計之子細候一、度々被二仰下一之間、御還補大慶候、（後略）

十月十六日　　前信濃守盛秀（花押）

謹上　清浄光院

（ロ）『満済准后日記』（続群書類従補遺一上）応永二十二年十月二十六日条

（前略）昨日自二御所様一可レ申旨被二仰出一候地蔵院知行鎌倉法華堂事、為二関東一無理押領殊不レ可レ然被二思食一由、今度自二鎌倉一使節明宗和尚ニ以二等持院院主一被レ仰処、明宗和尚申状云、法華堂仏供灯明勤行以下悉無沙汰、近年修理等一向無沙汰之間、為二興行一被レ仰二付他人一云々、誠如二彼申状一ハ不レ可レ然、此子細為二此門跡一地蔵院へ可レ申二上意一云々、御返事、此事何様可レ申二遣地蔵院一候、但愚身兼委細存知事候、関東ニハ寺務代ト申者居ヘ勤行無二闕怠一条勿論、剰関東夜陀羅尼等于レ今無二退転一事候、次修理事、一所割分致二造営一由聞及候、且此子細可レ被二申入一候哉、巨細ハ追而可レ申云々、（後略）

内容検討の前に、史料イ・ロの関係性を見ておこう。史料イは鎌倉府政所執事も勤めた二階堂盛秀の書状であるが、年未詳なので年次から検討しよう。史料イの最後の行には「御還補大慶候」とあり、法華堂別当職が地蔵院に還補された点が注目される。他方史料ロでは、鎌倉公方からの使者が満済のもとにやってきて、法華堂別当職を「他人」に仰付けたことを弁明しているので、この時点では地蔵院への還補はなされていないことが分かる。しかし応永三十三年十二月十九日相模国守護一色持家が清浄光院法印に出した書状には、「就㆓右大将家法華堂別当職事㆒、（中略）如㆑元被㆑返㆓進当御門跡㆒候」とあり、『満済准后日記』応永三十四年正月四日条にも「地蔵院入来、関東坊領法華堂無為云々」とある。従って、別当職は応永三十二年十月二十六日から応永三十三年十二月十九日の間に還補されたことが分かる。ゆえに史料イは応永三十三年の文書と判明する。従って、史料イ・ロは同一案件に関する同時期史料として突き合せて検討することのできる格好の素材といえる。

次に内容を見よう。史料イの傍線部①②は史料ロの傍線部に該当する。史料ロを参考に史料イの内容を検討しよう。史料イは鎌倉公方が別当職に醍醐寺僧以外の人物を補任した理由を以下のように説明する。①法華堂造営は鎌倉公方の沙汰が往古の例であるが、関東分国からの支出のみでは造営が困難な場合、造営する寺院の所領からも造営料を徴収することになっており、鶴岡社などその例は繁多である。そのため法華堂が火災にあった際、寺領の伊豆国宇加賀・下田両郷を造営方に寄せ、仮堂を建てた。しかし両郷に地蔵院が代官を入れた後は造営が中断した。②別当代の助法印が鎌倉から十五里を隔てた場所にいるため朝夕勤行や臨時祈禱が行われていない。をあげ、これらはすべて天下重事のことだから、修理と勤行を興行せんがため「御計之子細」＝他人に補任したというのである。

この鎌倉府側の主張では、地蔵院が別当職の時には、修法と法華堂領宇加賀・下田両郷からの造営料の支出が行われなかったことが問題とされており、その解決のために他人を別当職に補したというのである。ここからは、別当職が職務として修法と寺領経営に携わっていたことが知られる。ただし、別当職たる地蔵院は京都にいて、関東には別当代が派遣され修法が行われていたことが知られるから、寺領経営も同じく代官が行っていたことが推測される。それを論証する史料として、永享十一年（一四三九）二月一日上杉持朝書状（前田家所蔵文書実相院及東寺宝菩提院文書神六〇七二）を見よう。

「永享十一」（端裏書）

法華堂御領相州三浦郡武・林四ヶ村并上総国飯富庄飯富社領加納・本納等事、近年非二御成敗一之由承候、於レ于レ今者、不レ可レ有二相違一候歟、然者、先度罷預候仁、被レ仰二付石渡隼人入道一候之様、中御沙汰候者、所レ仰候、

恐々謹言、

二月一日　弾正小弼持朝（花押）

謹上　清浄光院法印御房

これは、ともに地蔵院領であった、右大将家法華堂領武村など四ヶ村と、飯富社領加納・本納郷について、上杉持朝が、近年地蔵院の成敗下になかった両所が再び地蔵院の成敗に復したことを報告したものである。ここで注目すべきは傍線部で、持朝は地蔵院に対し、かつて両所が地蔵院の成敗下にあった時に「罷預」っていた石渡隼人入道に、再び両所を預けてほしいと依頼している。ここでいう「罷預」とは代官職をいうのであろう。事実、法華堂領武村など四ヶ村に代官職があったことは、足利義政が関東管領上杉憲忠に判門田祐元への「当門跡領相州四ヶ村代官職」沙汰付けを命じた文書（四月三日足利義政御内書案「上杉文書」神六一五〇）から明らかである。さらに注意すべきは、

上杉持朝が石渡隼人入道への代官職補任を地蔵院へ依頼している点である。ここから、代官職補任は別当職の権限であることが分かる。これと同様の事例は二月四日足利持氏書状（前田家所蔵文書実相院及東寺宝菩提院文書　神五七四六）にも見られる。

那波上総介宗元申相州竹・林事、被レ預二置彼仁一候者、所レ仰候、恐惶謹言、

二月四日　　持氏（花押）

地蔵院大僧正御房

文書は年未詳であるが、ここでも、持氏が、別当職にあった地蔵院に、鎌倉府奉公衆那波上総介宗元へ右大将家法華堂領の武村・林村を預置くことを依頼している。従って、醍醐寺領の経営に携わる代官職は別当職の補任権によっており、鎌倉公方や上杉氏は代官職への補任依頼に止まらざるを得なかったことが分かる。

以上から、別当職は、関東での修法や、遠隔地所領の経営を行う上での当該所領の代官職補任権を握っていたことが分かり、修法の上でも所領経営の上でも極めて重要な役割を担っていたものといえよう。

では醍醐寺僧への別当職補任が幕府にとっていかなる意味をもったのか検討したい。次の史料（年未詳四月三日長紹書状案「上杉文書」　神六一五一）を見よう。

三浦武・林四ヶ村事、去年可レ被二請取一之由御申候間、其分御心得之処、于レ今無二御左右御申一候、為二如何之次第候一哉、就中此在所事、自二已前一貴方御代官之段無二余儀一候処、年内又自二　公方様一門跡へ御申之上者、誰人雖下被二望申一事候上、不レ可レ有二相違之儀一之旨、仰出候、目出候、仍御屋形様へ自二門跡一被レ進二御書一候、不日ニ被レ請二取下地一、其分可レ有二御披露一候、将又一色伊予方不慮子細候之由、其間候之間、殊更不レ可レ及二

是非㆒候歟、此等之段、自㆑私具可㆑申之由被㆓仰出㆒候、恐々謹言、

卯月三日　　長紹在判

判門田壱岐入道殿

これは、上杉氏被官と思われる長紹が、同じく上杉氏被官判門田氏に出した書状で、年未詳であるが、『神奈川県史』は「「御教書以下引付　宝徳二同四同至享徳元」と題する袋綴冊子中のものなので、享徳元年に収める」と注を付けている。事実、宝徳二年（一四五〇）には、一色伊予守の強入部を退け判門田壱岐入道祐元に沙汰付けるよう関東管領に命じた幕府管領畠山持国奉書案（神六一〇八）が出ているので、史料はそれに関連したものであろう。内容は、地蔵院が別当職にあった右大将家法華堂領相模国武・林等四ヶ村の代官職就任を渋る判門田壱岐入道に対して、早く下地を請取り代官職に就くよう勧めている。

史料で第一に注目すべきは傍線部である。そこには、公方様＝足利義政から門跡＝地蔵院に「御申」があった上は、他人が代官職を望んでも判門田壱岐入道の代官職に相違はない。との判門田氏の主の関東管領上杉憲忠の「仰出」があったことが分かる。注意すべきは、将軍から別当職地蔵院へ代官職の「御申」すなわち依頼があったことである。さきの鎌倉公方や上杉氏の事例と同じく、将軍も代官職への補任を別当に依頼している。ただし、別当職が将軍から補任・安堵されることを考えれば、将軍による代官職の補任依頼は事実上の補任要請に他ならないであろう。事実、上杉憲忠も判門田壱岐入道の代官職補任は間違いないものと理解している。第二は、判門田壱岐入道への代官職補任に際し、門跡から御屋形様＝上杉憲忠に「御書」が進められていることである。ここでいう「御書」は代官職補任状と思われる。以上の諸点から、法華堂領武・林村等四ヶ村について、幕府は、別当職たる地蔵院を媒介として代官職

を補任させ、関東管領―管領被官のラインを通じて鎌倉府管轄国内所領に関与する足がかりを得ることができたものといえよう。

ところで近年の室町期荘園制の研究では、これまで鎌倉公方と鎌倉府を一体的にとらえていた研究に反省を迫り、鎌倉公方と関東管領は、それぞれが核となり、鎌倉府奉行人や国人を組織化し、反幕府・親幕府に分裂抗争していた側面に注意すべきことが提起されている[13]。先に掲げた史料でも同様の現象が現れている。すなわち史料に「不慮子細」の聞こえがある「一色伊予」は鎌倉公方近臣であり[14]、これ以前にも強入部を行い幕府から排除命令が出されていたことは前述した。つまり幕府―関東管領―管領被官のラインに対し、鎌倉公方―公方近臣のラインが対立抗争し、関東所領への幕府権力の介入に対し、鎌倉公方が反発していた。

以上から、別当職には、関東での修法や、所領経営を担う代官職補任権があり、幕府は醍醐寺僧を別当職に補任することで、醍醐寺僧を媒介にして関東での修法や関東寺院領に関与するなど関東への影響を強め得たものと考える。それゆえ、関東管領を中心とする親幕府派と対立する鎌倉公方は、幕府権力の介入を避けんがために独自に別当職を補任し、その結果、別当職をめぐる幕府と鎌倉府の間の相論が展開したものと思われる。

以上、本章の検討から、関東醍醐寺領への補任・安堵権はほとんどが幕府に存したこと、幕府は一貫して関東醍醐寺領を保護する政策をとっていたこと、また寺社別当職は関東での修法を担い、当該寺社領代官職補任権を持っていたことを明らかにした。以上を踏まえ、鎌倉府内における鎌倉公方の反幕府派と関東管領の親幕府派との対立を背景として、醍醐寺僧を介して、関東への影響を強めようとする幕府に対して鎌倉公方が対立する構図の存在を指摘し、それが別当職相論の理由であったと指摘した。他方、醍醐寺僧にとっても、幕府への祈禱奉仕を梃子にして、「武家恩補」として別当職に補任されて関東醍醐寺領を獲得し、それを安堵・保護されることで、関東地方へ勢力を伸張する足がかりになりえたと思われる。関東醍醐寺領における寺社別当職は、幕府にとっても醍醐寺にとっても、関東地方への影響力を強めていくために極めて重要な所職であったといえよう。

むすびに

本論では、中世文書にみえる関東醍醐寺領の検出を行い、さらにその背景にある醍醐寺と幕府との関係について検討した。すなわち、関東醍醐寺領が南北朝期から室町期にかけて増加する傾向が見られたのは、祈禱奉仕と「武家恩補」という醍醐寺と幕府とのギブ・アンド・テイク関係がその背景にあったこと、関東醍醐寺領への補任・安堵権はほとんどが幕府に属し、また幕府―鎌倉府ラインにより、幕府による一貫した保護政策がとられていたことを明らかにした。さらに、関東での修法や代官職補任権を握る関東寺社別当職を介して、幕府も醍醐寺も共に関東地方への影響力を強めることが可能になりえたことを指摘した。

さて、以上の分析結果から注目すべきは、関東醍醐寺領における関東寺社別当職に対する幕府の関与が決して小さくなかったことである。これは、関東寺社は、鎌倉府管轄国内にありながらも、鎌倉公方ばかりでなく、幕府との関係についても考慮しなければならないことを示している。これまでの関東寺社研究[15]は、もっぱら関東寺社と鎌倉府との結びつきを強調する傾向にあった。しかし本論の検討は、関東醍醐寺領という限定された事例ではあるけれども、関東寺社を鎌倉府管轄国内の問題としてのみ理解してきたこれまでの研究動向に反省を迫るものといえるだろう。

註

（1）竹内理三『寺領荘園の研究』吉川弘文館、一九四二、復刻一九八三、初出一九三五。なお、これ以前に醍醐寺領に触れた論文として、三宝院管領下にあった金剛輪院領伊勢国法楽寺を検討した小島鉦作「大神宮法楽寺及び大神宮法楽舎の研究―権僧正通海の事蹟を通じての考察―」（『伊勢神宮史の研究』吉川弘文館、一九八五、初出一九二八。原題「通海権僧正事蹟考」を補正）があげられる。

（2）安達直哉「『醍醐雑事記』について」（稲垣栄三編『醍醐寺の密教と社会』山喜房仏書林、一九九一）一四頁。

（3）以下、管見に入った研究を所領別に列挙する。【安食荘（尾張国）】①弥永貞三・須磨千穎「醍醐寺領尾張国安食庄について―新発見の相論絵図をめぐって―」（『醍醐寺文化財研究所研究紀要』五、一九八三）。②須磨千穎「醍醐寺領尾張国安食庄絵図補考」（『醍醐寺文化財研究所研究紀要』七、一九八五）。③村岡幹生「醍醐寺領尾張国安食荘福徳名検注帳案について」（『愛知県史研究』四、二〇〇〇）。【牛原荘（越前国）】④笠島清治「越前国における荘園制社会の興隆と衰退―醍醐寺領牛ガ原荘を中心に―」（『地方史研究』一〇四、一九七〇）。【江向村（尾張国）】⑤醍醐寺古文書調査班「鎌倉末期における在家検注に関する一史料」（『史学雑誌』六一―一〇、一九五一）。【笠取西荘（山城国）】⑥渡辺澄夫「醍醐寺領山城国笠取西庄」（『増訂畿内荘園の基礎構造上』吉川弘文館、一九六九）。【香荘（近江国）】⑦荻野三七彦「近江国香庄文書の研究」（『早稲田大学大学院文学研究科紀要』六、一九六〇）。⑧荻野三七彦「醍醐寺と近江香庄」（『早稲田大学大学院文学研究科紀要』九、一九六三）。【須恵野村（若狭国）】⑨関口崇史「中世寺院における所職・所領相続について―醍醐寺僧覚雅の相続問題を中心に―」（『大正大学大学院研究論集』二二、一九九八）。【曽根荘（伊勢国）】⑩稲本紀昭「曽祢庄と平信兼」（『日本史研究』二三四、一九八二）。【智積御厨（伊勢国）】⑪伊藤信「名解体期の階層分化と名主層の性格―醍醐寺領伊勢国智積御厨について―」（『文化』一九―五、一九五五）。【得蔵荘（加賀国）】⑫永村眞「加賀国得蔵荘と醍醐寺」〈講演筆記〉（『加能史料研究』六、一九九四）。【長尾荘（讃岐国）】⑬山崎ゆり子「醍醐寺領讃岐国長尾荘」（『香川史学』一五、一九八六）。【鳴海荘（尾張国）】⑭鈴木勝也「尾張国鳴海荘に関する一考察―地域史研究の一試論―」（『皇学館論叢』三三―四、二〇〇〇）。【野鞍荘（摂津国）】⑮高橋慎一朗「仏名院と醍醐寺三宝院」（『東京大学史料編纂所研究紀要』六、一九九六）。【山鹿荘（肥後国）】⑯吉村茂樹「醍醐寺無量光院の創立と肥後山鹿荘―醍醐寺と村上源氏との関係一」（『古代学』六―四、一九五八）。このうち、③⑤⑦は史料紹介。④⑧⑨⑫⑬⑭⑮⑯は沿革・伝領について述べ、⑫⑬はその他経営にも触れる。①②は絵図の読解から条里復原や現地比定を行う。⑩は荘域の再検討。⑥⑪は寺領の内部構造を検討する。その他、醍醐寺領は、立荘に際して上からの契機を重視する見解の分析事例としても注目されている。例えば、白河院政期における立荘プロセスを検討した川端新は、近江国柏原荘、越前国牛原荘に注目した（「院政初期の立荘形態―寄進と立荘の間―」〈『荘園制成立史の研究』思文閣出版、二〇〇〇、初出一九九六〉）。また工藤敬一は、肥後国山鹿荘の複雑な内部構成に上からの働きかけを推測している（「肥後北部の荘園公領制―山鹿荘と二つの玉名荘―」〈『荘園公領制の成立と内乱』思文閣出版、一九九二、初出一九八五〉）。

（4）伊藤清郎「中世の醍醐寺」二、寺領（『中世日本の国家と寺社』高志書院、二〇〇〇、初出一九八二）。なお、この研究でも関東醍醐寺領については触れられていない。

（5）永村眞「醍醐寺報恩院と走湯山密厳院」（『静岡県史研究』六、一九九〇）。

（6）以下、管見に入った研究を所領別に列挙する。【市原八幡宮別当職（上総国）】寺田広「中世における上総国飯香岡八幡宮（市原八幡宮）について」（『市原地方史研究』九、一九七八）。山家浩樹「上総守護宇都宮持綱」（『日本歴史』四九〇、一九八九）。【伊南荘（上総国）】香取俊光「鳥羽金剛心院について―上野国新田荘本家職をめぐって―」（『史報』四、一九八二）。【伊北荘（上総国）】香取俊光「鳥羽金剛心院について―上野国新田荘本家職をめぐって―」（前掲）。【右大将家法華堂別当職（相模国）】大田壮一郎「室町殿の宗教構想と武家祈禱」（『ヒストリア』一八八、二〇〇四）。【梅佐古（上総国）】山家浩樹「上総守護宇都宮持綱」（前掲）。【大岡荘内牧御堂・岡宮・大幡寺別当職（駿河国）】山家浩樹「駿河国大岡荘と足利満詮」（『静岡県史研究』一〇、一九九四）。【飯富社別当職（上総国）】山家浩樹「上総守護宇都宮持綱」（前掲）。【久遠寿量院別当職（相模国）】八幡義信「久遠寿量院について」（『政治経済史学』三四四、一九九五）。【高田郷（武蔵国）】奥野高広「武蔵守護代大石憲儀の新史料」（『武蔵野』三〇三、一九八五）。【橘木荘十三郷方（上総国）】岡田清一「両総における北条氏領―補遺―」（『房総の郷土史』三、一九七五）。【武・林・津久井・須加利谷四ヵ村（相模国）】佐藤博信「判門田氏の歴史的位置―とくに上杉氏との関係を中心に―」（『古文書研究』三三、一九九〇、二〇―二一頁）。【千町荘（上総国）】香取俊光「鳥羽金剛心院について―上野国新田荘本家職をめぐって

―」（前掲）。【新田荘（上野国）】香取俊光「鳥羽金剛心院について―上野国新田荘本家職をめぐって―」（前掲）。【原田荘（駿河国）】村井章介「東寺領遠江国原田・村櫛両荘の代官請負について」（『静岡県史研究』七、一九九一）。【明王院別当職（相模国）】山家浩樹「駿河国大岡荘と足利満詮」（前掲）。【永福寺別当職（相模国）】関口崇史「中世寺院における所職・所領相続について―醍醐寺僧覚雅の相続問題を中心に―」（前掲註3）。

（7）永村眞「醍醐寺報恩院と走湯山密厳院」（前掲註5）。

（8）峰岸純夫「東国における十五世紀後半の内乱の意義―「享徳の乱」を中心に―」（『中世の東国―地域と権力―』東京大学出版会、一九九五、初出一九六三）。

（9）⑥⓪⑥①⑥⑦⑦②の典拠、十二月十九日玄珍書状は、年次不明のためⅢ期Ⅳ期のどちらにもカウントしていないが、論旨には影響しない。

（10）橋本初子「三宝院賢俊僧正日記―貞和二年―」（『醍醐寺文化財研究所研究紀要』一二、一九九二）。

（11）山家浩樹「駿河国大岡荘と足利満詮」（前掲註6）。

（12）永村眞「醍醐寺報恩院と走湯山密厳院」（前掲註5）。

（13）井原今朝男「東国荘園年貢の京上システムと国家的保証体制」（『国立歴史民俗博物館研究報告』一〇八、二〇〇三、一一八頁註52）。

（14）山田邦明「三浦氏と鎌倉府」（『鎌倉府と関東―中世の政治秩序と在地社会―』校倉書房、一九九五、初出一九九二）一〇三頁。

（15）佐藤博信「東国寺社領の構造と展開―下野日光山領の場合―」「中世東国寺社領の動向―下野鑁阿寺と武蔵戸守郷―」（『中世東国の支配構造』思文閣出版、一九八九、初出は共に一九七六）。山田邦明「室町期関東の支配構造と在地社会」「鎌倉府の直轄領」（『鎌倉府と関東―中世の政治秩序と在地社会―』校倉書房、一九九五、初出は前者のみ一九九一）。

【付記①】初出後、下記の点について追加・修正を要することが判明したが、本書は再録集であるため、誤字・脱字の訂正、表記の統一などを施したほかは、初出時のままとしている。なお、追加・修正を施した場合でも、論旨や結論に変更はない。

一、表一・図一の所領の追加・修正について

①建武三年（一三三六）十一月二十七日足利尊氏御教書案（「京都御所東山御文庫記録甲二百七十七所収」『南北朝遺文　九州編』七九三号）によれば、「鎌倉犬懸谷坊舎・稲荷社下敷地」が、正和四年（一三一五）八月十四日の安堵状に任せて報恩院隆舜に安堵されており、鎌倉の稲荷社下敷地が正和四年八月から建武三年十一月にいたるまで報恩院領であったことがわかる。

②畠山聡氏より、武蔵国大田荘北方手子林郷、武蔵国池辺郷東方が地蔵院領であることをご教示いただいた。すなわち「親玄僧正日記」正応六年（一二九三）八月二日条（『新編埼玉県史』資料編七　中世三　記録一、五五四頁）によれば、親玄は、正応六年五月二十九日に大田荘北方手子林郷を執権北条貞時から、同年七月二十九日に池辺郷東方を将軍久明親王から拝領したとある。なお、同氏「中世東国の開発に関する一考察―武蔵国太田荘に関する新出史料の検討を中心に―」（『板橋区立郷土資料館紀要』一四号、二〇〇二年）も参照されたい。記して畠山氏に謝意を表したい。

③No.52の栗木寺については、初出時には康安二年（一三六二）から報恩院領としていたが、建武三年十一月二十七日足利尊氏御教書案（前掲）によれば、「武蔵国栗本寺」（栗木寺の誤字であろう）が、正和四年八月十四日の安堵状に任せて報恩院隆舜に安堵されており、同寺が正和四年八月には報恩院領であったことがわかる。

二、表一・図二の比定地の追加・修正について

杉山一弥氏より、No.5（×裾野市カ→○裾野市）・6（×裾野市カ→○沼津市）・9（×未詳→○沼津市）について、野本寛一氏よりNo.4（×岡部市→○岡部町）についてそれぞれご教示いただいた。記して杉山氏、野本氏に謝意を表したい。

三、院家所領数の修正について

「一」で追加・修正した所領及び初出時の単純な集計ミスにより、本論中の院家所領数も修正を要するが、それによる論旨への影響はない。

【付記②】近年、小池勝也氏「南北朝・室町期における東国醍醐寺領と東国顕密仏教界の展開」（『千葉史学』六八号、二〇一六年）が発表された。拙稿についても言及されているので、あわせて参照されたい。

第二部

武家祈禱の展開

Ⅰ　南北朝期における醍醐寺三宝院光済と室町幕府

橘　悠太

はじめに

醍醐寺三宝院は南北朝・室町期にかけて公武政権と密接な関係を有していた院家であり、特に院主賢俊・満済が武家との関係を背景として政治へ関与したことは広く知られている。三宝院院主には①公武護持僧・②醍醐寺座主や東寺長者等の宗教権門の長・③多数の院家や所領を支配する荘園領主・④公武間の調整などをはかる政治顧問といった四つの役割が認められるとされるが、(1)これら三宝院の諸機能が研究史において注目されたのは、富田正弘氏による中世後期の公武祈禱研究(2)を契機としていた。

富田氏は中世後期の国家祈禱(3)に注目し、鎌倉期以前には公家のみが主宰していた国家祈禱であったが、南北朝期においては武家もその主宰におよんだとする。この国家祈禱の主宰者が公家から武家へと完全移行するのは南北朝後期の応安〜永和年間（一三六八〜七九）頃であることを明らかにした。また、武家の祈禱編成が武家祈禱体制として制度化していく過程において、中心的な役割を担っていたのが三宝院であったと指摘した。この富田氏の研究以降、中世後期における三宝院の役割が注目され、武家祈禱研究を中心として三宝院に関する研究が進展した。(4)

武家による公家の権限吸収論という政治史研究を前提とした富田氏以降の研究動向に対し、近年では武家祈禱体制形成の主体を幕府の宗教政策として捉えなおした大田壮一郎氏の研究[5]や、体制形成の要因に関して寺院側の動向を重視した石田浩子氏の研究[6]が出されている。これらの研究によって、祈禱主宰権掌握に重要な役割を果たしたと理解されてきた三宝院の地位や動向は、幕府の政策方針・寺院側からの意向も踏まえて考察する必要性が示されたといえよう。また最近では、三宝院の宗教面での動向や地位についての研究も進展しつつある[7]。

こうした研究により中世後期の三宝院の実態や果たした役割は解明されつつあるが、依然として課題も存在する。本論では以下の二点に着目した。

一点目は、賢俊・満済期の間における三宝院の問題である。先行研究において三宝院が様々な面から評価が加えられてきたことは前述した。ただし、それらの研究における三宝院像は、賢俊期及び満済期における具体的事例を主として構築されてきたものであった。南北朝期より室町期に至る三宝院院主は、賢俊以降、光済・光助・定忠・満済へと継承されるが、延文二年（一三五七）の賢俊入滅から応永二年（一三九五）における満済の院主就任まで約四十年間もの隔たりがあり、その中では光済が院主を勤めた時期が大部分を占める。先行研究では、この光済期における三宝院の地位や動向について具体的な検討はなされていない。確かに、賢俊・満済両者の祈禱体制内での地位や活動は、歴代三宝院院主の実績を比較しても卓越したものがある[8]。しかし、三宝院のもつ位置づけが賢俊期から満済期へどのように移行したのかという過程を考察することは、卓越した権勢を誇った賢俊・満済期を考察する前提として必要不可欠であり、その作業を踏まえた上で南北朝期以降の三宝院の実態が論じられるべきである。

二点目は、光済期における三宝院・幕府間関係についての問題である。本論で扱う光済期は、政治史上においては足利義詮政権期・細川頼之執政期にあたるが、室町幕府の確立に大きな意味をもった時期であった。[10]義詮政権については、義満政権との連続性が近年注目されつつあり、[11]管領細川頼之の執政については、義満政権の形成に多大な影響を及ぼしたという評価が戦前以来与えられている。[12]このように義詮政権・頼之執政期は、戦時体制から平時体制へと幕府が転換する時期、また室町殿権力が形成される前段階として、政治史研究では重要視されている。[13]当該期における三宝院と幕府の関係解明は、室町殿権力と宗教勢力の関係を検討する前提として必要な作業であると考えられる。

以上の点を踏まえて、足利義詮政権・細川頼之執政期における三宝院光済と幕府との関係を検討する。本論では、当該期における武家祈禱体制内での地位に加え、当時の政治状況との関連性や幕政上での地位、光済の武家に対する姿勢など様々な面を検討することによって、光済期における三宝院の地位形成過程について考察する。光済期の三宝院が賢俊期・満済期と比較してどのような位置にあったのかについてもあわせて言及したい。

註

（1）森茂暁『満済―天下の義者、公方ことに御周章』（ミネルヴァ書房、二〇〇四年）。

（2）富田正弘「室町幕府の祈禱と公武統一政権」（日本史研究会史料研究部会編『中世日本の歴史像』創元社、一九七八年）。

（3）天変地異など国家の重事に対応・解決すべくおこなわれたものであり、祈禱目的が国家を対象とする祈禱である。富田氏はこのような国家祈禱の主宰者に「実質的な国王」の姿を見出している。（富田前註（2）論文、三三六頁）。

（4）片山伸「室町幕府の祈禱と醍醐寺三宝院」（『仏教史学研究』三一―二、一九八八年）、森茂暁「三宝院賢俊について」（『中世日本の政治と文化』思文閣出版、二〇〇六年、初出一九九〇年）、上野進「室町幕府の顕密寺院政策―祈禱政策を中心として―」（『仏教史学研究』四三―一、二〇〇〇年）等。

（5）佐藤進一「室町幕府論」（『日本中世史論集』岩波書店、一九九〇年、初出一九六三年）、小川信「南北朝内乱」（『岩波講座　日本歴史六　中世二』岩波書店、一九七五年）。
（6）大田壮一郎「室町殿の宗教構想と武家祈禱」（『室町幕府の政治と宗教』塙書房、二〇一四年、初出二〇〇四年）。
（7）石田浩子「南北朝初期における地蔵院親玄流と武家護持」（『日本史研究』五四三、二〇〇七年）。
（8）藤井雅子氏は、醍醐寺内における三宝院の地位形成過程を明らかにし（藤井雅子「南北朝期における三宝院門跡の確立」〈『中世醍醐寺と真言密教』勉誠出版、二〇〇八年、初出二〇〇二年〉）、西尾知己氏は東寺長者としての三宝院の実態を検討している（西尾知己「中世後期の真言宗僧団における三宝院門跡―東寺長者の検討を通じて―」〈『仏教史学研究』五五―二、二〇一三年〉）。
（9）『五八代記』（『醍醐寺文化財研究紀要』四、一九八二年）参照。
（10）足利義詮期については、山田邦明「足利義詮と朝廷」（佐藤和彦編『中世の内乱と社会』東京堂出版、二〇〇七年）、石原比伊呂「義詮期における足利将軍家の変質」（『鎌倉遺文研究』第二九号、二〇一二年）参照。細川頼之執政期については、小川信『足利一門守護発展史の研究』（吉川弘文館、一九八〇年）、同『新装版〈人物叢書〉細川頼之』（吉川弘文館、一九八九年）参照。
（11）山田前註（10）論文、石原同註（10）論文参照。
（12）田中義成『南北朝時代史』（明治書院、一九二二年）、小川前註（10）著書参照。
（13）早島大祐「公武統一政権論」（『首都の経済と室町幕府』吉川弘文館、二〇〇六年）。

一、三宝院光済の台頭

1．賢俊没後の三宝院

醍醐寺内では、鎌倉中期から後期にかけて三宝院流と呼ばれる法流の相承関係が混乱し、一括して相承されるはずである院家・法流が個別に相承される事態となった（1）。賢俊は三宝院流定済方という法脈に属していたが、定済方は三宝院流正嫡として認められてはおらず、正嫡として認識されていたのは報恩院流であった。このような立場にあった賢俊が台頭してくる要因としては、当時の政治的状況が関係していた。建武新政期に後醍醐天皇との関係を背景とした報恩院弘真（文観）によって東寺・醍醐寺の諸院家は支配され、賢俊は不遇の時期を過ごしていた(2)。そのような状況の中、建武三年（一三三六）に足利尊氏が朝敵となった際、尊氏方へ光厳上皇の院宣をもたらすことによって朝敵の状態を解消させたことは、賢俊が足利尊氏との密接な関係を構築する契機となった。

このように、賢俊は足利尊氏との密接な関係を構築し、南北朝・室町期を通じて重用される三宝院の権勢の基礎を築き上げた(3)。ただし先行研究では、南北朝初期に形成された賢俊・尊氏間の関係が、その後の三宝院院主と幕府の関係をどのように規定したのかについて、十分に検討されているとは言い難い(4)。三宝院の地位が賢俊・尊氏間の関係によって規定されていたならば、両者の没後には三宝院の地位に変化が生じるのではないか。

そこで本章では、賢俊・尊氏死没直後の延文・康安年間（一三五六〜六二）における三宝院・幕府間の関係の実態について考察する。

（一）醍醐寺座主職をめぐる相論

延文二年（一三五七）、尊氏の厄年祓での願文内において、「為レ酬二其恩一、以二小量之身一、祈レ代二大樹之命一(5)」と述べた賢俊が同年閏七月に入滅し、賢俊の死を偲んで般若理趣経を自ら書写した(6)尊氏も翌年四月に没する。この賢俊・尊氏間における密接な関係は両人没後の段階において、次代の三宝院院主光済・将軍義詮間の関係へどのような影響を与えたのだろうか。ここでは、延文五年（一三六〇）における醍醐寺座主職相論を中心に捉え、賢俊・尊氏が没した直後における三宝院の地位の推移について検討していきたい。

鎌倉期以来、醍醐寺三宝院流は相承の混乱によって、様々な院家が三宝院流正嫡を主張していたが、地蔵院も正嫡を主張している院家のひとつであった。地蔵院院主覚雄は鎌倉幕府での祈禱勤仕の経験があり、武家護持僧内においても力をもっていたとされる密教僧である。(7) その覚雄が欲したのが醍醐寺座主職であった。

醍醐寺座主職は、醍醐寺の長・三宝院院主・三宝院流正嫡という三つの要素を兼ね備えた象徴として、勝覚以来三宝院流正嫡へ師資相承されるものであると認識されてきた。(8) 覚雄が院主であった地蔵院と賢俊・光済が院主をつとめた三宝院は百年以上にわたり三宝院流正嫡の相論を繰り広げており、(9) 覚雄にとって醍醐寺座主職へ補任されるということは非常に重要な意味があった。

覚雄は賢俊・尊氏両者の没後より、醍醐寺座主職補任要求の活動を開始する。それが、延文年間（一三五六〜六一）に光済と覚雄との間で繰り広げられた醍醐寺座主職相論である。この相論の端緒は、覚雄による（延文五年）九月二十八日申状であった。(10)

可レ被レ補二醍醐寺座主職一事

右座主職者、一寺之重職吾宗之極望也、粗就レ首二旧軌倩憶一、先躅権僧正勝覚左大臣俊房公息義範僧都弟子大僧正定海右大臣顕房公息勝覚僧正嫡弟為二当流之嫡祖一居二斯職一之以降、専以二氏僧一可レ為二寺務一之由、寛治之暦神託惟新、仍代々聖賞堅守二旧時之遺訓一、度々恩補不レ失二往日之神告一者也、定海以後雖レ多二其例一、近則先師親玄大僧正右大将通忠卿息親快法印統嫡応二両代之抽賞一底二再興之執務一、謂最初拝補之佳摸者伏見聖主御宇也、覚雄適為二氏族之遺胤一、苟為二師跡之統嫡一、過逢之時即既協レ于二天授一者歟、故賢俊僧正自レ檀〔擅〕二武館之権勢一久居二当寺之執務一、覚雄拠二此難期一前途後進、為レ彼被レ塞二嶮路一、剰帰寂之時、以二此職一令レ譲二附門弟光済僧正一、何閣二老耆薫修之上首一、猥挙二弱壮浅臈之子弟一乎、潜令二商量一尤尠二陳迹一逃三啻含二累載沈淪之恨一、忽抱二一職超越之慙一也、抑建武蠢動之時、東寺震〔宸〕居之刻、忝蒙二詔綸一専抽二懇篤一、就レ中当両度之紛擾播二三密之効験一畢、祈請之労叡賞莫レ空哉、雖三縦浴二臨時朝恩一不レ可レ乖二天意一、矧又於二理運恩補一盍被レ達二地望一乎、且優二六旬之頽齢一被レ許二一度之拝補一者、弥仰二王徳明一之恩光一、奉レ禱二　宝祚暦数之聖算一而已、以二此等之旨趣一可下令二洩　奏達一給上、覚雄頓首謹言、

　　九月廿八日　　　　法務覚雄

謹上　中御門前中納言殿

　　蔵人右少弁殿

この覚雄の主張に対して光済は同年十一月十三日に申状を提出し、反論している[11]。この申状において光済が主張した概要は以下の通りである。

①醍醐寺座主職は、三宝院流嫡流に譲与されていた職であり、建武以来、「致二　天下護持一之間」は競望がなかったこと。

②近頃、覚雄僧正が座主職を望んでいるが、地蔵院は三宝院の庶流であり、親玄僧正補任の例も「寺家」に受け入れられたものではなかったこと。

③三宝院院主として公家・武家へ忠功を尽くしているにもかかわらず、座主職を改替される不当性、及び親玄僧正の「非拠」の例のみで「抽賞」されるのは不当であること。

この光済の訴えは退けられ、同年十二月二十六日、覚雄は一旦座主職へ補任される。

ここでは、覚雄が座主職へと補任された要因について、座主職相論における覚雄・光済各々の申状より検討する。

筆者が注視したいのが、覚雄甲状の傍線部の主張と申状が提出された時期である。傍線部では、「当両度之紛擾」（後光厳天皇親政期における二度の南朝軍入京）に対する京都再占領を可能とした祈禱の「効験」をアピールしているが、覚雄の法験に対する自信はどこからくるものであったのだろうか。延文五年（一三六〇）九月十五日におこなわれた武家五壇法について記した『五壇法記』には「修中於二江州合戦一、敵徒悉敗北云々、法験之由、有二其沙汰一云々、[12]」とある。修法中の南朝軍大敗が五壇法の法験とされたのであるが、この時の五壇法中壇は覚雄であった。この五壇法は天下静謐を願意としたものであり、修法中の南朝軍大敗によって覚雄の祈禱僧としての評価は高まった。修法前後の政治状況もあわせて考えるならば、幕府が仁木義長の叛乱によって内紛状態の中、同月に後村上天皇が住吉行宮へと進出するなど[13]、南朝が攻勢に出た時期であった。後光厳天皇親政にとっては三度目の南朝軍入京が現実味を帯びる状況にあり、北朝も南朝軍に対抗できる「効験」を欲していたと考えられる。覚雄は以上のような状況も踏まえて、申状傍線部にあるような南朝軍に対抗できる「効験」を強調する形で座主職補任を訴えたのである。五壇法がおこなわれた直後に覚雄の申状が提出されている点から考えても、祈禱僧として評価が高まった状況は、覚雄にとって醍醐寺座主職を獲得できるまたとない機会であった。

光済・覚雄による座主職相論は一時的に覚雄が座主職へと補任されたが、延文六年（一三六一）三月に光済が記録所へ重陳状を提出していることから、座主職相論は継続していたことがうかがえる[14]。光済は重陳状内において、覚雄の重訴状に対する反論として座主職は法脈の正嫡に譲られるべき職であると主張している。また、覚雄が非道を企てており、それは醍醐寺衆徒からも非難されていると述べている。そして同年四月、醍醐寺衆徒から覚雄の座主職罷免に関する訴状が提出されている[15]。この訴状に、「甘露寺前中納言不レ交二他人一、毎度奏聞云々、不レ被レ定レ于二当寺伝奏㆒者、強㆓彼卿一人㆒不㆑可㆑奏㆓此事㆒歟、覚雄僧正与黄門一体分身、世之所㆑知也、」とあるように、甘露寺藤長と覚雄が通じていたらしい。甘露寺藤長は、後光厳天皇親政において伝奏・議定衆であった[16]。議定衆として訴訟も協議する身分にあった藤長と懇意であったことも、座主職相論においては覚雄へ有利に働いたと考えられる。これらの光済及び醍醐寺衆徒の訴えに対しても覚雄は罷免されず、覚雄に替わり光済が還補されたのは翌年の康安二年（一三六二）であった[17]。

以上が醍醐寺座主職相論の経緯であるが、この相論が発生した契機は、北朝が南朝の脅威にさらされているという政治状況の中で、南朝軍を敗退させた法験を拠り所として座主職を所望した覚雄、南朝軍に対抗できる祈禱僧を欲した北朝という両者の利害が一致した結果であったとみられる。そして、延文五年十一月十三日の光済申状の主張にあるような三宝院の公武への尽忠という訴えが優遇されなかったのは、このような状況に加え、賢俊・尊氏間における密接な関係によって支えられていた三宝院の地位が、延文三年の尊氏死去に伴う幕府政治の混乱によって保障されなくなった結果であったと考えたい。

三宝院への幕府の保護が賢俊・尊氏の死によって弱体化した状況、覚雄自身の祈禱僧としての評価の上昇が重なった結果が、地蔵院による醍醐寺座主職獲得を可能とした要因であったといえる[18]。

（二）醍醐寺座主職還補の契機

延文三年（一三五八）の尊氏の死とそれに伴う政治状況の混乱は、醍醐寺内の支配体制にも影響を与えたことがうかがえた。賢俊・尊氏間の関係を背景に幕府より保障をうけていた三宝院の地位が、両者の没後に低下したと推測されることは前述した。では、康安二年（一三六二）醍醐寺座主へ光済が再び補任される契機はどこにあったのであろうか。光済が座主職還補をはたすことができた要因について、還補前後の光済の動向や政治状況とあわせて検討する。

延文五年に起こった仁木義長の叛乱以降も、畠山国清・細川清氏等の幕府重臣による叛乱は続き、その結果四度目の南朝軍入京を許す状況となった。康安元年（一三六一）十二月八日に南朝勢が京都を占領し、同月二十八日に北朝勢が再占領するまでの二十日間京都は南朝勢によって占領されていた。この時、光済は東寺一長者・三宝院院主の地位にあった訳であるが、南朝勢による京都占領後、東寺では南朝に伺候していた護持院頼意のような院家僧が長者職へ登用され(19)、東寺へは南朝の東寺長者による書状が発給されている(20)。また、南北朝期における三宝院院主の実質的な宗教拠点・住房であった法身院は洛中の鷹司万里小路にあり(21)、南朝軍占領下にあった。康安元年の南朝軍入京によって、光済は密教僧としての地位・三宝院院主の実質的住房を失う状況に陥っていた。このような立場にあった光済は将軍・北朝へ供奉する以外の選択肢はなかったとみられ、（延文四年ヵ）十二月十四日足利義詮自筆御内書によって「別当三宝院僧正忠実異レ他仁」(22)と評されていた光済は、文和年間の賢俊と同様(23)に近江へと後退した北朝・幕府へ供奉したと考えられる。

次に、『醍醐寺新要録』巻十四　官符篇より、醍醐寺座主職還補の様子を見てみたい。

醍醐寺座主御還補事、還幸之時、可レ被二仰下一候、且可下令二存知一給上之旨、内々其沙汰候、恐々謹言、

康安二
正月六日　（柳原）忠光

三宝院僧正御房光済僧正事也、

この史料によれば、醍醐寺座主職還補の命令は、康安元年十二月二十八日の幕府軍再占領後、わずか一週間程度の極めて早い段階で到来しており、「内々」に決定されている。

また、光済は醍醐寺座主還補と同時期に、武家祈禱の奉行的役割も担っている様子が次に示す『門葉記』巻三十七よりうかがえる(24)。

大樹為二祈禱一、来月六日可レ有レ始二行冥道供一、御内々先可レ申二青蓮院一旨被レ申候、得二御意一可□供料事、先々も一万疋候歟、委可得□数体候之間、忩々可レ有二御用意一候、恐々謹言、

二月廿八日　光済

この史料は、康安二年二月に光済が足利義詮の腫物祈として、冥道供の勤仕命令を青蓮院へ伝達している文書であり、光済が武家祈禱の奉行をおこなった史料的初見である。

光済は康安二年二月の冥道供を契機として、武家主催の冥道供に関して祈禱の奉行を継続的に担当し(25)、武家祈禱において重要な役割を担っていく。また、この冥道供において斯波高経・義将親子は将軍代行という重要な役割を果たしているが、「旧冬天下鼓騒之時、率二数十之士卒一馳二参江州一、以来為二家僕之専一管領之器用一之由、世以謳歌、仍今度祈禱専執二沙汰一云々」(26)とあるように、その役割は、康安元年の京都攻防戦における幕府・北朝への忠節に起因したものであった。康安二年よりその活動の開始が確認できる武家冥道供の奉行としての光済の地位も同様に、幕府・北朝側への忠節を示した結果であったと推測される(27)。光済の示した忠節の具体的な内容については明証を得られないが、幕府・北朝側への供奉という忠節の結果として将軍との新たな関係を形成し、停滞していた三宝院の地位を回復させることに成功したといえる(28)。

2．光済と覚雄

賢俊・尊氏死後、地蔵院覚雄の台頭によって三宝院光済の権勢は停滞していた。しかし、戦時において幕府側へ忠節を示すことで、義詮との新たな関係を形成したことが明らかになった。しかし、覚雄は鎌倉期より武家祈禱に関わっており[29]、康安元年（一三六一）の京都攻防戦前後において南朝側に関与した史料も見当たらない。そうなると、光済の重用には幕府側への忠節という要素に加え、覚雄を継続して登用するよりも幕府側にメリットがあったと推測される。そこで本節では、光済と覚雄両者の重用に差異が生じた要因について、東寺仏舎利奉請という密教儀礼における両者の立場から考察する。

東寺仏舎利は、その粒数の増減によって国家興亡を予兆するとされており、仏舎利の粒数の勘定が代々の東寺長者によっておこなわれていた。これが、いわゆる「勘計」という儀式である。また、増加分の仏舎利を天皇（上皇）が請けるという「奉請」という儀式も平安末期よりおこなわれるようになり、鎌倉期にはその分与対象が列席した公武要人へと拡大した。結果として、東寺では仏舎利の勘計・奉請の儀式が整備され、綸旨（院宣）による勅使の派遣と東寺長者による勘計、その後に奉請という段取りが形式化され、南北朝期においてもそれは踏襲された。

東寺長者へ補任されていた光済はこの儀式を康安二年（一三六二）より永和四年（一三七八）までそのほとんどを勤めている[30]。その中で注意したいのが、貞治二年（一三六三）以降の仏舎利奉請状[31]にみえる参加者に多数の幕府要人が見出せるという点である。貞治二年六月の仏舎利奉請を契機として、将軍・管領といった幕府首脳が必ず参加するようになっており、光済期全体を通してみると、仏舎利の分与対象は、従来であればその対象ではない武家方（有力守護及び幕府官僚層）にまで拡大していることがうかがえる。この本来対象とすべきではない地位への分与拡大は東寺ではどのように受け止められていたのだろうか。当該期の史料から具体的に考察する。

　応安三年正月十四日、於二寺務住房一法身院、仏舎利奉請云々、勅使忠光卿、執行厳瑜、別当光信僧都等、不レ従二其役一、及二此沙汰一之条、奇代之珎事也、当年後七日アサリ宗助僧正也、従レ役云々、頗比興事歟、是武家頼之接席、為二拜領一也云々、惣五十余粒奉請云々、可レ悲々々、

当御代文和已来至二今年十四个度一、都合三百余粒御奉請了、雖二一粒一不二他散一、如レ惜二眼精一之趣、高祖御記厳然也、当今輒（聊）爾御奉請、不レ可レ不レ歎、国家衰福之基兆、何事如レ之、可レ悲々々、

右は、東寺観智院金剛蔵に伝来した『仏舎利勘計記』[32]という記録である。これによれば、後光厳天皇が即位した文和年間（一三五二～五六）より応安三年（一三七〇）に至るまでの十四度におよぶ奉請は夥しい量の舎利流出があったとして東寺側では問題視されていた。この流出の主たる原因は当然多数の武家方への分与と考えられる。

次に示す史料は、文和四年（一三五五）におこなわれた足利尊氏・細川清氏[33]への仏舎利奉請の記録[34]であり、管見の限りでは武家方の強い意向によって催された仏舎利奉請の史料的初見である。

　三月十三日、相模守（細川）清氏依二所望一、東寺宝蔵仏舎利奉二請之一、依二騒乱一宝蔵印鑰等紛失之間、切二壊宝蔵扉一、寄（奇）代珍事也、依二軍陳（陣）一勅使等鎧直垂著レ之、五粒奉二請之一、供僧一﨟定潤法印加二其砌一了、修理料物、後日自二相州一被レ送二執行隆盛方一了、

これによると、清氏の所望により、南朝との京都合戦の混乱によって仏舎利の収められている宝蔵の鑰が紛失していたにもかかわらず、蔵の扉を破壊して奉請を強行したようである。文和四年の京都攻防戦では、東寺が南朝勢の本陣となっており、細川清氏が南朝勢を東寺から駆逐したのが三月十三日であった。同日中には幕府の軍勢が東寺を占

領し、略奪が発生している[35]。このように、観応・文和年間の戦乱期に半ば略奪のような形でおこなわれた武家方による奉請以降、仏舎利奉請への武家方の参加が恒常化していく。

以上のように、武家方への仏舎利分与拡大は、文和年間における戦時の混乱に乗じた武家側の強行によっておこなわれ、文和年間以降の武家方への分与拡大による舎利流出は東寺側として憂慮すべき事態であったようである。では文和年間以後、儀式を主導する東寺長者側は仏舎利奉請の分与対象拡大とどのような関係にあったのだろうか。覚雄期～光済期の奉請参加者の傾向から考えてみたい。

覚雄が東寺長者として主導した延文四・五年（一三五九・六〇）の奉請参加者をみると両年とも参加者に「内大臣」が含まれている[36]。この人物は久我通相であり覚雄の兄にあたる。覚雄が継承していた醍醐寺地蔵院流は久我家と深い関係にあった[37]。通相の奉請参加は覚雄の長者在任時に限定されていることから、通相の奉請への参加には東寺長者である覚雄が関与していたとみてよいだろう。一方、永和二年（一三六）の光済主導による奉請では光助が参加している。永和二年時点では光助は伝法潅頂を受けて間もない頃であり、光済の弟子でなければ奉請という重要な密教儀式への参加が不可能な身分にあった。当時の東寺長者は仏舎利奉請の分与対象選定へ関与し、自らと関係の深い人物を参加させることが可能であったと考えられる。

ここで先程の問題に立ち戻って、東寺仏舎利奉請における光済と覚雄との立場の違いについて考えたい。延文五年正月十四日・九月十四日における覚雄主導の仏舎利奉請では奉請参列者に武家方は含まれていない[38]。一方、同時期に光済主導でおこなわれた延文四年三月十六日・康安二年四月五日等には武家方の参列者が確認できる[39]。東寺仏舎利奉請という密教儀礼において、覚雄は従来の奉請のあり方を堅持しようとし、光済は積極的な武家方の誘引という方向性の差異が如実にあらわれている。光済が座主職へ還補された要因のひとつには、このような武家方への協力的姿勢という光済側からの働きかけがあったのではないか。こうした東寺仏舎利奉請における武家方の参加は、光済が義詮と再び関係を構築した貞治年間（一三六二～六八）を契機として増加し、以降頼之執政期に顕著となる。

賢俊・尊氏没後、将軍と三宝院院主の関係性が希薄化することで醍醐寺座主職など覚雄の台頭を一時的に許すものの、再び義詮によって光済が立場を保障された背景には、戦時における将軍への忠節に加えて、東寺仏舎利奉請のような密教儀式における武家方への誘引・協調姿勢も影響していたといえよう。

註

（1）醍醐寺内において主流の法流であった三宝院流は鎌倉期に報恩院流と地蔵院流に分立し、さらに報恩院流から定済方、地蔵院流からは実勝方が分出した。賢俊・光済が相承していたのは定済方の法流、覚雄は地蔵院流を相承していた。鎌倉期における三宝院流の詳細な相承関係については、藤井雅子「三宝院・三宝院流と醍醐寺座主」（藤井はじめに註（8）著書）参照。

（2）『大日本古文書　醍醐寺文書』之六、一二五八号。

（3）高橋慎一朗「仏名院と醍醐寺三宝院」（『東京大学史料編纂所研究紀要』第六号、一九九六年）、森はじめに註（4）著書、大田同註（6）著書参照。

（4）森はじめに註（1）著書、大田同註（6）著書、石田同註（7）論文参照。

（5）『大日本史料』第六編之二一、二〇六頁。

（6）『大日本史料』第六編之二一、四二一頁。

（7）石田はじめに註（7）論文参照。

（8）石田浩子「醍醐寺地蔵院親玄の関東下向―鎌倉幕府勤仕僧をめぐる一考察―」（『ヒストリア』一九〇号、二〇〇四年）、藤井はじめに註（8）著書参照。
(9) 石田前註（8）論文参照。
(10) 京都大学所蔵影写本『大通寺文書』（座主職関係）所収。
(11) 京都大学所蔵影写本『大通寺文書』（座主職関係）所収。翻刻については、藤井はじめに註（8）著書、七六頁を参照。
(12) 『大日本史料』第六編之二三、二六一頁。
(13) 『大日本史料』第六編之二三、二六九頁。
(14) 京都大学所蔵影写本『大通寺文書』（座主職関係）所収。覚雄の重訴状については確認できない。
(15) 『大日本史料』第六編之二三、五五五・五五六頁。
(16) 『園太暦』延文三年（一三五八）九月四日条。
(17) 森茂暁「後光厳天皇親政」（『増補改訂　南北朝期公武関係史の研究』第三章第二節、思文閣出版、二〇〇八年）参照。
(18) 石田氏は覚雄が座主職へと補任された主要因は臈次が優遇された結果とする（石田はじめに註（7）論文）。しかし、その論理で考えるならば覚雄よりも臈次が低い光済の座主職還補は臈次の優位性では説明できない。覚雄が座主職へ補任された主要因は、祈禱僧としての評価の浮沈や当時の政治状況とすることが妥当であると考える。
(19) 東寺観智院金剛蔵本『東寺長者補任』貞治六年条（湯浅吉美「東寺観智院金剛蔵本『東寺長者補任』の翻刻（下）」〈『成田山仏教研究所紀要』第二十二号、一九九九年〉）では、南朝側の護持院頼意が東寺一長者となっている。
(20) 『東寺百合文書』ヒ函五三。東寺文書検索システムや東京大学史料編纂所日本古文書ユニオンカタログでは「法務大僧正覚雄田地寄進状」となっているが、花押から判断するに、南朝より東寺一長者へと補任された護持院頼意の発給した寄進状である。
(21) 服部幸子「中世醍醐寺における法身院と満済に関する一考察」（大桑斉編『佛教土着』法蔵館、二〇〇三年）、森はじめに註（1）著書参照。
(22) 『大日本古文書　醍醐寺文書』之一、五八号。
(23) 『園太暦』文和二年（一三六三）六月六日条。

(24)『大日本史料』第六編之二四、五三頁。
(25)『大日本史料』第六編之二六、二八八頁。同第六編之二八、五四六頁。
(26)『大日本史料』第六編之二四、六六頁。
(27)僧事に関しては、この京都攻防戦において、後光厳天皇を近江まで警護した(『太平記』巻三十六、「細川相州京都を責め破り合戦し給ふ事」)とされる承胤法親王が、翌年の小除目において天台座主へ還補されたのも北朝への忠節を示した結果と考えられる。
(28)覚雄が座主職を罷免された状況から考えるに、四度目の南朝軍入京を許したことによる祈禱法験の失墜があったとみられる。また、覚雄の朝廷内部への足懸りであった甘露寺藤長を康安元年五月に失う(『大日本史料』第六編之二三、五五八頁)。こういった状況も光済還補の要因であったと考えられる。光済還補後、覚雄は弟子道快と共に関東へと下向し、現地で祈禱や付法、所領安堵等の活動をおこなっている(石田はじめに註(7)論文、『許可加行私記』〈香川県教育委員会『弥谷寺所蔵聖教等調査報告書』一九七三年、九九頁〉、『大日本史料』第六編之二六、三九九頁等参照)。覚雄が中央へと復帰するのは義詮が没する直前であるとおもわれるが(『大日本史料』第六編之二八、四六〇頁)、光済と覚雄との関係は以前とでは大きく変化していた(第三章一節にて後述)。
(29)石田はじめに註(7)論文。
(30)「東寺仏舎利の勘計・奉請一覧表」(橋本初子『中世東寺と弘法大師信仰』思文閣出版、一九九〇年、初出一九八六年)一四二〜一四八頁参照。
(31)仏舎利奉請状とは、「御奉請」として表記された当代の天皇を筆頭に、奉請の儀式に列席したメンバーと各々が請い受けた仏舎利の粒数が記された記録である。
(32)写真帳『東寺百合文書』丙函十八。
(33)『園太暦』文和四年三月廿四日条・『仏舎利勘計記』等においても細川清氏が所望している旨が記されているが、東寺に残存している文和四年三月十五日仏舎利奉請状(写真帳『東寺百合文書』こ函八一)では奉請者は足利尊氏となっており、尊氏の意向を受けて、清氏が奉請を強行したと考えられる。

(34)「異本長者補任」（『大日本史料』第六編之一九、七五三頁）。
(35)『大日本史料』第六編之一九、七三二頁。
(36)橋本前註（30）著書表、前註（32）史料参照。
(37)地蔵院覚雄の師である親玄は久我通基の弟、覚雄自身は久我長通の子息であり、内大臣久我通相は兄であった。また、覚雄の弟子であり地蔵院門跡を継承する道快（改名して聖快）は通相の子息であり、鎌倉後期より南北朝期にかけて地蔵院門跡は久我家縁者によって管領されていた。また「建武擾乱之刻」に、地蔵院の本尊や聖教を久我家に預けていたことや（『大日本史料』第七編之二八、一四九頁）、応安元年（一三六八）十二月一日覚雄譲状写（櫻井敦史「市原八幡宮中世八幡の都市形成―文献・考古・石造物史料から―」〈財団法人市原市文化財センター『市原市文化財センター研究紀要Ⅴ』二〇〇五年〉資料集所収）が久我具通の筆によるもの等のことから、この時期の地蔵院と久我家の間には血縁を基盤とした密接な関係があったと推測できる。
(38)前註（36）。
(39)同右。

二、足利義詮・細川頼之執政期における幕府と三宝院

1．三宝院光済の政治への関与

前章では、賢俊・尊氏両者の没後に発生した、醍醐寺地蔵院・三宝院による醍醐寺座主職相論の過程を確認した。この事態の中で三宝院光済は、康安年間の京都攻防戦における足利義詮への忠節・宗教儀礼における武家への協力姿勢を契機として、醍醐寺座主職等の宗教的地位を獲得したことが明らかになった。本章では、義詮と新たな関係が形成された後、義詮政権後期・頼之執政期において三宝院はどのような地位を構築していったのか検討する。

賢俊・満済の政治上での活躍にみられるように、南北朝・室町期において三宝院の果たした政治的役割は非常に大きかった。院主光済の幕政上における活動は、賢俊没後の延文二年（一三五七）より康安元年（一三六一）の間は確認できない。光済の幕政上での活動は、康安元年の京都攻防戦後、義詮と新たな関係を形成した後になる。三条公忠の日記『後愚昧記』よりその様子をうかがってみたい。

九日、（中略）、遣二英職於三条大納言（実音）許一、是畑庄（丹波国多紀郡）半済事、既及二一流興亡一之上者、内々以二　勅書一被レ仰二三宝院僧正一光済、可レ被レ仰二武家之伺一申入哉之由、所二示遣一也、（後略）

十五日、三条大納言送状、先日申入畑庄事、被レ出二勅書一之条、不レ可レ有二子細一、但光済僧正辺（返）相尋、而達二武家之條一令二領状一者、随二彼左右一可レ被レ遣二　勅書一也云々、返事云、彼僧正辺（返）事、相尋可レ申二入之一者、

右は、三条公忠が貞治六年（一三六七）九月、家領である丹波国多紀郡畑庄の半済停止を光済を介して幕府に求めた一連の記事である。ここで注目すべきなのは九月十五日条の傍線部である。幕府の半済令に関する勅書を出すには光済の指示が必要であることが条件とされており、公武間における所領訴訟に関して非常に重要な位置に光済がいたことがうかがえる。この幕府・当事者間の「媒介」(1)を勧める光済の活動例を何例か提示する。

まずは、幕府への伝達が三宝院を介しておこなわれる【対象者→三宝院→将軍】という経路の例をあげる。貞治四年（一三六五）四月、賀茂祭における未払いの料足について囚守が訴え出た。その際、「以二三宝院僧正一、武家内々執二奏之一」(2)として幕府へ訴えており、光済を介することによって幕府へ「内々」に執奏が可能であったようである。

同四年六月、北朝により足利義詮の母である平登子へ従一位が贈位される際、二条良基が武家に参向した勅使の先例を局務中原師茂へ尋ねている。その師茂の返答の中で、貞治二年八月十四日の足利貞氏に対する贈位の先例が挙げ

られているが、貞氏への贈位の際、勅使は参向せずに宣命・位記を内々に光済へ渡したと記されている。[3]このように、貞治年間初頭より将軍へ取り次ぐ役割を担っていた。

また、光済は将軍の命令を通達・代行する立場にもあった。【将軍→三宝院→対象者】という伝達経路である。それがうかがえるのが、貞治四年四月の祇園社三鳥居建立について記録した『祇園執行日記』[4]上での光済の役割である。足利義詮の発案によっておこなわれた祇園社三鳥居再建計画では、義詮の命を受けた光済が事始の儀の日次決定や料足の支払い、竣工の催促等をおこなっており、幕命の代行者として一貫して祇園社三鳥居建立へ関わっている。この光済の活動は寺社への通達例であるが、光済が幕命を通達したのは寺社だけではなかった。貞治五年（一三六六）八月、貞治の政変によって失脚した斯波高経が幕府へ反逆を企てた際、義詮の使者として派遣されている。[5]また貞治六年（一三六七）三月には、和歌御会での御製講師が二条為遠に決定しているにもかかわらず、足利義詮が冷泉為秀を推挙した際、武家側の使節として北朝へ義詮の意向を奏上している。[6]

このように、光済による幕命の伝達対象は多岐にわたっており、貞治年間（一三六二〜六八）を通じて、幕府（将軍）と寺社・幕臣・北朝（当事者）間を仲介する役割を担うようになった。その役割を担うのは康安年間の京都攻防戦での忠節によって、義詮との関係を新たに形成した後であった。三宝院は義詮との新たな関係形成を契機として醍醐寺座主職等の宗教的地位とは別に、将軍・当事者間を仲介する政治的地位をも獲得したといえる。

加えて光済の登用が、内乱の終結が意識され、[7]幕府が戦時体制から平時体制へと移行する貞治年間以降である点には注意したい。先行研究では主として、段銭制度、[8]寺社本所領政策等の幕府財政政策の変化より、[9]義詮政権の戦時体制からの脱却傾向があきらかにされてきた。前章で確認したように、貞治年間以降、武家祈禱や東寺仏舎利奉請において光済は重要な役割を担っていた。それらの祈禱や仏舎利奉請は継続して実施され、光済の役割も固定化されていた[10]。つまり、貞治年間以降継続して実施された武家祈禱や東寺仏舎利奉請は、戦時から平時への移行期に模索された義詮政権の宗教政策としてみなすことが可能であり、その政策に関する重要な地位へ光済は置かれていたことになる。その地位が戦局に大きく左右された賢俊期[11]や、戦況に即応できる祈禱効験が求められた覚雄期などの戦時体制下と異なり、光済期は平時体制下の幕府政策に三宝院が明確に位置づけられた画期とみるべきであろう。

それは光済の政治的地位においても同様であった。石原比伊呂氏によれば、義詮政権は貞治年間に北朝天皇家との公武間交渉の独占化体制を政策として推進させ、義満期における武家伝奏の成立をもってその体制は完成したという[12]。光済の政治上での活動は、政変時における使者など一部例外もあるが、基本的には公武間交渉を主体として展開されており、内乱が収束する中で模索された平時体制下に向けての義詮政権の政策構想に光済も内包されていたといえる。また光済の登用には、同じく貞治年間に北朝内において勢力を伸張させた日野一門[13]との血縁を光済が有していたため、円滑な公武媒介が期待された側面もあったと考えたい[14]。

2. 頼之執政期の政治的難局と三宝院光済

貞治六年（一三六七）十二月、足利義詮の死去によって、幼少の足利義満とその後見役である細川頼之の執政が開始される。

頼之執政には、当初より様々な政治的難題が蓄積していた。その一つは、貞治六年より続いていた南禅寺と園城寺の対立が、延暦寺衆徒の介入によって再燃した問題である。延暦寺衆徒は、南禅寺住持定山祖禅が著した『続正法論』内において、山門・寺門が謗りを受けたことを挙げ、祖禅の配流と南禅寺の破却を求めて強訴した。これが著名な南禅寺楼門破却事件である。事件の詳細についてはここでは触れないが、光済はこの事件において、祖禅処罰という幕府の裁許を「内々」に朝廷へ伝えている[15]。光済の仲介者としての役割は義詮没後も頼之執政へと継承されたようであり、それは頼之執政当初よりおこなわれていた。

またもう一つ、北朝皇統の継承問題があった。応安三年（一三七〇）八月、後光厳天皇は柳原忠光を使者として幕府へ派遣し、緒仁親王（後円融天皇）への譲位について協議する[16]。その後光厳天皇の動向を察知した崇光上皇は皇子栄仁親王の立坊について幕府へ働きかける。この上皇側からの立坊は、後光厳天皇即位の特異な経緯に起因しており、上皇側による栄仁親王の践祚にも正当性が存在していた[17]。天皇側も上皇側の立坊を阻止すべく動くのであるが、その際に公武媒介として活躍したのが光済であった。特に光済の動向は後光厳天皇の日記『後光厳院御記』（以下、『御記』と記す）に詳しく記されている。

『御記』八月十九日条によれば、譲位協議開始の段階から光済は幕府内部の情報を後光厳天皇へ直接報告していたようである。『御記』九月十八日条では、光済が上皇側から幕府へ接触があったことを細川頼之から聞き出し、その日の夜には天皇へ報告している。光済の報告によって天皇は上皇側の栄仁親王立坊の動きを知ったようであり、上皇側を激しく非難している[18]。この後も『御記』には、幕府へ宛てられた上皇御事文を内密に持ち出したり、天皇直筆の願文によって譲位成功の祈願を内密におこなっている光済の様子が記されている。この後光厳天皇・崇光上皇による皇位継承争論は、幕府内で協議すべきであるという上皇側の主張に対して、頼之は「可レ為二聖断一之由已定申了」[19]との姿勢を表向き維持しつつ、背後で天皇側との緊密な連携によって上皇側の主張を抑え込み、緒仁親王への譲位が決定した。この皇位継承問題において天皇側の頼之との連携・上皇側の動向の察知を可能とさせたのは光済の働きによるものであり、光済がこの皇位継承問題で果たした役割は非常に大きかったといえる。

義詮政権以後も三宝院の政治的地位は継承され、頼之執政期当初より幕府運営を左右する重要案件の解決に尽力していた。頼之執政下における三宝院の活動は、公武媒介として頼之執政を政治的側面から支えていたのである。

しかし、このような武家の保障を背景とした諸所への優位的な三宝院の地位・活動に反発が噴出することもあった。その反発の起点となったのが、応安四年（一三七一）の興福寺大乗院・一乗院両門主改替要求の強訴である。この強訴がどのように光済への反発へと変化し、光済のいかなる活動が強訴対象となったのであろうか。

応安四年十二月の興福寺強訴には複雑な背景があった。稲葉伸道氏によれば、鎌倉末期より、興福寺大乗院・一乗院両門跡の門主は九条家・一条家・近衛家から選出されるようになり、両門跡の管領権をめぐる対立があったとする。[20]その対立は南北朝期においても継続され、門主改替時期には摂関家の干渉を要因として興福寺内で紛争が発生していた。応安四年の興福寺強訴も、九条家による次期門主人事への介入に端を発して大乗院・一乗院両門跡が合戦に及んだため、興福寺の衰退を恐れた衆徒は結束して両門主改替要求に至っている。[21]北朝は翌年正月に後円融天皇の即位大礼を控えていたため、この興福寺の強訴を全面的に受け入れようとしたが、幕府側はそれを拒否する。[22]この興福寺衆徒による強訴に対して公武は足並みをそろえることができず、事態は悪化する。[23]

『吉田家日次記』応安四年十二月十八日条によると、興福寺衆徒は光済・宋縁両僧正の配流を要求する。[24]一乗院からの賄賂によって彼らに加担し、公武を混乱させたというのが配流の理由とされた。これら両人の配流を頼之は認めず、衆徒側との交渉を停止するが、[25]衆徒は依然として両僧正の配流を求め、事態は膠着状態となった。北朝は応安五年（一三七二）正月二十二日に一乗院實玄・大乗院教信両門主等七名を配流するが、[27]神木が帰座することはなかった。強訴の争点は、既に一乗院・大乗院両門主の追放と興福寺の安寧ではなく、光済・宋縁両僧正の排除へと移っていたのである。

では、光済に対する興福寺衆徒の反発はどこからくるものであったのか。次に示す応安元年（一三六八）十月の興福寺寺務・維摩會探題補任の経緯[28]からその要因が伺える。

今度興福寺々務権僧正頼乗僧正轉任事、三宝院僧正光済、内々為二武家所存一之由奏聞之間、三日被二宣下一了、則初度長者宣以下、直奏申二長者殿下一之間、則被レ下了、諸供別當補任長者宣幷龍門・龍蓋吉書二通、以二鎰取男一、自二南曹（中御門宣方）一送賜之間、希代之新儀也、不レ可レ説々々々、

（中略）

維摩會探題事、先日長懐（禅光院僧都）、経弁律師（東大寺）、被二宣下一了之処、為二武家時宜一、改二長懐僧都一、可レ為二隆圓僧都一（慈恩院）、旨、同光済僧正奏聞之間、去七日所レ被レ下二長者宣一、未二院宣下向一者、先可二返進一云々、仍令二返進一了、

ここでの「武家所存」・「武家時宜」とは細川頼之の意向であり、それを内々に北朝側へ光済が伝えていた。幕府による興福寺人事への干渉に光済が密接に関係していたことが、興福寺側の光済への反発の要因として考えられる。

翌年六月二十一日、衆徒は光済・宋縁両僧正の洛中での活動停止を要求する。長期化する強訴は光済の活動へどのような影響を与えたのだろうか。応安七年（一三七四）三月、後光厳天皇の四十九日法事としておこなわれた曼荼羅供について記した「曼荼羅供見聞略記」[29]には次のような記述がある。

> 為二御籠一僧内護摩師自レ元御所中休所御厩、祇候、御卅五日七僧法会勤二呪願之一、光済大僧正専雖レ可レ有二祇候一、春日神訴最中、加二勘酌一挙レ申二理性院(宗助)一畢、仍今日出仕以下事、一向光(光済)僧正所二扶持立一也、

この曼荼羅供の阿闍梨は本来光済が勤めるはずであったが、春日神訴の最中であるということで見送られており、一見すると光済の活動に強訴の影響が及んでいるようにみえる。しかし、あくまで制限がかかったのは表面上のみであったようである。光済の意向によって弟子宗助が代理として派遣されており、光済の影響力は依然として保たれていた(30)。

応安七年四月には、光済は醍醐寺座主・東寺一長者を辞任するなど(31)、この時期より、表面上では公での活動停止が展開されていく(32)。幕府が光済・宋縁両僧正の配流へと方針を転換した要因は長期化する強訴の中で、後光厳上皇が没し後円融天皇の即位大礼が急務となったからであり、春日神木が帰座しないことには即位大礼が挙行できなかった。

同年十一月五日、公武は光済・宋縁の配流を決定したが、光済は播磨清水寺へ一ヶ月程滞在したのみで、幕府の保護のもと密かに帰京している(33)。そして翌年の永和元年（一三七五）正月に即位大礼による特赦という形で正式に赦免され、翌月には東寺一長者・醍醐寺座主還補、同年の八月には大僧正へ昇進する(34)。このように光済の勅勘と配流は表面上のものであり、早々に政治の表舞台へと復帰した(35)。

以上が、頼之執政期における政治的諸問題の顚末であるが、義詮政権期よりみられた三宝院の役割は、幕府・当事者間を往来する単なる仲介役ではなかったことがうかがえた。義詮政権期以降、幕府の政治体制内に仲介者として位置付けられた三宝院は、幕府との交渉を必要とする当事者側にとっては不可欠な存在であった。故に家領安堵を幕府に求める公家や幕府の後ろ盾を得ようとする後光厳天皇・一乗院院主のような様々な人々が光済へ働きかけていた。

その結果、光済の影響力は興福寺強訴の争点となる程に大きいものとなっていったのである。強訴後も頼之による重用の方針は転換されず、光済の権勢は「天下人」[36]と称されるなど、強訴後の永和年間段階に最盛期を迎えることとなる。[37]

註

（1）『建内記』嘉吉元年（一四四一）九月十七日条、『後愚昧記』応安七年正月廿六日条、同康暦元年正月七日条参照。光済が担った将軍との取り次ぎとしての役割は、以下「媒介」と表記する。
（2）『師守記』貞治四年四月廿六日条。
（3）『師守記』貞治四年六月十日条。
（4）『大日本史料』第六編之二六、九三一～九四一頁。
（5）『大日本史料』第六編之二七、三五二頁。
（6）『後愚昧記』貞治六年三月廿九日条。
（7）『大日本史料』第六編之二七、四三〇頁、一〇五二～一〇五五頁。同第六編之二八、二一八頁。
（8）早島はじめに註（13）著書。
（9）村井章介「徳政としての応安半済令」（『中世の国家と在地社会』校倉書房、二〇〇六年、初出一九八九年）、伊藤俊一『室町期荘園制の研究』（塙書房、二〇一〇年、初出二〇〇七年）一一七～一三〇頁、松永和浩「軍事政策としての半済令」（『室町期公武関係と南北朝内乱』吉川弘文館、二〇一三年、初出二〇〇七年）、吉田賢司「武家編制の転換と南北朝内乱」（『日本史研究』六〇六、二〇一三年）。
（10）康安二年（一三六二）～貞治六年（一三六七）まで実施された武家冥道供において、光済は継続して武家祈禱の奉行を担当している（『大日本史料』第六編之二六、二八七頁。同第六編之二八、五四四頁）。また、康安二年～永和四年（一三七八）まで実施された東寺仏舎利奉請では、応安八年を除き（出仕できなかった要因については本章第二節を参照）、東寺長者でなかった時期も含めて全ての奉請へ参加している（橋本第一章註（30）著書表参照）。
（11）『園太暦』文和二年正月八日条、『大日本古文書　醍醐寺文書』之十四、三三〇〇号参照。
（12）石原はじめに註（10）論文参照。
（13）森第一章註（17）著書参照。森氏は伝奏、議定衆の出身家門を検討し、勧修寺家や万里小路家などの勧修寺流藤原諸家の退潮、日野一門の進出が目立っていると指摘する。また森氏は、この傾向は後光厳天皇には日野一門を側近に登用し、重用しようとする意図があったのではないかと推測している。
（14）血縁を介した光済と北朝・公家との関係については別稿を予定している。
（15）『後深心院関白記』応安元年八月廿九日条。
（16）『後光厳院御記』応安三年八月十九日条（『大日本史料』第六編之三二、二三五頁）。
（17）小川はじめに註（10）著書、森第一章註（17）著書参照。
（18）『後光厳院御記』応安三年九月十八日条（『大日本史料』第六編之三二、二三六頁）。
（19）『後光厳院御記』応安三年八月廿四日条（『大日本史料』第六編三二、二三七頁）。
（20）稲葉伸道「南北朝時代の興福寺と国家」（『名古屋大学文学部研究論集史学』四四、一九九八年）。
（21）『吉田家日次記』応安四年十二月二日条（『大日本史料』第六編之三四、四〇一頁）。
（22）『吉田家日次記』応安四年十二月六日条（『大日本史料』第六編之三四、四〇四頁）。
（23）『大日本史料』第六編之三四、四〇八頁。
（24）「武蔵守頼之無双之知音」（『後深心院関白記』応安元年七月二日条）であり、頼之側近として執政当初より重用されていた政僧である。
（25）『後深心院関白記』応安五年七月三日条。
（26）『後愚昧記』応安五年四月四日条。

（27）『後愚昧記』応安五年正月廿二日条。
（28）『後愚昧記』応安元年十月一日条。
（29）『醍醐寺文書』百三十九函所収。
（30）応安年間における東寺執行殺害に関する相論において、論人厳瑜が自分に不利な裁定がされたため、流罪となっていた光済の元へと嘆き申した。それをうけた光済が前長者であるにもかかわらず、「妙法院能々可レ被レ申候」（『東寺百合文書』京函七二―二）として東寺長者妙法院定憲へ通達していることからも、影響力が依然としてあったことがうかがえる。相論の詳細については、酒井紀美「「獄前の死人…」をめぐって」（藤木久志・蔵持重裕編『荘園と村を歩く』Ⅱ、校倉書房、二〇〇四年）を参照。
（31）『醍醐寺新要録』座主次第編　光済の項。
（32）『豊原信秋記』応安七年八月十六日条。応安七年八月の六條八幡宮放生会において、八幡宮別当である光済の出仕がなかったのは強訴が要因であると考えられる。
（33）『春日神木御入洛見聞略記』応安七年十一月廿一日条（『群書類従』二　神祇部）。
（34）『醍醐寺新要録』座主次第編　光済の項、『東寺長者補任』、『東寺王代記』（『続群書類従』第二十九集下　雑部）永和元年八月五日条。
（35）永和元年六月、宋縁と共に将軍家御会始へと出仕している（『花営三代記』永和元年六月廿五日条）。
（36）『後愚昧記』永和二年八月三日・廿六日条。
（37）宗教活動面での到達点も同時期であった。詳細については藤井はじめに註（8）著書、七八・七九頁参照。

三、頼之執政下での武家祈禱と三宝院光済

1、武家護持僧と三宝院

前章では頼之執政が抱えた諸問題とその解決に光済が大きく寄与したことについて取り上げたが、これらの問題が噴出したのは将軍義満が幼少であったことも要因としてあげられる。応安の山門強訴について、山門奉行安威資脩は「伺二武家幼稚之隙一、及二乱悪之企一歟」[1]と看破し、皇位継承問題においては「武将幼主」に替わり「重事」を渋川幸子（義満准母）へと諮詢[2]したことが、事態を複雑化させた経緯があった。

頼之もそれについては理解していたようであり、応安元年における義満の元服の儀を嚆矢として評定始や六条八幡宮への参詣、異例の官位昇進、応安半済令の発布等、様々な将軍権威発揚の施策を展開した[3]。富田氏が指摘した武家祈禱の活発化もこの時期に重なり、約十年間に及ぶ義詮政権後期には一度しかおこなわれなかった武家五壇法が、応安年間には応安五年を除いて毎年行われるという恒例祈禱の様相を呈してゆく。そして、その武家五壇法の願意が天下静謐祈禱や天変祈禱などの国家安寧の祈願へと変化したことには、義満が国家を平らげる者として認識させる狙いがあったと考えられる。この時期における五壇法をはじめとする武家祈禱の実質的な発案者は管領頼之であったことを踏まえるならば、頼之執政期におこなわれた武家祈禱には将軍権威の発揚という側面があったのではないだろうか。そして、積極的に武家祈禱を志向したであろう頼之執政期こそ武家祈禱制度が大きく変化した時期であると考えられる。

南北朝・室町期における武家祈禱体制内での三宝院の特徴として注目されるものに、護持僧管領という職制がある。これは、将軍護持を勤める武家護持僧を統制する職務で、武家護持僧補任や護持僧への祈禱実施の伝達など、武家祈禱における庶務上の指揮をおこなう地位であり、中世後期を通じて三宝院のみが補任された地位であった。この護持僧管領の成立は、本来であれば臈次とよばれる出家受戒後の年次に左右される武家護持僧とは異なった地位を三宝院へ保障することで、武家祈禱体制内で三宝院を重用しようとする方針に起因するものであったとされる(4)。護持僧管領の史料的初見が次の史料である(5)。

護持事、為㆓管領㆒、可㆑被㆓勤修㆒之状、如㆑件、

康暦元年九月十日　　右大将（足利義満）（花押）

三宝院（光助）僧正御房

片山伸氏は、右の補任状と暦応四年の持仏堂別当職補任状(6)の様式上の類似から、持仏堂別当職が護持僧管領的な役割を果たしていたのではないかと推測し、光済期以前に護持僧管領制成立の可能性があったことについて示唆している(7)。その一方で、大田壮一郎氏は光助の護持僧管領補任が賢俊・光済期の踏襲ではなく、武家祈禱体制全体を改変しようとする足利義満の宗教政策の一環であったとする(8)。このように先行研究では、護持僧管領設置の要因やその成立時期について議論されてはいるが、武家祈禱が活発化する頼之執政期と関連させて論じられることはなく、光済と武家祈禱の関係についても検討されてはいない。よって本章では、頼之執政期の武家祈禱体制の制度的変化について、三宝院光済と武家護持僧の関係を素材として考察する。

次の史料は、地蔵院覚雄によって貞治七年（一三六八）二月におこなわれた北斗法を弟子である道快が記録したも

のである。[9]

貞治七年戊申二月三日、三宝院僧正光済進状、自二去一日一尊勝供御当番之間、御移住彼亭遠侍之間、到三来于二壇所一、其文章云、

自二昨日一御違例之間、可レ有二修法一壇一候、御祇候之間、可レ有二御懃仕一候、可レ為二何法一候哉、内々可二申談一之由被二仰出一候、日次事只今相尋候畢、左右候者可レ令レ申候、御本尊事可レ被二計申一候、凡自二今月一北斗法毎月可レ被二執行一候、若可レ為二此法一候哉、委細可レ蒙レ仰候、恐々謹言、

二月三日　光済

（中略）

一日次事、（中略）供料者二階堂中務少輔（行元）入道雑掌也、外様奉行者斎藤太郎左衛門尉也、行事僧長成法眼、以二使者一斎藤許ニ供料事令二催促一之処、雖レ令二領状一、不二下行一云々、

一九日、三宝院許ニ修法日次事幷供料等無二下行一之由被二仰遣一之処、御返事ニハ、儲日者来十六日爲二吉日一之由、（賀茂定秀）定秀令レ申候、供料者斎藤ニ猶可レ被レ仰之由令レ申、我身ハ醍醐金剛輪院坊為二新造一可二入寺一之間、直ニ奉行ヲ可レ有二御催促一由令レ申訖、

この史料では、義満の三条坊門亭遠侍において尊勝供をおこなっていた覚雄のもとへ、光済より義満の病悩に対する修法勤仕の命令が通達されている。九日には、覚雄は北斗法の開催日時と供料について光済へ尋ねているが、ここで注目したいのが光済の返答である。光済は醍醐寺金剛輪院坊の新造によって醍醐入りするため、覚雄に「外様奉行」である斎藤太郎左衛門尉へ「直ニ奉行」を催促するようにと返答している。この返答を踏まえるならば、この時

期、武家祈禱を担当する僧は、日次や供料などの祈禱進行について光済を介する必要があり、光済が主体となって祈禱進行を陰陽師や幕府奉行人と協議し、担当する僧へ協議結果が光済より通達される形を基本としていたようである。頼之執政期の武家祈禱は当初より光済を介した進行が常態であったと考えられ、幕府（頼之）より「内々」の祈禱実施命令を受けて祈禱の奉行をおこなう光済と、供料の段取り等の実務を担当する「外様奉行」の幕府奉行人によって実施される体制であった。また、西弥生氏によれば武家による北斗法は勤仕主体が武家護持僧であったことが指摘されている[10]。臈次では光済より上位に位置していた覚雄への祈禱命令通達ということも併せて考えるならば、応安年間初頭より護持僧管領の職務のひとつである武家護持僧への祈禱命令伝達を光済は担っていたといえ、武家護持僧内において臈次に左右されない地位にあったと推測される。

　では次に、武家護持僧の補任という側面から考えたい。次の史料は、『満済准后日記』応永三十一年二月廿一日より晦日の記事であり、三宝院満済が花山院定助を幕府の許諾のもとに武家護持僧へ補任する経過がうかがえる。

　　廿一日、（中略）自二花頂僧正（花山院定助）方一、先師（花山院定尊）護持僧時御教書進レ之、武州（細川頼之）禅門奉書也、光済僧正副状同在レ之、

（中略）

晦日、晴、（中略）護持御教書今日晦日、以二宗済阿闍梨一、遣二花頂僧正方一、任二先例一副状同書二遣之一、且依二時宜一令二沙汰一候也、

御教書案

長日祈禱事可レ被二存知一状如レ件、

応永卅一年二月廿四日　　御判（義持）

花山院（定助）僧正御房
予副状案
将軍家護持事、可㆘令㆓存知㆒給㆖旨、内々被㆓仰出㆒也、恐々謹言、
二月廿四日　（満済）、、
花山院僧正御房
礼紙
御教書進ㇾ之候、御判厳重殊以珍重也、

廿一日条では、定助側より先師である花山院定尊の護持僧補任状が提出されるが、それは「武州（細川頼之）禅門奉書」であり、光済の副状が添えられていたとする。そして、晦日条に先例に従って満済は副状を発行したと記録している。ここで注目したいのはその「先例」である。晦日条には将軍の御教書と満済の副状が載せられているが、御教書は「長日祈禱事」という祈禱要請、満済の副状は「将軍家護持事」という武家護持僧へ補任するといった内容が記されている。これらは光済期の「先例」に則って作成されたのであり、管領奉書と光済の副状も同様の役割を果たしていたと考えられる。つまり、応安期の光済には応永三十一年（一四二四）時点の満済と同様に「将軍家護持事」を他寺僧へ認可する役割があったからであろう。この『満済准后日記』の一連の記事から、光済は頼之執政期の武家祈禱体制下において武家護持僧の補任に携わっていたことがうかがえる。

2．武家五壇法と三宝院

本章の冒頭部分でも少しふれたが、ここで光済の護持僧管領についてさらに考察する手掛かりとして、中世の代表的な密教修法である五壇法をとりあげたい。南北朝期における五壇法の先行研究としては、森茂暁氏の研究がある(11)。森氏は、武家主催の五壇法では、五壇を遂行するために五人の護持僧が設定されたと指摘している。武家護持僧が五壇法を専らにする僧として設定されていたか否かについては再検討する必要はあろうが(12)、南北朝期においても五壇法が重要な密教修法であることに変わりはない。ここでは、武家主催の五壇法における光済の役割について検証する。

五壇法は、中壇に不動法、脇壇を降三世法、軍荼利法、大威徳法、金剛夜叉法の四壇で構成し、五連壇の形で同時におこなう祈禱修法である。基本的には中壇の不動法を勤める阿闍梨が筆頭としての地位として認識されていたようであり、それは料足の差異からもあきらかであるとされる(13)。光済が中壇を勤めたのは応安元年（一三六八）を初めとして、康暦元年（一三七九）までの計四回である。それでは、例として応安四年（一三七一）におこなわれた武家五壇法の記録(14)を次に挙げる。

中僧正光済　降《山》僧正慈昭　軍《山》権僧正尊玄　大《西》権僧正宗助　金《地蔵院》法印道快《東西》初度、
修法以前、自二中壇一以二弘誉阿闍梨一、内々申送云、近日五壇法可レ被二執行一也、中壇事被二仰出一之間領状申了、就レ其ハ末壇事可レ有二御参懃一者可レ被二催申一也、参懃事者毎事雖レ為二不具一、不レ可レ有二子細一之由申進了、今度所望人々、《寺》上乗院経深僧正・岡崎□〔桓〕忠僧正等也、諸壇ニ御馬ヲ被レ引了、

応安四年の武家五壇法では、中壇である光済が脇壇を勤仕する僧を選定していたようである。脇壇勤仕を経深や桓忠等が所望しており、光済が五壇法の構成に関して奉行していることがわかる。ただし、応安四年時点においてこの

五人が武家護持僧であったかどうかは不明であり、護持僧管領的な役割であるとは必ずしもいえない。そこで、更なる例として応安六年（一三七三）の武家五壇法の記事を取り上げ考察する[15]。

応安六年十月、師主（道快）武家壇所御当番間、為二御手替一、予（相覚）朔日及レ晩令二参住一訖、同三日、為レ礼師主大樹（義満）方御出現、次御梅局御対面、彼局申云、去月天龍寺炎上事、重御慎之由、陰陽士勘申間、為二御祈禱一五壇法可レ被二執行一之由、今日令二治定一候也、人数者可レ為二護持僧五人一也云々、其後師主、光済僧正許、天龍寺炎上無二勿体一之由、以二御状一被二仰遣一之処、御返事、五壇法可レ被レ行、日次未二治定一、内々可レ有二御存知一之由令レ申了、又以二政元一、奉行松田許、五壇法御荒増実事候哉、就レ中於二当門跡一者、今月当番間、廻二北斗一畢、旁可レ令二計会一、今度被レ除様可レ有レ申二御沙汰一之由、被二仰遣一之処、今度取別御祈禱之間、御辞退不レ可レ然之由令レ申了、

（中略）

来十五日、於二将軍家一可レ被レ始二行五壇法一儀、可下令二参懃一給上、金剛夜叉法候、供料事、八日可レ致二沙汰一候、以二三千疋一請取可レ給取候、恐々謹言、

十月五日　　光済

地蔵院（道快）御房

今回の武家五壇法は武家護持僧五人によって構成されている。道快は義満局方である御梅局から五壇法が近々執行されることを聞いた後、修法実行についての詳細を光済へ尋ねている。修法料足の差配に加え、武家護持僧である道快に対して金剛夜叉法を勤仕するよう通達していることから、応安六年段階においても光済は武家護持僧に対して上

位に位置する立場にあったといえる。また、この時の中壇は常住院良瑜であることから[16]、武家護持僧の管領・五壇法の祈禱方奉行としての役割は中壇阿闍梨に付随していたものではなく、光済へ付随したものであったと理解できよう。

以上、頼之執政期におこなわれた武家祈禱から光済の役割について考察した。光済が武家護持僧の補任や武家護持僧への祈禱命令を通達しており、それは修法での地位や祈禱勤仕参加によって規定された役割ではなく、云わば三宝院へ付加された役割であった。将軍の権威発揚のため積極的に武家主導による国家祈禱をおこなう必要があった頼之執政期には、光済を武家護持僧の原則である臈次の秩序よりも上位の存在とし、護持僧管領的役割を担わせるといった武家祈禱体制の改編がおこなわれていた。光済は頼之執政を政治面のみならず、宗教面からも支えていたのである[17]。また、義満による光助への護持僧管領補任という宗教政策は、頼之執政期と比較して護持僧管領職の正式化という段階差はあるものの、大田氏が述べるような義満による制度的改変[18]ではなく、頼之執政期政策の踏襲・発展として理解されるべきであるとおもわれる。頼之執政期における三宝院の武家祈禱体制内での役割は、次代の三宝院院主光助の役割に通底するものであり、光済期はその後の三宝院の地位を形成した大きな画期であったといえよう。

註

（1）『大日本史料』第六編之二九、四八一～四八三頁。
（2）『後光厳院御記』応安三年十月一日条（『大日本史料』第六編之三二、一二三九頁）。
（3）小川はじめに註（10）著書、村井第二章註（9）論文参照。
（4）大田はじめに註（6）著書。
（5）康暦元年足利義満御教書（『大日本古文書　醍醐寺文書』之一、六五号）。

（6）『大日本古文書　醍醐寺文書』之一、一五六号。
（7）片山はじめに註（3）論文・上野同註論文参照。
（8）大田はじめに註（6）著書、一五〇～一五三頁。
（9）「北斗御修法私記」（『大日本史料』第六編之二九、一〇三～一一〇頁）。
（10）西弥生「台密・東密の共同勤修―北斗法を通して―」（『中世密教寺院と修法』勉誠出版、二〇〇八年、初出二〇〇二年）参照。
（11）森茂暁「五壇法の史的研究」、「室町時代の五壇法と護持僧―足利義持・同義教期を中心に―」（森はじめに註（4）著書、初出一九九四年、二〇〇三年）。
（12）細川武稔「足利将軍家護持僧と祈禱」（『京都の寺社と室町幕府』吉川弘文館、二〇一〇年、初出二〇〇三年）参照。
（13）森はじめに註（4）著書、二二〇頁参照。
（14）『五大成』（『大日本史料』第六編之三四、九四頁）。
（15）『五壇法日記』（『大日本史料』第六編之三八、二一九頁）。
（16）『後愚昧記』応安六年十月十七日条。
（17）頼之と光済との不可分の関係は、第一章二節でみた仏舎利奉請儀式からもうかがえる。頼之執政期には、禁裏や東寺でのみおこなわれてきた勘計の儀式が光済の住房である法身院でおこなわれるようになり、そのような強行姿勢を東寺僧は批判している（第一章註（30）史料、応安二年・三年記録分）。また、応安六年の奉請に頼之と非常に関係の深い碧潭周皎が仏舎利奉請史上、唯一の禅僧として請けていることは（橋本第一章註（30）著書表、第一章註（32）史料参照。）、頼之と光済の密接な関係抜きには考えられないであろう。
（18）大田はじめに註（6）著書、一五二頁。

おわりに

以上、本論冒頭で設定した二点の課題を踏まえて、南北朝後期における三宝院光済と室町幕府との関係について考察してきた。これまで述べた本論での考察をあらためてまとめておきたい。

延文二年（一三五七）に賢俊、延文三年（一三五八）に尊氏が没した後、三宝院光済と地蔵院覚雄との間に醍醐寺座主職を巡る相論が発生し、一時的ではあるものの醍醐寺座主職が覚雄によって奪取される。賢俊・尊氏間の個人的な関係によって保障されていた三宝院の地位は、両者没後時点において低下していた。しかし、院主光済は康安元年（一三六一）の京都攻防戦において北朝・幕府方へ忠節を示すことにより、醍醐寺座主職へ還補される。従来の醍醐寺座主職という地位に加え、武家祈禱の奉行・将軍の「媒介」といった地位も同時に保障されていた。この時点において、光済と義詮間の関係は新たな段階をむかえ、光済期における三宝院の役割が規定された。また、光済による武家方への忠節は、宗教面では東寺仏舎利奉請において顕著であり、光済期を始点として武家方への仏舎利奉請が拡大する。義詮政権における重用には、当時の政治状況や政権の方針などに加え、密教儀式において積極的に武家へ協力しようとする光済の活動も影響していた。義詮政権期の三宝院の地位は、賢俊より円滑に継承されたものではなく、様々な要因の上に再形成されたものであったといえる。

義詮政権期に保障された三宝院の地位は頼之執政期においても継承された。さらに、頼之執政下における三宝院は、頼之執政が抱えていた譲位問題等の重要案件で決定的な役割を果たすことで政治的重要性を拡大させた。また、富田氏の指摘した国家祈禱の転換期であったこの時期には、武家祈禱の奉行という役割に加え、護持僧管領的な役割を担わせるといった武家祈禱体制の政策改編がなされていた。これは将軍義満の権威発揚を目的とした武家主宰の国家祈禱恒常化に向けて、祈禱体制の円滑化を図ろうとするという頼之の狙いがあったとみられる。この頼之執政期に試みられた三宝院を統括者とした武家祈禱体制は、康暦年間以降の義満政権へと継承される。このように三宝院は、政治・宗教面において頼之執政にとって欠かすことができない存在となっており、それは南都強訴において強訴対象となった光済に対する幕府の保護方針からも明らかであった。

光済期における三宝院の地位形成過程は、一方では南北朝内乱の収束化に伴い平時体制化しつつあった幕府による政策へと三宝院を組み込もうとした幕府側の思惑、もう一方では武家方に対する光済側の協力的姿勢、その両方が相互に反映されたものであった。将軍義詮との関係形成こそ賢俊・尊氏間と同様に南北朝内乱を契機としたものではあったが、義詮政権・頼之執政期において設定された三宝院の役割は、戦時体制下における幕府政策の俎上にはなく、平時を見据えた政策上に位置付けられたものであった。先師賢俊の公武媒介・武家祈禱の奉行といった先例に近似しつつも、光済はあくまで平時を意識した政策上に位置付けられており、幕府の政治・宗教政策内へ明確に位置づけられたことが光済期の特徴であったと評価できる。以後の三宝院院主（光助期～満済期）に繫がる護持僧管領や将軍の仲介者としての地位を新たに獲得していることも、三宝院にとって一つの画期であったといえよう。

また、南北朝・室町期における幕府と祈禱の問題を考える上でも、三宝院を筆頭とした祈禱僧の具体的検討は重要である。大田氏による南北朝・室町期武家祈禱体制の研究は広範の構造的展開を示すことに主眼が置かれ、具体的検証が留保されてきた(1)。その大枠について異論を挟むつもりはないが、光済の動向の具体的検討によって、義満が本格的に執政を開始する康暦元年以降の武家祈禱体制に頼之執政期より継承されていた部分があったことが今回確認できた。今後、南北朝・室町期における祈禱研究は、『大日本史料』未刊行等の史料的制約によって研究が立ち遅れている南北朝後期〜末期を中心に、具体的な実証成果を積み重ねる段階にあるとおもわれる。三宝院に関しては光助〜定忠期の具体的検討が対象となろう。今後の課題としたい。

註

（1）大田はじめに註（6）著書、一六四頁。

Ⅱ　南北朝末期の醍醐寺三宝院院主と理性院院主

―宗助の座主就任の背景―

小池勝也

はじめに

南北朝・室町期の醍醐寺において三宝院院主が覇権を確立し、公武の祈禱や世俗政治においても大きな影響力を有していたことは多くの先行研究で指摘されているが[1]、三宝院院主[2]についての研究は、賢俊期（一三三〇〜五〇年代）と満済期（一五世紀前半）に集中しており、両者の間、特に一三八〇年代から九〇年代にかけての時期については、研究が乏しい状況にあるといえる[3]。

当該期の座主である三宝院光助については、次に掲げる史料の存在が注目を集めてきた。

〔史料1〕「足利義満御教書」（『大日本古文書　醍醐寺文書』〈以下『大古醍』と略〉六五号）

護持事、為二管領一、可レ被二勤修一之状如レ件、

康暦元年九月十日　右大将《（義満）》（花押）

三宝院《（光助）》僧正御房

本文書から、康暦元年（一三七九）に先代院主光済の跡を受けて、三宝院院主および醍醐寺座主職を継承した光助

は、同年に武家護持僧を統括する「護持僧管領」に就任したと推定され、大田壮一郎氏は、「﨟次による編成を改め、三宝院を武家護持僧の統括者として制度的に位置付けようとしたもの」と規定し、三宝院院主の護持僧としての権力基盤の確立を光助の「護持僧管領」就任に置く[4]。しかし、光助の事績はあまり知られておらず、一三八〇年代は三宝院の運営が必ずしも盤石といえない時期だったとする森茂暁氏の指摘もある[5]。光助の評価はいまだ定まっていないのが現状であるといえよう。

光助に関して筆者が特に注目している事象は、至徳二年（一三八五）九月の光助の醍醐寺座主辞任と、それに伴う理性院宗助の座主就任である[6]。この座主交替は、①死去に際しての座主交代でないこと[7]、②代わって座主に就任した理性院宗助は、最初で最後の理性院院主からの醍醐寺座主就任となったこと[8]、③近世初頭の三宝院院主義演によって編纂された『醍醐寺新要録』（以下『新要録』と略）の座主次第編において、宗助は座主に数えられておらず、宗助の在任期間は座主が空位だったような表記となっていることから[9]、中世醍醐寺の歴史を考えるうえでも非常に注目すべき一件であると思われる。しかし、なぜこの座主交替が発生したかについては、直接の要因を伝える史料が見いだせないこともあり、管見の限り先行研究でも検討がなされていない。

そこで本稿では、光助の座主辞任と宗助の座主就任の背景を検討することで、当該期の三宝院院主と理性院院主について考察を行い、研究が不足している南北朝末期の醍醐寺の歴史の一端を明らかにしたい。

一、醍醐寺座主職と醍醐寺諸院家の関係

本章では、三宝院光助が醍醐寺座主を辞任するにいたる背景を考察する。初めに、南北朝期の醍醐寺座主職について整理する。建武三年（一三三六）六月に三宝院賢俊が足利尊氏の後援のもと醍醐寺座主に就任して以来、三宝院院主による座主職の独占は基本的に安定していたとされるが[10]、実際には四度例外がある。その事例を以下に列記する。

①弘真（文観）時期…正平の一統時。理由…正平の一統による南朝勢力の復権[11]。

②地蔵院覚雄　時期…延文五年（一三六〇）一二月～康安二年（一三六二）三月。理由…覚雄の補任要求に公武が応じる[12]。

③聖珍　時期…応安七（一三七四）四月～同八年二月。理由…興福寺の神訴による三宝院光済の一時的追放[13]。

④理性院宗助　時期…至徳二年（一三八五）九月～明徳五年（一三九四）四月。理由…不詳。

以上の事例からわかるように、宗助以外の座主交替事例が発生した理由は、先行研究等からすでに明らかであるが、宗助の事例のみ理由が判然としない。しかも、他の事例は一年前後で座主職が三宝院側に還補されているのに対し、宗助は約八年半と圧倒的に長い点が大きく異なる。三宝院院主が座主職を喪失してもすぐに奪還に動いたのは、醍醐寺座主職を非常に重んじていた証左であると思われるが[14]、宗助の時に限ってすぐに座主職に復帰できなかったのは、当該期の三宝院院主にそれを果たすだけの力がなかった可能性が考えられる。

次に、当該期の三宝院院主である光助について検討したい。光助は、康暦元年（一三七九）六月、先代の光済の死

を受けて三宝院院主、醍醐寺座主の立場を引き継いだが、森氏も指摘するように、光助の事績はあまり知られておらず、前二代の三宝院院主のような華々しい活躍をしたとはいいがたい面がある。永徳二年（一三八二）から至徳元年にかけては、正月に宮中で行われる真言密教の一大行事である後七日御修法の大阿闍梨を三年連続で勤めるなど、祈禱僧としての事跡も多少うかがえるが[15]、至徳二年に醍醐寺座主を辞任するにいたり、康応元年（一三八九）正月に死去するまで、その座を回復することはなかった。また、三宝院院主といえば単に武家祈禱を差配しただけでなく、賢俊が光厳院宣を尊氏にもたらし、満済が後花園天皇の擁立に深く関与するなど、世俗政治においても、公武の各勢力を媒介する存在として広範な活躍をみせたが、光助についてのそのような活躍は管見の限り確認できない。

さらに、森氏によって事例が網羅的に検討されている五壇法の事例からも、光助の微妙な立場が示唆される[16]。光助は五壇法を康暦二年から嘉慶二年（一三八八）にかけて七度勤仕しているが、そのすべてにおいて、五壇勤仕の僧名を列記する際に最末に表記される金剛夜叉壇しか勤めておらず、五壇法の中心である中壇の勤仕が一度もないのである（賢俊と光済は複数回中壇を勤めている）。また、座主辞任の前年にあたる至徳元年の五壇法については、大威徳壇を担当した地蔵院道快の記録が残されているが、その史料中において光助と道快が具体的な交信をしているのは二回のみであり、そのうち一回は次のように、光助の側が道快に先例を質問する内容となっている。

〔史料2〕『至徳元年五壇御修法記』部分[17]

自二三宝院一以二使者一示云、陀羅尼数反〔反数カ〕中壇七反之時者、脇壇已下可レ為二五反一歟、如何云々、予答云、中壇七反之時、余壇五反勿論事也、

先代光済の時代から五壇法勤仕の経験を積んでいる道快の方が作法に熟達していた様子が示唆され、光助が「護持

僧管領」という立場にあったとしても、[18]実際の祈禱の場において主導的役割を果たせていたのかは疑問の余地がある。実際、もう一つの記事も光助が道快を酒宴に招いたという内容であり、史料を通して五壇法の遂行を主導しているようには見受けられない。これは先代の光済とは大きく異なる。[19]

以上の点を踏まえると、三宝院光助は先代の賢俊、光済、および後代の満済のような絶大な権勢を誇る立場にはいたらなかったものと推定される。では、なぜ光助の立場はそのような不安定なものだったのだろうか。その大きな要因として、僧としての﨟次が低い段階で、醍醐寺座主への就任を余儀なくされた点が考えられる。光助は応安六年（一三七三）に初度の受法を受けているので（『五八代記』[20]）、座主に就任した段階では、まだ受法してから数年しかたっておらず、その﨟次がいまだ低いものだったことは否めない。

そのような光助が座主に就任することになった直接的な要因は、先代の光済が急死したことにある。光済は、康暦元年三月の段階では室町殿において五壇法を勤仕するなど健在であったが、その後天然痘に感染し、わずか二ヵ月後の同年閏四月二二日に逝去した。[21]よって、光済は光助への権限移譲をスムーズな形で遂行することができず、光助は十分な体制が整わない段階で座主に就任することになったといえる。

﨟次が低い段階でも光助の座主就任が可能となったのは、光助が光済から後継者として指名され、三宝院院主の立場を引き継いだからであるが、なぜ光助が光済から後継者に指名されえたかといえば、それは両者の出自が大きく関係している。南北朝期の三宝院院主である賢俊、光済、光助、定忠は全員日野家の出身者であり、当該期の三宝院院主は日野家出身者が継承すべきものと認識されていたと思われる。[22]つまり、光助は祈禱僧としてのキャリアが乏しい段階にありながらも、日野家出身という出自によって、公武祈禱の中核を担う三宝院院主・醍醐寺座主に就任できた可能性が高いものと思われる。

しかし、臈次が低い段階で座主・「護持管領」の座に就いたものの、臈次が重要視される実際の祈禱の場においては（註（18）参照）、五壇法において常に脇壇の金剛夜叉壇の勤仕に留め置かれたのに象徴的なように、中心的な活動を展開できなかったものと思われる。こうして三宝院院主の権勢にやや陰りが見えはじめたことで、三宝院院主に独占されつつあった醍醐寺座主職の奪還を目指す動きが、賢俊以降の三宝院院主の台頭によって劣勢に立たされていた、他の醍醐寺有力院家の院主にみられるようになる。以下、関連史料を検討する。

〔史料3〕「隆源置文案」部分（『醍醐寺文書』一〇三函一一三号）

一醍醐寺座主職事

（中略）当流の証跡を案するに、祖師報恩院僧正憲深幷蓮蔵院僧正実深、三宝院の正流として、師弟同く建長年中の貫首たり、隆源いやしくも彼両かの院家を相続して、其法流の正嫡たり、自然其闕出来の時は、いかてか敬〔競〕望なからんや、

藤井雅子氏は本史料について[23]、至徳年間（一三八四〜八七）に[24]、醍醐寺報恩院院主の隆源が報恩院の由緒に対する寺内の評価や扱いに不満を抱き、それを正すために記したもので、奥書部分に「上聞に達せんかため也」とあることから、朝廷への奏上を意図したものかと推定する。そして史料3として掲載した部分から、隆源は三宝院院主に不満を持ち、醍醐寺座主ほか諸職の補任[25]を、三宝院流の正嫡であることを根拠に要求したが、光助は隆源の要求を、賢俊以来の三宝院院主の優越性を拠り所に退けたとする。

しかし、確かに隆源は座主就任にはいたっていないが、文書が作成された至徳年間には、前述のとおり光助から理

性院宗助へと座主が交代しており、この点で光助は座主の座を守り通せたとはいえない。また、表面的には三宝院院主に従順だった隆源が、このような文書を作成したことについて、藤井氏は、隆源は二面性をもった人物だったと評しているが、隆源の性格の問題に帰着させるのではなく、この置文案が作成されたのが至徳年間であるという点に注目すべきではなかろうか。すなわち、座主の交代が実際に起こっていることからもわかるように、当該期の座主職の座は他の時期に比べて流動的であり、報恩院院主が座主職に就任できる可能性も存在した時期であったからこそ、普段は三宝院院主に従順だった隆源が三宝院院主に楯突くような文書を作成したのではないだろうか。

次に、一三六〇年代に三宝院院主から座主職の奪取に成功した経験のある地蔵院院主の動向について検討する。

〔史料4〕『頼印大僧正行状絵詞』第九巻、部分（『群馬県史資料編六』所収）

三宝院流ハ醍醐嫡々ノ正統トシテ、秘仏・霊宝・本尊・聖教等師資相承シテ親玄大僧正・覚雄大僧正ニイタルマ
テ伝来相違無キ処ニ、元弘大乱ノ刻、後醍醐天皇一統シ給ヒシカハ、関東ノ僧俗参洛セスト云事ナシ、随而覚雄
于時権僧正上洛之時、極楽寺ノ長老印教上人ハ印可之弟子タルニヨリテ、本尊ン(ママ)聖教等ヲ預置カル、者也、覚雄附
弟道快僧正カノ本尊・聖教返サルヘキヨシ極楽寺江申遣ス処、年序ヲ経ソロウヘハ返スヘカラサルヨシ返事ス、
仍印教上人(頼印)之預状等を院主ニ奪ハラセラル、状云、
　極楽寺本尊重宝事、故円海上人印教房数通書状進之ソロ、能々御籌策以天可被出ソロ、然者重宝之内御鈷経等
ノ間一種ヲハ可被返付本流候、且又可為御興隆候、至徳二　五三、
同五月廿四日、武衛(足利氏満)、真言御伝受ノ次ニ院主此事申出サル、時、二階堂式部大輔入道友政ヲ奉行トシテ寺家ト問
答スヘキヨシ仰付ラル、間、再三問答ストイヘトモ、進スヘカラサルヨシ申ウエ、剰ヘ友政奉行タラハ寺家忽ニ

面目ヲウシナフヘキヨシ申ニヨリテ、問注所信濃入道浄善ヲ奉行トシテ再応問答、子細同前、随而京都ヨリ御教書ヲ成サレテ云、

地蔵院僧正所被預置極楽寺本尊・聖教幷道具等事、与奪遍照院（頼印）云々、所詮処被申無相違者、任円海上人契状之旨、返シ渡サレソロヨウ、可申サル（可被申沙汰）沙汰、若又有子細者、可有御注進之状、依仰執達如件、

至徳二年七月廿九日　左衛門佐（斯波義将）在判

上椙（憲方）安房入道殿

この史料は、南北朝末期に関東で活躍した頼印僧正の伝記史料『頼印大僧正行状絵詞』の一節であるが、光助から宗助へと座主の交替が生じたのと同年の至徳二年に、地蔵院院主道快が鎌倉の頼印に、極楽寺に残された地蔵院の聖教類の奪還を要請していたことが記されている[26]。また、道快は同年一二月、地蔵院親玄以来師資相承してきた鎌倉永福寺別当職を頼印に譲与した。これは先行研究でも指摘されているように、聖教返還実現の見返りであると考えられる[27]。

注目すべきは、師資相承の寺社別当職や聖教類の一部を譲ってまで、なぜ至徳二年に聖教類の奪還を希求したのかという点である。地蔵院院主は鎌倉幕府崩壊後もたびたび関東に下向しているので[28]、聖教奪還の機会がまったくなかったとはいいがたく、至徳二年段階で、相伝の聖教類を希求する相当強い動機が当時の道快に発生したものと思われる。その動機を示す史料は見いだせないが、師資相承で継承される聖教類には、祈禱僧、護持僧としての地位を保証する機能が当時存在したとする指摘[29]、および同年に光助から宗助への座主交替が起こり、同時期に報恩院隆源も座主職の奪還を目指して活動していた形跡がみられることを踏まえると、醍醐寺座主職の奪還を目指して地蔵院も活動し

ていて、その一環として、鎌倉期よりの武家護持の伝統を証明する聖教類の回収を試みた可能性があるのではないか。以上のように、座主の交代が生じた至徳二年前後の時期には、座主職奪還へ向けた活動を有力院家の院主たちは展開していたとみられる。

最後に、光助の座主辞任にいたった要因について検討したい。前述の通り、光助の座主辞任の要因を明示する史料は管見の限り見いだせないため、これまでの検討内容から推定するほかないが、そもそも南北朝期は室町期以降と異なり、三宝院院主＝醍醐寺座主という関係が完全に成立していたわけではない点に留意すべきである。確かに、賢俊の台頭以降は、三宝院院主が座主である期間が長いが、それでも上述のように、三宝院院主が何度か座主職を喪失していた時期も存在する。また、鎌倉期は三宝院、報恩院、地蔵院の院主たちが座主職の座をめぐって激しい対抗関係にあった[30]。よって、三宝院院主の権勢に陰りが見えはじめたならば、他の院主たちが座主職の奪還を目指す動きをみせることは決して不自然な流れではないのである。

また大田氏が指摘するように、光助が「護持管領」に任命されたことで、三宝院院主の武家護持における役割が明示されたのは確かであろうが、それはあくまで武家祈禱の範疇においてであり、「護持僧管領」への任命が無条件に醍醐寺での覇権の確立（座主職の独占）につながるとはいえまい。以上の点を踏まえると、光助が、﨟次が自身より数段高い他の醍醐寺有力院主たちを押さえて、座主の座を保持できるだけの権勢を維持できなかったのが、座主辞任の要因でないかと思われる。ちなみに光助は、座主辞任一ヵ月後の至徳二年一〇月に、後に三宝院満済にも法を授けることになる、三宝院賢俊僧正弟子の実済僧正から受法している[31]。ひとりの僧侶が複数回受法することは決して珍しいことではないが、座主辞任直後の受法である点を考慮すると、祈禱僧として実績を積み、再び醍醐寺座主への復権を目指す意図の表れだったとも考えられる。しかし光助の座主復帰はかなわないまま、康応元年正月に急死してしまうのである。[32]

二、理性院宗助の立場

さて、以上を踏まえて次に問題となるのは、光助に代わって座主に就任した理性院宗助（松木冬定息）についてである。前述したように、三宝院流、理性院流、金剛王院流の醍醐三流のなかで、理性院流の僧からは過去一度も醍醐寺座主を輩出することがなかったにもかかわらず、なぜ当該期の理性院院主宗助は、三宝院光助、三宝院流の有力院家の院主だった報恩院隆源、地蔵院道快等を退けて、理性院院主として初めての醍醐寺座主就任に成功したのか。本章ではこの点を考察したい。

まず、宗助の理性院院主就任に三宝院賢俊が深く関与していたことが、すでに藤井氏によって指摘されている。[33] それによると、観応年間（一三四九～一三五二）の理性院院主であった顕円が、観応の擾乱時に南朝方に走ったため、理性院院主職は闕所扱いとなり、その後その職を賢俊が継承したのち、賢俊の意向で宗助を院主に据えたとされる。実際、賢俊は光済への置文のなかで、宗助について以下のように述べている。

〔史料5〕「賢俊置文」部分（『醍醐寺文書』一〇四函一号）

一宗助僧都事、理性院為二闕所一拝領了、而以二此仁一、為二院務一沙汰付、已経二多年一了、定不レ忘二此志一歟、随而如二加行一、先知二当流（三宝院流）一云々、但先可レ知二彼自流（理性院流）一、自然遂二重受一、可レ馮二申本院家一、殊又可レ被レ加二扶持一

者也、

藤井氏は、「「但先可知彼自流」との一文から、「自流」すなわち理性院流を修学することが求められており、宗助が理性院流を相承していなかったことが推測される」とする。首肯すべき指摘であろう。(34) 以上から宗助は、三宝院院主の介入によって理性院院主へと就任した人物であったといえる。

では、三宝院院主によって理性院院主に擁立された宗助はその後、三宝院院主とどのような関係を構築したのであろうか。それを端的に物語るのが次の史料である。

〔史料6〕『新要録』理性院篇（下巻、八一二頁）

一　当寺々務代事

古記云、応安四辛亥、、座主僧正光－《済》于時東寺々務、寺家奉行理性院宗助、山上別当権大僧都亮俊、寅云、寺家奉行ト者醍醐寺務代ノ事也

法身院(満済)准后遺言云、仍此院家事、以前大僧正宗助、定二置院主一了、古今芳恩又絶倫歟、当代執権事等申付了、

寅云、任二先例一、宗永・厳助両代、先師僧正之時、寺務代被二仰付一了、予又堯助僧正幷当院主公秀法印、同寺務代仰付了

理性院宗助は、三宝院光済が座主であるとき、「寺家奉行」であったとされる。この寺家奉行とは、『新要録』の作者である義演の注記によれば、醍醐寺の「寺務代」であるという。また、以後の理性院院主もその立場を継承していったことが後半部に記述される。(35) すなわち、宗助は「寺家奉行」という立場に立ち、光済の側近として活動していた可能性がある。実際、宗助が光済の側近として活動していたらしいことは、同時代史料からもうかがえる。たとえば、後光厳院の中陰仏事に際し、光済は自身の代理として宗助を派遣している。(36) 院の追善仏事という重大行事に自身の代理として派遣するほど、光済と宗助の関係は密接なものだったと思われる。もう一例、事例をあげたい。

〔史料7〕「三宝院結縁灌頂記」部分（『大古醍』二五四九号）

永和弐年丙辰閏七月十六日、於二三宝院一結縁灌頂被レ行也、
大阿闍梨二品親王聖ー（弥）　御年六十八
職衆廿口
権僧正宗助呪願、御手替　　法印権大僧都頼淳唄、片壇
法印権大僧都弘顕戒乞　　法印権大僧都俊盛尊号
法印権大僧都亮俊尊号　　法印　源恵録記
法印権大僧都隆源尊号　　法印権大僧都通厳誦経導師
法印権大僧都光助小壇　　権大僧都　任恵灑水
権少僧都　性憲散花尊号　　権律師　仙乗録記
　已上持金剛衆
（以下、講衆〈八名〉、十弟子、持幡、執蓋、執綱の交名は略）

本史料は、永和二年（一三七六）閏七月に行われた三宝院での結縁灌頂会に従事した僧侶の交名が綴られたものである。この結縁灌頂会は、文保二年（一三一八）の三宝院焼失以後五十年余間断絶していた大会を再興したもので[37]、三宝院流にとっての盛儀であったといえる。そのうえで注目したいのは、本来三宝院流とは別の理性院流の正嫡となるべき理性院院主の宗助が、三宝院流の盛儀に職衆のひとりとして参加している点である。宗助が元来、三宝院流と縁が深かったと思われる点は前述のとおりだが、この行事に参加していることから考えても、宗助は三宝院流に連な

る僧だという認識が自他ともに存在した可能性が高いと思われる。

さらに注目すべきは、宗助が「御手替」、すなわち何者かの代理として参加している点である。では誰の代理かというと、本来この盛儀に参加していてしかるべき名がみえていない。ほかならぬ、時の三宝院院主光済である。前述のように宗助が、光済が座主の時代に「寺家奉行」を務め、また後光厳院中陰仏事で光済の代理を務めている点を踏まえても、今回についても、光済の「御手替」として参加している可能性が高いと思われる(38)。三宝院流の盛儀に際して、自身の代理を任せるほど、光済と宗助の関係は密接だったといえる。

以上から、宗助は理性院の院主でありながら、三宝院光済と密接な関係をもち、三宝院流に連なる僧として認識されていた可能性が高いと思われる(39)。これが、歴代の理性院院主とは大きく異なる点であり、過去一度も醍醐寺座主を輩出することがなかった理性院院主が突如として、醍醐寺座主職へ就任することを可能とした要因だったと思われる。遺憾ながら、座主の交代があった至徳二年（一三八五）前後の宗助の動向を明示する史料は管見の限り見いだせないが、宗助が三宝院院主との関係の近さを自身の栄達の手段として利用していたと思われることが、次の史料から示唆される。

〔史料8〕『新要録』理性院篇（下巻、八〇六頁）

同記云、（隆源僧正記）康暦元年、一長者光ー前大僧正壬四月廿二日入滅、壬四月廿二日前大僧正所労危急之間、辞二長者職一、即同夜寅刻入滅了、今日即宗助権僧正長者職所望、就二女房二位局一、経二内奏一之処、不レ可レ有二子細一之由勅答云々、前大僧正遺命之由中之、比興事歟、

この史料は、前章にも登場した、現在は散逸してしまっている報恩院院主隆源の日記の一部を、『新要録』の作者

義演が引用した箇所である。前述のように、光済は康暦元年（一三七九）閏四月二二日に急死するが、光済の死によって空席となった東寺一長者職を、当時三長者であった宗助が所望した。その際宗助は、自身の一長者の就任は光済の遺言であったとしている。二長者であった禅守を退けての一長者就任だったこともあり、隆源からは宗助の行為は「比興」であると非難されているが、光済の遺言の真偽は措くとしても、それを理由に公武から一長者への就任が認められた事実は注目に値する。それだけ宗助と光済の関係が密接であることは世俗権力にも認知されていたといえよう。

また、古代・中世前期の山門側（青蓮院流）の諸記録を集大成した『門葉記』には、宗助の一長者就任は光済の申請によると記され、さらに注目すべきことに、宗助のことを「理性院、光済僧正弟子」と注記している。[40]もちろん、宗派の異なる山門側の記録であるので、公平な記述であるかは疑わしい面があるが、山門側には、今回の宗助の東寺一長者就任が光済の申請によるもので、さらに宗助は光済の弟子であると認識されていた点こそが重要であろう。

以上から、宗助は世俗権力や他の顕密寺院側からは、光済の後継者のような存在として認知され、また宗助もその立場を自身の栄達のために積極的に利用していたといえる。この点こそ、宗助の醍醐寺座主就任が可能となった最大の要因であろう。すなわち、光済から醍醐寺座主・三宝院院主の職を引き継いでいた光助の座主としての地位が危うくなったとき、東寺側の権益（一長者職）を引き継いでいた「もうひとりの光済の後継者」たる宗助が、その立場を利用して、座主の地位を襲うにいたったのではないかと思われる。

宗助の東寺一長者在任期間は、康暦元年閏四月～至徳元年一二月までの期間に及び、一長者辞任の翌至徳二年九月には醍醐寺座主に就任し、権力を保持し続けた。宗助の醍醐寺座主在任期間中の活動として特に目立つのは、多くの所領の獲得であり、山城国東安寺、尾張国長幡寺、同国熱田社等の別当職およびそれに附属する寺社領が安堵されている。[41] そのなかで、もともと三宝院領だった所領を理性院側が獲得していた動きも散見される。以下、二つの事例をあげる。

〔史料9〕「将軍家御教書案」（『大古醍』三三六〇号）

醍醐寺大智院事、任二御書之旨一、可下令二知行一給上之状、依レ仰執達如レ件、

至徳三年十月十三日　左衛門佐（斯波義将）在判

謹上　理性院僧正御房

〔史料10〕「将軍家御教書」（『大古醍』三一七二号）

三宝院僧正光助申、丹後国志楽庄内朝来郷事、先師大僧正賢俊、去観応年中拝領以来、或御祈禱之料所、或被レ募二忠功之賞一之趣、御判御教書已下炳焉、爰醍醐寺々務職、理性院僧正補任之初、雖レ被レ成二御教書一、此地為二三宝院門跡領一之条歴然上者、所レ被レ召二返彼御教書一也、早如レ元可レ被レ沙二汰-付三宝院雑掌一、更不レ可レ有二緩怠一之状、依レ仰執達如レ件、

至徳四年閏五月二日　左衛門佐（斯波義将）（花押）

山名讃岐殿（義幸）

前者は大智院の知行を宗助に認めたものである。すでに藤井氏の指摘があるように、醍醐寺大智院は元来報恩院院主に相伝されていたが、後に三宝院賢俊に管領権が移り、以後光済、光助と三宝院院主に相伝されてきた。[42] その職が、宗助座主就任の翌年である至徳三年に、理性院側へと移っているのである。同様に後者は、元来三宝院領であった丹後国志楽庄朝木郷が、宗助の座主就任時に理性院側へ渡っていたことを伝えており、幕府の裁許が下されている点も

踏まえると、朝木郷の支配権をめぐって両者が対立していた可能性が想定される。

以上の事例から、三宝院光助は醍醐寺座主職を喪失したのみでなく、三宝院に附属する所領の一部も宗助によって侵害を受けるなど、苦境に立たされていたことがうかがえる。両者の関係が緊張間をはらむものだったことは、史料10からも示唆されるが、光助は結局、宗助から座主の座を奪還できずに急逝してしまい、三宝院の復権にとって大きな痛手となってしまう。その後、三宝院院主には日野忠光息の定忠が就任するが、定忠の初度の受法（入壇）は、光助没後から四ヵ月後の康応元年（一三八九）五月であり[43]（授者は実済僧正）、光助と子弟関係にあったかは疑わしい。また、定忠が三宝院院主に選定されたのは、定忠が日野家出身だったからであると思われるが、受法を済ませたばかりの人物が三宝院院主となったことで三宝院の復権は遠のき、宗助の座主在任期間は、最終的に八年半という長きに及ぶことになった。宗助による八年半の座主在任の事実は、三宝院院主の立場が依然として不安定だったことを示している。

しかし、宗助も明徳五年（一三九四）四月、ついに座主の座を退くこととなった。二ヵ月前の同年二月には、宗助が醍醐寺衆徒から「令㆑掠㆓賜金堂三昧堂田地㆒」として訴えられ、「早以㆓器用之門流㆒、被㆑改㆓補彼職㆒者、満寺殊開㆓喜悦之眉㆒、益為㆑抽㆓四海安寧之懇祈㆒、粗言上如㆑件」と、宗助の解任が要求されている[44]。宗助に代わって座主に就任したのが三宝院定忠である点を踏まえると、この衆徒の申状が出された背景には、復権を目指す三宝院側の意図が介在していた可能性も想定される。こうして座主職を追われた宗助ではあるが、その後は三宝院側と再び良好な関係を構築し、代々の理性院院主は「寺務代」に任じられている（史料6）。両者の関係がどのように修復されていったかは今後の検討課題としたいが、ここではその重要な要因のひとつと思われる、三宝院院主の出自の変化について指摘しておきたい。座主に就任した定忠は、在任わずか一年半で義満によって座主の座を追放され、後任には義満の猶子である満済（二条家傍流今小路家出身）が就任した（『東寺王代記』応永二年〈一三九五〉条）。定忠の追放により、賢俊から四代続いた日野流三宝院院主の系譜は途絶え、満済以後は足利家出身僧、および室町殿と猶子関係を結んだ摂家出身僧に出自が変化する(45)。つまり、宗助と関係が悪化していたと思われる日野流三宝院院主の系譜は断絶しており、義満の絶大な庇護を受けた満済のもと、宗助は「寺務代」として三宝院院主を支える立場に復帰することで、自身の権力の維持を図ったのではないかと思われる。

三、光助・定忠期の位置づけ

これまでの分析から、光助・定忠期の三宝院院主の立場は、他時代に比べて非常に弱体で不安定であったといえる。では後代において、光助・定忠はどのような存在であったと認識されていたのであろうか。本章ではこの点を考察したい。

〔史料11〕『弘鑁口説』部分（『続群書類従』二七、釈家部所収）

定済ハ下醍醐之御影堂ニ清滝ヲ御勧請有之、其時御託宣アリ、加様アラマホシキ事ニ思ハルトテ事ノ外ニ御悦有之、七代門跡ヲ守ルベシト仰セラレケリ、光済迄ハ七代法流無断絶、光助・定忠二代ハ法流断タリ、然ニ満済ハ亦嫡流ヲ受給ヘリ、

本史料は、満済と同時期に活動した醍醐寺僧弘鑁僧正の口説を筆記したと史料末尾に記された室町期の僧侶の口伝

書で、主に醍醐寺関係の故事が記されている。[46] 実際に弘鑁の口説なのかは判然としないが、史料中にみえる僧はみな一五世紀前半以前の人物であり、記述内容も他の史料から確認できる事柄が多いため、室町期の醍醐寺僧の歴史認識を知るうえでは有効な史料であるといえる。[47] 引用箇所では、鎌倉期の醍醐寺座主として著名な定済が託宣を受け、七代門跡が継続すると予言し、その結果光済までは法流は継続したが、その後光助・定忠の代に法流が断絶し、満済が再興したとする。定済の託宣の真偽は不明だが、注目すべきは、光助・定忠の両代が法流の一時断絶した時代として認識されていた点である。光助・定忠期は、三宝院流（厳密にいえば三宝院流定済方）断絶の危機に陥った時代であったという認識が、すでに室町期段階で成立していた可能性が高いといえる。

次に、世俗の側の光助・定忠に対する評価が示唆される史料を検討する。

〔史料12〕『建内記』嘉吉元年（一四四一）一〇月一一日条、部分（『大日本古記録』を参照）

又三宝院(義賢)曰、何事モ可レ被二仰下一歟之処、無二其儀一、先日長淳朝臣事《遺跡》、断絶之御沙汰、不便之子細也云々、室町殿御名字事、先御代にも故門(満済)主准后申沙汰之処、今度一向我不レ知レ之、如レ此何事も不二存知一之身ニテ、一ヶ条難治之題目可二相綺一事殊計会云々、此事先被二仰次一候者、就二如レ此之事一、向後又便宜事、管領もいかにも可二付申一歟、勅定も又連々可レ被二仰出一歟と申了、

愚存、公武之間媒介事者、依二題目一可レ被二仰出一歟、毎事如二旧規一御馮之由、難レ有二　勅定一、先規も玄〔賢〕俊・光済・故准后共以依レ事被レ仰了、一切大少之万事、彼門跡許可二申次一トハ不レ可レ被二心得一事也、然者伝奏之臣不レ可レ及二申次一哉、事過者歟、

この史料で注目すべき点は二点ある。一つめは、自身に諮問がなされずに、室町殿名字選定等の重大事が決定され

たことに不平をいう義賢（満済の後継者）に対し、記主の時房は取り繕った返答をしつつも、内心では三宝院院主だからといって、無条件に諮問に預かるわけではなく、あくまで「依二題目一」としている点である。また、満済が関与した室町殿の命名に、義賢は関与していないことを踏まえると、単に題目によるだけではなく、当該期の三宝院院主の立場・資質によっても、諮問に預かるか否かが左右されることが示唆される。つまり、三宝院院主の「公武之媒介」という役割は決して固定的なものではなく、三宝院院主が関与できる範囲は、院主自身の資質等によっても変化するものであったと思われる。

二つめは、時房がこのような三宝院院主の立場は、賢俊、光済、満済も同様であったとしている点で、ここで注目すべきは、「賢俊以来」や、「代々門跡」等と表記されず、具体的に賢俊・光済・満済の三名が指名されていて、光済と満済の間に入るべき光助と定忠が除かれている点である。つまり、一五世紀半ばの段階でも、光助・定忠が「公武之媒介」を担った存在だったとは認識されていなかったのではなかろうか。

実際、光助・定忠が上述の三人のように、「公武之媒介」として活動した形跡は史料からは見いだしがたいが、それは単に史料の残存状況の問題ではなく、実際にそのような活動をしていなかった可能性が高いからであると思われる。ひとつめの指摘もふまえると、光助・定忠には「公武之媒介」を担いうるだけの資質がなく、義満にとって有用な人物とは認識されていなかったのではなかろうか。それゆえ、光助は理性院宗助に座主職および一部の三宝院領を奪取され、定忠にいたっては義満によって座主職から追放される事態に陥ったのではないかと思われる。

以上から、光助・定忠期は、三宝院院主の力が非常に衰えていた時代であったと中世段階から認識されていたといえる。賢俊・光済・満済と相次いで有能な院主を輩出し、順調な発展を遂げたかにみえる三宝院だが、その歩みは決して平坦ではなかったのである。

おわりに

以上本稿では、研究が進んでいなかった南北朝末期における醍醐寺の歴史的展開について、理性院宗助の醍醐寺座主就任の問題を軸に検討した。その結果、①三宝院光助は醍醐寺座主として賢俊・光済のような権勢を維持できず、座主の座を追われたこと、②理性院宗助は三宝院院主の側近として活動し、その立場を利用して理性院院主初の醍醐寺座主就任を果たしたこと、③光助・定忠期は、三宝院院主の力が非常に衰えていた時代であると後世認識されていたことを主に指摘した。最後に満済入室の画期性を指摘しておきたい。

満済の入室以降、三宝院院主の出自が変化したことは前述したが、同時に起こったもうひとつの変化として、満済以後完全に、三宝院院主＝醍醐寺座主という関係が固定したことがあげられる。鎌倉期の醍醐寺の歴史は、醍醐寺座主の座をめぐる諸院家の対立の歴史でもあったといえ、南北朝期以降は、一時三宝院院主が覇権を握ったものの、光助・定忠期にその優位が揺らぎ、再び醍醐寺座主をめぐる問題が惹起したのは前述の通りである。しかし、満済以後の醍醐寺座主の座は室町殿と子弟（猶子）関係を持つ三宝院院主に限定され、室町後期には、幼児の醍醐寺座主（三宝院院主）が誕生するにいたる。すなわち、満済入室の画期性は、諸院家院主が醍醐寺座主に就任する道が閉ざされたことで、鎌倉期から断続的に続いてきた座主職をめぐる諸院家の対立が強制的に止揚された点にあり、義満が強権を発動して、自身の猶子とした満済を送り込んだ狙いもこの点にあると思われる。

満済入室の経緯も含め、南北朝末期の醍醐寺の歴史についてはいまだ不明瞭な点が多く、諸院家の動向も踏まえつつ、丹念な検討を続けていく必要があると思われる。

註

（1）富田正弘「中世東寺の祈禱文書について」（『古文書研究』一一、一九七七年）、同「室町時代における祈禱と公武統一政権」（日本史研究会史料研究部全編『中世日本の歴史像』創元社、一九七八年）、片山伸「室町幕府の祈禱と醍醐寺三宝院」（『仏教史学研究』三一―二、一九八八年）、森茂暁「三宝院賢俊について」（同『中世日本の政治と文化』思文閣出版、二〇〇六年、初出一九九〇年）、上野進「室町幕府の顕密寺院政策」（『仏教史学研究』四三―一、二〇〇〇年）、藤井雅子「南北朝期における三宝院門跡の確立」（同『中世醍醐寺と真言密教』勉誠出版、二〇〇八年、初出二〇〇二年）大田壮一郎「室町殿の宗教構想と武家祈禱」（同『室町幕府の政治と宗教』塙書房、二〇一四年、初出二〇〇四年）など。

（2）用語としては「三宝院門跡」という表記が一般的ではあるが、「門跡」という語は永村眞氏が指摘するように（同「「門跡」と門跡」大隅和雄編『中世の仏教と社会』吉川弘文館、二〇〇〇年）、時代によって意味が変わるため、本稿では「院主」という表記を用いることとする。本稿で用いる「院主」とは、字義どおり、三宝院等の院家の管領権を相伝や世俗権力の安堵等によって認められた人物を指す。

（3）一三六〇、七〇年代の研究も乏しい状況にあるが、最近、橘悠太氏が当該期の三宝院院主光済について専論を発表された（同「南北朝期における醍醐寺三宝院光済と室町幕府」『日本史研究』六二六、二〇一四年）。

（4）大田前掲注（1）論文一五一、一五二頁。

（5）森茂暁『満済』（ミネルヴァ書房、二〇〇四年）五、三六頁。

（6）「後円融上皇院宣」（『大古醍』三三八四号）から、至徳二年九月一五日に宗助が醍醐寺座主に就任したことがわかる。

（7）光助は康応元年（一三八九）正月一三日没（『兼宣公記』同日条）。ちなみに、前二代の三宝院院主の賢俊、光済は、死去の直前まで醍醐寺座主である（『醍醐寺新要録』座主次第編。以下『醍醐寺新要録』の出典は、醍醐寺文化財研究所編『醍醐寺新要録』上下巻、法蔵館、一九九一年、による）。

(8) 理性院流は、三宝院流、金剛王院流と並んで醍醐三流のひとつに数えられるが、他の二流と違い、平安・鎌倉期を通じて一度も理性院流僧から座主に就任した者はなかった。

(9) 『新要録』下巻九二〇頁参照。この点について高橋慎一朗氏は、理性院の座主を認めたくないという意識が働いた結果ではないかと指摘する（同「醍醐寺過去帳の分析」科研報告書高橋敏子編『東寺における寺院統括組織に関する史料の収集とその総合的研究』二〇〇五年、一二八頁）。高橋氏の指摘を踏まえたうえで、後世の三宝院院主がその事実を抹消してしまうような座主交替が、なぜこの時発生したのかを本稿では考察したい。

(10) 前掲注（1）藤井論文七六頁。

(11) 「後七日御修法請僧交名幷裏書続紙」（『東寺百合文書』〈『大日本古文書東寺文書』ろ函三号〉、以下後七日法関係の記述の出典はすべて本史料による）の「正平七年（一三五二）真言院後七日御修法請僧等事」に、「阿闍梨法務前大僧正法印大和尚位弘真」とみえ、その裏書に「正平七年之今、再悦レ還二一統之政化一、一朝之　聖皇　叡旨無レ違、八旬之愚老護持是同、于時為二東寺之官長一兼二醍醐之座主一」とある。

(12) 覚雄による座主職奪取、および地蔵院院主と三宝院院主の南北朝期の関係については、石田浩子「南北朝初期における地蔵院親玄流と武家護持」（『日本史研究』五四三、二〇〇七年）、および前掲注（2）橋論文参照。

(13) 詳細は橋前掲注（2）論文参照。聖珍は東大寺東南院院主で、法流は光済と同じ三宝院流定済方に属する。東南院院主の醍醐座主就任は鎌倉期にも事例がある。

(14) 三宝院門徒のなかには、（建物としての）三宝院・三宝院流嫡流・醍醐寺座主職は一括に相承されるという「三位一体」の原則が強く意識されていたという。藤井雅子「三宝院・三宝院流と醍醐寺座主」（前掲注（1）藤井著書所収）一二三頁参照。

(15) ただ、座主就任後の記録に残されるような大規模な祈禱活動としては、後七日法と後述の五壇法以外では、管見の限り永徳元年一一月の男山八幡宮での仁王経法の修法しか確認できず（『東寺王代記』〈『続群書類従』二九輯所収〉、永徳元年条）、他の歴代院主に比べてかなり少ないことは否めない。

（16）五壇法の人員は、森茂暁「五壇法修法一覧」（前掲注（1）森著書所収）を参照した。

（17）厚谷和雄ほか編『金光図書館の具注暦』（東京大学史料編纂所研究成果報告二〇一三―一、二〇一三年）所収。

（18）本史料の冒頭部に、「桓恵僧正雖レ為二年戒之上臈一、良瑜僧正既依レ蒙二一座宣旨一、乱二臈次一勤二仕中壇一了、依レ之、桓恵大僧正再三雖レ令レ申二所存一、准后《（満済）》敢無二承引之儀一間、参二懃脇壇一云々」とあり、中壇の勤仕をめぐり、臈次に絡んだ対立が発生していたことがわかる。この件に光助が関与していたのかは不詳だが、仮に「護持僧管領」として分担の割振りを主導していたなら、大きな失態を犯したことになる。

（19）光済の五壇法への関わりについては、前掲注（2）橘論文二四～二六頁参照。

（20）『醍醐寺文化財研究所紀要』四（一九八二年）掲載のものを参照した。

（21）『後愚昧記』康暦元年閏四月一二日、一三日条。また、光済が光助に宛てた譲状（『大古醍』三三五六号）の日付は、死去の前日の閏四月二一日、東寺長者の辞任は死去と同日の閏四月二二日（後掲史料8参照）であることも、光済の逝去が急であったことを示唆していよう。

（22）藤井氏は、満済前の三宝院院主は、密教僧としての卓越した器量を有していたことにより人選され、満済以降は出自に由来する世俗社会との関わりが重視されたとするが（藤井雅子「室町時代における三宝院門跡の実態」前掲注（1）藤井著書所収、一〇〇頁）、満済前も日野家出身という出自が重視されていたと思われる。

（23）前掲注（1）藤井論文七七～八一頁。

（24）史料3と同内容で、字配り等に相違がある『醍醐寺文書』一一八函一〇号文書（「隆源置文案」）の端裏に、「至徳年中雖二用意一、未レ及二遊覧之値遇一」とある。

（25）隆源はこの置文案で、醍醐寺座主職以外にも、六条八幡宮、大智院など、当時三宝院院主が院主（別当）職を保持していた職への補任を要求している。

（26）史料中に引用される御教書の原本が伝存しているため（「東寺宝菩提院文書」〈『神奈川県史』資料編三上、四九九一号〉）、この件が実際に至徳二年に発生している可能性は高い。また、史料4の後段では、頼印により聖教類の返還が実現したことが記される。

(27)「足利氏満補任状」（『神奈川県史』資料編三上、五〇〇〇号）、石田浩子「室町期における「都鄙」間交流」（『人民の歴史学』一八二、二〇〇九年）七頁。

(28) 前掲注（12）石田論文参照。

(29) 永村眞「醍醐寺報恩院と走湯山密厳院」（『静岡県史研究』六、一九九〇年）六〇頁。

(30) 前掲注（14）藤井論文、石田浩子「醍醐寺地蔵院親玄の関東下向」（『ヒストリア』一九〇、二〇〇四年）参照。

(31)「実済授光助伝法灌頂印信印明案」（『大古醍』三二九四号）。

(32)『東寺王代記』康応元年条に、「同《（正月）》十三日、三宝院僧正光助円寂自二十日一所労云々」とある。また、死去の直前まで三宝院院主の地位にあり、五壇法の祈禱活動にも従事しているため、病や政治的失脚による座主辞任の可能性は低いと思われる。

(33) 藤井雅子「南北朝の動乱と醍醐寺」（永村眞編『醍醐寺の歴史と文化財』勉誠出版、二〇一一年）二一〇頁。

(34)『尊卑分脈』では、宗助は「三宝院賢俊僧正資」とされる。印信状等は管見の限り見いだせず、真偽は不明だが、史料5での賢俊の発言からしても、宗助は元来理性流ではなく、三宝院流にゆかりの人物であった可能性は高いであろう。また、理性院院主となった以上、宗助は理性院流の法流も受法しているはずだが、どの人物から受法したのかは印信状などが管見の限り見えず、判然としない。

(35) 満済の置文の原本は伝存しており（『醍醐寺文書』一二五函二〇七号）、『新要録』の記述と符合することが確認できる。

(36)『曼荼羅供見聞略記』（『醍醐寺文書』〈『大日本史料』六編四〇冊、二八四頁〉）。

(37) 前掲注（1）藤井論文七八頁。

(38) 光済の立場的にいえば、本来大阿闍梨として参加するのが妥当であるが、光済はあえて自身ではなく、皇族出身の聖珍を大阿闍梨とすることで、三宝院流の貴種性をアピールしようとしたのではないか。一方で、自身が職衆を勤めるには身分が高すぎるということになり、自身の代理として宗助をたてた可能性が考えられる。

(39) その一方で宗助は、理性院流僧がかつて相伝していたものの一時安祥寺流に奪われていた、太元帥法の大阿闍梨職の座を永和三年に獲得するなど（『新要録』理性院篇、下巻七九二頁）理性院流の僧としての活動も見受けられる。
（40）『大正新脩大蔵経』図像一一巻（大正新脩大蔵経刊行会、一九三四年）五〇四頁。
（41）『大古醍』三三四四号、三三七七号。
（42）前掲注（1）藤井論文八一頁、および「隆源置文案」（前掲史料3）「報恩院領大智院事」参照。
（43）「伝法灌頂鎮守読経衆請定案」（『大古醍』三〇六四号）。
（44）「醍醐寺衆徒等申状案」（『醍醐寺文書』〈『大日本史料』第七編一冊、四九〇頁〉）。
（45）松岡隆史「室町期における醍醐寺座主の出自考察」（『古文書研究』七七、二〇一四年）四頁。
（46）『群書解題』七巻（一九六二年、大森順執筆）三三四、三三五頁。
（47）仮に弘鑁の口説であるとすると、弘鑁の没年月日は応永三三年（一四二六）五月三日なので（『満済准后日記』同日条）、史料の成立はそれ以前となる。

【付記①】本稿は、二〇一四年一一月の史学会大会での報告をもとにしている。

【付記②】註（34）において、宗助がどの人物から理性院流を受法したか不明としたが、その後、東寺僧義宝の日記『延文四年記』一二月二七日条に、西方院法印仲我より理性院流を受法する記事を見出したため、ここに付記する。

Ⅲ

十五～十六世紀前半における室町幕府祈禱体制
―醍醐寺三宝院の動向を中心に―

石田　出

はじめに

本稿は、室町幕府による宗教編成の根幹を成す武家祈禱体制が、戦国期にどのように展開していったのかを考察するものである。具体的には著名な満済の時代に護持僧や諸門跡の統括者として幕府の祈禱政策に深く関与していた醍醐寺三宝院が、その後幕府とどのような関係にあり、どう変質していったのかを検討する。

三宝院については、賢俊・光済・満済ら三宝院歴代が南北朝期に幕府との緊密な関係を獲得していく研究が盛んであるが、これと比較して満済以降の時期に言及する研究はあまり多くない。このような中で室町後期にまで至る三宝院と室町幕府との関係を最初に制度的に位置づけたのは片山伸氏である(1)。

片山氏は三宝院が幕府より任じられた「護持僧管領」が、護持僧中への祈禱命令伝達や護持僧任免への関与を職掌とし、この「護持僧管領」としての機能は、満済の先々代にあたる光済以前に遡ることを指摘した。このような三宝院の地位は満済以後に低下したという。また大田壮一郎氏は、「護持僧管領」補任が初めて確認できる光助（満済の先代）以後に、三宝院は護持僧体制の中核として定着したとする。さらに幕府からの青蓮院への祈禱命令を取り次いでいる事例から、護持僧祈禱とは別個に行われた諸門跡祈禱の介在者たる立場（＝祈禱方奉行）にあったことも指摘している。そして、護持僧体制・諸門跡祈禱という室町幕府の自律的な祈禱の二重構造において、三宝院が中心的役割を果たしていたことを明らかにし、このような体制は十五世紀末まで機能したとしている。(2)一方で室町期における護持僧による武家祈禱の構造について詳しく論じた細川武稔氏は、室町末期に至るまで維持された護持僧体制は、臈次にかかわらず「護持僧管領」として固定された三宝院と、多数の護持僧を輩出した寺門派の筆頭で武家五壇法の中壇阿闍梨を頻繁に務めた聖護院の両門跡によって支えられていたことを明らかにした。(3)

このように三宝院が室町幕府の祈禱体制の中で中心的役割を果たしていたことについては見解が一致しており、大枠において異論の余地はない。しかし、満済以後の三宝院の幕府祈禱体制下における役割・立場については見解が分かれている。このような先行研究の問題を鑑みるに、満済以降の時代におけるより具体的な事例検討が必要であると同時に、三宝院の浮沈そのものだけでなくその背後にある朝廷の動向や幕府内部の組織変容などにも目を向ける必要があると思われる。最近では、藤井雅子氏が室町後期の三宝院門跡と「門下」の対立状況を指摘しており、(4)松岡隆史氏は室町期代々の醍醐寺座主の出自を考察する中で三宝院門跡と将軍との猶子関係に言及している。(5)これらの研究も踏まえ、今回は満済以後（特に義政期以降）の三宝院の武家祈禱に関わる動向に注目しつつ、当該期武家祈禱の構造的把握を試みたい。この検討にあたり、本論で注目する点は大きく分けて二つである。一つは幕府祈禱体制下における三宝院の役割である。具体的には満済以前に三宝院が有していた護持僧統括者（＝護持僧管領）及び幕府と諸門跡との媒介者としての地位が、どのように変遷していくかを確認する。二つ目に宗教的活動以外における政治顧問としての立場である。満済は将軍義持・義教の政治顧問を務めており、公武の折衝も積極的に行っていた。このような関与が満済以後も見られるか検討を加える。さらに、満済以降代々の三宝院門跡は将軍家の猶子になったとされているが、この点も幕府の祈禱政策及び三宝院の地位に影響しうる重要な要素であると考える。このような他の門跡とは異なる両者の継続的親類関係が果たして戦国期に至るまで維持されたかどうかも確認する必要がある。

また、三宝院の地位の変化については、幕府側の宗教編成といった政策意図に留まる問題ではなく、三宝院をはじめとする武家護持に関わる寺院側の動向も考慮しなければならない。こういった問題意識から、三宝院の内部事情や聖護院・青蓮院など諸門跡の動向も踏まえた上で、幕府と三宝院との関係及び祈禱体制の展開を検討していく。以下、各章の概要を述べる。

まず一章では、満済の後継者として三宝院門主及び醍醐寺座主となった義賢の足跡をたどる。満済と同様に幕府に対する種々の祈禱を行い、祈禱自体の担い手として積極的に活動する一方でこれまで満済が担ってきた室町殿からの祈禱命令を諸寺社に伝達する統括者・取り次ぎとしての活動が見えなくなる。このような事実関係をその背景も含めて考察する。

二章では、義賢の死後応仁・文明の乱を通して幕府と三宝院との関係及び幕府における護持僧体制がどのように変質もしくは維持されていたのかを考察する。この時期の三宝院門跡は頻繁な門主交代により祈禱活動すらおぼつかなくなる。さらに明応の政変により、これまで維持されてきた足利将軍家と三宝院の門主との親類関係が一時断絶するが、それでも尚幕府に重要視され続けたことを確認する。併せて三宝院以外で武家祈禱を担っていた諸門跡の動向も見る。

三章では、明応の政変における足利将軍家との関係崩壊により、武家祈禱への関与が著しく減退した三宝院がその後どのように展開していったのかを見ていく。明応の政変により将軍となった義澄のもとで三宝院門主であった持厳は、定例護持僧祈禱以外では目立った活動は見せなかったが、義稙が復帰するとともに武家祈禱の中枢に据えられる。さらに東寺系諸寺院の護持僧補任が増加するという、この時期の三宝院と護持僧体制の復活状況を確認し、当該期幕府祈禱体制を概観する。

一、義賢の時代

1．武家祈禱への関与

満済は、公武祈禱の作法などを記した「満済自筆公武御祈以下条々置文」(6)を遺し、永享七年（一四三五）六月十三日に死去する。その後継者として三宝院門主となった義賢は当時三十七歳。正長元年（一四二八）に武家護持僧に加えられて以降多くの武家祈禱に参仕し(7)、実績も十分にあった。満済死後も文安四年（一四四七）の怪異による室町殿仏眼大法や同六年の地震祈禱など、以前と同様に護持僧として臨時の武家祈禱を盛んに行っていたことが「五八代記」(8)をはじめとする諸記録より確認される。また護持僧としての活動ではないが、満済とは異なる義賢の宗教活動の特徴としては、将軍家追善仏事に多く関わっていた点が挙げられる。特に義教・義勝の追善には深く関わっており、同書所引の「隆賀記」には、義賢が主導した将軍家追善仏事が列挙されており、特に義教及び義勝の百ヶ日・一周忌・三年忌・七年忌・十三年忌を三宝院で執り行っていることがわかる。これは、義賢が義持の猶子であるという点だけでなく、足利満詮（義詮の子で義満の弟）の子であるという足利将軍家の一員という強い意識が背景にあったものと思われる。

護持僧体制下で臨時祈禱及び将軍家追善に関わる活動が頻繁に見られる一方で、満済が担っていた幕府からの武家祈禱命令を他の諸寺社に伝達したり、両者を取り次いだりする活動は見られなくなる。実際に満済において見られた「護持僧管領」補任の徴証も義賢には管見の限り見られない。ではこの時期に武家祈禱を管轄し、その実施を諸門跡・護持僧に伝達していたのは、誰であったのか。結論を先に言えば、それは伝奏であったと考えられる。

史料1（『建内記』永享十一年二月二十八日条）※引用史料中の〈 〉は割注を、割注内「／」は改行を示す。以下同じ。

彗星出現事、司天〈従三位安倍有重卿、〉注進　室町殿、乃公家・武家御祈事、早可有其沙汰之由被仰中山宰相中将、〈定親／卿、〉室町殿御祈事、諸寺・諸社・護持僧〈十／人、〉祈念事、為中山奉行相触之

これは、義教期の武家祈禱事例として最も有名な永享十一年における変異（彗星）公武祈禱に関わる記事であるが、伝奏で且つ祈禱奉行であった中山定親が武家祈禱を担当し、諸寺社・護持僧にその実施命令を取り次いでいる。この記事のすぐ後には寺社・護持僧が列挙されており、護持僧として義賢が参仕していることがわかるが、義賢の祈禱命令伝達者としての活動は見られない。また次の史料においても伝奏が護持僧祈禱に関与していたことをうかがわせる。

史料2（『建内記』宝徳二年七月五日条）

五日、丁未、天気雖陰雨脚不灑、御参　内御退出以後、入夜甘沢滂沱、自兼日護持僧十八人祈念、為蔵人権右中弁綱（光）━奉行伝厳旨了、法験奇特者歟、〈卯刻・午刻両度／地震、〉室町殿〈征夷大将軍、権大納言、従／二位、十六歳、御直衣、〉御参　内也、□猶称御直衣始之由、（後略）

これは宝徳二年（一四五〇）の義政直衣始の記事である。傍線部より奉行の（広橋）綱光が武家護持僧に対して幕

府の祈禱命令を伝えていることがわかる。一方『康富記』同日条には「伝奏中山中納言有軽服、今度不被出仕申、仍蔵人権中弁綱光、為家司被奉行之」とあり、本来伝奏の中山親通が奉行を勤める予定であったところ軽服により代わりに綱光が担当したという事情が判明する。よってここでは室町殿の家司が伝奏の代わりとして護持僧への祈禱命令伝達に関与していることが確認できる。この時奉行を勤めた家司綱光もまた親通の死後に伝奏となる人物である。一方義賢はここにおいても義政に対して加持祈禱を行っているのみで、祈禱命令伝達への介在は見られない。この他に東寺に対する武家祈禱事例においても、室町殿の仰せを報じる伝奏奉書が発給されており、伝奏の介在が認められる。

振り返ってみると、このような三宝院に代わり伝奏が護持僧・諸門跡の祈禱に介入する状況は実は満済生前よりその兆候があったようである。室町期の五壇法について考察した森茂暁氏は、永享五年の五壇法において、中壇以外の阿闍梨の人選に伝奏である日野兼郷（綱光の父）が深く関わっており、この時期満済は従前のような主導的役割は果たさなくなっていたと指摘している。義教期後半から義政期にかけて臨時に催された武家祈禱において、幕府と諸門跡・護持僧の間には三宝院ではなく伝奏が介在するという構造の変化があったと言えよう。

臨時祈禱における護持僧・諸門跡の統括機能が武家祈禱構造の変化により早々に三宝院の手を離れていった一方で、積極的に展開されていた武家祈禱自体も、義賢期の後半に入ると史料に現れなくなる。その背景としては、当時の三宝院内における門主と門下の対立状況も挙げられよう。藤井雅子氏によれば、寛正年間において三宝院門跡に対する門下の反発が相次いでおり、寛正三年（一四六二）四月には門下の「出世」と呼ばれる僧集団が義賢を訴えたものの失敗に終わり、六、七十人が門跡を退去したという。下って応仁二年（一四六八）には山名・畠山ら西軍と語らった坊人による義賢殺害未遂事件がおこっており、両者の対立の深刻さを物語っている。寛正年間以降、三宝院を道場とする武家祈禱が行われた事例が認められないのも、このような三宝院内部の問題があったからといえる。

2．公武の媒介者

義賢期において三宝院が武家祈禱の介在者としての側面が見られなくなる背景として、当時の武家祈禱が伝奏を介して祈禱命令を伝達する構造になっていたことを指摘した。このような構造の変化について、義賢の武家祈禱以外での公武との関係に注目して考えてみたい。

義賢は満済の死後、その後継者として主に朝廷より幕府・諸門跡への仲介者という役割を期待されていた。例えば、万里小路時房から義教の葬礼について相談を受けたり[14]、文安元年（一四四四）六月に二条家と青蓮院（当時二条持基息の尊應が入室していた）が義絶した際に「籌策」により事態を治めたりしている[15]。しかし幕府側の認識はこれとは異なっていたようである。嘉吉の乱による影響で播磨・美作・備前三ヵ国の寺社本所領が押領を受けていることに対して、万里小路時房は勅定を出すかどうか幕府に相談するため、管領への申次を満済の例にならって義賢に依頼した[16]。しかし義賢は管領への勅定伝達をなかなか実行せず、時房にこれを難詰された際に次のように述懐している。

史料3（『建内記』嘉吉元年十月十二日条）

又三宝院曰、何事モ可被仰下歟之処、無其儀、先日長淳朝臣事《遺跡》、断絶之御沙汰、不便之子細也云々、室町殿御名字事、先御代にも故《（満済）》准《門主》后申沙汰之処、今度一向我不知之、如此何事も不存知之身ニテ、一ヶ条難治之題目可相綺事殊計会云々、

ここでは、「室町殿御名字」の申沙汰も行っていた満済の時とは異なり、将軍の方から自分に色々と諮問がくるこ

とはなく、何も把握できていない境遇を歎いている。一方、時房も公武・寺社間の申次を伝奏が一手に引き受けている状況を憂いており[17]、当時幕府が武家祈禱に限らず公武交渉をも伝奏に収斂させていたという事情が推測できる。これは義教横死直後の記事であり、伝奏の進出と祈禱構造の変化により義教生前から幕府の中で三宝院の政治的地位が満済のそれと比較して低下していたことを示している。斯波義敏の「出世」について管領細川勝元からの申請を将軍義政に取り次ぐなど[18]幕政に関与する立場にあったことは確認できるものの、長禄四年（一四六〇）に満済に倣って義政から政治顧問となるよう要請された際にはこれを断っており[19]、これ以後は政治的関与もほとんど見えなくなる。

以上のように、満済の生前より護持僧として積極的武家祈禱活動を展開していた義賢であるが、満済の有していた護持僧・諸門跡の統括機能を継承することはなかった。三宝院の手を離れたこれらの権能は義教期後半以降に公武交渉を一手に担っていたとされる伝奏に委ねられた。また、門下との内部対立により、義賢期後半は門跡として武家祈禱の実施すら満足に行えない状態であった。総じて義賢の時期は、武家祈禱を含めた公武交渉における伝奏の進出と祈禱媒介者としての三宝院の後退という構造変化があったと言える。

二、幕府の分裂と三宝院

義賢の死後、幕府は応仁・文明の乱から明応の政変を経て長い分裂期に入る。武家祈禱を中心に担ってきた三宝院の諸活動が義賢期以降減退していく中で、幕府の祈禱体制及び幕府と三宝院との関係はどのように変化していったのか。尚、義賢以後の歴代三宝院門跡は表1で示した。

表1　義政〜義稙期の歴代三宝院門主

門主	将軍家との関係	在任期間
義賢	満詮息・義持猶子	永享6年（1434）4月3日〜応仁2年（1468）9月
政深	義教猶子	応仁2年9月〜文明元年（1469）6月18日
義覚	義政第二子	文明元年〜同15年9月16日
政紹	義政猶子	文明16年（1484）12月22日〜延徳3年（1491）8月12日
周台	義稙舎弟	明応元年（1492）6月27日〜同2年4月22日
持厳	義稙連枝	明応3年（1494）年12月29日〜永正7年（1510）12月28日
義堯	義稙猶子	永正8年4月2日〜永禄7年（1564）2月15日

※主に「五八代記」・「華頂要略」の記述をもとに作成。

1．三宝院門下及び諸門跡の動向

ここではまず、この時期の寺院社会側の動向を見ていく。①三宝院門跡内の動き、②武家祈禱に関わる他の諸門跡の動向、の二点から見ていきたい。

①三宝院門主と門下が対立状況にあったことは一章で既に述べた。義賢期後半より表面化した両者の対立は、その後も解消されなかったようで、この時期の門主である政深・政紹はそれぞれ何らかの事情により短期間で門跡を辞している。一方で、文明元年（一四六九）の義覚の門主職補任に際し、

史料4（「醍醐寺新要録」十五　座主次第）

将軍義政公御息君公〈御歳／三才〉、門主職申定之、御童形之間、寺務之御出仕雖不可有之、以別儀可令存知旨、山上山下以連署、公方仁申入了、

とあるように、醍醐寺の山上山下僧が連署でもって義覚の門主就任を義政に申し入れている。「五八代記」にも義覚の門主職は「為門下候人申定」めたとある。このような門下の動向も踏まえると、政深・政紹の門主交替劇も、門下による可能性が高い。その後門主持厳の時期には、義賢以来の三宝院門跡内の混乱状況が再び表面化してくる。

史料5（『後慈眼院関白記』明応三年〈一四九四〉十月二十八日条）

廿八日、晴、（中略）芝法眼堯快、〈随心院之門下也、彼門跡兼三宝院、〉自

三宝院依為内者、為使来申准后云、近日三宝院門下之輩、依有不快之子細、奪取門主可遂本意之由、結構之風聞出来、

史料6（『大乗院寺社雑事記』明応六年十二月二十四日条）

一、難波相語、去月廿五日三宝院門主辞之、当月十日内者共乱、入門跡了、醍醐作法以外事也、随心院殿自醍醐帰京、御座九条殿、此間為受法住山也、

史料5では、持厳の三宝院門主就任直後より門主を奪い取ろうとする門下の動きがあったことがわかる。そして三年後にあたる史料6では、三宝院の内者が門跡に乱入してきたことにより持厳は三宝院を退去しているのである。一章の義賢の時期に見られたような門主と門下の対立かどうか定かではないが、門跡内において門主が逃亡するほどの混乱状況が確認できる。この後、新たに貴種が入室したというような記事は見られず、門主不在といった事態になっていたと思われる。このように、この時期の三宝院門主は門下の動向に規制される面が多分にあったと考えられる。当該期の三宝院による武家祈禱活動減退の要因の一つをここにも求めることができよう。

②続いて三宝院以外で主に武家祈禱を担っていた門跡の動向について見ていきたい。当時の武家祈禱の担い手として史料上によく見られるのは、青蓮院・聖護院である。三宝院も含め、この三門跡の武家祈禱に関わる当該期の活動については表2にまとめた。まず青蓮院について見ていくが、この時期の青蓮院は二条持基の息である尊應が門主であった。青蓮院は武家護持僧を輩出する門跡ではなく、尊應も当初専ら公家の祈禱に携わっていた。しかし、寛正六年（一四六五）に義尚が誕生した際、「変成男子秘法」を修し、この法験を義政から賞されたのを契機として、武家祈禱を積極的に執り行うようになる。[20]

表２　応仁～永正年間における武家祈禱（三宝院・聖護院・青蓮院）

年	月日	将軍	事項	出典
1467（応仁元）	2,29	義政	青蓮院尊應、室町殿のために尊勝法を修す。	華頂要略
1468（応仁 2）	12,27		三宝院政深、護持管領に。	醍醐寺文書
1469（文明元）	9,26		青蓮院尊應、室町殿において四季御祈として尊勝法を修す。	華頂要略
1469（文明元）			武家五壇法。三宝院政深・聖護院道興・青蓮院尊應・妙法院・一乗院が参仕。中壇は青蓮院尊應。	華頂要略・応仁別記
1471（文明 3）	4 月		青蓮院尊應、鞍馬寺において敵退治の四天王法を修す。	華頂要略
1471（文明 3）	5,12		青蓮院尊應、室町殿において当月祈禱を行う。	華頂要略
1474（文明 6）	9,21		青蓮院尊應、幕府のために六観音合行法を修す。	華頂要略
1478（文明 10）	5,28	義尚	義尚、青蓮院尊應に尊法仏眼法を行わせる。	兼顕卿記
1479（文明 11）	11,8		聖護院道興を武家護持僧に還補す。	後法興院記
1480（文明 12）	9,5		聖護院道興、義尚のために加持を行う。	後法興院記・実隆公記
1481（文明 13）	5,28		三宝院義覚、義尚のために修法を行う。	蜷川親元日記
1490（延徳 2）	3,20	義稙	聖護院道興、義視・義稙の病気平癒のために加持を行う。	後法興院記
1490（延徳 2）	11 月		聖護院道興、義視の病気平癒のために連日加持祈禱を行う。	後法興院記
1491（延徳 3）	5,24		聖護院道興、義稙のために祈禱を行う。	大乗院寺社雑事記
1500（明応 9）	6,25・26	義澄	義澄、病気により聖護院道興を招いて祈禱を行わせる。	後法興院記
1501（文亀元）	6,15		義澄、聖護院道興を招いて加持を行わせる。（毎月参勤）	後法興院記
1508（永正 5）	9,3	義稙	三宝院持厳、武家において八字文殊護摩を修す。	厳助往年記
1510（永正 7）	2,16		三宝院持厳、武家祈禱命令を東寺及び護持僧に伝達す。	東寺百合文書
1514（永正 11）	9,5		三宝院義堯を通して東寺へ公武の祈禱奉書が伝達される。	東寺百合文書

史料7（「華頂要略」百四十　諸門跡伝二）

三宝院醍醐　政深権僧正　文明元年於室町殿御所唐門四足門之間ニ壇所ヲ設、被修五壇法、中檀ハ青蓮院殿也、
但中檀之事、青門・三宝相論アリ、如何ナル故カ、終ニ天台座主中檀ヲ被修也、

この史料は文明元年に敵（西軍）調伏の祈禱（五壇法）が行われた際の記事である。この時五壇法の中心である中壇を勤めたのは青蓮院であったが、この中壇勤仕をめぐって三宝院と青蓮院が争っていることがわかる。森茂暁氏によれば、室町期の武家五壇法は恒例・臨時含めて毎年のように開催された（年数回の場合もあった）が、義持期以降は中壇も含めて参仕僧は寺門派（聖護院など）が圧倒的に多く、これに続いて三宝院をはじめとする東密系寺院で占められており、山門は少数派であった(21)。実際に今回の事例のような武家邸における五壇法で山門派の青蓮院が中壇を務めたのは応永六年（一三九九）以来七十年ぶりのことであり、護持僧管領である三宝院や中壇阿闍梨の常連である聖護院を退けて青蓮院が中壇を務めるのは異例の事態と言える。五壇法の担当壇は寺院社会における厳然たる序列を意味しており(22)、この時期の青蓮院が如何に幕府によって引き上げられていたかがわかる。この後も尊應は文明六年九月二十一日に六観音合行法を二百年ぶりに修するなど(23)、幕府の青蓮院に対する信頼は厚かったものと思われる。

一方、三宝院と並んで室町期に武家護持僧の中心として大きな役割を果たした聖護院については、満意が寛正六年に亡くなり、その跡を継いだ道興も応仁・文明の乱において義視に与していたとして義政・義尚に一時遠ざけられていた。よって文明年間の前半まで武家祈禱に関わる聖護院(24)の活動は低調であった。しかし、文明十一年に道興が赦免され、護持僧に還補されたのを機に、再び武家祈禱に関与するようになる(25)。主に将軍家に対する病気平癒祈禱の事例が多いが、延徳二年（一四九〇）十一月の義視平癒祈禱や明応九年六月の義澄平癒祈禱においては、連日加持を行う

など幕府のために尽力している[26]。

史料8（『宣胤卿記』文亀二年（一五〇二）五月十三日条）

十三日甲申　雨微、勧黄門状到来、今日左金吾亭会哥談合、并武家護持僧毎月次第、聖護院与竹内殿相論、可為如何云々、聖護院ハ故式部卿親王〈貞常〉息、無官也、竹内殿ハ後成恩寺関白息、前大僧正也、雖為親王息、於無官者可為下﨟歟之由答了、

ここでは、道興から聖護院を相承した道應が毎月の護持僧参仕の先後をめぐって曼殊院と相論を起こしていることがわかる。また「武家護持僧毎月次第」という文言から、この時期においても護持僧による月次（恒例）祈禱が実際に行われていることも注目される。

三宝院が門跡内の混乱を抱える中で、この時期の武家祈禱を主導していたのはこれまでに武家祈禱に実績のある青蓮院・聖護院だったのである。

2．頻発する門主交替と祈禱活動

続いてこの時期の三宝院門主の動向を詳しく見ていきたい。表1を見てわかるように、この時期頻繁に門主が交替している。幕府との関わりから、この事情について考察する。

応仁二年（一四六八）九月、義賢の譲りにより新たに門主となったのは近衛房嗣の子で義教の猶子となっていた政深であった。政深は門主就任から程なく十二月十七日に義政より護持管領に任じられており[27]、義政から護持僧の統括者としての期待を懸けられていたことがうかがわれる。しかし一方で武家祈禱において他の門跡と衝突する事態も起

こっている。これは先に挙げた史料6を見ればわかるが、政深は五壇法において中壇を望むも、青蓮院との相論に敗れこれを勤めることができなかった。この時期の護持管領に基づく活動もうかがえない。このように、護持僧の統括者として期待を懸けられながらもその役目を十分に果たすことができなかった政深は、文明元年「不慮追却」[28]により二年という短期間で門跡を退く。その後門跡となったのは義政次男の義覚であった。当時まだ三歳。その後文明十五年まで比較的長期間門主を勤めるが、幼少のため目立った祈禱活動は見られず早世する。その後九条政忠の子で義政猶子の政紹が門跡となる。三宝院への入室にあたり代々の佳例により「政」の名字を義政から拝領しているが[29]、この人物も積極的な武家祈禱活動を見せることなく延徳三年八月十二日に門跡を追われることになる。また短期間で交替する三宝院門跡について「坊人士ハ如形迷惑了」として大乗院尋尊はその衰微を歎いている[30]。政紹の後は義稙の弟が門主となったようである。

史料9（『大乗院寺社雑事記』延徳三年八月十二日条）

一、三宝院門主被槌出、此方可有御下向也、如元定而可為東南院、此間両方兼帯分也、為東大寺可燃事也、三宝院門主ハ東山慈照寺殿可有御成云々、公方御舎弟也、尤可然、

ここで挙げた史料は、三宝院門主（政紹）が追い出され、代わりに「東山慈照寺殿」が門主として入る予定となっていることを示すものである。この「東山慈照寺殿」とは誰かというと、足利義視の子であり、義稙の弟にあたる周嘉という人物である[31]。しかし周嘉の入室は実現しなかったようで、翌年実際に門主となったのは義稙のもう一人の弟にあたる周台であった[32]。『蔭凉軒日録』には「耀山曰以我為三宝院門主云々」・「自葉室殿以庄村耀尊丈三宝院事御領掌」[33]とある。耀山・耀尊丈は周台のことであるが、これによれば周台が自ら三宝院門主を望んだこと、義稙が側近の

葉室光忠を通じてこれを認めたことがわかる。政紹が追い出された後とはいえ、義稙の後押しもあって、門主交替に際して大きな混乱はなかったようであるが、周台が門主として武家祈禱等に従事した事例はない。

以上見てきたように、義賢死後の三宝院において武家祈禱への関与が著しく見られなくなる一方で、満済以来の三宝院門主の将軍家との親類関係は維持されていたことが分かる。しかし義稙に代わり将軍となった義澄の時期にはこのような関係は見られなくなる。続いて明応の政変以後の幕府と三宝院の動向を見ていきたい。

明応の政変の勃発とともに京近辺が兵火にみまわれ、義稙の連枝らが住していた諸寺院も悉く襲撃を受けた。この中で三宝院門主であった周台は紀伊に逃れる(34)。門主不在となった三宝院には九条家出身で細川政元の猶子の入室が決定されたが実現せず(35)、その後明応三年八月に随心院門跡であった持厳が三宝院門主を兼ねることになったようである(36)。

ここで持厳の三宝院門主就任について詳しく見ると、義賢以降の門主人選においてはかなりイレギュラーであることがわかる。まず摂関家・足利将軍家ではなく、今小路家出身(37)（一条持通の猶子）であること、随心院という護持僧として祈禱実績のある門跡を兼ねていることである。「五八代記」の持厳項ではこの時の状況について、「明応三年月日、雖門下候人種々申無御領掌処、為将軍被定当門主職云々」とある。三宝院の門下・候人らが次代の門主に持厳を推挙したが、持厳自身は承知しなかった。しかし結局は将軍の意向により門主職となったという。この将軍が誰かというのが少し問題になる。明応の政変により擁立された義澄であったが、将軍職拝任は明応三年の十二月であり、当時は未だ義稙が将軍であった。ただ、この時義稙は京を脱出して越中に在国しており、また明応六年正月の義澄に対する護持僧参賀に三宝院の名が見えることから、持厳を門主と定めた将軍は義澄であろう。さらに明応五年正月の護持僧結審が三宝院で作成され(38)、護持僧統括者としての三宝院の地位を明確にうかがうことができる。これを踏まえれば、義澄期においても護持僧体制の下で恒例祈禱においては三宝院が中核的役割を果たしていたことが指摘できよう。定例祈禱以外での活動はうかがい知れないが、これは後述の義稙との親近関係によるものであろう。当初持厳が門主就任を渋ったのも、周台（義稙弟）の後任であることを考慮したためと考えられる。ともかく、義澄政権当時の三宝院は将軍との親類関係はなく、臨時祈禱が命じられることもなくなっていたが、決して幕府（義澄）は三宝院を軽視していたわけではなかった。

応仁・文明の乱前後、祈禱活動がほぼ見られなくなる状況にあっても三宝院と将軍家との親類関係は基本的に維持され、三宝院を護持僧の中核として把握する意図が幕府にはあった。しかし門下の反発やそれに起因する度重なる門主交代、さらに諸門跡との競合・対立関係により、幕府の意図が反映できたのは定例祈禱のみであった。前述の聖護院・青蓮院の動向を踏まえれば、当時の武家祈禱は、三宝院が定例祈禱を統轄し、その他臨時祈禱は聖護院及び青蓮院が担う構造となっていたと考えられる。

三、十六世紀以後の三宝院

明応の政変後、義澄政権期において三宝院は主に定例祈禱においてその主導的な地位にあったことがうかがえるが、義稙の復帰は三宝院との関係やその動向にどのような変化をもたらしたのだろうか。

1．持厳の祈禱活動と護持僧体制再編

永正五年（一五〇八）六月に再上洛を果たした義稙政権において、三宝院はどのような祈禱活動を行ったのかについて具体的に見ていく。まず義澄期との違いとして注目しておきたいのは、三宝院と護持僧との関係である。

史料10（「東寺百合文書」せ函一〇二）

就今度進発之儀御祈事、別而可被抽懇誠之由、護持僧并御門徒中可被触仰之旨、□室町殿所被仰下候、此趣可得御意候也、恐々謹言、

（永正七年）二月十六日　守光

児御中

これは、永正七年近江に在国している前将軍義澄追討のため義稙が出陣するにあたり、武家伝奏である広橋守光を通じて戦勝祈禱を東寺に命じたものである。宛所の「児御中」とは東寺長者へ宛てていることを示す。ここで最も重要なのは傍線部であり、この祈禱命令を護持僧と門徒中に触れ伝えるよう命じている点である。東寺へ武家祈禱依頼をするならば、このような文言が入ることはない。当時の東寺長者は三宝院持厳であり、つまり三宝院が幕府による臨時の祈禱命令を他の護持僧に伝達する役割を担っていたことを示す史料なのである。これは先行研究で指摘されているような「護持僧管領」としての職掌に他ならない。

これまでの多くの先行研究では、満済の有していた諸権能はその死後に失われたとされており、これとは異なる立場をとる細川武稔氏も、臨時の武家祈禱命令を伝達する機能については三宝院の手を離れていったと見ている。しかし、今回の事例では、将軍出陣という臨時の武家祈禱において護持僧への命令伝達に三宝院が介在していることは明

らかである。義稙より「護持僧管領」に補任されたという徴証は見られないが、恒例祈禱における護持僧統括者としての三宝院の立場は室町・戦国期を通じて維持されていたとする細川氏の指摘[39]も踏まえれば、満済以来の「護持僧管領」としての権能が、義稙政権の下で三宝院の手に再び委ねられることになったということが言えよう。

また、護持僧体制の展開における義稙期の特徴として、護持僧が増員されている点が挙げられる。

史料11（「後柏原院御記」永正六年正月八日条[40]）

伝聞、圓宮武家之護持僧之内ニ被加云々、此事自門跡所望云々、然間於武家（義稙）自聖護院前ニ対面云々、雖二品圓宮護持僧者先対面之処ニ、今春被加護持僧之間、第一云々、聖護院聊有所存之由風聞、

「圓宮」（勧修寺宮覚圓）が武家護持僧に加えられたことを示す史料であるが、これが勧修寺門跡側の申請によるものであったこともわかる。さらに永正九年三月二十二日には理性院宗永及び報恩院澄恵が護持僧に加えられ[41]、永正十六年五月には澄恵より報恩院を相承した源雅[42]が補任された。源雅の補任に際しても「武家護持僧競望、被召加畢」（「厳助往年記」）とあるように、当時においても寺側の要請に基づく補任が少なからずあったことに注目したい。さらに言えば、この史料11は、将軍対面儀礼における先後についても記されており、覚圓が護持僧になったのを理由に非護持僧である聖護院よりも先に義稙に対面していることがわかる。ここからも幕府・寺家双方にとって幕府護持僧体制は当時においても決して形骸化したものではなかったということが指摘できる。

また、この義稙期に新しく補任された護持僧の顔触れを見ると、全て東密系寺院であることがわかる。室町期の護持僧体制は、山門・寺門・東密の三流から構成され、特に寺門・東密の諸院家から選ばれることが多かった。本文末尾表3の護持僧一覧を見ても、これが室町・戦国期を通じて維持されていたことは明らかである。例えば、永正十年

における護持僧の月次祈禱結番には、東密寺系の三宝院・理性院・随心院のほか、寺門派として上乗院・若王子（乗々院）・円満院、山門派として檀那院・尊勝院・毘沙門堂・岡崎（実乗院）の名が見えており[43]、これらの護持僧が実際に輪番で将軍護持の祈禱を行っていることが確認できる。こういった事情を踏まえれば、義稙期の護持僧補任状況は特異なものと言える。当時の幕府は三宝院の重用と併行して護持僧体制を東密中心に再編することを企図したのであろうか。この点について次節で義稙と三宝院（持厳）及びその周辺との関係から検証してみたい。

2. 義稙の復帰と三宝院

永正五年（一五〇八）六月に義稙は上洛を果たすが、その翌月に門主持厳は醍醐寺に入寺し、理性院を宿坊としたという[44]。またそれと同時に、永正元年以来空位であった東寺長者に補任されている[45]。時期的に見て、これら持厳の醍醐寺入寺・東寺長者補任は、義稙の復権に連動したものであると見て間違いない。二章で述べたように、持厳は明応六年に内者乱入により三宝院を退去していた。その後義稙が京都に入部するまでに持厳はどこで活動していたのであろうか。

史料12（『大乗院寺社雑事記』明応八年十月三十日条）
一、三宝院殿自越中御上洛、廿日比より山城賀茂ニ御座、法躰也云々、

史料13（「五八代記」持厳項）
前大僧正持厳〈今小路息、但二条関白持通御猶子／号西南院随心院門主也、〉（中略）
一、随心院忠厳記云、前大樹恵林院殿周防国山口御座之時、御上洛之企依在之、為御旗加持、被召請先師大僧正

〈持厳〉坊被参、御密々承之条、一流事依歎申、被延下向之日限、（後略）

史料12では明応八年当時越中に滞在していたことがわかるが、この時再上洛を目指していた義稙も同じく越中に在国していた。史料13では再上洛以前に周防国山口を在所としていた頃の義稙から御旗加持の要請があり、これに応えて下向の準備をしていることがうかがえる。持厳は京を追われた義稙と行動を共にすることがあったようである。このような義稙復帰以前からの両者の密接な関係が、持厳の早期の復権を促したのであろう。また両者の関係はこれにとどまらない。

史料14（『実隆公記』永正八年正月六日条）

抑三宝院持厳僧正、旧冬十二月廿七日入滅、大樹御連枝之分也、可為御軽服歟之事、季綱朝臣内々相尋之間、不可有其儀之由答了、

これは持厳が死去した際に、持厳は義稙の連枝分であるので軽服とすべきかどうかを義稙側近の阿野季綱が三条西実隆に尋ねている場面である。正式にいつ持厳が義稙の連枝になったのかはわからないが、おそらく永正五年の義稙復帰に伴って再び三宝院門主として醍醐寺入寺を果たした時であろう。さらに持厳の死後三宝院を相承した義堯は義稙の猶子となっている。義澄期に途切れていた将軍と三宝院門主の親類関係はここに復活した。三宝院の復権には以上のような義稙と三宝院（持厳）との密接な関係が前提にあったのである。

このような関係は三宝院門跡の院家にも影響を与えたようで、理性院厳助は永正五年の義澄及びその党類の没落を「天下泰平」と評しており、義澄側を敵対視していた[46]。これらと東密寺院の護持僧競望状況を併せて考えると、義稙期の護持僧体制の復興・再編は、義稙復帰による三宝院の重用と、それを好機と見た醍醐寺院家をはじめとする東密

系寺院の働きかけによって結実したものと言える。

以上のように三宝院が恒例・臨時にかかわらず護持僧体制の中核として幕府に引き上げられ、それに乗じた東密寺院の護持僧競望が体制再編を促した。それでは応仁・文明の乱以後臨時武家祈禱を主導していた聖護院や青蓮院などのような立場にあったのか。護持僧・諸門跡を含めた義稙期の祈禱体制について次に見ていきたい。

3．義稙期の祈禱体制

まず義澄期にも護持僧として武家祈禱を積極的に行った聖護院について見ていく。文明十一年に義政・義尚と和解した道興は、義稙・義澄期にわたり将軍護持に勤めたが、文亀元年九月二十三日に死去する。その跡を継いだのは伏見宮貞常の息・道應であった。この人物も先に見たように義澄政権下で護持僧を務め、その序列を他門跡と争うほどであったが、前々節の史料11によれば義稙復帰後は武家護持僧になっておらず、そのまま永正七年に急死する。その後門跡を相承したのは道増であったが、当時三歳と幼少だったこともあり、聖護院の門下からも賛否両論あったという(47)。このような中で道増が義稙期に武家祈禱を行う姿は見られない。唯一永正十年十一月に義政の追善仏事が聖護院にて行われたことが確認できるが、道増の具体的関与は不明である(48)。

一方、非護持僧でありながら文明年間の武家祈禱を主導していた青蓮院であるが、門主尊應は明応二年頃に門主を辞しており、新門主となった尊傳はこの直後に「遁世」・「隠遁」するなど、尊應共々武家祈禱への関与はうかがわれない。尊傳は永正元年に、尊應は永正十一年にそれぞれ死去するが、その後門主となった尊鎮はまだ幼少であった。

このように義稙復帰（永正五年）前後の時期は、聖護院・青蓮院いずれの場合も門主交替の時期と重なっていることがわかる。義稙が護持僧として代々実績があり、且つ親交のあった三宝院（持厳）を再び護持僧体制の中心に置いたのには以上のような背景があったと考えられる。

最後に義稙期に行われた護持僧以外の武家祈禱について触れておきたい。義稙期には義澄との戦争状況による戦勝祈禱も含め、臨時祈禱の発令において奉行人奉書を発給している。一章で見たように、三宝院はすでに義賢の時代より、諸寺社・門跡に対しての祈禱命令伝達には関わってはおらず、伝奏が室町殿の奉書を発給していた。しかしこの時期には伝奏の介在はほとんどみられず、新たに奉行人の介在が認められるのである(49)。他にも東寺への祈禱依頼を奉行人奉書で行った際には、祈禱実施の証明である祈禱巻数の請取は奉行人（東寺奉行）が担当している。室町幕府においては寺社においてそれぞれ担当の専属奉行である別奉行が置かれており、おそらく奉書の発給者もそれぞれ宛所である寺社の別奉行であったと考えられる(50)。よってこの時期における祈禱体制は護持僧祈禱を統括する三宝院とその他の門跡・寺社への祈禱命令を管轄する別奉行というように、祈禱業務が分掌される構造となっていたのである。

おわりに

以上、これまで明らかにした点をまとめる。

満済の死後、三宝院義賢は満済の後継者として、当初より積極的に武家祈禱を行い、将軍家一族という立場から将軍追善仏事も数多く執り行っていた。また公武の媒介者たる立場・役割も主に公家側より期待されていた。しかし実際に当時公武交渉で盛んに活動していたのは伝奏であり、この中で満済の有していた諸門跡及び護持僧の統括者としての権能も、三宝院の手を離れ、伝奏に委ねられることになる。他の諸門跡・護持僧と同様に単なる祈禱従事者と化したのであった。寛正年間に至っては、門下との対立により門跡としての武家祈禱関与もほとんど見られなくなる。

義賢の跡を継いだ政深は、門主就任当初義政より「護持僧管領」に補任され、護持僧統括者としての権能を取戻し、武家祈禱の中核に復帰したかに見えた。しかし、文明元年の武家五壇法における中壇勤仕を相論の末に青蓮院に奪われるなど、その役割を十分に果たすことはできなかった。その後、早世や門下との対立による度重なる門主交替、義政による聖護院の赦免及びその護持僧復帰などにより、三宝院の武家祈禱活動はさらに縮小の一途をたどる。このような状況においても歴代三宝院門主と将軍家との親類関係は維持されていたが、明応の政変における将軍及び三宝院門主双方の交替により、この両者の関係は一旦途絶する。義澄の後押しを受けて門主に就任した持厳は、護持僧体制下において幕府参賀や定例祈禱の統括を行った。しかし、義澄とは親類関係を持つことはなく、定例祈禱を除いて武家祈禱の主たる担い手は引き続き青蓮院・聖護院であった。

前述の持厳と義澄・義稙との関係を背景に、義稙再上洛に伴って持厳は三宝院門跡に復帰する。ここで三宝院は再び武家祈禱の中核に据えられ、恒例及び臨時祈禱における護持僧統括者として活動するようになる。満済や政深以来の「護持僧管領」としての権能が三宝院の下に戻ったのである。これには、義稙復帰時における義稙と持厳の親類関係（連枝）もさることながら、義政期後半から義澄期にかけての青蓮院・聖護院による武家祈禱の主導が門主交替などにより叶わなくなったことも大きな要因として考えられる。また三宝院復活に乗じた東密寺院の護持僧申請の結果、護持僧体制は新たに再構築された。一方満済以前に三宝院が介在していた諸門跡祈禱については、この時期奉行人奉書が祈禱命令として盛んに発給されており、奉者である別奉行が幕府と諸寺社との間に介在していた。

本稿では、従来評価の定まっていなかった満済以後の三宝院の役割・機能について、幕府の祈禱構造変容の観点からその実態を明らかにした。三宝院は義賢の時期に早くも先代の満済が有していた権能の多くが伝奏に移管され、その後門跡の頻繁な交替や諸門跡との競合により祈禱活動も低調になるものの、幕府の祈禱体制下で三宝院は将軍家子弟入室の門跡として一貫して重視されてきた。そして義稙の京都復帰後には恒例・臨時武家祈禱を主導する護持僧統括者として再定位されたのである。よって三宝院が満済以後戦国期にかけて単線的に衰退していったとする評価は妥当ではない。さらに幕府祈禱体制の総体として見れば、満済死後三宝院が管轄する定例護持僧祈禱を除き祈禱取次業務全般を伝奏が取り仕切っていた時期を経て、十六世紀前半の義稙期において、三宝院が統括する護持僧祈禱・別奉行が介在する諸門跡祈禱、という祈禱業務分担形態が武家祈禱の基本構造として定着したといえる。

以上のような三宝院と幕府との関係や祈禱体制はその後どう展開していくのか。今回は検討範囲が京都復帰後の義稙期までにとどまってしまい、義晴期以降については言及することができなかった。今後の課題としたい。

註

（1）片山伸「室町幕府の祈禱と醍醐寺三宝院」（『仏教史学研究』三一―二、一九八八年）。
（2）大田壮一郎「室町殿の宗教構想と武家祈禱」（同『室町幕府の政治と宗教』塙書房、二〇一四年。初出は二〇〇四年）。同「室町幕府宗教政策論」（同書。初出は二〇〇七年）。
（3）細川武稔「足利将軍家護持僧と祈禱」（同『京都の寺社と室町幕府』吉川弘文館、二〇一〇年。初出は二〇〇三年）。
（4）藤井雅子「室町時代における三宝院門跡の実態」（同『中世醍醐寺と真言密教』勉誠出版、二〇〇八年。初出は二〇〇二年）
（5）松岡氏は室町期歴代醍醐寺座主の出自とその背景を考察する中で、座主を代々輩出した三宝院門跡と将軍との擬制的親類関係の構築が、幕府が継続的に醍醐寺を支配することを可能にしたとしている（松岡隆史「室町期における醍醐寺座主の出自考察」『古文書研究』七七、二〇一四年）。

（6）「醍醐寺文書」二五函二〇七。

（7）『満済准后日記』正長二年正月八日条。

（8）醍醐寺報恩院流歴代の系譜・経歴をまとめた伝記集。記主は織豊期から近世初期にかけて醍醐寺座主を勤めた三宝院義演。佐和隆研「五八代記」（『醍醐寺文化財研究所研究紀要』四、一九八二年）を参照。

（9）親通は定親の子で、文安五年（一四四八）三月に病気の父に代わって伝奏に補任されている（『康富記』文安五年四月七日条）。

（10）「東寺百合文書」ミ函一二六、追加一二―三―C一など。

（11）森茂暁「室町時代の五壇法と護持僧―足利義持・同義教期を中心に―」（同『中世日本の政治と文化』思文閣出版、二〇〇六年。初出は二〇〇三年）。

（12）藤井前掲註（4）論文。なお同氏によれば、醍醐寺における「出世」とは、「門弟を含む、門跡の法流相承に関わる者」としている。

（13）『後知足院関白記』応仁二年二月十日条、『後法興院記』同日条。

（14）『建内記』嘉吉元年七月四日条。

（15）「華頂要略」門主伝　第二十二。

（16）『建内記』嘉吉元年九月十七日条。

（17）『建内記』文安四年九月七日条。

（18）設楽薫「室町幕府評定衆摂津之親の日記『長禄四年記』の研究」（『東京大学史料編纂所研究紀要』三、一九九二年）。

（19）桜井英治『室町人の精神』（講談社、二〇〇一年）などを参照。

（20）前掲註（15）。

（21）森前掲註（11）論文。

（22）森茂暁「五壇修法一覧」（森前掲註（11）書。初出は一九九八年）、大田前掲註（2）論文。

(23) 前掲註(15)。
(24) 室町・戦国期の聖護院の動向・相承関係については近藤祐介氏の研究に詳しい(近藤祐介「聖護院門跡と「門下」――十五世紀を中心に――」『研究年報』五七、二〇一〇年)。
(25) 『後法興院記』文明十一年十一月八日条。
(26) 聖護院道興の動向は、出身家門である近衛家の日記に逐一登場し、将軍家のために度々祈禱を行っていることが確認できる。
(27) 「醍醐寺文書」一二二(『大日本古文書』)。
(28) 「五八代記」政深項。
(29) 松岡前掲註(5)論文。
(30) 『大乗院寺社雑事記』文明十六年七月一日条。
(31) 『蔭凉軒日録』・『系図纂要』では慈照院という注記が付けられているが、慈照院は後に慈照寺と改称される。
(32) 「五八代記」には政紹に続いて、周台と思われる人物の伝記を次のように載せている。

大智院殿

明応元月日、新門主御入室欤、〈今出川義視御息/将軍恵林院義尹御舎弟云々、〉

同二年正月十五日、将軍至河州御進発当門主御童形御供奉也、門下公深大僧都、宗永権大僧都、其外坊官七騎供奉也、

四月廿二日、細川謀反香厳院被奉執居将軍畢、依之門主童形廿五日暁御落失、京都法身院門跡廿三日為物取炎上畢、其後被向筑紫数年御牢籠、終ニ無御得度御年長後被懸禅衣照禅院申之、古老物語也、或記云、後ニ御実名義圓ト申候、

(33) 『蔭凉軒日録』延徳四年二月二十八日条・延徳四年四月十一日条。
(34) 『大乗院日記目録』明応二年五月七日条。
(35) 『大乗院寺社雑事記』明応二年閏四月五日条。
(36) 『後慈眼院関白記』明応三年八月三十日条。
(37) 持厳の出自に関して、「諸門跡譜」や「華頂要略」の今小路師冬の息とする記載は誤りであるとする松岡氏の指摘は首肯しうる。

(38) ただ、持厳の父親として松岡氏は師冬の孫である持冬に比定しているが、『大日本史料』（八編之一六）所引の「大乗院寺社雑事記」文明十六年四月十六日条や藤井前掲註（4）論文においては、持厳の父を成冬（持冬の子）と比定しており、検討を要する。
(39) 細川前掲註（3）論文。
(40) 『妙法院史料　古文書』三六。併せて細川前掲註（3）論文を参照。
(41) 『大日本史料』（九編之一）。
(41) 今谷明・高橋康夫編『室町幕府文書集成　奉行人奉書編』二七二〇・二七二一。
(42) 「醍醐寺文書」三五一―（一三）（『大日本古文書』）。
(43) 『妙法院史料　古文書』三七。
(44) 「厳助往年記」（『歴代残闕日記』一八）永正五年七月八日条。
(45) 「醍醐寺文書」三四六五、「東寺長者補任」（『続々群書類従』二、史伝部一）。
(46) 「厳助往年記」（『歴代残闕日記』一八）永正五年四月十五日条。
(47) 近藤前掲註（24）論文。
(48) 『後法成寺関白記』永正十年十一月二十六日条。
(49) 武家祈禱における伝奏から幕府奉行人への祈禱奉者の転換状況は、東寺武家祈禱の事例を集積した富田正弘氏によって指摘されており、変化の画期は明応の政変であるという（「室町時代における祈禱と公武統一政権」日本史研究史料研究部会編『中世日本の歴史像』創元社、一九七八年）。
(50) 当時発給された武家祈禱に関する幕府奉行人奉書を見ていくと、寺社ごとに奉者が変わっていることが確認できる。このような奉行人の介在に関しては、義稙期の武家祈禱構造の特徴や変容を考える上で非常に重要であり、奉者の精査が今後必要であると考える。

【付記】本稿は、第三〇回（二〇一四年度）学習院大学史学会大会における研究発表をもとに成稿したものである。

表３　足利将軍家護持僧一覧（義賢以降）

年	将軍	★	東密	寺門	山門	典拠
1438（永享 10）	義教		三・随	聖・実・花	浄・岡	看聞日記 1／8
1439（永享 11）		○	随・三・地	聖・実・住・円・花	浄・岡	建内記 2／28、醍醐寺文書 837
1458（長禄 2）	義政	○	三	聖・花・南	竹・檀・岡	大乗院寺社雑事記 7／28
1464（寛正 5）		○	三	聖・実・若	檀・竹	大乗院寺社雑事記 8／25
1465（寛正 6）			三			大乗院寺社雑事記 10／2
1468（応仁 2）			三			醍醐寺文書 122
1475（文明 7）	義尚		大	花・住・実・聖		言国卿記 1／8
1478（文明 10）			大・三	聖		言国卿記 1／8
1479（文明 11）			随・大	聖・花		兼顕卿記 1／8、後法興院記 11／8
1481（文明 13）				実		後法興院記 2／10
1496（明応 5）	義澄	○	三・地・大	住・聖	尊・岡	妙法院史料古文書 35
1497（明応 6）			三	住		大乗院寺社雑事記 1／8
1502（文亀 2）				聖		宣胤卿記 5／13
—	義稙		大・三	聖・実・円・住・若		長禄二年以来申次記（永正 6 奥書）1／8
1509（永正 6）			勧			後柏原院御記（京都御所東山御文庫記録）1／8
1512（永正 9）			理・報			醍醐寺文書 1792、実隆公記 3／26
1513（永正 10）		○	三・理・随	聖・上・若・円	檀・尊・毘・岡	妙法院史料古文書 37
1515（永正 12）			三・安・随	聖・上	尊	守光公記 1／30、6／1、8／30、9／29、三宝院文書
1519（永正 16）			報			厳助往年記 5 月
1526（大永 6）	義晴	○	報・理・三・随	若・聖	尊・毘	醍醐寺文書 26 函 99 号
1541（天文 10）			三		毘	厳助往年記 1／8
—		○	三・理・随	聖・上	毘・尊	年中恒例記（天文 13 年以降成立）1／8
1545（天文 14）			理		尊	天文十四年日記 1／8
1546（天文 15）			随			随心院文書
1553（天文 22）		○	三・理・報	若・聖	尊	妙法院史料古文書 39
不明	—	○	三・随・地	円・上・若・聖	檀・尊・毘・岡	妙法院史料古文書 38

※細川著書（本文註 3） p 151・152 の表 5「足利将軍家護持僧一覧」を参考に、一部改編・加筆。
【略号】
〔東密〕 三＝三宝院、地＝地蔵院、理＝理性院、報＝報恩院、随＝随心院、勧＝勧修寺、大＝大覚寺、安＝安祥寺
〔寺門〕 実＝実相院、南＝南瀧院、聖＝聖護院、花＝花頂、円＝円満院、住＝住心院、若＝若王子（乗々院）、上＝上乗院
〔山門〕 岡＝岡崎（実乗院）、竹＝竹内（曼殊院）、浄＝浄土寺、檀＝檀那院、尊＝尊勝院、毘＝毘沙門堂
★欄：護持僧全員を検出したと判断される場合、○を付けた。

〈足利将軍家と三宝院門跡関連系図〉

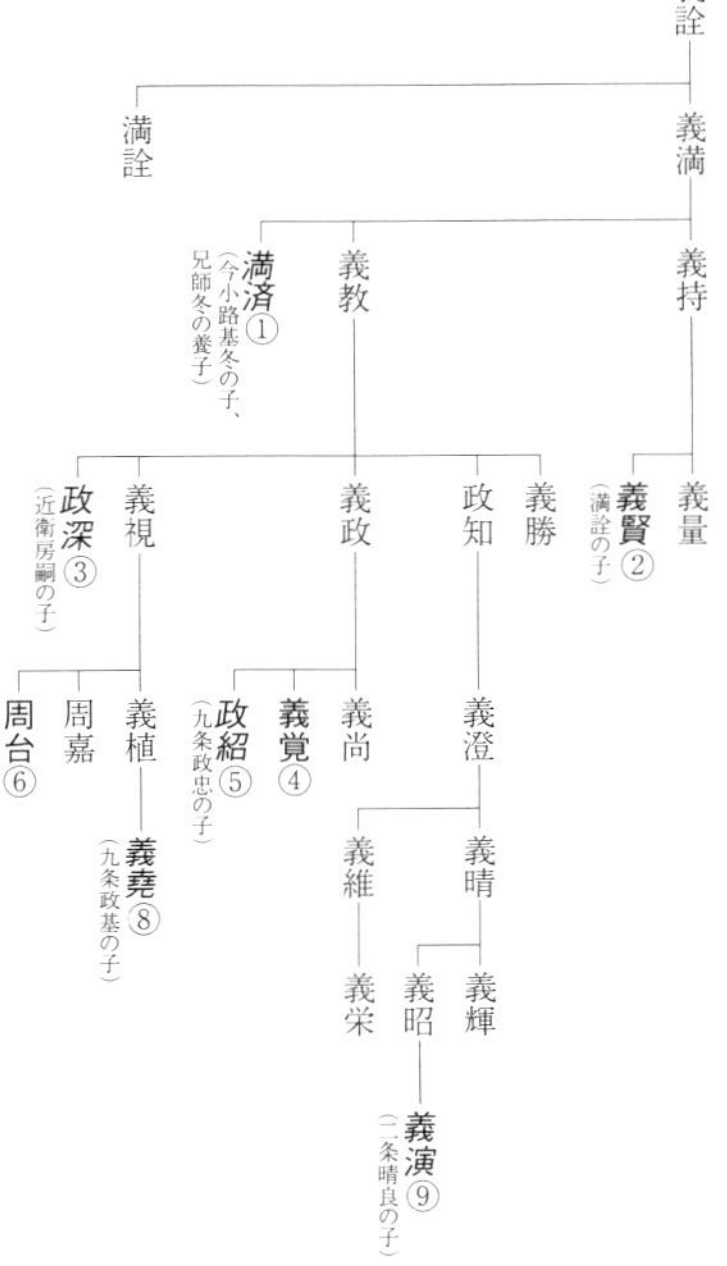

※太字と丸数字は満済以後の歴代三宝院門主、斜体は猶子であることを示す。
※『尊卑分脈』・『系図纂要』などをもとに作成。

〈参考系図〉

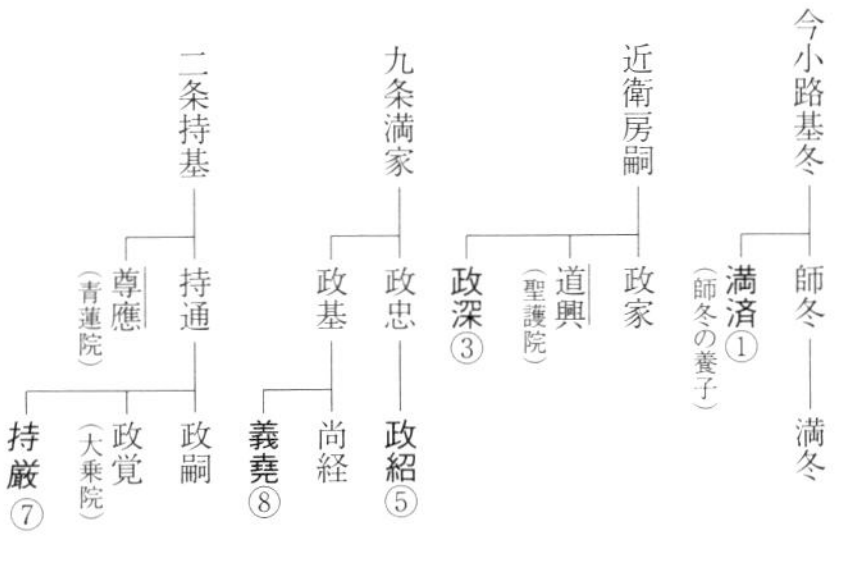

第三部　院家と法流

I　三宝院門跡と門徒
――主に室町時代を中心に――

藤井雅子

はじめに

従来、門跡に関する研究の多くは、政治権力側から解明を行おうとしたものであったが、近年、延暦寺[1]・興福寺[2]・東大寺[3]・青蓮院[4]では、門跡の役割の中からの研究が蓄積されてきている。しかし各門跡は、その成立や宗派、門跡と寺家との関わりなども異なり、必ずしも門跡と門徒の関係やその組織について共通性を見出すことが容易ではない。今は各門跡の実態を明らかにすることが求められているといえよう。

門跡という語句については永村眞氏[5]によって、鎌倉中期以降、「貴種住持の院家、貴種の院主」という限定された語義となり、南北朝時代に定着したとの見解が示された。「門跡」という語義が明確に示されないまま用いられてきたことに対して、警鐘を鳴らしたという点で評価されるが、永村氏が提示した語義の変化は大きな流れであり、やはり個々の門跡の実態については改めて検証する必要があろう。

醍醐寺の門跡である三宝院門跡の研究の多くも、森茂暁氏『満済』に代表されるような世俗社会との関わりを解明しようとしたものであった[6]。こうした研究により、三宝院賢俊や三宝院満済による室町幕府の祈禱勤修や幕政において果たした政治的役割は解明され、大きな成果が挙げられてきた。その一方で三宝院門跡の拠所というべき、寺内における立場や宗教上で果たした役割については未だ解明の余地が残されているように思える。

そこで三宝院門跡の寺内活動に関する研究を整理し、その問題点を明らかにしておきたい。伊藤清郎氏は、門跡組織は〔院主（門主）―門徒（同宿を含む）―下部・所従〕から構成され、門徒の内部には〔宿老―一般門徒〕という序列が存在し、宿老による内談が行われると指摘した(7)。しかし時代的な設定が不十分なこともあり、門跡の構造については、具体的な事例をもとに再度確認する必要があると考える。土谷恵氏は、平安院政期から鎌倉前期における三宝院が、院主と門弟、執行・三綱・承仕によって構成されており、醍醐寺政所の構成員を吸収して、座主房を兼ねる醍醐寺の中枢機関として位置していたと述べている(8)。この三宝院の内部構造は、本稿が対象とする室町時代に三宝院門跡が座主を兼帯していた状態に類似しており、傾聴するべき説である。

鈴木智恵子氏は、室町時代において門跡と深い関わりを持った「出世者」「世間者」の実態について解明し、「出世者」とは「門跡や供僧の資に連なり、法流の担い手となり得る選ばれた者」と位置づけ、さらに「院家や他の子院の所属の者が、門跡と子弟関係を結び、その側近となることは、本来の所属の子院の立場からみれば上格への昇進ということになり、このような経路を持つ僧を出世者と称した」と指摘した。「世間者」については「房官をその頂点とする職に就いていた、寺内においては俗的な部分を構成していた人々」と述べている(9)。これに対して筆者はすでに、「出世者」とは、「出世」自身が昇進するために「出世」と称されたと考えるよりは、むしろ門跡を出世させる役割を担う者で、門跡の修学に深く関わる者という別の意味を設定し、「世間者」については、門跡を「世間」させる者、すなわち門跡領などの「世間」物の管理や、世俗社会との関わりを取り仕切る役割を果たす者という、より具体的な意味を持つのではないかと反論した[10]。

服部幸子氏による「中世醍醐寺における法身院と満済に関する一考察」[11]（以後服部論文A）は、室町前期の三宝院門跡満済が拠点とした京門跡法身院について初めて注目したものである。また同氏は「醍醐寺満済の准后庁と房官に関する一考察」[12]（以後服部論文B）の中で、満済の准后宣下に伴う私的な准后「庁」が、出世別当官、庁務を筆頭とした世間別当官・院司・公文によって構成されていたこと、庁務を兼帯した三宝院房官で代々「大渓」と称した〔豪仲―豪意―豪快〕の系譜を挙げている。しかし氏自身も述べているように、准后庁と三宝院の政所、寺家政所との相互関係については今後の課題として残された。

そうした中で拙稿「室町時代における三宝院門跡の実態」では、室町時代における三宝院門跡が頻繁に交代したことに注目し、寺内における三宝院門跡の実態を検討したが、門跡組織の問題を正面から取り上げたものではなかった[13]。そこで本稿では、三宝院門跡の立場が確立したと評価される[14]、室町前期の満済期前後を中心に、三宝院門跡の寺内における立場やその構成員、特に門徒・房官との関わりに注目しながら、その組織や実態について解明することを具体的な検討課題とし、寺院社会において門跡が存続する条件に言及したい。

なお前述した通り「門跡」には、「貴種住持の院家」（場）と「貴種の院主」（人格）という二つの語義があり、本稿では、これらの意味の違いにも注目しながら検証を行いたい。

また三宝院門跡が名実ともに「門跡」と称してその立場を確立したのは、室町前期の満済期であり、それ以前に三宝院を相伝した者は本来、「三宝院院主」とすべきであろうが、南北朝期の賢俊以前から「門跡」への動きは確認されることから、それらを含めて便宜上「三宝院門跡」と表記することもある。

本稿で用いる「門徒」とは、「門跡と師資関係にあり、門跡の法流を相承する弟子、もしくはその集団」とし、「房官（坊官）」とは、「門跡に属し、門跡経営などの俗的な部分に携わる寺僧」と定義する。また「門下」とは、「門徒・房官を含む門跡に参仕する寺僧集団」という意味で用いる。

第一章　三宝院院主から三宝院門跡へ

（1）三宝院・三宝院流の相承と三宝院門跡

まず三宝院門跡の成立から室町時代に至るまでの人格的門跡の立場の変容について確認しておきたい。

三宝院は平安院政期に勝覚によって建立された院家であるが、院家創建当初より、醍醐寺における法脈の中心として、その院主は醍醐寺座主を兼帯することが多かった。こうした三宝院の院家と法流と座主が一体に相伝される状態が、三宝院院主にとって理想的なものと永く認識されてきた。

三宝院は【表1】の通りに継承されたと推測されるが、その出自をみると、平安院政期の三宝院建立当初は、願主が源氏であった理由から、院主（門跡）も源氏一族によって継承された。しかし平安院政期の勝賢以降は、特定の家門から院主が選出されることはなくなり、名家以上の貴族の子息や親王の入室がみられるようになった。室町前期の満済以降は摂関家の子息が将軍の猶子として入室し、名実ともに貴種の院主たる門跡として数えられるようになった。[15]

史料上における三宝院門跡の初見は、管見の限り、建長六年（一二五四）の後嵯峨上皇院宣とみられる（『大日本古文書　家わけ十九　醍醐寺文書』以下『大古』、七―一三六六（三））。この中には「醍醐寺座主事、所被宣下候也、

【表 1】三宝院門跡表（平安時代～江戸前期）

門跡	出自	師	生没年	備考
勝覚	左大臣源（堀川）俊房息	定賢入壇、義範付法・写瓶、範俊重受	天喜五年（1057）～大治四年（1129）	
定海	右大臣源顕房息	義範入室、勝覚入壇・付法・写瓶	承保元年（1074）～久安五年（1149）	
元海	大納言源（京極）雅俊息	定海入室・写瓶、禅恵付法	寛治七年（1093）～保元元年（1156）	
実運	左大臣源（堀川）俊房息	元海付法・写瓶、寛信入壇	長治元年（1104）～応保元年（1161）	
勝賢	少納言藤原（高階）通憲息	実運入壇・写瓶、最源入室	保延四年（1138）～建久七年（1196）	
実継	大納言藤原（三条西）公保息	行海・雅宝入室、勝賢重受	久寿元年（1154）～建仁四年（1204）	
成賢	中納言藤原（桜町）成範息	勝賢入室・写瓶	応保二年（1162）～寛喜三年（1231）	
良海	摂政藤原（九条）兼実息	実継・成賢弟子	寿永二年（1182）～建保六年（1218）	
聖海	惟明親王息	成賢入壇	建永元年（1206）～未詳	三品親王
勝尊	摂政藤原（松殿）師家息	実賢入壇	未詳	
憲深	侍従源（中院）通成息	成賢入壇	建久三年（1192）～弘長三年（1263）	
定済	内大臣源（土御門）定通息	憲深・定親入壇	承久二年（1220）～弘安五年（1282）	
定勝	左大臣源（山階）実雄息	定済入壇	寛元三年（1245）～弘安六年（1283）	
道性	亀山院宮	法助准后入壇、定勝重受	弘安元年（1278）～未詳	
聖兼	摂政藤原（近衛）家実息	阿弥陀院行誉入壇、定済入壇	仁治元年（1240）～永仁元年（1293）	東大寺別当、東南院院主
聖雲	亀山院宮	頼瑜入壇、実勝入室、親玄入壇、重受	文永八年（1271）～正和三年（1314）	
定任	大納言藤原（中御門）帥経任息	定勝・通海入壇	弘長二年（1262）～延慶二年（1309）	
賢助	太政大臣藤原（洞院）公守息	通海・定住入壇	弘安三年（1280）～正慶二年（1333）	
聖尊	後二条院宮	賢助入壇	嘉元二年（1304）～応安三年（1370）	
聖尋	藤原（鷹司）基忠息	阿弥陀院聖忠入壇、定耀重受	未詳	
賢俊	大納言藤原（日野）俊光息	賢助入壇・付法・写瓶	正安元年（1299）～延文二年（1357）	
光済	大納言藤原（日野）資明息	賢俊入室・付法・写瓶	嘉暦元年（1326）～康暦元年（1379）	
聖珍	伏見院宮	阿弥陀院聖尋入壇	未詳～永徳二年（1382）	東南院院主
光助	大納言藤原（日野）時光息	光済付属資、弘賢入壇	観応二年（1351）～嘉慶三年（1389）	
定忠	大納言藤原（日野）忠光息	実済付属資	未詳	
満済	藤原（二条）師冬息、足利義満猶子	実済入壇、隆源重受	永和四年（1378）～永享七年（1435）	
義賢	大納言源満詮（足利義満舎弟）息	満済入室・付法・写瓶	応永六年（1399）～応仁二年（1468）	

政深	関白藤原（近衛）房嗣息、足利義教猶子	義賢付法	永享九年（1437）～不詳	
義覚	足利義政息	無受法	応仁二年（1468）～文明十五年（1483）	
政紹	関白藤原（九条）政忠息、足利義政猶子	賢深入壇、重賀重受	文正元年（1466）～延徳三年（1491）	
持厳	藤原（今小路）成冬息、関白二条持通猶子	賢松重受	不詳～永正七年（1510）	随心院兼帯
義堯	関白藤原（九条）政基息、足利義稙猶子	源雅入壇	永正二年（1505）～永禄七年（1564）	
義演	関白藤原（二条）晴良息、足利義昭猶子	雅厳入壇、亮淳重受	永禄元年（1558）～寛永三年（1626）	

※【表1】は「三宝院列祖次第」（『醍』43函47号）、「醍醐寺新要録」座主次第篇、「五八代記」、「公卿補任」を参考にして作成した。定忠は「三宝院列祖次第」には掲げられていないが、「法身院准后始終記」（『醍』174函15号）に「前門跡」とあることから表に加えた。

是非被付三宝院門跡、依当時之器量所被補也」とあり、(16) ここでの「門跡」の意味は、単なる「三宝院流を相承する院主」ともとられるものの、先に見た門跡の系譜を考慮すると、「三宝院流を相承する貴種の院主」との意味も含んだものとも解釈できる。

（2）三宝院の焼失と再興

平安院政期の三宝院建立から鎌倉前期の院主成賢の頃までの三宝院については、土谷氏の論考によって三宝院が寺内において筆頭的な立場に存在したことが指摘されている。しかし鎌倉中期以降、三宝院は正治二年（一二〇〇）、貞永元年（一二三二）、文保二年（一三一八）の三度にわたり焼失を繰り返したため、院主は三宝院ではなく、宝池院に住持することを余儀なくされた（「醍醐寺新要録」以下「新要録」三宝院篇）。よって定済以降の院主は、実体のない三宝院を相伝することが多かったことになる。

また三宝院流は鎌倉中期以降、定済を先師とする三宝院流宝池院方（定済方）、地蔵院方、憲深を先師とし報恩院を拠点とする憲深方（報恩院方）に分流し、三者によって正統が主張された。こうした法流をめぐる対立をうけて、永仁二年（一二九四）、伏見天皇綸旨により報恩院憲淳に三宝院流嫡流相承が認められた

（『大古』一一―三四八）。こうして鎌倉後期以降、憲深方が三宝院流の正統であるという認識が定着することになった。

さらに三宝院門跡によって兼帯されていた座主職も、金剛王院や阿弥陀院といった三宝院以外の院主が補任されることもみられるようになった（「新要録」座主次第篇）。こうして本来、院家と法流が一体に相承されることで、寺内の中核的な立場を守ってきた三宝院門跡は、鎌倉後期にはその立場を弱めていった[17]。

その後、三宝院門跡の失墜した立場を再興しようとしたのが南北朝期に活躍した三宝院賢俊である。賢俊は、醍醐寺の報恩院・金剛王院・理性院という有力三院家を門徒化し、それらの上に立つことで三宝院門跡の寺内における地位を高めて、再興しようとした。まず文和二年（一三五三）五月に、賢俊は公家に対して、闕所となっていた三院家の「管領《かんりょう》」権を求めた（『大古』八―一八二〇）。これにうけて同八月、賢俊は綸旨によって報恩院の「管領」を認められ（『醍醐寺文書聖教』以下『醍』、二三函二三号二番）、延文元年（一三五六）隆憲に対して報恩院を安堵した（『醍』二三函二三号一番）。そして理性院は宗助に、金剛王院は頼俊に対して同様の処置を行った。こうして三院家を三宝院門跡の被官として、門徒とした（『醍』二五函二〇七号[18]）。

さらに賢俊が座主職に補任されたことにより、門跡が寺務組織の頂点に立ち、座主を兼帯することになった。応永二年（一三九五）、満済が座主に補任されて以降[19]、江戸前期まで三宝院門跡が座主職を独占することとなった（「新要録」座主次第篇）。つまり賢俊は座主を兼帯することにより、寺内における門跡の優越的な立場の確立を目指したといえよう。

では院家としての三宝院門跡は何時再建されたのであろうか。三宝院は南北朝期以降、門跡光済の許で一度は再建されるものの、再度大破し、応永三十一年（一四二四）に満済により、「灌頂院」のみが造営されたようである（「座主次第」）。このことから、三宝院は次第に座主坊として住持する場としての機能を失い、儀式の場という固有の機能のみを持つ院家となっていったと考えられる。このことは座主坊（座主を支える組織）が三宝院とは別の場所に移ったことを意味する。その場所とは金剛輪院だと考えているが、これについては第三章および四章で詳しく述べることにしたい。

ところで室町前期に三宝院を継承した満済は、門跡再興のために三宝院流嫡流の相承を重要視した。まず応永十年（一四〇三）、同十九年（一四一二）、満済は報恩院隆源から許可灌頂を受け、三宝院流憲深方の法流を相承し（『醍』九九函八号一～三番、一九号一・二番）、三宝院流の正嫡に相伝される重書や聖教の収集を積極的に行った[20]。このような段階を経て三宝院門跡は、院家・法流・座主という三位一体を再現して、寺内の筆頭的立場を再興したといえよう。

（3）門跡の居所法身院の成立

門跡を再興する一方で、賢俊以降の門跡は武家との交流を重視して「足利将軍尊氏亭」に東隣する京門跡法身院を拠点として活動した[21]。その後も法身院は門跡義賢・政深・義覚・政紹の得度の場とされ（得度類集記『醍』一七四函一四号）、各門跡は醍醐寺ではなく、主に同院に止住したと考えられる[22]。結局、法身院は明応二年（一四九三）に「物取」のために炎上したが（「五八代記」義円項）、それ以後しばらくは再建されなかったと推測され[23]、門跡義堯は、その後、醍醐寺の山上釈迦院に止住したようである（「五八代記」義堯項）。

以上から、三宝院は創建当初から、貴種が住持する院家であったが、鎌倉中期頃から三宝院の焼失に伴い、寺内における立場を低下させていった。そうした事態を打開するため、まず賢俊は寺内の有力院家を管領、被官化し、さらに座主として三宝院門跡が再び醍醐寺の優越的な存在となることを目指したと考えられる。
一方で満済は分派した三宝院流の受法を行うことで、再び寺内における法脈の中心の場として三宝院門跡を再興しようとした。その一方で満済は京門跡法身院に止住して、武家祈禱や武家政権へ参与していった。ここに両者の目指す三宝院門跡の違いがみられよう。こうして満済以後、三宝院門跡は次第に門跡不在の場となっていった。

第二章　門跡と門徒・房官

人格的な門跡の止住の場が法身院に移ったことは、門徒との関係にどのような影響を及ぼしたのであろうか。そこで本章ではまず門跡にとって門徒や房官がどのような存在であり、具体的にどのような役割を果たしたのか確認した上で、次章において双方の関係の変化に注目することにしたい。

（1）門跡における門徒と房官の役割

まず門跡の入室において門徒や房官がどのように関わったのか史料から確認してみたい。文明十六年（一四八四）、足利義政の猶子として九条政忠息である政紹が次期三宝院門跡となるために入室したが、その様子について「得度類集記抄」政紹項には次のように書かれている（『醍』一七四函一四号）。

今度御入室事、（中略）彼宿所御逗留之間、七月五日（文明十六年）、面々此所参申、師主観心院（賢誉）、妙法院、理性院（公厳）、予（公深）、世間党ニハ、大渓・按察両法眼、少納言、東坊、大蔵卿、兵部卿、相模、若狭法眼、越中、筑後等也、金剱持参、懸

御目畢、御盃給之、

これによれば、政紹の入室において観心院、妙法院、理性院、報恩院公深ら醍醐寺内の院主や「世間党」が政紹の「宿所」に参集したことがわかる。「世間党」とは、「世間者」と同じであり、〔はじめに〕で述べたように門跡を世間させる者、すなわち門跡の世間に関わる庶務を行う者と考えられ、房官が「世間党」とよばれていたようである。ここにみえる院主らは、後述するように門跡と師資関係を結ぶ関係にあり、門跡から「門徒」「門人」とも称されていた。つまり門徒・房官が門跡後嗣を出迎えていることから、彼らが門跡組織の中枢を担う存在であったといえる。

（２）門跡の門徒

いうまでもなく門跡は入室後も、門徒や房官ら門跡配下の集団によって支えられていた。以下に示す賢俊・満済・義覚の置文には、「門徒」「坊人」の処遇について記されており、門跡にとって門徒がどのような役割を果たしたのかを知ることができる。

【表２】に代々門跡の置文等にみえる門徒（院家）を示したが、これによると理性院、報恩院、観心院、中性院、妙法院がその代表的な門徒であったことがわかる。

理性院は、前述したように賢俊によって宗助が新院主に安堵されたのを契機として、門跡に「扶持」され、門跡にとって「真俗」にわたる「御用」を勤める門徒とされた（「前大僧正賢俊置文」『醍』二〇号四七号、一〇四号一号、以下「賢俊置文」）。そして満済は理性院宗観を「執権」という地位に「申付」けた（「満済自筆公家以下条々置文」『醍』二五函二〇七号、以下「満済置文」）。これは「門跡」が兼帯する座主の「執権」で、「寺務代」ともよばれるもので、寺務

【表2】門徒一覧

出典＼院家名	理性院	報恩院	観心院	中性院	妙法院	無量寿院	金剛王院	西南院	光台院
〔賢俊置文〕『醍』20函47号、104函1号、延文二年（1357）	○宗助	○隆憲			○定憲	○			
〔満済置文〕同25函207号、永享六年（1434）・同七年	○宗観、宗済	○隆済、隆源	○房助	○重賀	○賢快、長済	○賢紹	○房仲	○顕済	
〔准后満済自筆覚書〕同25函59号、教賢への「祗候」名、永享七年	○							○顕済	
〔得度類集記抄〕政深項、同174函14号、「役者」、宝徳元年（1449）	○宗済	○隆済	○賢誉	○重賀	○	○	○	○	
〔醍醐寺掟書案〕『大古』8−1919、義覚「相計申人数」、文明元年（1469）	○公厳	○隆済	○賢誉				○隆海		
〔得度類集記抄〕義覚項「役者」、文明十四年（1482）		○賢深	○賢誉	○重賀	○賢超				
〔得度類集記抄〕政紹項「役者」、文明十六年（1484）	○理性院法眼	○賢深、公深	○賢誉	○重賀	○				○弘宣
〔得度類集記抄〕義堯項「役者」、永正十一年（1514）	○厳助	○源雅					○持昭		
〔権僧正義堯置文案〕『大古』7-1442、「坊人」、大永年間（1521〜27）	○宗永、厳助	○源雅、隆深	○堯雅	○厳誠	○堯済	○堯雅（兼帯）	○		○弘宣、弘賀

を統轄し、世俗の庶務を掌る役職である。この「寺務代」については「新要録」巻十五に、宗助以来の代々の理性院院主が同職を「相続」したと記される。

　報恩院は、代々の院主が「門跡」に対して「受法」「受戒」を行った（「満済置文」、「権僧正義堯置文」『大古』七―一四四二、以下「義堯置文」）。こうした「門跡」と報恩院院主との関係については、「准三后義演灌頂抄」に、「一憲深僧正房以来為報恩院師範事」とあり、鎌倉中期に憲深が三宝院定済に法流を相承して以来、代々の報恩院院主は「三宝院門跡」の「師範」を勤め、「門跡」と門徒という立場にありながら、師資関係においては逆転していたことが注目される（『醍』一三〇函五三号）。さらに報恩院賢深は、文明元年（一四六九）「門跡」義覚の時、「御経蔵奉行」を命じられ、文明十四年（一四七〇）と長享二年（一四八八）、門跡の経蔵の管理を行って聖教目録を作成している。報恩院隆済は幼少の義覚に代わり、修法を行う「御祈御手代《てがわり》」(24)を勤めた（「醍醐寺掟書案」『大古』八―一九一九）。

観心院は、「満済置文」において「当流随一也」、「義堯置文」にも「観心院者、当流無子細門弟也」とみえるが、「当流」とは三宝院流宝池院方を指すと考えられる。つまり観心院は宝池院方を相承する「随一」の門弟とされたといえる。そのため、門徒の法流相承において重要な役割を果たし、門跡の「御師主」や「御経蔵奉行」、「御祈御手代」を勤めた（「醍醐寺掟書案」「得度類集記抄」）。

妙法院は、代々「法流羽翼《うよく》」を担う存在であったとされ、満済は妙法院賢快に対して「一流伝持」（三宝院流）を全うするために伝授を行っており、師弟関係が確認できる（「満済置文」）。

このように人格的門跡は、門徒と密接な関係を築いていたが、その紐帯は法流相承であった。ただし法流相承は門跡から門弟のみならず、門弟から門跡の場合もあった。その要因は様々だが(25)、満済の場合は、分流した三宝院流を多く相承することで、寺内における法流上での筆頭的な立場を得ようとしたためとみられる。

そして門跡にとって門徒は様々な役割を果たす存在であり、理性院は寺家政所における寺務代として寺内の庶務や僧侶の統括を行うなど、寺務に関わる役割を担っていた。一方、報恩院・観心院・妙法院は、「門跡」の「師主」や聖教の管理を行うなど、法流相承に深く関わり、聖俗にわたってさまざまな役割を分掌していた。なおこれらの門徒中には一定の序列が存在したと考えられる。「満済准后日記」の門跡における儀式や門跡の置文等に記述される順序をみてみると、ほとんどの場合、理性院がその筆頭に記されていることから、満済にとっては寺務を補佐する理性院が、もっとも重要な門徒として認識され、上層に存在していたとみられる。[26] また報恩院も、鎌倉後期以来、三宝院流の正統が報恩院に相伝されていたため、法流相承を重視する満済にとっては重要な門徒として位置づけられていたと考えられる。

（3）門跡の房官

三宝院門跡の房官のうち、系譜の辿れる家は【表3】に記した通りである。室町前期より安土桃山期に至るまで、世襲された房官の「家」が確認されるが、特に「井内」家は、「満済准后日記」の中に「大蔵卿上座」（経祐）の名が散見され、「義演准后日記」にも「代々彼家井ノ内、経ノ字用之、法身院准后御代、経祐法眼ト有之」と記されることから、室町前期の「門跡」満済から安土桃山期の「門跡」義演に至るまで、代々「経」を通字として房官職が世襲されていたことがわかる（慶長元年十二月十三日条）。また服部論文Bで取り上げられている「大渓」家も、満済以後も世襲化された。

房官の役割については、門跡の堂宇・門跡領の管理、財務の管理[27]や門跡御教書の奉者[28]など門跡の俗的な庶務を勤めたり、儀式の奉行や出仕[29]、法会における行事僧[30]、供奉・陪膳・使者を勤めたとみられる。[31] こうした三宝院門跡の房官が果たした役割は、延暦寺青蓮院門跡の房官の役割と比較してほぼ同様といえよう。[32] 但し三宝院門跡房官は、門跡の世俗に関わる重要な存在として、「世間党」「世間者」とも呼ばれていたことは前述した通りである。[33] 房官の序列や役割分担については、大渓家が満済准后の「庁務」を勤めており[34]、また井内家も代々門跡の「談合」に加わっていることから、この両家が門跡の経営の中核に存在していたとみられる。よって室町時代においてこの両家が房官の頂点に

【表3】坊官一覧

公名（家名）／出典	民部卿法眼、庁務法眼（大渓）	大蔵卿寺主（井内）	兵部卿上座（小倉・山田）	宰相上座（梅津）	按察	越中	民部卿寺主（北村ヵ）	少納言寺主
〔賢俊置文〕『醍』20函47号、104函1号、門跡房官の処遇、延文二年（1357）			（○最秀法橋）					
〔隆源僧正記〕『新要録』p.1241、満済の供奉、応永六年（1399）			○〈小倉〉兵部卿上座	○賢慶				
〔満済准后日記〕応永卅三年（1426）正月八日条、満済の供奉			○親秀				○宗弁	
〔満済置文〕同25函59号、門跡房官の処遇、永享六年（1434）・同七年	○豪意→愛如意丸（豪快）	○経祐	○親秀		○孝賢→孝淳			
〔准后満済自筆覚書〕『醍』25函59号、教賢「祇候人数」、永享七年（1435）	○			○				
〔或記〕『新要録』p.1244、義賢の供奉、康正三年（1457）	○豪甚	○経長→経甚				○治部卿法橋胤盛→永盛		
〔醍醐寺掟書案〕『大古』8-1919義覚「相計申人数」、文明元年（1469）	○豪甚	○経甚	○親秀				○宗弁	
〔得度類集記抄〕義覚項、『醍』174函14号、「役者」、文明十四年（1482）	（○豪俊上座）						○宗親	
〔得度類集記抄〕政紹項、「宿所」に「参申」者・「役者」、文明十六年（1484）	○	○経秀	○		○	○	○宗親	○長栄
〔得度類集記抄〕義堯項、「役者」、永正十一年（1514）				○長信				

※【表2】【表3】中の「○」印は史料中に表記されることを示し、さらに僧名がわかる場合は併せて記した。
「→」は親族による世襲関係を表す。名字の推定については、「地下家伝」卅一の「三宝院門跡坊官諸大夫伝」を参考にした。

あったと推測される。

なお「門跡」は房官の出家得度に関わり、両者は師資関係を基礎として存続していたとみられる（愛玉公出家記『醍』八函一二八号六番）。

以上、本章では門跡を支える門徒と房官の役割を見てきたが、理性院が代々「寺務代」として、法身院住持の門跡の代わりに寺家政所を守っていたということになろう。室町前期における満済以降、醍醐寺座主と三宝院門跡とは完全に兼帯されていたことは確かである。そのことを考え合わせると、寺家政所と門跡組織もほぼ兼帯されていたと考えるのは自然ではなかろうか。『醍醐寺文書聖教』において管見の限り、室町時代における「寺家政所」発給の文書が一通しか見出すことができないことは[35]、聊か早急かもしれないが、本来寺家政所の三綱らが行うべき職掌を、門跡の房官が代行し、寺家の命令として三宝院門跡御教書を発給したためではなかろうか。

第三章　「門跡」と門跡組織の乖離

前章の通り、様々な役割を担う門徒や坊官らは、門跡を支える組織を構成していたといえようが、京門跡法身院に止住した門跡は、門徒や門跡組織の場は何処に置いて、支配を行っていたのであろうか。

（1）門跡組織の場

「満済置文」には、「寺住真俗門弟・坊人、永不可被召置京門跡候、於暫時事者、勿論々々候哉」とあり、「寺住門弟・坊人」すなわち門徒や房官は、「京門跡」法身院に永く召し置いてはならないと書かれている。つまり「門跡」満済が京門跡に止住しても、門徒は「門跡」に随行せずに、醍醐寺に住持していたといえよう。

では門徒や房官は、醍醐寺においてどのような門跡組織を築き、運営を行っていたのであろうか。満済は置文の中で、「門跡大小公事」は「真俗坊人」すなわち門徒や房官と相談し、「門跡」の「一身」による「御計」らいで決定してはならないと命じている（「満済置文」）。

さらに満済は次期「門跡」義賢の後嗣を教賢と定めて[36]、醍醐寺金剛輪院[37]に住持させ（「満済置文」）、次のような覚書を作成した（「准后満済自筆覚書」『醍』二五函五九号）。

若公様（教賢）御方奉付可祇候人数事

顕済（西南院）僧都

庁務（豪意）法眼

宰相上座

於自余児・坊官・侍如此間致祇候、御番等無懈怠可致沙汰、申沙汰候人数、雖何事一事不可有相違、毎事理性院僧正・庁務法眼・宰相加談合、可令沙汰、御院家（金剛輪院）雑具道具雖一物不可出京、

永享七五月廿四日

（花押）（満済）

この中で満済は教賢の許に門徒である西南院顕済、庁務法眼大渓豪意をはじめとする房官、「児・坊官・侍」が「祇候」し「御番」を行わせ、理性院や房官豪意らの「談合」によって「門跡」後嗣を支えるよう命じている。そして金剛輪院の「雑具道具」は決して醍醐寺から出してはならないと規定している。つまり満済は法身院に止住したまま、後嗣教賢を頂点とした門跡組織に代替する組織を金剛輪院に形作ろうとしたと考えられる。

また文明元年（一四六九）三歳で「門跡」となった義覚は、足利義政と日野富子の子であることから、幕府との密接な関わりによって入室したが、幼少の「門跡」は当然、修法や支配を行えないため、第二章で述べたように門徒らによって、「門跡」の「御祈手代」や「御経蔵御奉行」が勤められた。さらに「御門跡中諸事」を計らい申す「人数」が定められ、その構成員には、報恩院や金剛王院、観心院、理性院という門徒のほか、大渓豪意や井内経甚ら房

官が命じられた（「醍醐寺掟書案」『醍』八―一九一九）。

以上から、「門跡」は法身院に住持したが、その一方で門跡組織は醍醐寺に置かれ、以後、それを構成する譜代の門徒や房官がみられるようになったといえる。なお義覚は「五八代記」に「御童形初例歟」と記されるように、三宝院門跡において初の幼少の「門跡」であり、このことこそ門跡組織が「門跡」を頂点としなくても存続できる状態に整っていたことを示しているといえよう。

（2）「門跡」と門下との対立

「門跡」と門跡組織が分離することにより、「門跡」と門跡組織を構成する門徒や房官との関係はどのような状況を生み出すことになったのであろうか。満済は、門徒である報恩院について「若対当門跡存別心、振不儀院主出来者、以古今証文可決沙汰者也」と記し、門跡に反発した場合は、「院主」（門徒）に対して「門跡」の権威を示し、「沙汰」を決すると述べている（「准后満済事書案」『醍』二六函三八号）。

しかし次期門跡義賢になると、「経覚私要抄」寛正三年（一四六二）二月十九日条に、「禅那院僧正顕済為骨帳、准后ヲ訴申□《（有カ）》子細、令露見之間、去十三日夜令逐電了、近付者六七人同罷出云々、定非出世計歟、世間モ令同心者哉」、「大乗院寺社雑事記」同年四月十一日条にも、「一三宝院門跡事、出世以下訴申入歟、上意以外也、御迷惑云々、（中略）出世大略背門主、退散上下六十余人云々」とみえることから、「門跡」を訴えようとして逐電した「出世」「世間」者が六十人あまりも存在したことがわかる。とくに「顕済」は前述した教賢の許での「談合」の一員であることから、門跡組織の上層部にも「門跡」に対して直接的に反発するものが現れたことは注目すべきといえる。

延徳三年（一四九一）には、「門跡」政紹も「三宝院門主」を「追出」されて南都に下向し、明応六年（一四九七）には、持厳も「内者共」による「門跡」への「乱入」により「門跡」を辞している。このように満済以後の室町時代の門跡は、門下によって追放された事例が少なくない。これらの要因は、人格的な門跡が門跡組織を支える門下らにとって、すでに実質的な機能を失っていたためではなかろうか。

以上本章をまとめると、室町時代の門跡は武家政権との関わりのために、京門跡法身院を常の住坊としたが、その組織は醍醐寺内の金剛輪院に置かれた。こうして本来一体であるはずの門跡と門跡組織の場が、法身院の創設を契機として乖離することになった。寺内に置かれた門跡組織は、主に寺住の理性院や報恩院をはじめとする門徒と房官によって運営されたが、門徒は門跡の機能を代替し、房官は門跡の運営を支えるという形で成長を遂げていった。そしてこうした状況は、門跡が門下である「出世」党や「世間」党と対立し、時として追放されるという現象を生み出すことになった。つまり門下にとって、門跡は権威の象徴に過ぎなくなってしまったため、次第に門下の思惑によって門跡経営が進められていったといえよう。

第四章　三宝院門跡と金剛輪院

前述したように、金剛輪院は室町前期以降、三宝院門跡の組織の場として機能することが期待されたわけだが、金剛輪院が「三宝院門跡」と称されないながらも、どのような過程を経て、三宝院門跡の拠点と発展していったのであろうか。なお金剛輪院の建築的な整備については藤井恵介氏「三宝院の建築」や山岸常人氏編集による『醍醐寺叢書史料篇建築指図集』[42]の金剛輪院の解説に詳しいが、ここでは建築的な整備とともに、相伝や院家としての役割などの院家の内部的な整備も含めて考えることにしたい。

（1）金剛輪院の草創と変容

金剛輪院の草創については「新要録」には詳しく記されていないが、まず嘉元二年（一三〇四）、金剛輪院において「金剛輪院権僧正」通海が定任に対して附法を行っていることが確認される（『醍』一三一函七号）。正慶二年（一三三三）の賢助僧正譲状には金剛輪院が「前権僧正定任遺跡」であると記され（『醍』同二函九八号）、賢助の弟子賢俊は金剛輪院を居所としたとみられる[43]。その相伝次第は〔通海―定任―賢助―賢俊―成助―満済―義賢―（教賢）―政深―（この間不詳）―義堯―義演〕と推定され、主に宝池院方の正嫡によって相伝された[44]。

また江戸前期成立の「義演授真勝伝法灌頂印信紹文案」の一括包紙裏書には「金剛輪院トハ、今ノ御門跡（義演）ノ御寺也、根本此金剛輪院ハ三宝院ノ児ノ御所也ト云々」と記され（『醍』一〇三函九一号二―一番）、この「三宝院ノ児」とは第三章で述べた教賢を指し、教賢が金剛輪院に住持した由緒により、江戸前期には三宝院門跡の「御寺」と位置づけられていたことがわかる。

（2）金剛輪院の役割

室町前期に教賢が金剛輪院に住持した後、金剛輪院はどのような役割を果たす院家となり、発展していったのだろうか。

まず第一に前述した門跡組織が置かれた場としての役割が挙げられる。第二に、「門跡」が寺内に還住した際の住坊として機能していた。満済は駄都秘決[45]（『醍』一〇一函一七号）の奥書にも「応永卅二年十一月五日、金剛輪院西窓而独挑寒灯書写之、夜雨蕭條頻添感涙者也、舎利神変、祖師法験殊勝々々、座主前大僧正満済」と記し、三宝院経蔵に納められた聖教を金剛輪院において書写している。第三には、座主坊としての役割も果たしていた。室町時代の代々の「三宝院門跡」は、将軍家から座主職を譜代の所職として安堵されて兼帯していた。満済の座主拝堂を記した「醍醐寺座主拝堂条々」には、「一御出立所　三宝院廊北向、当時座主坊金剛輪院也、臨期可有御移住用意而已」とあり、当時「座主坊」が置かれていたことが確認される（『醍』一二二函八〇号）。第四に、満済が次期門跡義賢をはじめとする多くの弟子に対して金剛輪院を道場として伝法灌頂を行っていることから（「前大僧正満済授義賢阿闍梨灌頂印信印明案」『醍』二六函二七号、「新要録」金剛輪院篇）、門跡の伝法灌頂の道場として用いられていたことが挙げられる。第五の役割としては、門跡重宝の保管の場がある。正慶二年（一三三三）正月十七日、前大僧正賢助は賢俊に対して三宝院・宝池院・遍智院等の院家を譲与したが、金剛輪院は成助に「申置」き、「本尊聖教等悉納置金剛輪院経蔵候」とし、もし賢俊が必要なことがあれば「貸渡」すが、これらは皆「本門跡」に「付」すべきものであるので、「散失」しないようにと注意している（『醍』一〇函一一号、『大古』六―一二三七）。つまり金剛輪院の経蔵に三宝院門跡に伝来する本尊聖教等が納められていたことがわかる。また時代は下るが、慶長二年（一五九七）に准三后義演が醍醐寺の「要録」で「根本之縁起」でもある「醍醐寺要書」を書写し、その写本を納めたのは金剛輪院であった（『醍』一八二函一〇号一番、書写奥書）。当時すでに金剛輪院は三宝院門跡の居所であったと考えられるが、金剛輪院に醍醐寺の創立や発展を記した「醍醐寺要書」を止め置いたことは、その後の醍醐寺内における金剛輪院の位置、すなわち醍醐寺の中心院家であり、門跡が統括する場として継承されることを念頭に置いていたことを示すといえよう。

以上から、鎌倉時代までは単なる三宝院流宝池院方相伝の一院家にすぎなかった金剛輪院は南北朝期以後は、三宝院門跡にとって様々な役割を担う院家として発展していったことがわかる。

（３）金剛輪院の整備と再興

三宝院門跡の拠点となった金剛輪院は、門跡が住むに相応しい場としてどのように整備されていったのか、その過程をみていくことにしたい。

永享元年（一四二九）十一月廿一日、金剛輪院に「常御所会所相兼」、同六年七月十三日には「厨子所」の「立柱上棟」が相次いで行われ（「満済准后日記」）、金剛輪院の整備が開始された。[46]さらに同十一年（一四三九）四月廿八日には、座主義賢による「内裏仁王経法」の勧賞として、金剛輪院に「阿闍梨三口」が「寄申」され（「薩戒記」）、院家を支える住僧らも整えられた。しかし文明二年（一四七〇）八月、応仁文明の乱の兵火によって多くの下醍醐堂宇や院家が焼き払われた時、金剛輪院も焼失した（「新要録」金剛輪院篇）。大永五年（一五二五）二月になってようやく再建の作事が開始され、四月寝殿の棟上が行われ、六月に門跡義堯が移徙したが（「厳助往年記」）、弘治二年（一五五六）には再び回禄したため、門跡義演は光台院へ移った（「新要録」金剛輪院篇）。その後義演は豊臣秀吉に資金的な後援を受けながら、積極的に金剛輪院の再興を目指し、慶長三年（一五九八）以降、寝殿・厨子所・書院[47]・灌頂堂・湯殿・経蔵・屏中門等が「宝池院ノ旧跡」に新造された。[48]

こうして義演が金剛輪院を再興し居所としたことにより、江戸前期以降、金剛輪院は事実上の三宝院門跡とみなされ現在に至っている[49]。本章の検証により、金剛輪院が三宝院門跡として機能するようになった要因や過程について聊かではあるが、明らかになったと思われる。しかし注意しなくてはならないのは、慶長十二年（一六〇七）十一月六日の「前大僧正義演授宥増許可灌頂印信印明案」の奥書に「佐竹八幡宮社務上人宥増頻懇望、仍免許了、（中略）道場金剛輪院也、雖然田舎ノ聞タル間、三宝院ト書之」という文言からも窺われるように、三宝院門跡や三宝院流の本拠は金剛輪院ではなく、やはり三宝院であるという認識が根強く存在していたことである（『醍』四二函一四号ウ）。つまり江戸時代に至ってもなお金剛輪院の名称はあくまで「金剛輪院」であり、「三宝院」とは称されなかった点を確認しておきたい。

おわりに

南北朝期以降、三宝院門跡の賢俊や満済は武家社会の祈禱勤修などにおいて、政治的に重要な役割を果たしたが、醍醐寺においては決して卓越した立場にはなかったとみられる。そのため賢俊は寺内において三宝院門跡が他院家の上位に立ち、寺内における中核的な立場に存在することを目指したと考えられる。一方満済は分派した三宝院流を相承して、三宝院門跡を寺内における法流上の中心的な存在にしようとした。つまり満済は賢俊と異なり、寺内に住持することはさほど執着せず、武家社会における役割をより円滑なものとするために、法身院に止住したと考えられる。ここに賢俊と満済の、三宝院門跡再興に対する考え方の違いがあったといえよう。

ところで人格的な門跡にとっての門徒とは、「門跡」の宗教的機能を代行する存在であり、房官は門跡の俗的な経営を支える重要な存在であった。そしてこれらの上層部の門徒・房官は共に「談合」して門跡組織を運営するようになったため、門跡不在の組織へと発展する可能性が生まれてきたといえよう。すなわち本来、門跡にとって門徒の存在は、「満済置文」の「因縁坊人牢籠ハ、門跡衰微也」という文言に象徴されるように、「坊人」すなわち門徒や房官らの「牢籠」は門跡の「衰微」につながり、「門跡」にとって門徒らは命運をともにする存在であったといえよう(50)。しかし門徒にとっての「門跡」は、室町中期以降に門下が門跡を相次いで追放した現象から考えると、門跡組織を維持する上で、「門跡」は単なる権威の象徴と認識されていたようである。つまり室町中期以降、門跡組織は門跡不在のまま、機能できる状態になったと考えられる。では形骸化した門跡がその後も存続したのは何故であろうか。まず第一に「門跡」が世俗両社会において権威の象徴であったためであり、第二に表向き、「門跡」が三宝院流の正統を相承する者として存在していたためであった。

今回検証してきた、人格的門跡と門跡組織の乖離という現象は、三宝院門跡の場合、満済を契機としてみられるものので門跡像の一例にすぎない。しかし他の門跡、例えば東大寺東南院の中にも三宝院門跡と類似した権威と実態の乖離という現象がみられることは慥かである(51)。一方で安土桃山期以降、三宝院門跡義堯や義演の行動にみられるように、権威と実態を取り戻そうとする動きが確認される。こうした門跡権威の再復活については、別稿を期して改めて論じることにしたい。

また〔第四章〕で取り上げた三宝院門跡の醍醐寺内居所の問題、すなわち室町前期以降、三宝院門跡の居所が三宝院から金剛輪院に移った要因やその過程・状況については、これまでほとんど解明されてこなかったように思える。本稿での検証は紙数の問題もあり、未だ不十分な点はあるが、中世から近世における三宝院門跡の組織や宗教的な活動を考える上で重要な問題であると改めて認識した。この問題の解明についても今後継続していくつもりである。

註

（1）下坂守氏『中世寺院社会の研究』第四篇（思文閣出版、二〇〇一年）、衣川仁氏「中世延暦寺の門跡と門徒」（『日本史研究』四五四、二〇〇〇年七月）、五味文彦氏・菊地大樹氏編『中世の寺院と都市・権力』（山川出版、二〇〇七年）等。

（2）稲葉伸道氏『中世寺院の権力構造』第六・七章（岩波書店、一九九七年）、安田次郎氏『中世の興福寺と大和』第三章（山川出版社、二〇〇一年）、高山京子氏『中世の興福寺門跡』（勉誠出版、二〇一〇年）等。

（3）永村眞氏「中世東大寺の「門跡」とその周辺—東南院「門跡錯乱」をめぐって—」（『史艸』四二、二〇〇一年）。

（4）稲葉伸道氏「青蓮院門跡の成立と展開」（河音能平・福田榮次郎氏編『延暦寺と中世社会』法蔵館、二〇〇四年）。

（5）永村眞氏「「門跡」と門跡」（大隅和雄氏編『中世の仏教と社会』吉川弘文館、二〇〇〇年）。

（6）森茂暁氏『満済』ミネルヴァ書房、二〇〇四年、同「政治と宗教」（『中世日本の政治と文化』思文閣出版、二〇〇六年）。大田壮一郎氏「室町殿の宗教構想と武家祈禱」（『ヒストリア』一八八、二〇〇四年）、同「室町殿と宗教」（『歴史学研究』八五二号、二〇〇九年四月）、同「室町殿権力の宗教政策—足利義持期を中心に」（『日本史研究』五九五号、二〇一二年三月）（以上大田氏の三論文は、後に同氏『室町幕府と宗教』塙書房、二〇一四年に所収）、細川武稔氏「足利将軍護持僧と祈禱」（『日本歴史』六六四号、二〇〇三年）、富田正弘氏「室町時代における祈禱と公武統一政権」（日本史研究会史料研究部会編『中世日本の歴史像』創元社、一九七八年）、石田出氏「十五～十六世紀前半における室町幕府祈禱体制—醍醐寺三宝院の動向を中心に—」（『学習院史学』五三号、二〇一五年）ほか多数。

（7）伊藤清郎氏「中世の醍醐寺」（『中世日本の国家と寺社』、高志書院、二〇〇〇年）。

（8）土谷恵氏『中世寺院の社会と芸能』第一部第一章・第二章、吉川弘文館、二〇〇一年。

（9）鈴木智恵子氏「「出世・世間者」考—醍醐寺僧の場合—」（『醍醐寺文化財研究所研究紀要』三号、一九八一年）。

（10）拙稿「第Ⅰ部第三章　室町時代における三宝院門跡の実態」（『中世醍醐寺と真言密教』勉誠出版、二〇〇八年）。
（11）服部幸子氏「中世醍醐寺における法身院と満済に関する一考察」（大桑斉編『論集　仏教土着』法蔵館、二〇〇三年）。
（12）服部幸子氏「醍醐寺満済の准后庁と房官に関する一考察」（『大谷大学大学院研究紀要』二〇、二〇〇三年）。
（13）註（10）拙稿。
（14）註（10）拙書所収「第Ⅰ部第二章　南北朝期における三宝院門跡の確立」。
（15）満済以降の三宝院門跡の出自については、松岡隆史氏「室町期における醍醐寺座主の出自考察」（『古文書研究』七七号、二〇一四年六月）がある。
（16）この院宣は、三宝院流の嫡弟でなかった定済が座主に就任するために出されたものと考えられるが、詳細は「第Ⅰ部第一章　三宝院・三宝院流と醍醐寺座主」（註（10）拙書所収）を参照。
（17）拙稿註（10）前掲論文。
（18）大田壮一郎氏「室町殿の宗教構想と武家祈禱」（註（6）前掲論文）。
（19）賢俊より満済に至る三宝院門跡については、橘悠太氏「南北朝期における醍醐寺三宝院光済と室町幕府」（『日本史研究』六二六号、二〇一四年一〇月）、小池勝也氏「南北朝末期の醍醐寺三宝院院主と理性院院主」（『日本歴史』八一三号、二〇一六年二月）を参照。
（20）当時、三宝院流憲深方が嫡流とみなされていたことについては拙稿註（16）参照。満済による重書収集については、「弘法大師二十五箇条御遺告」（醍醐寺所蔵）の奥書にもその動きがみられる。
（21）「三宝院賢俊僧正日記」文和四年（一三五五）三月十六日条等。
（22）ただし義覚は文明十二年（一四八〇）、「土御門万里小路」に新造された新たな門跡に「移徙」した（「宣胤卿記」文明十二年十二月廿四日条、「東寺廿一口方供僧評定引付」同月廿日条）。これは義覚が幼少だったため、それに応じた場が用意されたためとも考えられる。
（23）「義演准后日記」には、再び「京門跡」の記載がみられるようになる（慶長十二年十二月八日条）。

(24) 修法の大阿闍梨等の代わりに実際に作法を行う人。
(25) 中性院重賀は門跡政紹に対して、三宝院流宝池院方の法流を伝授したが、これは相次ぐ門跡の早世や辞任に伴って断絶した法流を中継したためであった。詳しくは「第Ⅰ部第三章　室町時代における三宝院門跡の実態」（註（10）拙書所収）参照。
(26) 「満済准后日記」応永三十三年正月朔日条における節供、永享四年正月朔日条における護摩の出仕僧などの順番など。
(27) 「大蔵卿法印経祐奉書案」『醍』二五函二七〇号。
(28) 「三宝院門跡義賢御教書案」『醍』一八函二二号。
(29) 「満済准后日記」応永廿三年正月十六日条。
(30) 「満済准后日記」永享四年八月廿八日条。
(31) 「満済准后日記」応永廿三年九月八日条、同年正月一日条、永享六年十月六日条。
(32) 伊藤俊一氏「青蓮院門跡の形成と坊政所」『古文書学研究』三五号、一九八一年。
(33) 「得度類集記抄」政紹項（『醍』一七四函一四号）。
(34) 服部氏註（12）前掲論文。
(35) 明応二年（一四九三）閏四月廿八日「醍醐寺政所堂童子職補任下文写」（『醍』二五函一三八号）。
(36) 教済、都々若公とも。一条兼良の息。但し満済入滅後、離寺し、門跡にはならず（「五八代記」）。
(37) 鎌倉時代の三度にわたる焼失後、南北朝期三宝院光済の時に一部再建されてはいたが（「座主次第」）、満済は寺内の儀式に出仕する際には金剛輪院に住持した（「満済准后日記」）。安土桃山時代の義演も金剛輪院に止住していた（「義演准后日記」）。
(38) 「大乗院寺社雑事記」延徳三年八月十二日条。
(39) 「大乗院寺社雑事記」明応六年十二月十四日条。
(40) 満済の醍醐寺の住持の場は金剛輪院であることは満済の服部論文Aで触れられている。
(41) 藤井恵介氏「三宝院の建築」（『醍醐寺大観』第三巻、勉誠出版、二〇〇一年）。
(42) 『醍醐寺叢書　史料篇　建築指図集』金剛輪院解説（勉誠出版、二〇一二年）。

（43）康永二年（一三四三）十二月十六日、賢俊は金剛輪院において賢季に対して伝法灌頂を授けている（「賢俊授賢季伝法灌頂印信印明案」『醍』七九函三四号）。
（44）相伝次第については『醍』一三一函七号、三六〇函一〇号、賢助僧正譲状（『醍』同二函九八号）、「満済置文」「新要録」「五八代記」の記述から推定し作成した。
（45）駄都秘決は、三宝院流憲深方の祖憲深の撰による一帖で、仏舎利を如意輪宝珠と観じて修する秘法である駄都決の秘決を記したものである（『密教大辞典』）。
（46）註（42）山岸氏前掲書。
（47）藤井恵介氏の研究によると、慶長三年における金剛輪院の書院・灌頂堂などの再建においては、興福寺の能施設が移築されたという（藤井恵介氏「興福寺の秀吉能施設から醍醐寺三宝院建築へ――三宝院殿堂の来歴――」『醍醐寺文化財研究所研究紀要』二三号、二〇一五年十一月）。
（48）「新要録」金剛輪院篇、「義演准后日記」慶長四年正月朔日条等。「宝池院ノ旧跡」に「縄張」が行われたことについては「義演准后日記」慶長三年五月十日条参照。
（49）註（41）藤井氏前掲書。
（50）同様の文言は「義堯置文」の「坊人牢籠門跡衰微基也、互可被成水魚思哉」にも記される。
（51）文明年中（一四六九〜八七）、東大寺東南院において門主（門跡）覚尋と門徒との抗争が起こったが、この時にも門跡と門跡組織の乖離がその要因にあったと考えられる（永村氏註（3）前掲論文）。

【付記】小稿執筆にあたり、御指導・ご教授いただいた永村眞氏に心より謝意を申し上げたい。また史料閲覧および掲載に関して格別の御配慮を賜った醍醐寺当局に対して記して御礼申し上げる。

Ⅱ

三宝院門跡満済と報恩院隆源
—法流相承をめぐって—

佐藤亜莉華

はじめに

三宝院門跡満済（永和四年〔一三七八〕～永享七年〔一四三五〕）は、足利義満の猶子として醍醐寺に入室し、応永二年（一三九五）醍醐寺第七十四代座主に補任され、正長元年（一四二八）准三后に宣下された。また、義持・義教期においては将軍の護持僧を勤め、幕政にも関わりを持ったことでも知られる。

隆源（康永元年〔一三四二〕～応永三十三年〔一四二六〕）は、醍醐寺報恩院院主かつ三宝院流憲深方の正嫡である。実は、隆源は満済の法流相承において、重要な役割を果たした。なお、『満済准后日記』応永三十三年九月廿一日条では、満済が三宝院流憲深方を「報恩院方」と記しているが、管見の限り、隆源自身が「報恩院方」と称する事例は見当たらないため、本稿では憲深方と表記することにしたい[1]。

そもそも三宝院門跡は、東寺長者を兼帯することが多かったことからも窺えるように、真言密教教団の中で主導的な立場にあった。特に中世では足利将軍家と密接な関わりを持ったことから、その存在が重要視されてきた。中でも幕政に関与した満済は注目され、世俗との関係については多くの事が解明されてきたが[2]、彼の本分である宗教者とし

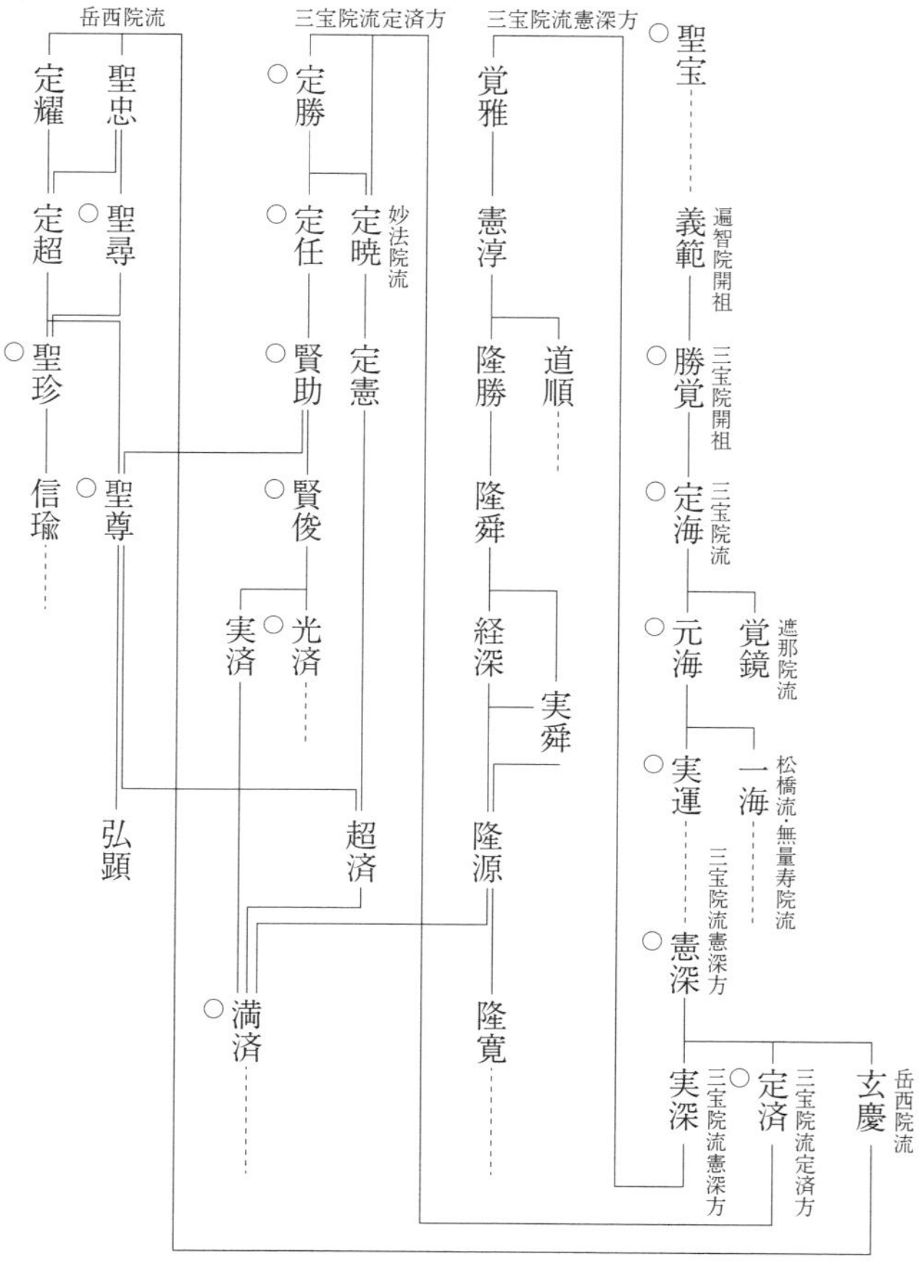

＊『醍醐寺新要録』座主次第篇・座主幷法流血脈篇、醍醐寺蔵本「伝法灌頂師資相承血脈」(「醍醐寺研究紀要」第一号)、「三宝院流憲深方血脈」(「醍醐寺史料」、以下「醍」、七七函一七六号)、「三宝院流定済方血脈」(「醍」八二函一〇七号四番)、『密教大辞典』等を参考に本稿に関係する系譜を作成した。
○印は座主補任を表す。

図1　醍醐寺諸流血脈(室町前期まで)

ての側面は、まだ検討の余地が残されているように思われる。

ところで、平安院政期より醍醐寺では多くの法流が伝えられる中で、三宝院流が筆頭的な法流とされてきた。しかし、鎌倉中期以降、三宝院流は定済方、憲深方、地蔵院方等に分派し、それぞれ三宝院流の嫡流であることを主張して優越を争っていた。「法流」は、秘法を受け継ぐ系譜・流派という意味に加え、師から弟子に伝授される独自性を持った秘法の体系という意味が

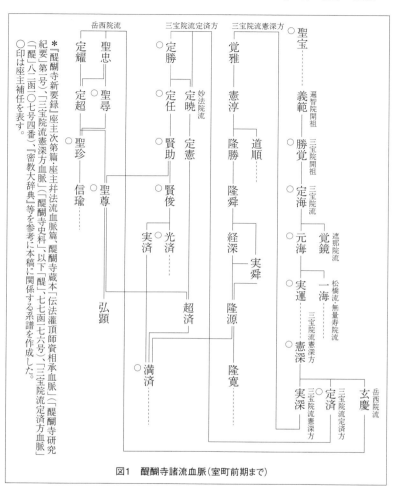

ある。[3] 三宝院流が複数の法流に分かれた要因としては、三宝院・三宝院流・醍醐寺座主が三宝院流正嫡によって受け継がれるという原則が、鎌倉時代後期に崩れたことが挙げられる。[4] そのため、隆源属する憲深方は嫡流の相承を根拠に、満済属する定済方は三宝院を相承していることを根拠に、座主職をめぐって対立した。

定済方は平安院政期以降、摂関家の子息や親王といった貴種を院主として三宝院を相承してきた。しかし、三宝院は鎌倉時代に三回にわたって焼失しており、多くの期間は管領権のみを相承する状態にあった。加えて、永仁二年（一二九四）の伏見天皇綸旨によって報恩院憲淳に三宝院流嫡流が相承されていると認められたことにより、憲深方を三宝院流嫡流とする認識が定着する。さらには、座主職には三宝院流以外の僧侶が補任される例がみられるようになり、定済方の立場は弱まっていった。[5] 南北朝期に活躍した賢俊によって、再び定済方が座主職を兼帯して醍醐寺を統括することとなったが、彼の死後も院家と座主職が永続的に定済方に相承されるという保障はなかったといえよう。[6]

定済方の立場が一度は復権したものの未だ不安定であった時期に、満済は義満の後ろ盾で若くして座主となる。室町時代前期における満済と隆源の関係は、最終的に定済方が三宝院門跡として他の法流に対する優位を確定し、その後座主職を独占する過程で、重要な意味を持ったと考えられる。

近年の満済に関する先行研究としては主に、世俗との関わりを中心とする森茂暁氏の研究、宗教活動に焦点を当てた永村眞氏と藤井雅子氏の研究が挙げられる。満済による三宝院門跡の確立については、近年その概観は明らかになりつつあるが、隆源との交流に焦点をあてた論文は未だ見られない。そこで本稿では、満済の宗教活動と隆源との関係に注目しながら、満済以降、三宝院流定済方を受け継ぐ三宝院門跡が憲深方を含む他の法流に優越するようになった要因を探ってみたい。

一、満済による三宝院流憲深方の相承

満済と隆源の関わりの中で最も注目されるのが、満済による憲深方相承である。既に三宝院門跡となっていた満済は、門人である隆源を師として灌頂を受けることで師資関係を結んだ。このことは、満済の宗教活動に関する先行研究において度々触れられてきた。[7]満済の宗教者としての姿を知る上でも、隆源との師資関係について考察することは重要であるといえよう。

灌頂には、主に師位の前提となる弟子位を授けられる許可灌頂と、師位を授けられる伝法灌頂がある。よって本来は許可灌頂を先に受けるが、時に許可灌頂は既に師位を得ている行者に対して「略灌頂」としても催された。[8]また法流の細分化により、伝法灌頂の内容は「初重」「二重」「三重」の段階に分かれ、嫡流の伝授には、「宗大事」と呼ばれる「二重」「三重」の内容とその他諸大事が不可欠となった。[9]

これらを踏まえて本章では、隆源から満済に対して行われた伝授について、実際に発給された印信をもとに考察することにしたい。「印信」とは、灌頂を行ったことを、寺内外に証明するために作成される文書であり、印信は鎌倉中期以降、「印明」「紹文」「血脈」の三つが一括して付与された。「印明」は、師から伝授された印・明を記して伝授の正統性を証明する文書、「紹文」は、師が弟子に伝授する法流は誰から伝授されたものかを記す文書、「血脈」は、法流相承の過程を祖師から今回伝授する師弟に至るまで系図様に示した文書を指す。また、印明における伝法灌頂・許可灌頂の区別については、伝法灌頂の場合は僧階・法名が併記されるのに対し、許可灌頂は僧名のみか、僧名が省

略される。印明については、伝法灌頂の場合は投花得仏に基づく「金剛名号」が記され、書止が「両部灌頂」であるのに対し、投花得仏の所作がない許可灌頂は「金剛名号」が記されず、書止が「両部印可」となる。

第一節　応永十年の灌頂

応永十年（一四〇三）六月二十日に、満済は隆源から許可灌頂を受けた。「五八代記」によれば、満済は応永七年（一四〇〇）十二月十九日に西南院実済から伝法灌頂を受けているため、応永十年の許可灌頂によって新たに隆源の弟子としての立場も得たといえる。「醍醐寺史料」に確認される印信類として、以下の八点が挙げられる。

七八函七七号	僧正隆源授満済許可灌頂印信紹文案
九九函八号一番	僧正隆源授満済許可灌頂印信紹文写
九九函八号二番	僧正隆源授満済阿闍梨位灌頂印信印明写
九九函八号三番	僧正隆源授満済許可灌頂印信印明写
九九函九号	僧正隆源授満済阿闍梨位灌頂印信印明土代
九九函一〇号	僧正隆源授満済両部印可印明写
九九函一一号	僧正隆源授満済両部印可印明案
九九函一一号紙背	僧正隆源授満済許可灌頂印信案

また、印明である「醍醐寺史料」の九九函八号三番・九九函一〇号・九九函一一号と、九九函八号二番・九九函九号で内容が異なっており、二つの文面が存在することが分かった。前者を文面A、後者を文面Bとする。

A：「僧正隆源授満済許可灌頂印信印明写」（「醍醐寺史料」以下「醍」、九九函八号三番）

権僧正満済

　奉授印可、

金剛界　大卒塔婆印 普賢一字明

　帰命（梵字）

胎蔵界　外縛五鈷印 満足一切智々明

（梵字）

右於京都法身院奉授両部印可訖、

　応永十年癸未六月廿日丙寅奎宿、月曜、

伝授大阿闍梨僧正法印大和尚位隆源

B：「僧正隆源授満済阿闍梨位灌頂印信印明写」（「醍」九九函八号二番）

阿闍梨位事、

　奉授権僧正満済

　印　合掌屈風水如馬頭

　真言

（梵字）

右、於法身院京都奉授之畢、

応永十年癸未六月廿日丙寅奎宿、月曜、

伝授大阿闍梨僧正法印大和尚位隆源

Aは、書止が「両部印可訖」で金剛名号がなく、許可灌頂の印明として妥当である。一方、Bの書出「阿闍梨位事、奉授権僧正満済」は、許可灌頂ではなく阿闍梨位灌頂の印明であると分かる。(10) この印明は、憲深方が相承してきた阿闍梨位大事を、応永十年の段階で隆源が満済に伝授していることを示している。(11)

第二節　応永十九年の灌頂

応永十年の許可灌頂によって隆源の弟子となった満済は、応永十九年（一四一二）十二月二十一日に隆源から伝法灌頂を受けた。応永十年の許可灌頂は、応永十九年の伝法灌頂の前提となっており、「略灌頂」としてではなく本来の手順通りに行われたことが窺える。応永十九年の伝法灌頂に関係する印信としては、「醍醐寺史料」から以下の六点が挙げられる。

八一函一一号	僧正隆源授満済伝法灌頂印信紹文案
八一函一一号紙背	僧正隆源授満済伝法灌頂印信印明案
九九函一九号一番	僧正隆源授満済伝法灌頂印信紹文写
九九函一九号二番	僧正隆源授満済伝法灌頂印信印明写
九九函六二号一番	僧正隆源授満済伝法灌頂印信印明案
九九函六二号二番	僧正隆源授満済伝法灌頂印信紹文案

「醍醐寺史料」八一函一一号と九九函一九号一番の紹文の書出が「伝法灌頂阿闍梨位事」であること、印明に金剛名号が記されていること、書止が「両部灌頂畢」であることから、許可灌頂ではなく伝法灌頂と判断される。

「醍醐寺史料」九九函六二号一番の印明と九九函六二号二番の紹文の紙背文書は、満済から隆源に宛てて十二月二十三日に出された書状とみられる。年記は書かれていないが、いずれも伝法灌頂に関する内容であるため、伝法灌頂の二日後に出されたものと推測される。紙背には、次のように記されている。

今度入壇毎事無為、多年之望一時令達候条、且冥助至、非言詞之際限候、根本御道具拝見、宿縁令多幸、旁自愛随喜外無他候、於今者、亦一流否【不カ】残一事蒙免許候者、併又可為興隆候由、委曲猶期御出京之時候也、万済恐惶謹言、

これによれば、満済は今回の伝法灌頂を「多年之望」と語るほど隆源からの伝授を切望していたこと、伝授の際に行われた「根本御道具拝見」について満済が感激していることが分かる。また、一事残らず「免許」されるならば、さらに法流を「興隆」することを約しており、未だこの段階では皆伝されておらず、灌頂によって憲深方の師位を与えられるだけでは、満済の目的が果たされていないことが分かる。

第三節　応永二十年の伝授

『大日本史料』七編十八冊には、応永十九年（一四一二）に「伝法灌頂」を受けた翌年、もう一度満済は隆源から「伝法灌頂」を受けたとする次のような綱文が立っている。

（応永二十年六月）十九日、丙寅、三寶院満済、報恩院隆源ヨリ、傳法灌頂ヲ受ク、

しかし、「醍醐寺史料」からは同年の隆源から満済への印信は一通も見当たらず、『大日本史料』の引用史料[12]にある応永二十年の伝授内容が「伝法灌頂」を示しているとは考えられない。そこで、「満済准后日記」の応永二十年六月十九日条に着目すると、「重位等伝受」という文言がみえる。この「重位等伝受」の内容は、同日に満済が記した「宗秘極伝授大事」（「醍」一〇一函三三号）から窺い知ることができる。

　応永廿六月十九日、蜜、日曜、於報恩院奉隆源僧正伝受重位事、于今法務

　一三重大事、
　一霊号座主相承、大事、
　一妙成就事、
　一阿闍梨位事、
　一唯評要文歟、法事、

　　以上五个條宗秘極法深奥也、数个條一日中悉伝受、冥助至、宿運多幸、以言詞難覃者歟、巨細口伝具別記之畢、

　　　　　　　　大僧正（満済）（花押）

永村氏の研究では、「重位」とは伝法灌頂の初重・二重・三重を合わせた内容を指し、これらの秘事こそが「宗大事」の実体である、と述べられている[13]。右の史料より、この時「三重大事」を含む伝授が行われたことが分かるため、この伝授をもって、前述の「一流一事残らず免許を蒙」ることができたのではなかろうか。この「宗大事」伝授による憲深方皆伝こそが満済の最終的な目的であったと考えられる。

第四節　満済による弟子への伝授

義賢は、足利満詮（義満の弟）の子息で満済の後継者である。義宣（足利義教）の護持僧として、還俗が行われた夜、満済と供に裏松亭への参入を許された[14]。また、満済から置文・譲状によって、永享二年（一四三〇）に三宝院・遍智院・覚洞院・金剛輪院などの院家と所職・所領を託され[15]、三宝院門跡を相承した[16]。次の表は、「醍醐寺史料」中の満済から義賢に出された印信類をまとめたものである。

日付	灌頂	満済が伝授を受けたと記載する先師	函-号-番
応永二十五年一月二十二日	許可	実済（定済方）、隆源（憲深方）	八〇-二四
応永三十二年四月十四日	伝法	実済（定済方）、隆源（憲深方）	七九-一二九-一他
応永三十三年九月二十一日	許可	隆源（憲深方）	二六-一二八

応永二十五年（一四一八）と応永三十二年（一四二五）の灌頂に関しては、『満済准后日記』「五八代記」にも記事があり、印信と併せて、それぞれ定済方・憲深方の許可灌頂と伝法灌頂を授けたと考えられる。応永三十三年（一四二六）の灌頂については、『満済准后日記』同年九月廿一日条で次のように書かれている。

今夕宝池院印可御沙汰之、報恩院方、道場事、妙法院法印奉行之、承仕常善、道場金剛輪院御堂、予重衣、受者同前、

この時授けたのは印可（許可灌頂）で、内容は報恩院を拠点とする憲深方のものであった。憲深方の内容を含む許可灌頂の伝授は、応永二十五年に続いて二度目となる。二度の許可灌頂伝授は、義賢への「一流伝授」にあたって、定済方だけでなく憲深方も伝授する必要があったことを示しており[17]、満済の意向によるものであったことが推測される。

満済は義賢に対して、応永三十四年（一四二七）十一月十一日の附法状（「醍」九九函六六号）から、三宝院流定済

方・憲深方以外にも遍智院・岳西院流等を伝授したことが分かる。[18] しかしながら、二度にわたり許可灌頂を行ったのは憲深方であった。満済は、憲深方を他の法流よりも重んじ、正嫡である義賢への伝授の際には、定済方と同等と言えるほどに扱ったことが注目されよう。

その他、満済が憲深方を伝授した弟子には、満済の下で凡僧別当を務めた賢長、高弟として知られる光超・賢長らの次に禅那院を号した賢光[19]、焼け残った三宝院経蔵の管理を任された実有[20]、満済と交流があった東大寺別当の尊勝院光経[21]が挙げられる。

弟子	日付	灌頂	満済が伝授を受けたと記載する先師	函－号－番
賢長	応永二十五年五月八日	伝法	実済（定済方）、**隆源**（憲深方）、超済（妙法院流・岳西院流）	七八－六四
	応永三十三年八月二十二日	許可	実済（定済方）、超済（妙法院流・岳西院流）	二六－二五他
賢光	応永二十八年四月二十一日	伝法	実済（定済方）、**隆源**（憲深方）	七八－六五－一
実有	応永二十八年四月二十三日	許可	実済（定済方）、**隆源**（憲深方）	七八－六六
光経	応永二十八年五月十九日	伝法	実済（定済方）、**隆源**（憲深方）	七八－八〇

彼らは満済の多くの弟子達の中でも高弟と考えられ、満済は三宝院流嫡流である憲深方の伝授には慎重にならざるを得なかったに違いない。しかし、義賢のように許可灌頂、伝法灌頂、許可灌頂と三度にわたって憲深方を含む灌頂を受けた者はいないため、正嫡の義賢とは伝授内容に大きな差異があったと考えられる。

ところで、隆源の正嫡と考えられているのが隆寛である。満済は応永十九年（一四一二）十二月二十三日の書状で「於今者、亦一流不残一事蒙免許候者」と述べたが、本尊・聖教・坊舎・所領などは隆寛に相承された。「報恩院隆源

附法状案」(『醍』一二六函六六号四番)には、

> 自宗大事・大法・秘法・秘事・口決悉以所令授与隆寛僧正也、自幼少雖遂多年受法灌頂已下無所残、(中略)兼又本尊・聖教・坊舎・所領等之譲与、載別紙、門人不可為疑殆者也、

とあり、口伝等によって正嫡が相承すべき事柄が、悉く隆源から隆寛に伝授されたことが分かる。その後、隆寛は隆済に対して、正長元年(一四二八)十一月二十日に伝法灌頂を行い正嫡が相承された[22]。これについて「満済自筆公家御祈以下条々置文」(『醍』一二五函二〇七号)に次のような記述がある。

> 隆済僧都事、報恩院以下師跡相続了、笠取庄領家光済僧正時相計了、香庄神役外、尾州少所　等門跡給恩也、予受法以下一事以上故隆源前大僧正庭馴〔訓〕也、芳恩可謂山岳歟、真俗異他可被加御扶持者也、

満済が隆済の「報恩院以下師跡相続」を「門跡給恩」であると記し、隆源には「芳恩」があるため「御扶持」を加えられるべしとしていることから、隆済による憲深方の法流の拠点となる「報恩院」の相伝を容認しており、隆源から隆寛そして隆済への嫡流相承も同じように認めていたと思われる。

応永十年(一四〇三)の許可灌頂で隆源の弟子となった満済は、応永十九年(一四一二)の伝法灌頂によって憲深方の師位を与えられた。前述した通り、これらは満済にとって「多年之望」ではあったが、最終的な目的ではない。応永二十年(一四一三)の「宗大事」伝授による憲深方皆伝こそが満済が目指したものであり、そのために満済は「宗大事」を受けるまでの過程をできるだけ本来の順番通りに積み重ねていった。このことは、当時、伝法灌頂の後に略灌頂として許可灌頂を行うことが多かったにもかかわらず、許可灌頂の後に伝法灌頂を受けたことからも窺える。十年を費やして満済がここまで憲深方皆伝にこだわった要因とは、当時憲深方が三宝院流嫡流と広く認識されていた

からに他ならない。

また、正嫡とした義賢に定済方と憲深方の両方を伝授したことからも、満済がいかに憲深方を重視していたかは明らかである。その一方で満済は、隆源から隆寛、隆寛から隆済へと「師跡」（所領等）が相承されるのを容認していた。つまり隆源は満済への憲深方皆伝を行うことで、報恩院および法流としての憲深方の立場を三宝院門跡である満済から保障されていたといえよう。

二、満済による聖教の収集

満済は聖教を重視し、熱心に収集していたことが先行研究で指摘されている。(23)しかし、満済の関心は三宝院流定済方と憲深方に伝わる聖教だけでなく、勝覚まで遡る三宝院流と深く関わる流派や分派した法流にも及んでいた。例として、三宝院流の祖である勝覚の師義範を開祖とする遍智院を拠点とした遍智院方、憲深方から派生した岳西院流、三宝院流定済方から派生した妙法院流が挙げられる。そこで、本章ではまずこれまで触れられていない法流の満済による聖教収集について取り上げる。

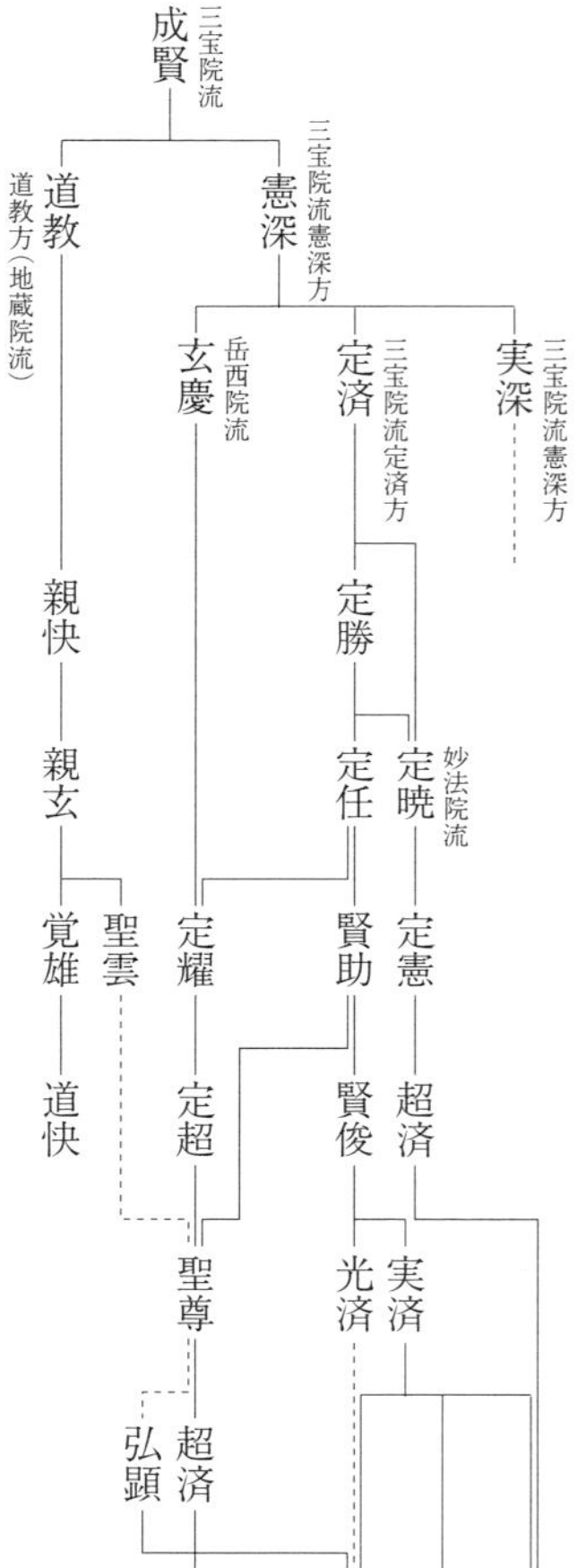

＊『醍醐寺新要録』座主次第篇・座主幷法流血脈篇、醍醐寺蔵本「伝法灌頂師資相承血脈」（「醍醐寺研究紀要」第一号）、「先師法印定超方血脈次第」（「醍」八五函三三号一番）、「地蔵院流略血脈図」（「醍」五二函六四号四四番）、註（6）小池氏論文の図（七十三頁）、『密教大辞典』等を参考に作成した。点線は、小池氏の論文で院家・院領の相承は確認されるが、灌頂授与による法流相承が行われていない疑いがあるとされた部分を示す。

図2　三宝院流諸流関係血脈（満済まで）

第一節　満済の妙法院での伝受と隆源

ここでは、まず満済が応永二十三年（一四一六）九月三十日に超済から妙法院流等を相承したことに着目し、満済・隆源・超済・妙法院の僧達がこの伝受にどのように関わったかを考察する。「満済准后日記」九月三十日条には、「妙法院僧正所労危急云々、仍法流等事被申置子細在之」とある。そのため、妙法院僧正超済は病状悪化に伴い、満済に「法流等事」について言い遺したことが分かる。この伝授について応永二十三年九月三十日に、超済から満済に対して書かれた置文「法務前大僧正超済置文」（「醍」八一函八六号）には、次のように書かれている。

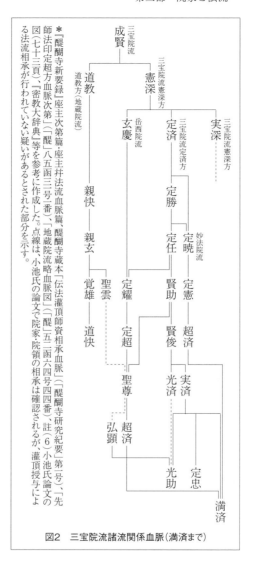

申置　三宝院（満済）前大僧正御房法流之間事、

一岳西院流大事悉無所残、

一妙法院方大事以同前、定什法印筆在之、

一遍智院方大事三巻進之、此外相残事候者、追可進之、

右、附法如件、

応永廿三年九月卅日　法務前大僧正超済（花押）

以上より、満済は超済から、定什法印筆[24]の聖教と遍智院方大事三巻の譲渡を含む「岳西院流」「妙法院方」「遍智院方」の附法を受けていることが窺える。また、満済がこの時受けたのは、許可灌頂であったことが分かる[25]。この伝授については、「満済置文」（「醍」九九函六四号）に、

応永廿三九月晦日心宿、火曜、於醍醐寺妙法院、此大事悉令伝受畢、新法務超済僧正所労危急之間、一流大事等可申置由、以定盛法印頻懇望、仍俄令伝授者也、自元、当流一致毎度自他扶助来也、彼院家附属仁躰未無申置旨、定内々用意歟、相続仁可在歟、可加扶持由、面申置畢、此大事内三巻ハ聖尊親王筆跡、又一巻定超、是ハ定什法印筆跡当流骨目也、可秘々、又一巻ハ保延記異説歟、大慨〔概〕記之者也、

座主前大僧正（満済）（花押）

とあり、以下の三点を読み取ることができる。第一に、今回の伝授は妙法院定盛法印が頻りに望んだ結果であり、このように妙法院の僧侶の中には満済の妙法院流伝受に協力的な僧がいたことが窺える[26]。第二に、今までも「当流一致」を目指す動きがあったが、その度に内外から一致を助ける動きがあったことが注目される。つまり、ここでの

「当流」とは、勝覚によって開かれ様々に分派した三宝院流であり、満済が相承している三宝院流定済方と憲深方を合わせた三宝院流嫡流に、妙法院流・岳西院流を「一致」させるという目的が想定される。第三に、妙法院「附属仁躰」に対して今後「扶持」を加えるように、と申し置いたことがわかる。

それでは、満済が伝受した内容とはいかなるものであったのであろうか。応永二十三年九月二十九日付の「満済書状」（「醍」一一函五五号）には、

芳札委細恐悦候、昨日良薬即時御服用候て、珍重存候、脚気両様相兼たる薬之由、自卿（起宗相胤）法眼方申送候、能々可有御養性候、尊法伝受員数事、無相違候ける、令自愛候、如承候、依多少又聊深位尊など事は一尊勿論候、此間も此儀候、満済伝受之時、御口伝等も無沙汰不及注置候間、大略は覚悟之分、今度も伝受申させ候間、口伝等事如法大様事共候、又昨日車（転法）水輪次第本書写給之由存様候間、先用分自昨日書写候、今明可罷出候間、能々見候て重可申入候、妙院（超済）所労聊延引分候、但始終之儀更其憑之由医師等申候間、心苦候、

とあり、「口伝」などの伝授はなく「大略」を理解するのみに止まったため、次は「口伝等事」「如法大様事」の伝授を望んでいることがわかる。このように概略の伝授だけになったのは、超済の病気が長引いたためであった。

その後、妙法院の本尊と聖教は、定盛と「御経蔵奉行」の実有・光祐により、三宝院に納められたことがわかる。[27]

なお実有は第一章第四節でも触れた通り満済の弟子であり、三宝院流定済方と憲深方の灌頂を受けている。[28]

一方で、満済への伝授に不満を持つ僧侶もいたことが、次の「定興書状」（「醍」二六函六二号三番）の一文から窺われる。

定什法印聖教悉超済僧正被譲与申聖教之内ニ可有候、人の聖教を押領して被譲与申ニ相似候歟とて、誠御物候上

者、如此申入候までもあるましき事にて候へ共、故法印為開愁訴、如此申上候、

この中で、定興は譲与の形をとったとはいえ、今回の満済の伝授に伴う聖教の移動を「押領」と非難していることは注目されよう。

妙法院には、定盛のように満済への附法に協力的な者がおり、彼らは法流の存続や「御扶持」を求めて満済に従うことを選んだ。一方で、定興のように、法流の要である聖教を持ち出されることに憤りを感じ、「あるましき事」と非難する僧侶が当然ながら存在していた。伝授を行った超済自身は、法流存続のための選択肢として考えていたものの、病が深刻になってから漸く決断した。満済に法流を相承させることは、妙法院の人々にとって慎重にならざるを得ない、重要な問題であったといえよう。このような法流内の対立を招いてでも、満済は他の法流を定済方に合流させようとしたことが窺える。

それでは、なぜ満済は超済から三宝院流の庶流である「遍智院方」「岳西院流」、定済方から分派した「妙法院方」の「大事」の附法を求めたのであろうか。これらの法流伝授や聖教収集を満済が強く望んだ理由を探るため、各法流の位置付けについて確認しておきたい。遍智院は義範を開祖とする、醍醐寺にとって重要な院家である。鎌倉中期から南北朝期にかけて、道教方（地蔵院流）と定済方は、遍智院と三宝院、附属する院領をめぐって対立してきた。[29]しかしながら、遍智院宮聖尊（後二条天皇息、大覚寺統）は、遍智院を含む院家・院領を道教方の聖雲法親王（亀山上皇息、大覚寺統）から、法流を定済方の賢助から相承する。このことについて小池勝也氏は、賢助は当初貴種である聖尊を警戒していたが、聖尊が賢助の正嫡（賢俊）の立場を奪う恐れがないほど醍醐寺内での立場を悪化させていたため、灌頂によって聖尊が管領権をもつ遍智院を定済方に取り込もうとしたことを指摘されている。[30]聖尊は法流を弘顕

に預け、定済方の光助（光済の後継）は弘顕から受法するものの、康応元年（一三八九）正月に光助が急死し、遍智院の法流は再び定済方の手を離れることとなった。

岳西院流は、声明に優れた憲深資玄慶を祖とする法流で、多くの口訣を撰した。聖尊は秘本「声明集」の奥書で、「賢阿闍梨之説」によれば「玄慶相伝書」であると述べ、自身で「少々付改」たり「朱與墨」で「付分」けて「易見易知」し、廃れつつあった玄慶の声明を後代のために残そうと考えたことを記している。[31]また、玄慶資の定耀は徳治三年（一三〇八）三月十六日に定済方定任から許可灌頂を受け[32]、文保二年（一三一八）二月に三宝院が炎上した際には定耀が定超に授けた「秘讃」が「紛失」している[33]。加えて、賢俊が定超に「宗大事」を授け「扶持」することを申しており[34]、定超は光済と実済に対して許可灌頂を行っていることから[35]、定済方との交流が窺える。

妙法院流は、定勝資の定暁を祖師とする法流で、東寺長者に補任された定憲・超済を輩出し、同職を務めた満済の高弟である光超・賢長も相承している。満済は、妙法院について「定暁僧正以来、為法流羽翼、就内外、不存隔心者也」と述べており[36]、定済方から分かれた法流として近しく感じていることが分かる。これまで注目されることは少なかったが、定済方にとっては分派しても大きな隔たりがなく、緊密な関係が続いた法流といえよう。

最後に、この妙法院流伝授に関する隆源の関与について述べたい。応永二十三年（一四一六）九月晦日付で隆源宛の「満済書状」（「醍」九九函六三号一・二番）には、「兼又今朝罷向妙院坊、彼有増事如形令沙汰候、」とあり、今朝妙法院流の伝授を受けたことが記されている。そして、「先任被申旨請取候、但旁未来事如何と存計候、」という一文は文意が取りづらいが、隆源の指示に従って法流を「請取」ったものの、今回の附法後の「未来事」を問うていると解釈できる。この「先任被申旨」とは、前述した「当流一致」のことではなかろうか。以上より、満済は隆源を、三宝院流の未来を共に考えていく存在とみなしていたことが分かる。

第二節　隆源の尽力と満済の目的

次に、先行研究を整理しつつ、隆源が満済の活動にどのように関わったのか、満済の聖教収集の目的を再考することにしたい。満済の聖教収集に関する先行研究としては、永村眞氏「醍醐寺の史料とその伝来」（有賀祥隆氏編『醍醐寺大観』第三巻、岩波書店、二〇〇一年）、藤井雅子氏『中世醍醐寺と真言密教』（勉誠出版、二〇〇八年）が挙げられる。そして、満済がとった方法としては、①本人による書写、②本人が伝領、③隆源に命じて書写させたものを入手があることが指摘されている[37]。③に関しては、わざわざ隆源が弟子から借用して書写する、不足分を補完して「進入」するなど、並々ならぬ隆源の尽力を知ることができる[38]。「遍智院宮御灌頂記」（「醍」一五四函二〇号）の奥書によれば、応永二十七年（一四二〇）春に隆源は満済から本書の所持を尋ねられたが、「当寺」（醍醐寺）には「流布」していなかったため、根来寺中性院から借用したこと[39]、「他見」が憚られる内容のため、「老眼」を「凌」いで自ら書写したことが分かる。また、「自流肝要之秘記」ではないが、「当寺法親王」の貴重な記録であるため、秘すべきと考えていたことが窺える。また、「薄草子口决第一如来部」（「醍」四三二函一号一番）の奥書には、「自去年不足分等令再興之了、金剛仏子隆源七旬有五　京都法身院即進入座主法務了」とあり、「去年」から「不足分」を「再興」し、法身院にいた満済へ「進入」していることが分かる。このように、隆源は自らの手で多くの聖教を収集・書写し、満済に渡していた。この理由として、満済と隆源は弟子と師僧であった一方で、三宝院門跡とその「門人」の関係にあったことが挙げられよう。

また、満済は各流派で重要視されていた人物（憲深、賢俊、聖尊、定什）の自筆本、書写本の収集には殊に積極的だったことが窺える。法流相承では、流祖自筆の次第本・口伝が重要視され、祖師・先師の自筆聖教の所有は法流の正嫡を示すと考えられていた(40)。以上より、満済は三宝院門跡が三宝院流の正嫡であることを内外に示すために、三宝院流と関係が深い流派の聖教を中心に収集していたのではなかろうか。加えて、各流派で特に崇拝されている先師の聖教に対して拘りが見えることから、三宝院流と所縁がある諸流にとって、三宝院門跡はそれぞれの正嫡に匹敵する存在であることも主張しようとしていたことが推察される。

満済の聖教収集の目的は、前節で示したように「当流一致」であると考える。当時、満済が相承した定済方は、三宝院流の中での庶流の一つに過ぎず、三宝院流の正統を主張するには不十分であった。そのため、満済の後も安定して三宝院門跡が座主に補任される保証はなかった。満済としては、三宝院流を「一致」させ、三宝院門跡が各法流で正嫡に匹敵する立場を占めることにより、三宝院門跡による座主の相承を確実なものにしようとしたのであろう。

一方の隆源は、至徳年間（一三八四〜八七）に座主職を欲していた(41)。隆源は自身が憲深方の正嫡であることを根拠として、三宝院流を束ねる座主という立場に相応しいと考えていた。「報恩院隆源申状土代」（「醍」一〇三函一二三号）において、憲深方について「三宝院の正流として」「隆源いやしくも彼両か（箇）の院家を管領《相続》して、其法流の正嫡たり」と述べている。しかし、満済の座主職補任によって隆源自身が座主となる望みは絶たれた。ただ隆源は正嫡として由緒ある法流を維持していかねばならないと考え、満済による三宝院流の「当流一致」に協力することにより、憲深方正嫡の存在感を保持しようとした。多忙な満済のために、数々の聖教を書写して進上したのも、このような理由があったからと考える。結果的に、隆源の行為は三宝院流定済方による座主職の相承を確立する一助になったといえよう。

三、大智院管領をめぐる満済と隆源

本章では、満済と隆源との関わりを示す問題として、大智院をめぐる相論に注目したい。大智院は、正和五年（一三一六）に後宇多院によって報恩院に寄進されるも、長きにわたって大覚寺とその管領権を争い、最終的には室町時代前期から中期に三宝院門跡の管領下におかれることとなった院家である。すでに、後宇多院と醍醐寺諸院家の関係性を明らかにする中で大智院の相論を取り扱った藤井氏の研究[42]と、後宇多院とその子孫の管領下にあった寺院の再編を追った金井静香氏の研究[43]、性円法親王を中心に大覚寺門跡について考察した坂口太郎氏の研究[44]があるが、その後の管領の経過についてはほとんど触れられていない。しかし、実はこの相論はその後も継続し、満済と隆源が深く関わっているのである。

第一節　相論の経緯

まず、大智院の管領について先行研究に依りながら整理しておきたい。鎌倉時代後期、後宇多院は八条院領の他の御願寺と共に大智院を相伝し、正和五年（一三一六）に醍醐寺報恩院に寄進した[45]。当時、報恩院には後醍醐天皇皇子恒性が入室しており、そのための料所の一つとして寄進されたものと考えられる[46]。元亨二年（一三二二）に、後宇多院は院宣によって報恩院と大智院を含む諸院家を恒性が管領するように命じた[47]。しかし、翌年に恒性は大覚寺に移住したとみられ、大智院は元亨四年（一三二四）に太政官符によって大覚寺領となった。[48]報恩院の管領は、後宇多院の師憲淳が正嫡と認めた隆勝から隆舜へと伝えられており、道順の弟子である道祐らと対立する。正中三年（一三二六）、後醍醐天皇はこの憲深方正嫡の座をめぐる事態の収拾をつけるため、道祐と隆舜が共同で報恩院を管領した後は、勝深が管領することを綸旨で命じた。[49]しかし、この問題は解決せず、結局は建武政権期の弘真（文観）の押領により先述の綸旨は有名無実化した。

その後、報恩院は建武三年（一三三六）七月に、賢俊の安堵状と足利尊氏御判御教書、[50]同年九月の光厳上皇院宣によって報恩院は隆舜に安堵されたが、この中に大智院も含まれていた。[51]その後、このことは正和五年（一三一六）の後宇多院による寄進と共に、憲深方の管領権主張の大きな論拠となった。

しかし、建武四年（一三三七）大覚寺門主寛尊が大智院の管領をめぐって隆舜に対して訴訟を起こし、同年十月大智院は寛尊に安堵された。[52]以降、報恩院側と寛尊の間で大智院をめぐって相論が繰り返された。

ここで新たな展開がみられる。それは、この翌年の寛尊令旨で、安堵の裏で賢俊が大覚寺門主の管領下で大智院を領有することになったというものである。[53]この要因とは、同時期に、仏名院をめぐる大覚寺と報恩院間の相論が並行して行われていたが、縁者でもある賢俊を味方につけるために、その見返りとして大智院の領有を保障するためであったとみられる。[54]

この経緯に対する隆源の主張は、至徳年間（一三八四～八七）の「報恩院隆源自筆置文案」（「醍」二四函二九号）に詳しく述べられている。それによれば、大智院は定海大僧正の頃から「他寺他門の人」が管領すべきでない院家であり、後宇多院が「当流御帰依」のために報恩院に寄付した。しかし、その後「院宣を掠」めた寛尊と、「座主の権威」によって強引に知行した賢俊、管領権を「相続」した光済・光助に対しては、「他寺門主の御管領たる上者、当寺談義の沙汰にも及はす」として、「他寺門主」である大覚寺門主の支配下にあることで「当寺談義の沙汰」が行われていないことへの嘆きが述べられている。「当寺談義」とは、大智院領を料所とする清龍宮談義のことである[55]。

大智院を三宝院「門主」や醍醐寺「座主」に「預下」したことに対して、「不肖の門流」である隆源は愁えており、「本院家」報恩院に「返し付られ」るように訴えている。そして、報恩院への返付は、憲深方のみならず、醍醐寺にとっての「興隆」にもつながると主張している。至徳年間では以上の通り、隆源は大覚寺門主より管領権を預かっている醍醐寺座主に対して、醍醐寺の興隆のために本来管領すべき報恩院に大智院を返付するよう求めていることが分かる。

第二節　大智院管領における満済と隆源の協力

応永五年（一三九八）に隆源が満済に対して、大智院に関する書状を送っていることは既に指摘されているが[56]、ここでは、満済から隆源に対して送られた書状にも目を向け、両者の意図を検証したい。

応永十九年（一四一二）五月十日、満済は隆源に対して「此一紙」を「拝見」したことを記した書状を出した[57]。「此一紙」とは、端裏の「大智院文書可与奪事」という記述から大智院に関係する文書と想定されるため、本文中の「在所」は大智院のことを指すといえよう。満済はこの「在所等事」について、ひたすら話し合わねばならないと記している。そして、隆源が提出した「此一紙」の内容について、「被申開子細候へ」という文章は無くてもよいのではないかと修正を指示しており、明後日に書き直すように申し伝えている。

同年五月十二日、隆源は満済に宛てて書状（「醍」二九函一五号、同一九号）を認めた[58]。これによれば隆源は満済に、「後宇多院当院家御寄付院宣」「祖師僧正安堵院宣」「安元庁宣」などの多くの証文を見せたことが分かる[59]。そして、大智院は「他寺他門」が知行すべきではないが、「六旬」（六十歳）となった隆源には「後訴」が難しいため管領を「推進」することを求めている。つまり、このことは高齢となった隆源が大智院の相論を今後も続けていくのは難しいため、満済に大智院を託していると解釈できるのではなかろうか。また、本文の日付は三月廿一日となっているが、端裏にこの書状の付年号は「応永五年」にすべきであると書かれていることが注目される。先述の「六旬」も応永五年の話であり、この文書が書かれた応永十九年時点で隆源はほぼ七十歳となっている。

また、先の書状と同日付（五月十二日）の隆源宛の満済書状には、「未来興隆」について何度も「申談」ずるのは「本意無極」しと述べている[60]。大智院に関するこれらのやりとりは「未来興隆」のためであり、満済の意図するところであったのだと解釈できる。そして、前述の「此御状」の内容を「祝着」と肯定しながらも、「御上書」については応永五年時に合わせて宛所を「如意松」に書き直すように指示し、さらに付年号が「簡要」であると述べている。

先の書状の端裏には、

「隆源書状土代」（「醍」二九函一五号）

（端裏）座主《満―済》書進之文書別状案　応永十九五十二 但此条付年号可為応永五年云々、

とあるが、「但此状付年号可為応永五年」の部分だけ墨色が濃い。そのため、隆源は本文と別筆以外の端裏を書いた後に、満済から付年号について指摘を受けて、その指示を端裏に書き添えたのではなかろうか。

ここで、先述の隆源から満済に宛てて書かれた書状（「醍」二九函一五号、同一九号）とほぼ同文の文書に注目したい[61]。

「隆源書状」（「醍」一二九函一四号）

当寺大智院当時幸御管領事候、就其者後宇多院当院家御寄付　院宣・祖師僧正安堵院宣等并安元庁宣随分證文悉進覧之候、凡他寺他門之仁、不可致知行之由、定海大僧正起請文明鏡候、永為寺家所従之条、可為興隆之専一候、隆源已六旬餘算難期後訴候之間、相伝之分所令推進候也、以此旨可令披露給候、恐々謹言、

応永五

三月廿一日　隆源（花押）

如意松殿（如此書直之候了、）

春松殿

満済が指摘した宛所については、「春松殿」を消して「如意松殿」と改め、その下に「如此書直之候了」と記した上、満済が「簡要」とした付年号も、満済の指示を反映して「応永五」と明記している。

以上より、応永十九年（一四一二）五月十日から十二日の間に、隆源は満済に大智院の相論を任せる書状を満済に提出し、満済はそれを確認して付年号や宛所の改竄を指示していたことが分かる。満済が「応永五年」にこだわった理由としては、応永六年（一三九九）に、足利義満から満済へ御判御教書が発給されていることが考えられる[62]。門跡領、醍醐寺の諸院家と座主職を含む所職、それに付随する寺領の領掌を満済に認める内容であるが、その内訳を記した「醍醐寺方管領諸門跡等目録」には、大智院が含まれている[63]。そもそも、醍醐寺にとって大智院とは、憲深方を嫡流とみなし、法流を相承した後宇多院によって寄附された院家であり、大智院の相承は三宝院流嫡流を相承している

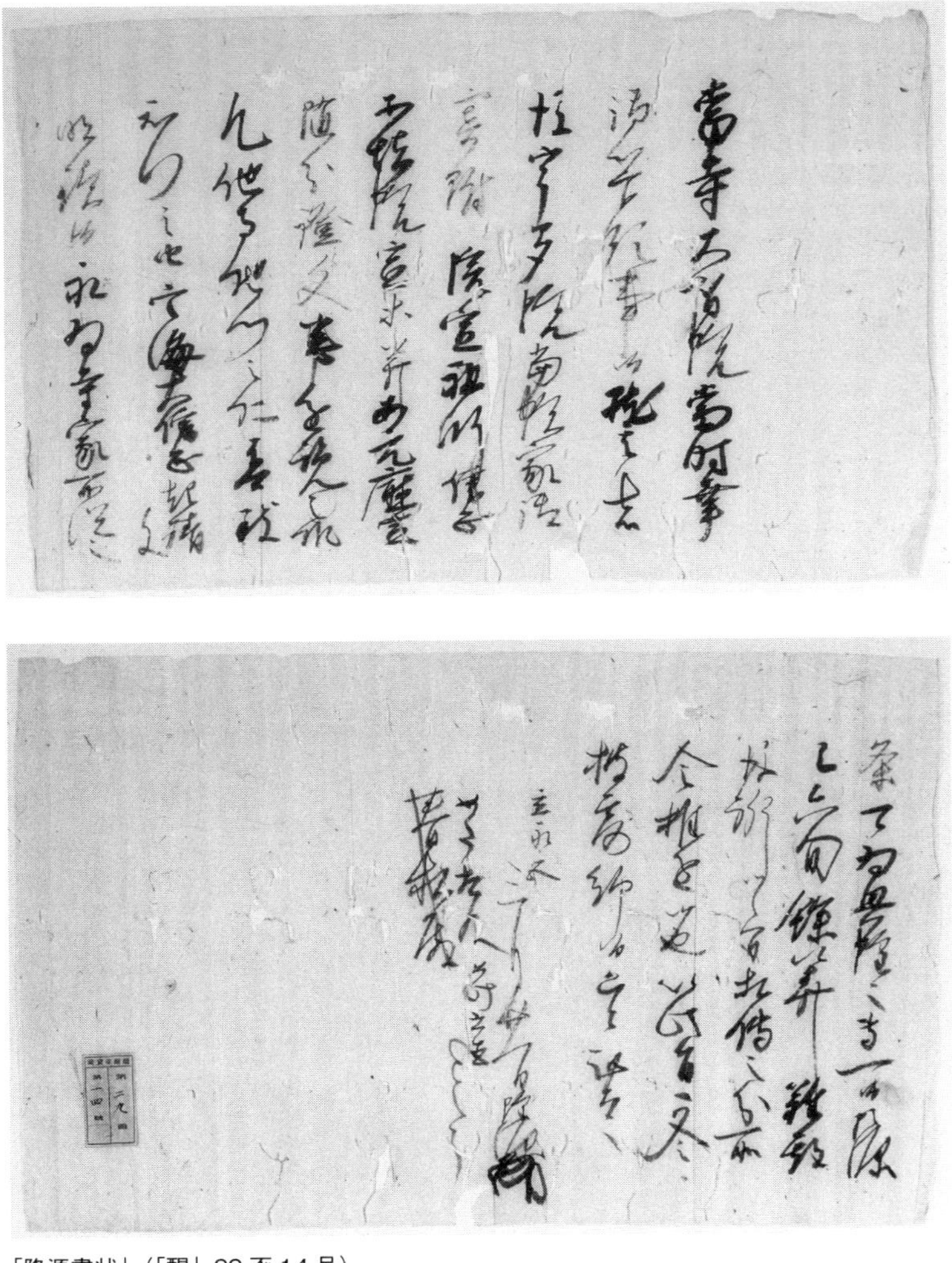

「隆源書状」（「醍」29 函 14 号）

ことを証明する重要な院家の一つであったと考える。しかし、賢俊・光済・光助による支配は、大覚寺の申入によって成立していた。つまり三宝院門跡が管領権を主張する場合は、暦応元年（一三三八）の寛尊令旨が主な論拠になるはずである。もし、大覚寺側が「預下」した大智院の返付を三宝院門跡に求めるようなことがあれば、三宝院門跡は非常に不利な立場となり、醍醐寺にとって重要な大智院の管領権を再び「他寺」に奪われかねない。三宝院門跡が大覚寺による今後の介入を防いで、嫡流の相承を証明する大智院を管領し続けるためには、寛尊令旨に依らない新たな論拠を獲得する必要がある。いかなる「他寺」の介入も避けるためには、本来管領していた憲深方との折衝によって醍醐寺内で解決するのが最も理想的と考える。満済は、応永五年に醍醐寺内で決着がついて門跡が管領することになり、隆源から任された「後訴」によって、翌年の御判御教書でこの知行が認められたという形にするために、文書の改竄を行ったのではなかろうか。

一方憲深方は、隆源の後も大智院を知行していない。大智院の相論は満済の意図通りに門跡の管領となって決着している。至徳年間に「返付」を求めていた隆源は、なぜ応永十九年になって一転して三宝院門跡による管領を認めたのであろうか。その要因として、自身が灌頂を授与した満済に連なる法流の門跡が、今後大智院を管領することになった点が考えられる。至徳年間の「報恩院隆源自筆置文案」（「醍」二四函二九号）にみえる「他寺」とは大覚寺、「他門」は定済方と考えて問題なかったが、応永十九年の書状における「他寺他門」は大覚寺とするのが適当であろう。この変化は、応永十年（一四〇三）に許可灌頂によって満済と師弟関係を結んだことで、もはや隆源にとって門跡が「他門」ではなくなったことに起因すると考えられる。隆源の書状は、満済が憲深方の正嫡である師の隆源から大智院を託された立場にあるということを示している。賢俊・光済・光助期には「座主の権威」によって「他門」に管領権を奪われていたのが、満済の時には憲深方正嫡が直々に弟子である門跡に託した形となった。どちらも憲深方が大智院を管領できていないことに変わりはないが、三宝院流嫡流を相承してきた憲深方の存在感を回復する事ができたのは明白であろう。(64)

おわりに

満済の宗教活動には、隆源の協力が不可欠であった。第一に、許可灌頂・伝法灌頂・宗大事と段階を踏んで憲深方を皆伝したことが挙げられる。既に三宝院を相承し、座主に補任されている満済にとって、三宝院流嫡流とされてきた憲深方の「宗大事」相承は悲願であった。隆源が皆伝を行ったからこそ、「院家」「法流」「座主職」の三つを相承する定済方は、他の法流に対する優越を確定し、満済の後も座主職を独占できたといえる。第二に、三宝院流に所縁のある聖教を収集・書写して進上したことが注目される。隆源の尽力で、三宝院経蔵には諸流の重要な聖教が収められた。加えて、満済自身が様々な法流の伝受を求めて精力的に動いたことで、三宝院門跡は諸流にとってそれぞれの正嫡に匹敵する立場となり、諸流を定済方に組み入れて「当流一致」を果たしたと考える。

一方で隆源は、三宝院門跡から法流としての憲深方の立場を保障され、存在感の回復に成功している。三宝院門跡・醍醐寺座主を兼帯する満済を弟子にすることで、隆源は満済の師僧として憲深方正嫡の存在感を保持しようと努めた。また、隆源の憲深方皆伝という「芳恩」に対して、満済は隆寛・隆済の相承を保障し、報恩院に「扶持」を加えることで報いている。これによって憲深方は報恩院を相承し続け、法流の存続につながった。加えて、大智院の一件については、隆源は満済との連携によって、管領権を「他門」の定済方に奪われていた状況から、大智院を弟子である三宝院門跡に託す形に転換することができたことが窺える。

これまで、満済と隆源の関係性について述べてきたが、一つの疑問が残る。満済が分派した三宝院流を「一致」させて、三宝院門跡が牽引することを目指したのは明白である。しかし、なぜ諸流を完全に定済方に組み込まずに、「扶持」によって各々の相承を保障したのであろうか。それは、正嫡の座をめぐる相論が起こることを防ぐためと考える。もし、三宝院門跡が各法流の正嫡であると主張したならば、当然ながら諸流との衝突を招くことになる。仮に、室町幕府と強いつながりを持つ満済の在世中には問題が表面化しなかったとしても、その後代に対立が起こらないとは限らない。相論となればその時々の世俗権力が介入し、相承の混乱は避けられない。三宝院門跡が諸流の正嫡に匹敵する存在として三宝院流を牽引し続けるためには、諸流の立場を保障して、「扶持」を与える門跡と「扶持」によって法流を相承する諸流という関係を維持するべきと判断したのではなかろうか。

満済が座主になったのは応永二年（一三九五）のことであり、その時から満済と隆源は「門跡」と「門人」という立場にあった。それに加えて、応永一〇年（一四〇三）に師資関係を結ぶことで接近し、緊密な協力関係を構築する。満済は、憲深方正嫡である隆源とその法流の立場を保障することで、三宝院流全体の中での定済方の優位を確立し、座主職の安定的な相承を実現した。隆源は、満済との関係によって憲深方の正統性と存在感を保持し、法流を守り伝えたといえよう。

註

（1）本文については本稿第一章第四節を参照。
（2）森茂暁氏『満済―天下の義者，公方ことに御周章―』、ミネルヴァ書房、二〇〇四年。
（3）永村眞氏「「院家」と「法流」―おもに醍醐寺報恩院を通して―」（稲垣栄三氏編『醍醐寺の密教と社会』、山喜房佛書林、一九九一年）。
（4）藤井雅子氏「南北朝期における三宝院門跡の確立」（『日本歴史』第六五四号、吉川弘文館、二〇〇二年十一月）。
（5）同氏「三宝院門跡と門徒―主に室町時代を中心に―」（『日本女子大学紀要　文学部』第六五号、二〇一六年）。
（6）小池勝也氏「鎌倉末期から南北朝期にかけての聖尊法親王の動向―三宝院流定済方の分裂とその影響―」（『鎌倉遺文研究』第三七号、二〇一六年四月）。
（7）しかしながら、隆源から満済に三回の灌頂が行われたことが述べられるのみで、灌頂の種類や内容までは検討されていない。
（8）永村氏「「印信」試論―主に三宝院流印信を素材として―」（『中世寺院史料論』、吉川弘文館、二〇〇〇年）。
（9）同氏「醍醐寺三宝院の法流と聖教」（『研究紀要』第二三号、醍醐寺文化財研究所、二〇一五年）。
（10）『密教大辞典』「阿闍梨位ノ大事」の項に「一傳は合掌して二頭指二無名指を屈して掌中に入れ、馬頭の印の如くして二大指を二頭指に付く。此傳は印相経説に異るも、八祖相承の秘印弘法大師の相傳と稱し、成賢より憲深・道教両師に授けたるものなり。」とある。
（11）「阿闍梨位印明并血脈」（『醍』一〇四函一七号）には、「阿闍梨位印明」を相承してきた血脈として、隆源に至るまでの三宝院流憲深方の正嫡の名が順に記されている。
（12）「満済准后日記」応永二十年六月十九日条、「宗秘極伝授大事」（『醍』一〇一函三三号）、「僧正満済書状」（『醍』二二函四一号）、「醍醐寺新要録」座主次第篇九二〇頁。
（13）註（9）永村氏前掲論文を参照。
（14）「満済准后日記」応永三十五年三月十二日条。

(15)「准三宮満済譲状写」（『醍』一二三函四〇号三番）。
(16) 佐和隆研氏「五八代記」（『研究紀要』第四号、醍醐寺文化財研究所、一九八二年）。
(17)『密教大辞典』「許可」の項には「（前略）又野沢両流とも、伝法灌頂入壇以後の阿闍梨が一流伝授にあづかる時、或は曼荼羅・大日経奥疏等の講伝の時改めて許可壇に入り、投花等の作法によらざる印法灌頂を蒙り、許可の印明を授かる作法あり。これを行ふ理由につき、一説には受者已に伝法灌頂入壇の人たりとも餘流によりて受法せし者ある可きを慮り、改めて許可壇に入らしむと云ふ。（後略）」とある。
(18) 満済による遍智院・岳西院流等の相承については本稿第二章で取り上げる。
(19)『醍醐寺新要録』清龍宮篇五〇〇頁。
(20)「定盛聖教等納状案」（『醍』一七函一三四号）。
(21)『満済准后日記』応永三十三年正月十九日条、同年四月十日条。
(22)『醍』七八函八四号一番が印明、同二番が紹文。
(23) 永村氏「醍醐寺の史料とその伝来」（有賀祥隆氏編『醍醐寺大観』第三巻、岩波書店、二〇〇一年）、註（4）藤井氏前掲論文、同氏『中世醍醐寺と真言密教』勉誠出版、二〇〇八年。
(24)『醍醐寺新要録』座主幷法流血脈篇九二七頁。定什は遍智院宮聖雲資定聴の弟子。
(25)「前大僧正満済授賢長伝法灌頂印信紹文案」（『醍』七八函六四号）「後遇妙法院前大僧正伝密印許可秘」との文言がある。
(26) 定盛については「御影供祭文」（『醍』七一函一三七号）から、聖尊法親王自筆の御影供祭文を与えられていることが分かっているが、その詳細は未だ明らかでない。
(27)「定盛聖教等納状案」（『醍』一七函一三四号）。
(28)「前大僧正満済授実有許可灌頂印信紹文案」（『醍』七八函六六号）。
(29) 道教方については、伴瀬明美氏「室町期の醍醐寺地蔵院―善乗院聖通の生涯を通して―」（東京大学史料編纂所編「東京大学史料編纂所研究紀要」第二六号、二〇一六年）に詳しい。

(30) 註（6）小池氏前掲論文を参照。
(31) 『醍醐寺新要録』声明篇一二七〇～一二七一頁。
(32) 『醍醐寺新要録』三宝院篇五八五頁。
(33) 『醍醐寺新要録』声明篇一二七二頁。
(34) 『醍醐寺新要録』岳西院篇六七六頁。
(35) 「定超授光済許可灌頂印信紹文写」（「醍」二〇函二〇号三番）、「定超授実済許可灌頂印信紹文写」（「醍」二〇函二一号）。
(36) 「満済自筆公家御祈以下条々置文」（「醍」二五函二〇七号）妙法院僧正賢快の項。
(37) 藤井氏『中世醍醐寺と真言密教』、勉誠出版、二〇〇八年、八十六頁を参照。
(38) 「大勝金剛護摩次第」（「醍」四九二函四七号）本奥書では、「筆跡之狼藉」を「老眼」によるものと語っており、当時の苦労が窺える。
(39) 醍醐寺と根来寺の関わりについては、永村氏「中世醍醐寺と根来寺」（三派合同記念論集編集委員会編『頼瑜僧正七百年御遠忌記念論集　新義真言教学の研究』、大蔵出版、二〇〇二年）に詳しい。
(40) 藤井氏「『醍醐寺史料』にみる寺院史料と筆跡」（湯山賢一氏編『文化財と古文書学―筆跡論』、勉誠出版、二〇〇九年）。
(41) 註（4）藤井氏前掲論文を参照。
(42) 註（37）藤井氏前掲書、第Ⅱ部第二章第三節「後宇多法皇と報恩院」に詳しい。
(43) 金井静香氏「大覚寺統管領寺院の再編―南池院・清閑寺大勝院を中心に―」（上横手雅敬氏編『中世の寺社と信仰』、吉川弘文館、二〇〇一年）。
(44) 坂口太郎氏「鎌倉後期・建武政権期の大覚寺統と大覚寺門跡―性円法親王を中心として―」（『史学雑誌』第一二二編、第四号、山川出版社、二〇一三年）。
(45) 「後宇多法皇院宣写」（「醍」四函八号一番）。
(46) 註（44）坂口氏前掲論文を参照。

(47)「後宇多法皇院宣案」（「醍」二函九一号）。
(48)『仁和寺御経蔵聖教』一五〇函五九号。註（44）坂口氏前掲論文に詳しい。
(49)「後醍醐天皇輪旨」（「醍」二〇函一号）。
(50)「座主賢俊袖判隆舜管領諸坊安堵状」（「醍」九二函二三号）、「足利尊氏御判御教書」（「醍」四函六〇号一番）。
(51)「光厳上皇院宣写」（「醍」四函六号二番）、「光厳上皇院宣」（「醍」四函六三号二番）。
(52)「文殿注進状案」（「醍」二〇函四号）、『醍醐寺新要録』大智院篇六六六頁。
(53)「大覚寺宮性円法親王令旨案」（「醍」二函九三号）、『大日本古文書　家わけ第十九　醍醐寺文書』二八一。
(54)註（43）金井氏前掲論文を参照。
(55)註（37）藤井氏前掲書二一三頁を参照。
(56)註（37）藤井氏前掲書、註（43）金井氏前掲論文を参照。
(57)「満済書状」（「醍」二九函二二号一番）。
(58)「隆源書状土代」（「醍」二九函一五号）と「隆源書状」（「醍」二九函一九号）。それぞれ後欠・前欠となっているが、併せると後述の「隆源書状」（「醍」二九函一四号）とほぼ同文になるため、もとは一通の文書であったと推察される。
(59)『醍醐寺新要録』大智院篇六六三頁、「八條院庁牒写」（「醍」六函一号）。前の二通は、前節で扱った「報恩院隆源自筆置文案」（「醍」二四函二九号）で引用されているうちの二通、正和五年（一三一六）の後宇多法皇院宣と建武三年（一三三六）の光厳上皇院宣を指していると考える。「安元庁宣」は安元三年（一一七七）に発給された「八條院庁牒」のことと思われる。
(60)「満済書状」（「醍」二九函二二号二番）。
(61)「隆源書状」（「醍」二九函一四号）。
(62)『醍醐寺新要録』大智院篇六六八頁。
(63)「醍醐寺方管領諸門跡等目録写」（「醍」一五函三一号二番）、註（62）参照。
(64)註（57）、（58）、（60）、（61）にある前掲史料の文末表現にも注目したい。指示を受ける隆源は文末に「恐々謹言」を用いるのに対し、指示する側の満済は「恐惶謹言」を使用している。満済は、醍醐寺を統べる座主として大智院に関する文書の作成を指示していながら、師の隆源に敬意を表して協力を仰ぐ形をとっていたことが窺える。弟子である座主満済に大智院を託すという内容は、隆源にとっても、ぜひとも「披露」してもらいたい事柄であったといえよう。

【付記】小稿執筆にあたり、ご指導いただいた永村眞氏、藤井雅子氏に心より感謝申し上げます。また、史料閲覧および掲載に関して格別のご配慮を賜った醍醐寺当局に御礼申し上げます。

Ⅲ

室町期の醍醐寺地蔵院
―善乗院聖通の生涯を通して―

伴瀬明美

はじめに―善乗院聖通とは―

足利義満・義持・義教の三代にわたり重用された三宝院満済については、室町時代政治史や幕府の宗教政策史研究において多くの言及がなされてきたが、近年、森茂暁氏により伝記[1]が著されたことによって、満済の出自や家族構成など、個人のプロフィールにあたる部分についても光が当てられた。森氏による伝記では、満満の父は今小路基冬、母は出雲路殿（実名は不詳[2]）、兄として師冬がおり、満済は師冬の猶子となっていたと推測されること、また妹として二歳年下の西輪寺長老がいること、大原勝林院僧正良雄が伯父とみなされることなどが紹介されている。

しかし、満済の家族と推測される人々は他にも史料上に散見する。たとえば、醍醐寺文書には次のような二通の諷誦文が残されている。

●六十二函一〇七号[3]

敬白

請諷誦事

三宝衆僧御布施

右、迎先妣静雲院尊霊七々忌陰、諷誦所修如件、夫至恩高者須弥匪喩、至徳深者巨海難覃者乎、爰弟子泣案彼洪恩之太、啻歎此報酬少、于嗟、七十余廻之星歳、為夢為幻、四十九日之光陰、易移既臻、凡厥中陰之間毎日之勤、奉修光明真言護摩四十九座、同供養法百四十七座、阿弥陀并宝篋印陀羅尼供養法各四十九座、地蔵供養法百座、方今、就理趣三昧之密場、揚花磬三声之清韻、然則、幽儀頓転五障之身器、早致九品之蓮台、乃至沙界皆到彼岸、敬白、

応永廿六年七月廿二日　　仏子大僧都法印大和尚位聖通敬白

●六十二函一〇八号(4)

敬白

請諷誦事

三宝衆僧御布施

右、迎先妣聖霊七々忌辰、諷誦所修如件、弟子深蒙生育恩、剰稟慈愛憐、報謝未及一塵、悲涙猶以千行、爰望一会斎席、佇鳴三箇梵鐘、伏願、聖霊無帰八苦旧郷、速昇九品妙台矣、敬白、

応永廿六年七月廿二日　　弟子見基敬白

一〇七号にみえる「静雲院」とは、『満済准后日記』（以下『日記』と略す）に「出雲路殿」としてあらわれる満済の母の法名である。一〇八号には「先妣」とあるのみで故人の名は無いが、日付と「七々忌辰」が共通していること及び伝来状況から、これも出雲路殿の七七日仏事についての諷誦文と考えてよいだろう。注目されるのは、諷誦文を

捧げた聖通、見基のいずれもが故人を「先妣」と呼んでいることである。とすれば、聖通と見基は出雲路殿の子ども、すなわち満済の兄弟と考えられる。

満済の母は応永二十六年（一四一九）六月四日に亡くなった。[5]その葬儀は醍醐で行われたと思われ、満済は七月二十二日の七七日仏事の結願まで醍醐に籠居した。[6]満済の七七日諷誦文も醍醐寺文書中に伝来していることから、[7]おそらくこの法会には兄弟がともに臨んだのであろう。

聖通・見基のうち、見基については管見の限り関連史料が見出せない。[8]しかし、聖通については『日記』をはじめとする同時代史料や聖教奥書にその名が見え、後述のように醍醐寺地蔵院の僧で善乗院と名乗っていたことが確認できる。満済の身内が醍醐寺僧になっていたこと、それも三宝院ではなく、地蔵院に入室していたことは興味深い。

鎌倉中期以降、醍醐寺では、その筆頭的法流である三宝院流を相承する院家としての三宝院、三宝院流の嫡流、そして醍醐寺座主職、それぞれの相承をめぐって、諸院家が争う状態が長く続いた。[9]鎌倉末期から南北朝期における地蔵院主親玄・覚雄師資は、この長い相論の起点となった遍智院成賢の嫡弟道教の嫡流を自負し、三宝院流正嫡としての自意識を強く抱いており、親玄は関東に下向して鎌倉幕府の祈禱を勤仕し、鎌倉殿御願寺の別当に補任されるとともに、京において念願の醍醐寺座主に補され、東寺一長者にも補任された。[10]その嫡弟覚雄は建武期に京と鎌倉を往復して武家護持に奉仕し、その後は室町幕府護持僧の上首の位置にあり、東寺一長者、ついで醍醐寺座主となった。[11]しかし、内乱期を経て足利義満執政開始に至る過程で、三宝院主賢俊が武家の闕所処分慣行を梃子に諸院家を門下に組み込むことで醍醐寺における覇権を確立し、さらに、武家祈禱体制の枠組みが「祈禱方奉行」と「護持僧管領」を軸に整えられ、この両方を三宝院主が独占したことによって、院家としての三宝院の地位は醍醐寺のなかで突出したものとなった[12]。これにより地蔵院の地位は相対的に低下したと思われ、覚雄を最後に地蔵院は醍醐寺座主から遠ざかり、本稿が扱う応永年間においては、三宝院満済の統括の下で地蔵院主聖快が幕府祈禱を勤仕する様子が『日記』に散見する。

しかしながら、地蔵院は三宝院の門下に入ることはなく、鎌倉時代に引き続き師資相承による継承を行っていた。また覚雄の嫡弟聖快は「此僧正時、門跡興隆、稽古随分繁栄無是非[13]」とされ、その時代、法流は大いに興隆したという。このように注目すべき院家だが、聖快の時代、さらにそれ以降の地蔵院についてはほとんど研究がない。

そこで小稿では、満済の身内にして地蔵院僧であった聖通の足跡をたどることによって、室町期以降の地蔵院のあり方を明らかにし、加えて地蔵院への満済の関わりについても探ってみたい。

一、聖通について

聖通の人物像を明らかにするため、応永二十二年九月十七日、聖通が地蔵院において院主聖快から伝法灌頂を受けた際の史料をまずみていきたい。この伝法灌頂に関わる史料群が聖通に関する最もまとまった史料だからである。

大阿闍梨の前大僧正聖快（初名は道快、以下本文中では「聖快」に統一する）は、前院主覚雄の嫡弟であり、応安四年（一三七一）に初めて義満亭での五壇法において金剛夜叉阿闍梨を勤め[14]、明徳四年（一三九三）には武家護持僧として見える[15]。聖快は義持期に入っても護持僧となり、五壇法の中壇阿闍梨を勤め[16]、義持新第の鎮宅法を勤修するなど[17]、幕府の祈禱体制のなかで重きを置かれていたとみられる。

この聖快から聖通への伝法灌頂については、非常に詳細な記録を含む複数の史料が残されている[18]。それらの中には受者の名を「聖通」とする史料と「聖円」とする史料とが含まれるが、以下に述べるように、聖円と聖通は同一人物である。史料のうち、聖円・聖通の系譜情報に関わる部分をかかげる。まず、受者を「聖円」としているのは、次の二点である。

①『日記』応永二十二年九月十七日条

十七日、辛亥、天晴、於㆓地蔵院㆒伝法灌頂在、阿闍梨前大僧正聖快、受者少僧都聖円、□□職衆十六口、庭儀、委細別記㆑之、出雲路殿御入寺、

②「聖円伝法灌頂記[19]」。嘆徳役をつとめた権僧正隆禅のために、その師匠である前大僧正隆源が草した表白の写し。

（表白略）

此草者、醍醐寺水本僧正隆源前大僧正作也、于㆑時応永廿二年九月十七日、酉々寺於㆓地蔵院㆒伝法灌頂被㆑行、阿闍梨門主前大僧正聖快、受者権少僧都法眼和尚位聖円、是ハ当座主三宝院前大僧正満済舎弟也、（下略）

一方、受者を「聖通」としているのは、次の二点である。

③「成簣堂古文書」雑文書[20]所収の詳細かつ長大な記録。表題はない。本稿では仮に「灌頂記録」と称する。作者は不明だが、何らかの形でこの伝法灌頂儀を目の当たりにした人物と推測される。

（冒頭）
応永廿二季乙未九月十七日辛亥、觜宿土曜、於㆓醍醐寺地蔵院道場㆒、被㆑行㆓伝法灌頂㆒、大阿闍梨院主前大僧正聖｜快覚雄大僧正弟子通相公。千種大相国。息、年七十三歳、

（中略）

受者善乗院権少僧都聖通　久我右大将通宣息〻（猶子）、年十九歳

（以下略）

④史料編纂所所蔵「伝法灌頂記」。端裏書によれば、当日、職衆として儀式に参列していた弘鑁が記したものである。

（冒頭）
応永廿二年乙未九月十七日觜宿土曜三吉　於二地蔵院一、伝法灌頂被レ行レ之、

大阿闍梨前大僧正本名道快賢〔聖〕｜（快）　御年七十二夏臈、前大僧正覚雄入壇写瓶資、久我之〔太〕大政大臣通｜（忠〔相〕）公御息也、

受者権少僧都聖通　御年廿夏臈、三宝院大僧正満｜（済）御舎弟、久我右大将御猶子、号善乗院、

（以下略）

※史料番号の①～④は本稿を通して用いる。

一覧して明らかなように、「聖円」についても、「聖運」についても、（権）少僧都、満済の舎弟、と記されている。また、いずれの史料にも同日に複数の受者があったとは記されていない。とすれば、二人の受者がいたのではなく、一人の受者について両様の記載がなされたと考えるのが妥当であろう。聖教類の書写奥書（後述）の署名では、応永二十年には「聖円」[21]、同二十二年五月から後は「聖通」という名乗りが用いられており[22]、応永二十年から二十二年の間のある時点で聖円から聖通へと改名が行われたと考えられる。史料①が「聖円」としていることから、この伝法灌頂の時点の名乗りは「聖円」と確定できるように思われるが、伝法灌頂が行われた応永二十二年九月にはいまだ両方が通用されていた時期だったのではないだろうか。ちなみに『日記』では伝法灌頂当日より後には聖円という称が用

いられることはない。

伝法灌頂の二週間前にあたる九月三日の『日記』によれば、満済は「善乗院灌頂要脚」を「進遣」している。史料③④にみられるように善乗院とは聖通のことであるから、伝法灌頂を前に聖通のために満済が必要経費を送ったことがわかる。また、同月五日条には、伝法灌頂の大阿闍梨である聖快が満済のもとを訪れたこと、七日条には、史料②に見える隆源が醍醐に入ったこと、十五日条には地蔵院灌頂の習礼が行われたことが記されている。伝法灌頂当日である十七日条の記述は簡潔だが、別記を作成した旨が示され、その翌日条には後朝以下の儀式が無事に終わったことが記されている。十七日条・十八日条は書様からみて伝聞の記述ではなく、満済自らがその儀に臨席していたと推測される。準備過程から『日記』に記していることとあわせ、聖通が満済の「舎弟」にあたるためだろう。また、伝法灌頂当日に出雲路殿が醍醐寺に入っていることも[23]、聖通と出雲路殿の関係を考えるうえで注目される。

しかしながら、これらの史料からは聖通に関する系譜上の問題も明らかになる。伝法灌頂時の聖通の年齢は十九歳と記されている。これは後年の『日記』に記される彼の享年とも符合するが、そうだとすれば、聖通は満済より二十一歳も年少となる応永五年生まれとなり、その年すでに今小路基冬は亡くなっているのである。したがって、聖通は基冬の子ではない。さらに言えば、応永二十六年に七十余歳で没した出雲路殿の実子とみることにも留保が必要であろう。それにもかかわらず出雲路殿を母とよび、満済の弟と称されているとすれば、聖通は実際には彼らとどのような関係にあったのだろうか。

一つの可能性としては、聖通は今小路師冬（基冬男）の子であり、出雲路殿を養母として育てられた、ということが考えられるだろう。満済は師冬の猶子と推定されており、聖通が師冬の子だったとすれば、満済の弟と称されることも首肯される。今小路師冬の生没年は不明だが、師冬の子満冬の生年が至徳元年とされることから師冬の生年を推測すると、師冬と満済は少なくとも十数歳ほど年の離れた兄弟と考えられる。師冬は応永十一年、従一位に叙されて出家し(24)、その後は史料上にあらわれないことから、間もなく没したと推測される(25)。こうした事情のもとで、聖通は出雲路殿によって養育されたのではないだろうか。

　そもそも、前掲の伝法灌頂の史料において、聖通について満済の舎弟と記されるが、聖通の父の名が記されていない点は注意すべきである。いまだ明らかにされていない出雲路殿の出自如何も含め、多様な可能性を想定しうるが、いずれにしても現段階では推測の域を出ない。

　ともあれ、聖通は出雲路殿が没した時、満済同様に籠居している。折しも応永の外寇の時期にあたっており、籠居中に異国調伏御祈の祈禱僧に入れられてしまった聖通は、満済に相談したうえで参仕を辞退した(26)。籠居は死者ともっとも近親にある者の服喪のあり方である。聖通が社会的に出雲路殿の子、すなわち満済の弟として行動していたことは確かである。右に、これまでの検討結果を加えて作成した略系図を示す。

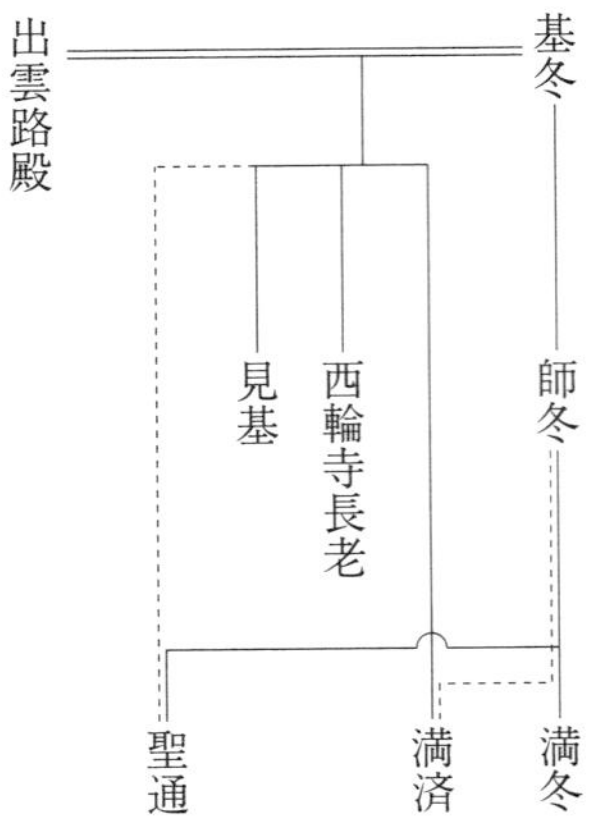

今小路家略系図

二、地蔵院の継承と聖通

（一）地蔵院への入室

聖円（聖通）がいつ、どのような経緯で地蔵院へ入室したかは明らかにならない。聖円という名の初見は、管見の限りでは「聖円法眼」の十八道加行結願を記す『日記』応永二十年六月十八日条である(27)。すでに受法にむけて準備が始まっており(28)、若年での伝法灌頂が予定されていることは、門跡継承者としての入室であったことをうかがわせる。同年には師匠の蔵書を借りて聖教書写も行っており（後述）、おそらく、応永二十年の時点で入室から数年が経っていると考えられる。『日記』には応永十八年正月以降しか記事がないので、聖円が入室したと思われる時期には『日記』もなく、満済の関与や意図がどのようなものだったかは不明である。

もっとも、「はじめに」で述べたような醍醐寺における地蔵院の位置づけを考えると、聖円の入室は、満済が自身の身内に地蔵院門跡を継承させることで、実質的に地蔵院を門下に置くことを企図したのではないかという推測も浮かぶ。しかし、三宝院が醍醐寺のなかで未だ不安定な位置づけにあり、賢俊が闕所認定という手段を借りて諸院家を手に入れた南北朝期とは異なり、応永十年代において、三宝院の醍醐寺における覇権は確固としたものとなっており、満済自身も顕密仏教界において揺るぎない地位にあった。満済に三宝院門下拡大の意図がなかったと確言することはできないが、聖円入室の背景をその点に絞るのは留保すべきだろう。

一方で、聖快は地蔵院門跡の継承について問題を抱えた状況にあったと考えられる。地蔵院門跡は親玄・覚雄・聖快と三代にわたり久我家出身者によって相承されてきた。久我家は康暦年間に地蔵院へ久我荘内の田地を寄進しており[29]、建武年間、覚雄が東下している間に醍醐寺が全焼したとき、地蔵院の聖教は久我家に預けられていたため焼失を免れた[30]。久我家と地蔵院門跡とは密な関係にあったと思われる。しかし、応永当時の地蔵院には聖快以外の久我家出身僧を見出せない。その背景には、応安～永徳年間の地蔵院において聖快の右腕となっており、「付法」とされていた相覚（聖快実弟、久我通相男）が嘉慶初年に鎌倉に下向し、遍照院頼印の嫡弟となっていたという事情があった。かつて覚雄が鎌倉極楽寺に預けていた聖教の返還をめぐって聖快と極楽寺が争った際、鎌倉で親玄流を自負する遍照院頼印が仲介に入り、その見返りとして相覚の鎌倉下向を要請したためである[31]。

その他の聖快の門弟たちは出自が明らかにならないが、まさにそのことと、彼らの僧官からうかがうならば、彼らはいわゆる「平民」とされる出自であったと推測される[32]。聖快の兄弟である久我通宣の子は、『尊卑分脈』によれば嫡子通清のみであり、久我家からの新たな入室は期待できない状況だったのだろう。聖快が聖円を受け入れた背景には、院主として門跡を継ぐべき貴種を確保する必要性があったのではないだろうか[33]。今小路家はとうてい「貴種」とはいえなかったと指摘されているが[34]、二条家支流今小路家の子息であり、満済の弟である聖円は、地蔵院の門弟たちの中では出自において抜きん出た存在である。筆者は、聖快から満済への働きかけがあった可能性もあると考える。

ただし、聖円が地蔵院門跡を継承するためには、史料③④に見られるように久我家の猶子になることが条件だったと思われる。猶子関係がいつ結ばれたのかは不明だが、上記のような久我家と地蔵院門跡との関係、さらに、後述する聖円（聖通）の伝法灌頂の際に明らかになる久我家の強い自意識を想起すれば、門跡相承と猶子関係とは不可分であっただろう。聖円から聖通への改名も通宣との猶子関係に由来するのではないだろうか。

（二）持円の地蔵院入室

しかしながら、地蔵院内における聖円の位置づけは、伝法に向けた加行が始まる前からすでに微妙なものとなっていた。応永二十年三月二十三日、将軍足利義持の叔父満詮の息男（持円）が十三歳で地蔵院に入室したためである[35]。満詮は生涯にわたって義満・義持父子と良好な関係を保った人物であった。この入室については同年正月ごろより満済も交えて日程調整などが行われており、入室にかかわる諸事は義持の前で定められた[36]。持円と義持との間に猶子関係は確認されないが、持円という法名は義持から偏諱を受けたものだろう[37]。地蔵院入室の四日後、持円は義持に面謁し、法眼に直叙される[38]。この一連の経緯から、持円の入室は地蔵院門跡の継承を想定したものであり、室町殿一族による諸門跡継承の一事例と考えられる。

持円が入室した年の八月末、地蔵院主聖快は遺言状を認めた。八月二十七日に二通、二十八日に一通の計三通[39]である。七十歳という齢のためもあるだろうが、持円を迎え、今後の地蔵院門跡に思いを致したと考えられる。

二十七日付の「遺言[40]」では、まず次期門主について、聖円と持円の名を上げ、この二人のうち「以㆓器要之人体㆒、伺㆓上意㆒可㆑申㆓定門主㆒」としている。入室して半年に満たない持円が門主候補となっていることは持円が聖快のもとに入室した意味を端的に示すが、聖円が門主候補として持円と並べられていることはとりもなおさず持円入室以前の聖円の位置づけを表している。門弟らが「器用之人体」を選ぶという門跡相承のあり方を指向しながらも、「伺上意可申定門主」と指示している点に聖快の苦衷がうかがえよう。なお、新門主の「成人之間」は法印快玄・大僧都覚演・僧都覚尊の三人が守護し、経蔵の開閉など聖教の管理はすべて三人が会合してあたるように、と指示している。

同日付の「遺跡事」と題されたもう一通[41]では、聖快の遺跡たるべき所領等は、義満時代に恩補に預かった日輪寺別当職以外にはほぼ有名無実であること、それでも何とか門主を盛り立て、本尊・聖教を守るべきことが記されている。これら二通は門弟に向けて記されたものであろう。

二十八日付の「遺言」[42]は、自ら亡き後の地蔵院門跡のあり方について、本尊・聖教の管理、朝夕に門主が行うべき勤行、聖快没後の沙汰など、門跡を継承する者が心得おくべきことを言い置いた内容となっている。とくに、本尊・聖教の管理に関しては詳細であり、年若い門主が誕生した場合、それに乗じて聖教類が持ち出され流出する事態を防ごうとしたものであろう。さらに「門跡相承之人可レ堪二忍飢寒一之間事」と項目をたて、いかに牢籠しようとも「烈二他流之門下一、令レ追二従員外之人一事、堅可レ停二止之一」とし、他流の門下に入ることを禁じている。これらの内容から、聖快が心をくだいていたのは、聖教類の守護すなわち法流の維持、そして醍醐寺内での（おそらく三宝院を意識した）地蔵院門跡の地位の保持であったことがうかがえる。

このように、応永二十年段階では次期門主は決定されてはいない。そもそも聖快が認めたのも譲状ではない。しかし、注目されるのは、応永二十年九月十日の足利義持御判御教書が「地蔵院法眼御房」に対して、「任二聖快僧正譲附之旨一、付二門跡一可レ為二永代相構〔續カ〕一」と日輪寺別当職を安堵していることである[43]。とすれば、日輪寺別当職については、遺言状が認められるとともに、譲与が行われたと推測される。御判御教書の宛先は持円であろう。後述する聖教奥書から当時は聖通も法眼だったことがわかるが、『日記』では入室して間もない持円が「地蔵院法眼」と称されている[44]。この時点では次期門主の指名を行わなかった聖快だが、目下唯一の当知行所であり、聖快が義満から安堵を受けていた所職については持円に譲与し、それを機に義持の安堵を得て知行のさらなる安定を図ろうとしたのではないだろうか[45]。

（三）聖通の受法

このような状況のもと、この二年後に行われたのが、聖快から聖円への伝法灌頂である。長大かつ詳細な記録の伝来が示すように(46)、東寺学頭隆禅を筆頭とする十六口の職衆を請定し、庭儀により行われた盛儀であり、「凡今度之儀、毎事厳儀貞応以来、其例髣髴(47)」と記されるほど地蔵院門跡として総力を注いだものであった。職衆や威儀僧には三宝院僧も出仕しており、執綱や堂童子は「久我殿祇候人(48)」が奉仕した。

注目されるのは、聖快の命により、対揚の句に「御願成弁」の語が用いられたことである。これは通常「所願成弁」とされるところを、聖快が「凡御願之詞者、宮并一人之外御願成弁不レ沙二汰之一也、然而久我之家門者為二天暦（村上天皇）之天子之余胤一、更不レ可レ准二余家一、故以二宮・一人之准拠一」てとくに「御願成弁」とさせたものである(49)。つまり、久我家一門としての強い自意識の現れであった。とすれば、久我家の猶子としてこの伝法灌頂を受けた聖円は、聖快にとってはやはり地蔵院門跡を継承すべき人物だったと推測される。

そのことは聖教奥書からもうかがえる。聖快は、応永二十二年二月から十二月にかけて、聖通のために「息災護摩初学記」全四帖をまとめている(50)。その上巻奥書の「竊為二聖通法眼一拭二老眼一抄二記之一畢」という文言からは、聖快の聖通への思いが伝わってくるようである。聖円（聖通）もまた、応永二十年の「遺言」において「為二毎日之自業一、雖二半紙一冊一、無二懈怠一可レ書二写書籍一也」と日々の書写を督励した師の意を意識して修学に励んだと思われ、応永二十年～二十二年には聖円（聖通）の書写奥書をもつ聖教が散見する(51)。

三、聖快の死と地蔵院門跡の継承

(一) 聖快の譲状

しかし、伝法灌頂からさらに二年後の応永二十四年十月から十一月にかけて、死を前にした聖快は五通の譲状・置文を認め、そのなかで門跡継承者は持円に確定する。『日記』では十一月四日条にはじめて聖快が病気であるらしいということが記されるが、九月に二日連続で聖快から門弟への伝法灌頂が行われた(52)ことから考えると、すでに七十四歳になっていた聖快には『日記』に記されるよりもっと早くから健康状態に変化がみられ、それが譲状の執筆につながったのだろう。聖快が認めた譲状等は次の五通(53)である。

Ａ　応永二十四年十月二十一日　譲状（持円宛て）
Ｂ　応永二十四年十一月一日　譲状（聖通宛て）
Ｃ　応永二十四年十一月二日　置文
Ｄ　応永二十四年十一月二十一日　譲状（持円宛て）
Ｅ　応永二十四年十一月二十一日　譲状（持円宛て）

まず譲状Ａでは、右大将家法華堂職及び日輪寺別当職等、その多くは不知行となってはいるものの、聖快が師覚雄から譲られた関東を中心とする所職・所領が持円に譲与された。その約十日後の譲状Ｂでは、地蔵院の「嫡々相承之秘物」とされる諸本尊・曼荼羅等を聖通に譲っている。ここまでの二通では、所領は持円に譲るものの、法流の継承者は聖通と定めたようにみえるが、Bに記された本尊等は聖快が師覚雄から相承したもののごく一部であることが後の譲状から判明する。さらにこの翌日、聖快は置文Cを書く。

Cでは、本尊・聖教のこと、法流のこと、門弟らの門跡における位置づけと今後の処遇、自らの没後の追善のことなど、つまり次期門主としての心得が特定の人物にあてて詳しく指示されている。この置文に宛所はないが、門弟の最初に「善乗院事」という一条があげられ、「弥成二乳水之思一、互被レ助二威儀一者、可レ為二第一本望一者也」と記されている。善乗院とは聖通のことであるから、聖通についての指示が文中にあるとすれば、これまでの経緯もふまえ、この置文の宛先は持円と考えられる。二条目の「法流事」に「御灌頂以下大事、諸尊瑜伽御伝授等、委細快玄法印申置」云々と記されていることも、当時十七歳でいまだ聖快からの伝法を受けていなかった持円に宛てたものとしてふさわしい。

そして同月二十一日に聖快は二通の譲状を書き、譲状Dで、地蔵院流が代々相承と自認する醍醐寺座主職を、次に引用する譲状Eにおいて、門跡正嫡が相承してきた本尊・聖教・霊宝等をすべて持円に譲与する。

譲与

本尊・聖教等事

一　経蔵目六在別、

於二所レ納聖教一者、曩祖覚洞院（親快）法印運二渡両院一安置之細帙、悉擬二当院経蔵之法宝一、具見二烈祖之譲状一、

殊為二末資之券契一者乎、

一　嫡々相承台皮子四合所納聖教・霊宝等目六在別、

又二合、子細同前、

彼此六合皮子者、門室一流眼肝也、雖レ為二随逐之門弟一、猶不レ見二知其体一、何況所レ納之聖教、豈敢得レ令二握翫一乎、堅守二師々厳誡一、莫レ任二各々自専一矣、

一　秘仏・秘曼荼羅并本尊・祖師影像等※

伝持分悉令二委附一者也、子細見二祖師譲状一、

一　仏舎利并霊宝等目六在レ別、

伝来之旨揆秘而不レ記、相承之弃〔奇〕特置而不レ論、誠是仏法王法之鎮護也、専為二依報正報之福田一哉、

一　衲一領唐綴

横皮一領唐錦交金、

一　鋺二口此内一号二唐猫一、

右本尊・聖教等、所レ奉レ譲二与持円大僧都一也、但不レ及二御入壇一之間、法流事者預二置快玄法印一者也、御受法・灌頂対二彼法印一可レ有二御沙汰一、為レ明二亀鏡於後代一、特染二燕弗於兼日一之状如件、

応永廿四年十一月廿一日

前大僧正聖快（花押）

ここには地蔵院流が嫡々相承してきたとする本尊・聖教があげられているが、二条目の「台皮子」四合を含む皮子六合は、正嫡たる門主のみがその中身を把握する、いわば地蔵院門跡のレガリアである[54]。また、注目されるのは※をつけた「秘仏・秘曼荼羅并本尊・祖師影像等」である。秘仏・秘曼荼羅・本尊・祖師影像という組み合わせは、譲状

Bで聖通に譲られた「嫡々相承之秘物」の内容と重なっているためである。もっとも、「秘仏・秘曼荼羅并本尊」という括りは覚雄から道快（聖快）への譲状[55]にもみえ、そこでは「秘仏・秘曼荼羅以下本尊数百鋪目録在レ別、」とされていることから、Bで聖通に譲られたものは数百鋪のうちのごく一部であることがわかるが、聖快自身が「秘尊・秘曼荼羅・霊宝等輙莫レ免二他見一、縦雖レ為二伝持之人一、一代両三度之外不レ可レ開レ之」[56]とまで記す嫡々相承の秘物を、たとえ一部分であっても聖通に譲ることの意味は小さくなく、あらためて聖快の聖通への思い入れがうかがえる。問題は、※の中にBでの譲与分が含まれているか、いないかである。前者ならば、いったん聖通に譲ったものを改めて持円に譲り直したことになり、後者ならば、聖快は聖通のために分割譲与を行ったことになる。筆者は、B譲状からE譲状の間に二十日近い時間があることから、聖快は一旦聖通に分与を考えたものの、その後考えを改め、E譲状において「伝持分悉令二委附一者也」の言葉どおり、すべてを持円に譲与したのではないかと考えておきたい[57]。

E譲状の末尾には「但不レ及二御入壇一之間、法流事者預二置快玄法印一、御受法灌頂対二彼法印一可レ有二御沙汰一」とあり、持円が聖快からの伝法灌頂を受けないまま、地蔵院の次期門主に定められたことがわかる。聖通は次期門主から退けられ、同時に久我家一族による地蔵院門跡の相承もおわった。聖快は同年十二月十一日に没する。

（二）継承者決定の背景

聖快が応永二十年の「遺言」の内容を二十四年に全く異なるものに改めたのはなぜだろうか。むろん、前述のように、持円による地蔵院門跡の継承は応永二十年の持円入室段階で既定路線となったと考えられ、二十四年の譲状ではそれを文書として明示したに過ぎないともいえる。それでも聖快には聖通を正嫡としたい思いがあったことは前述のとおりだが、結局、聖快はその思いを封印した。その経緯を考えるにあたり指摘しておきたいのが、応永二十二年、室町殿足利義持と久我家の間に起こった事件である。

応永二十二年十一月二十一日、称光天皇の大嘗会が挙行された。二十二日には悠紀節会、二十三日には主基節会が行われたが、二十三日の内弁をつとめていた久我通宣が、天皇の冠に挿頭花を差すのは誰かという問題をめぐって、内大臣として参仕していた足利義持の激しい怒りをかい、通宣は右大将・権大納言を罷免されたうえ、所領源氏町も没収され、丹波に下向して籠居するに至ったのである。(58) 伏見宮貞成王は「称光院大嘗会御記」のなかで、これは挿頭花の取扱いについて、関白一条経嗣が通宣に前日の経緯をふまえた適切な助言を行なわなかったことから起こったことで、義持の怒りの激しさは理解しがたいと記し、通宣に同情している。

大嘗会への参仕をめぐっては、通宣のほかにも、方違行幸に遅参した洞院満季・正親町実秀・万里小路時房が室町殿への出仕をとどめられ、方違行幸・太政官庁行幸と失敗を重ねた海住山清房は蔵人頭を自ら辞し、籠居したうえに義持から所領を没収されるというように処罰者が相次いだが、(59) 自らの落ち度とはいえない理由で通宣に下された罰は異常なほどに重い。久我通宣が許されるのは応永二十五年であり、それまでの三年間、久我家は朝廷から姿を消すことになった。

この事件は、久我通宣の猶子である聖通への伝法灌頂があたかも次期門主へのそれであるかのごとき盛儀によって行われたわずか二ヶ月後におこった。

義持の久我通宣への異常なほどの勘気の理由は史料上では明らかにならず、地蔵院の継承問題との関連性も不明である。(60) しかし、この大嘗会の一件は、義持の意向に逆らうことの危険を聖快に改めて認識させ、持円を門跡継承者にすることを決断させる機会となったのではないだろうか。室町幕府草創期以来、公武の祈禱を勤仕してきた門跡としての地位を保つためには、新門主は室町殿の認める人物でなければならず、室町殿義持の後援を得て入室した持円が次期門主になるのは必然であったといえよう。

ところで、聖通と満済との関係を考えるならば、満済は地蔵院門跡相承をめぐる問題の当事者の一人といえる。したがって満済がどのように動いたかは注目すべき事項だが、『日記』には、地蔵院の相承をめぐる問題については明確なことは全く記されていない。この問題に関係する可能性が考えられる記事は、聖快が没するほぼひと月前、応永二十四年十一月四日条の記事である(61)。

地蔵院僧□所労□□由昨夕伝聞間、入寺、□□遍智院僧正筆□□（護摩カ）□□（巻カ）為遺物□□（献之カ）、即時出京、

この記事からわかるのは、聖快が病気であることを十一月三日の夕に聞いた満済が翌四日に法身院から醍醐寺に入ったこと。そして、満済と聖快との間で聖教に関して何らかのやりとりがあったと推測されること。その後、満済はすぐに京中に戻ったことである。十一月四日は、譲状Ｂ・Ｃが相次いで書かれた直後でもあり、二人のやりとりは、譲状の内容に関わることだった可能性もあるが、Ｃにみえる満済に貸出し中だった地蔵院聖教についてのこととも考えられる。むろん、それら以外の可能性もあり、満済にとって、聖快が病気と聞いて急ぎ行動しなければならない事情があったことは確かだが、その内容は明らかにならない。

前述のように、満済が地蔵院の相承に関する可能性があることを記しているのはこの箇所のみで、次に聖快のことが『日記』に現れるのは、没したことを記す十二月十一日条の短い記事である。その次に『日記』に「地蔵院」の字がみえるのは、翌年五月に足利満詮が没したことにより、満詮邸に「地蔵院」をはじめとするその子息（満詮の男子はすべて僧籍に入った）が参会したことを記した同年五月十四日条となる(61)。

結局のところ、史料が残らない以上、この問題に関しての満済の意図と行動は未解明とせざるを得ない。しかし、持円の地蔵院入室が決まった時点で、満済のなかでは聖通の門跡継承はなくなっていたと考える。前述のように、聖通の地蔵院入室について満済がどのような意図をもっていたかは不明だが、満済の意に反しての聖通の入室は考えがたく、聖通の入室当初は、その門跡継承に積極的であったと思われる。しかし、いったん義持の意向が示された後は、満済がいかに室町殿義持の信頼が篤いとはいえ、逆にそれゆえにこそ、聖快に与するという選択肢は満済にはなかったであろう。そもそも三宝院門跡を継ぐべき位置づけにあった満済の弟子宝池院義賢も、持円と同じく満詮の息子であった。

持円入室後の満済の関心は、醍醐寺系護持僧として重要な修法を勤仕してきた地蔵院の法流が聖快から次代へ確実に継承されるのかという問題に移ったのではないだろうか。聖通の伝法灌頂への満済の協力と満済自身が見せた関心は、そのような立場からのものであったと考える。

四、その後の聖通と地蔵院

久我通宣は応永二十五年六月に許され、当時籠居していた久我荘から帰京し、その息子三位中将清通が中納言に昇進することによって久我家への義持の勘発自体は解消した[63]が、地蔵院の相承に変動がなかったことは言うまでもない。そして聖通も、門跡の継承はなくなったものの、地蔵院僧でありつづけた。義持の命により応永三十三年五月一日から行われた東寺・山門・寺門諸門跡による百万反慈救呪では、東寺分のうち醍醐寺分十万反が法身院・随心院・地蔵院・山上・山下に振り分けられ、地蔵院では院主（持円）・善乗院僧正（聖通）・善乗院出世快助の三人が毎日千反、計三千反を担当している(64)。このとき聖通は僧正になっているが、僧正昇任の時期は不明である。

（二）持円の門跡継承

聖快亡き後、地蔵院門跡の法流継承は綱渡りを続けることになった。持円への付法をはじめとして本尊・聖教の預け置きなど門流の重事を前門主聖快から委ねられた快玄は、応永二十七年三月二十八日に権僧正持円への伝法灌頂を行った(65)。しかし、快玄はその年十二月二日に没してしまう(66)。聖快が没してからわずか三年である。左の快玄付法状は、宛先は無いが、内容からみて持円に宛てられたものである(67)。

御灌頂并門跡御相承之宗大事等、故門《聖快》主任下被二仰置一候之旨上、既悉授申入候間、御法流事於レ于レ今者御心安存候間、冥顕本望無レ極候、但秘鈔以下御伝受事、依二身之病気一不二事終一候之条遺恨之至候、乍レ去私本尊・聖教以下預二置弘乗僧都一候之上者、所詮対レ彼御伝授不レ可レ有二子細一候、就中、御不審事候者、同彼僧都可レ有二御尋一候、以二清浄光院一々家事為二御計一、未来無二相違一様可レ有二御沙汰一、仍為レ後謹言上如レ件、

応永廿七年九月十二日　――――　権僧正法印大和尚位快玄

「御法流事於レ于レ今者御心安存候」とあるが、快玄が病体であったため秘抄以下の伝授については授けることができず、それらの付法はさらに弘乗に託された。

このように法流伝授において不完全な状態にあった持円だが、応永二十七年中には幕府護持僧に補されたと考えられる。というのは、応永二十八年正月八日に持円が護持僧として初めて新年の室町殿への護持僧参賀に加わっているからである(68)。また、同年五月に地蔵院に当番がまわってきた月次御祈北斗法勤仕にあたって、満済は「今年雖□入壇、

□修法□(始カ)未レ被二勤仕一間」、北斗法以下御祈は持円ではなく手代の覚演が勤仕したが、快玄の死後は覚演が手代を勤仕していることを記し、さらに「去年中ハ快玄僧正両度手代勤仕云々」と記しているからである[70]。持円はおそらく応永二十七年中の五月より前に護持僧に補され、その後二度回ってきた月次壇所は快玄の手代によって勤仕し、快玄の死後は覚演が手代を引き継いだのだろう。持円は翌二十九年正月の護持僧参賀でも、いまだ修法始を行っていないとして将軍の加持を行わず[71]、同年七月二十三日から二十九日にかけて室町殿にて修法始を行い[72]、これによって名実ともに護持僧となった。

聖快と快玄という法流継承の中核を立て続けに失ったことは、地蔵院門跡にとって危機的状況であった。そのなかで、新門主が、臈次も浅く、法流伝授においても不完全ゆえにいまだ御修法が勤仕できないにもかかわらず公武の護持僧となりえたことには、彼が室町殿の一族であったということが大きく作用したであろう。

ただし、持円の修法始を聴聞した満済は、持円に秘抄等を伝授した弘乗が壇行事を務めるのを見て、「当時阿闍梨師範、秘抄以下就二弘乗僧都一伝受、師匠伴僧先例在レ之哉如何」と記し、修法始に持円が一字金輪法を修したことについても、先師聖快・祖師覚雄等の例と異なると記している。さらに、表白以下作法には「凡無二異失一」としながらも、修法中に気づいた不審事についてその夜のうちに直接持円に問いただし、持円から「当流如レ此沙汰」との答えを得ると、自分は先師聖快の修法をたびたび聴聞しているがそのようなことはなかった、と記している。また壇木の本数が如法とはいえ聖快とは異なっている、快玄はそうしていたということなので、灌頂師匠である快玄の法にならったか、とも記しており[73]、満済のチェックは細部に及ぶ。

護持僧を統括する立場にあった満済が新任護持僧の修法始に目を配ることは不自然とはいえないが、この日の満済の記述から受ける印象は、持円が地蔵院正統の修法次第を確かに継承しているのかという点への疑い、そして持円が聖快から直接の付法を受けていないことへのこだわりである。満済は『日記』応永三十一年三月二十六日条でも、弘乗について、かつて快玄が住し、称号とした清浄光院に住んでいるが、院号の称は興隆に功あった快玄に特別に許したものなので弘乗はその号を称するには及んでいないとしたうえで、「当時地蔵院院主師匠也、但不レ及二印可灌頂儀一、只諸尊法秘抄等伝受云々、非二印可灌頂資一、秘抄等伝受、未レ聞二其例一如何」と記す。持円が弘乗から諸尊秘抄を伝授されたのは快玄が早逝したためであり、持円の落ち度ではないにもかかわらずである。

満済の日ごろの日記の書き様がおおむね淡白であることを考えると、ここまでのこだわりを見せたことからは、満済にとって持円の門流継承が心中にわだかまりを残すものであったことがうかがえよう。

（二）聖通のその後

持円が護持僧としての活動を本格化すると、『日記』には「地蔵院」（持円）の名が頻出する一方で、聖通の名は前掲の百万反慈救呪の記事以降、その死没に至るまで全く記されなかった。

しかし、聖通と満済との関わりが絶たれたわけではない。『日記』応永三十二年八月記の紙背には次のような聖通の書状(74)が残っている。

当郷事可レ致二直務一之由申入候処、不レ可レ有二子細一之由被二仰出一候、畏入存候、就レ其者、鈴村多年致二粉骨一候処、今依二在国一如レ此申沙汰、且上意至非レ無二其憚一候、雖レ然既在国上者無レ力事候哉、随而如レ此申状、猶々雖二恐憚存候一、自然可レ然候在所出来候者、可レ被レ仰二付鈴村一候者、目出度可二畏存一候、聖通当年計いかにも可二堪忍仕一候、此由以二機嫌一、可レ然之様可下令二披露一給上候、恐々謹言、

卯月廿三日　　　　聖通上

加賀代殿

書状の実質的な宛先は満済である。「当郷」について、『大日本古文書』は「伊勢国棚橋郷ヵ」と比定する。その根拠は、『日記』応永二十五年七月七日条の「証賢法橋於伊勢山田不□□（横カ）死、去三日事云々、□□彼死骸今日上洛、鈴村入道無為云々、就棚橋事両□□下向□□□細云々、不便々々、」（傍線筆者）という記事と思われる。伊勢国度会郡棚橋郷は建武三年八月の前大僧正賢助遺領目録(75)において、遺領である伊勢国法楽寺の寺領の一つとしてみえる(76)。また、満済に対して三宝院門跡領・醍醐寺以下寺社の管領を安堵した応永六年三月二十二日の足利義満御判御教書案(77)に継がれて伝来した三宝院管領所職所領目録案には「一金剛輪院／院領伊勢国棚橋太神宮寺法楽寺并末寺等領」と記されており、三宝院管領下の金剛輪院の所領となっていたことがわかる。応永六年には「伊勢国棚橋法楽寺領同国桑名神戸・伊向神田・末吉・末正名・泊浦・小浜郷等」について、同七年には「伊勢国棚橋法楽寺領同国末吉・末正両名・泊浦・小浜郷等」について、押領の停止と三宝院雑掌への沙汰付け命令が幕府から出されている(78)。前掲の『日記』の記事は欠損が多いため解釈が難しいが、当該地の三宝院による知行は応永二十五年に至っても困難な状況にあり、証賢法橋と鈴村入道が在地に派遣されたが途中で難に遭い、証賢法橋は死亡した、というような内容と推測される。「鈴村」ないし「鈴村入道」に関わる同時代の史料は管見の限りこの二つ以外には見えないため、両者の関係は明らかにならない。したがって、「当郷」の比定は不確定とせざるをえず、聖通書状の内容も、「当郷」の直務を許されたこと、ついては多年粉骨してきた鈴村には代替地を宛行ってほしいと願っていることなどが読み取れるものの、詳細な背景は不明である。ただ少なくとも聖通が満済管領の所領の知行に関わっていたことは確かである。もはや地蔵院門跡の継承から遠ざかった聖通は、兄である満済の経済的な庇護下に入ったのだろう。
『日記』の応永三十年以降の冊子本には紙背文書(79)として満済宛ての書状や奉書、満済の書状土代が多く伝来し、そこには聖通のみならず、西輪寺殿、今小路家持冬(80)、満済の身内とされる春林周藤(81)など、満済の兄弟・親族が現れ、公事・所領経営に関する室町殿への口入の依頼、催事、贈答、その他物品の調達等々について、満済と、あるいは満済の弟子宝池院義賢との間でやりとりをしていたことがわかり、彼らが満済個人や三宝院門跡と日ごろから密な関わりを保っていたことがうかがえる。書状の多くは断簡であるため、得られる情報も断片的だが、満済は『日記』の表側の記述から想像する以上に親族と日常的に交流をもち、経済的なつながりを有していたのではないだろうか。聖通も、地蔵院僧である一方で、こうしたつながりの中にあったのだろう。

聖通は、応永三十四年八月四日未刻、三十一歳の若さで没した。『日記』は次のように記す。

善乗院僧正聖通入滅、（年卅一、）正念云々、於㆓出雲尼衆寺西輪寺㆒帰寂、賢能僧都自㆓去月廿六日㆒看病、終焉事等勧㆑之云云、其子細今日酉終入寺参申了、今日未剋計云々、

西輪寺は、『日記』中に「西輪寺殿」とみえる満済の妹が住持をつとめていた尼寺で、「出雲」という名称は満済の生母出雲路殿との関係をうかがわせる。満済は毎年正月二十日に出雲路殿のもとを訪問することを恒例としていたが(82)、出雲路殿の没後には同日に西輪寺を訪ねることを恒例としたことからも(83)、西輪寺が出雲路殿、ひいてはその子たちと深い関わりをもっていたことが推測できる。西輪寺殿自身はこの年二月十三日、聖通に先んじて没していたが(84)、この寺が尼寺でありながら聖通の終焉の場となったのは、西輪寺と出雲路殿母子との関わりによるものだろう。聖通を看病し最期を看取り、満済にその報をもたらした賢能僧都は地蔵院の僧であるが(85)、この終焉のあり方は、地蔵院門跡に

おける聖通の位置づけをうかがわせるものといえよう。一時は門跡後継者に擬され、門流の正嫡である聖快から伝法灌頂を受けたにもかかわらず、聖通の名が血脈類に残っていないことにも、それが如実に表れている。

なお、聖通の葬儀に関わる史料は見出せないが、満済は聖通の年忌仏事を営んでおり、[86]「善乗院出世」として前掲史料にみえる快助は、聖通の没後は満済の下で諸役に従っていることが『日記』に散見する。

おわりに―持円と義快―

満済の弟とされる一僧侶の生涯を追うことで、これまで注目されなかった聖快以降の地蔵院の様相、とくに門主・法流の継承をめぐる諸問題を明らかにし、それらへの満済の関わりについても考察を加えた。微細な事柄の紹介に終始したが、今後の研究につながるものとなれば幸いである。

むすびにかえて、院家としての地蔵院のその後に触れておきたい。門主持円は足利義政の代に至っても幕府護持僧に補され、正長二年（一四二八）の足利義宣（義教）の元服においては、代々の地蔵院主の例にならい、元服御祈（元服に先立ちその無為遂行を祈る）を勤仕している。[87]しかし一方で、門跡自体については、聖快の時代について「繁栄無是非」と評された興隆はみられなかったのではないかと思われる。

前述した応永二十九年の持円の御修法始においては、本来は良家出身僧が扈従を務めるところ、地蔵院門跡中には良家の門弟がなく、三宝院門跡に頼るも、良家門弟が他門跡の門弟を兼ねる例はないと断られ、三宝院門跡の出世僧弘豪が平民ながら扈従をつとめた。永享五年（一四三三）三月、持円が東寺寺務となって拝堂を行った際にも「今度扈従事任二旧儀一良家輩可二召具一処、其仁体彼門弟一人モ無レ之」という状況は変わっておらず、実兄宝池院義賢に頼ったが拒絶され、寺務坊の出世僧賢能を扈従としたが、満済は「平民扈従先例在レ之歟如何」と批判している(88)。修法の伴僧を勤めるべき僧が足らず、義賢を通じて三宝院門弟を借り受けることもあった(89)。門下に良家子弟がいないことと併せ、門跡としての勢威の凋落が表れているのではないだろうか。

また、持円は経済的に不如意な状況にあったのかと想像させる史料もある。持円が小袖を義賢に無心し、義賢は「彼方計会不便候間」、満済にも小袖を供与してほしい由を願う書状が残っている(90)。

しかし、そうしたなかでも地蔵院門跡は継承されて行った。持円の次の門主候補に関しては、永享六年正月の『日記』に次のような記事がある(91)。

> 地蔵院附弟事、日比契約久我前右府舎弟未レ及二入室一、当年既廿一歳也、于レ今如二牛飼童一居二家門一間、於レ今ハ附弟出家儀不レ可レ叶歟、且不レ可レ然由、兄右府旧冬此門跡へ来、種々述懐間、其由今日具申入処、尤歟、然者可二元服一条、為二朝用一公平歟、但可レ為二前右府計一云々、次地蔵院附弟事ハ、徳大寺弟、当年十二歳ニ罷成可レ被二入室一、其由可二申遣一云々、

この日、満済は室町殿足利義教のもとに参上し、地蔵院付弟に関して前右大臣久我清通が直接満済を訪れ相談に及んだ件について義教に申し入れた。清通は、弟が地蔵院の附弟となる約定があったが、実現しないまま二十一歳にもなっていまだ童形のままで家におり、ここに至っては出家もできない、と満済に訴え、口入を願ったようである。二十一歳ということは、誕生したのは久我通宣の失脚直前かと思われる。清通弟が地蔵院附弟となる約定はいつごろなされたのか不明で、持円がその約定を実現しなかった事情も不明だが、久我家が地蔵院を諦めてはいなかったことはわ

かる。しかし、この件を取り継いだ満済に対して義教は、それでは清通弟については元服させよとにべもなく、地蔵院附弟については徳大寺公有の弟を入室させるのでそのように申し伝えよ、と命じた。ちなみにこの永享六年の六月には、公有のもう一人の弟が義教の猶子として妙法院門跡に入室している[92]。

十五世紀後半の東寺僧にして地蔵院の法流を享け、その門弟であった宗承の記録『見聞雑記』寛正七年（一四六六）二月九日条には「丑刻、地蔵院殿六十六歳、御他界、」とみえる。「地蔵院殿」の名は記されていないが、年齢から持円と比定できる。持円は寛正七年二月九日に没した[93]。しかし、このとき門跡を継いだのは、義教によって入室が定められた徳大寺公有弟ではなかった。右の記事につづいて「新門主御得度同九日」と記されていることから、新門主は、持円の没日に急遽得度するほどの年少であったと思われるからである。永享六年に十二歳だった徳大寺公有の弟であるなら、すでに四十歳を超えているはずである。なんらかの事情によって公有以外の人物が次期門主となったのだろう[94]。

本稿で度々用いた地蔵院代々の譲状のなかに、寛正七年二月九日付の「前大僧正」某の置文[95]がある。伝来の状況と僧官から持円が死の直前に書いた置文と推測されるが、それによれば、経蔵以下本尊・聖教等を譲与されている「禅師御房」はまだ「不及入壇」ため、四度加行・灌頂等の沙汰も含め、法流を宗寿法印に預け置く、とされている。たしかに、まさにこの日に得度したのであるから、入壇どころではないはずである。かつて持円自身がそうであったように、持円の次代への法流継承も、門主から門主への直接継承ではなく、門弟を通じての継承となったということになる。

ところで、東寺百合文書には、寛正七年二月九日付の前大僧正義快なる人物の譲状[96]がある。「譲与／門跡等所職所領、自㆓先師僧正㆒相伝之分、悉奉㆑譲㆓禅師御房㆒候、早安堵之御判預㆓申沙汰㆒候者、悦入候、恐々謹言」というもので、日付といい、「禅師御房」という文言といい、先に持円のものとした前大僧正置文と対になるものといえよう[97]。しかし、義快とは誰か。結論を先に言えば、筆者は、持円が改名したものではないかと考える。論拠としては、まず、前大僧正置文で「禅師御房」への伝法を委ねられている宗寿が、宝徳二年（一四五〇）に前大僧正法印義快から伝法灌頂を受けていることがあげられる。その際の紹文[98]で義快は、自分は「先師権僧正」から印可を受けたと記している。聖快は（ちなみに持円も）極官は大僧正であり、室町期の地蔵院門跡において正嫡の法流伝授に関わり、「権僧正」であったのは快玄である。快玄から伝法を受け大僧正に至った人物が持円の他にいたとは考えにくい。また、『醍醐寺新要録』地蔵院篇の血脈では、「（前略）覚雄―道快―快玄―義快―宗寿―通快（下略）」とあり、「野澤血脈[99]」でも「（前略）覚雄―聖快―快玄―義快―宗寿―通快（下略）」となっており、持円のいるべき位置が義快となっていることも、持円＝義快と考える論拠の一つである。俗系の系図においては、『系図纂要』『諸家系図纂』では満詮の子女に持円と義快が並んで記されており、これは改名を別人と誤認したものかと思われる[100]。「持円」の名が史料上で確認される史料は、筆者の管見の限りでは、永享十一年（一四三九）四月二十八日の「護持僧交名写[101]」がもっとも遅く、対して、「義快」の名が最も早くみえるのは文安三年（一四四四）二月十三日の印信[102]であり、二つの名前が併存することはない。粗粗の調査ではあるが、本稿では持円は後に義快に改名したと考えておきたい[103]。

『見聞雑記』によれば、文明元年（一四六九）八月から九月にかけて、地蔵院累代の本尊・聖教類は醍醐寺地蔵院から東寺西院へ移され、九月二十日に新門主（前掲の血脈によれば通快か）の伝法灌頂が完了した。その後の地蔵院門跡や地蔵院に関わる文書の伝来も検討すべき課題だが、すべて今後の研究に俟ちたい。

註

（1）森茂暁『満済―天下の義者、公方ことに御周章―』（ミネルヴァ日本評伝選、ミネルヴァ書房、二〇〇四年）。以下森氏の見解は本書による。

（2）森氏は、満済の継母として『満済准后日記』応永二十年七月二日条にその帰寂が記される「聖護院老母」をあげ、満済の実兄師冬の室である聖護院坊官帥法印源意の女「白川殿」であるとする。しかし、当該条の「聖護院老母」とは、聖護院道意の母ではないだろうか。同日条には、当月の月次壇所の番にあたっていたので「手替」を用いた由が記されるが、これは満済自身のことではなく、聖護院がそのような措置をしたということを記したものと思われる。この時期の満済は四月と六月に月次壇所番を勤めていることが『満済准后日記』に見え、七月は番ではない。同年八月十八日条に聖護院道意が「籠居」中と記されているのも、母の喪に服しているためと考えられよう。森氏も懸念されるように、関係者間の年齢を考えても、応永二十年に九十歳で没した女性が師冬の室、満冬の母であることは考えづらい。なお本稿で用いる『満済准后日記』は特にことわらない限り『続群書類従　補遺一』を用いており、引用もここから行う。

（3）東京大学史料編纂所架蔵写真帳『醍醐寺文書』一七六、五〇丁。以下、単に写真帳という場合、東京大学史料編纂所架蔵のものを指す。

（4）同右、五二丁。

（5）『日記』応永二十六年六月四日条。『常楽記』は、満済母の享年を七十二歳とする。これは、一〇七号の諷誦文に「七十余廻之星歳」とあることと符合する。

（6）『日記』七月二十二日条では、七七日法会結願の後、醍醐菩提寺から某院（翌日条からすると妙法院）へ移っていることから、籠居していたのは菩提寺だったと推測される。

（7）二十五函四〇号、写真帳『醍醐寺文書』六四、六〇丁。

（8）満済の妹西輪寺殿の実名である可能性は考えられる。

（9）藤井雅子『中世醍醐寺と真言密教』第Ⅰ部第一章・第二章（勉誠出版、二〇〇八年）。

(10) 石田浩子「醍醐寺地蔵院親玄の関東下向―鎌倉幕府勤仕僧をめぐる一考察―」（『ヒストリア』一九〇、二〇〇四年六月）。石田氏は、親玄の下向や鎌倉での活動の背景に醍醐寺内における諸相論があったと指摘している。
(11) 石田浩子「南北朝初期における地蔵院親玄流と武家護持」（『日本史研究』五四三、二〇〇七年十一月）。
(12) 大田壮一郎「室町殿の宗教構想と武家祈禱」（『室町幕府の政治と宗教』、二〇一四年、塙書房）。初出は二〇〇四年。
(13) 『密宗血脈鈔』下（『続真言宗全書』二十五所収）。
(14) 『大日本史料』第六編之三十四、応安四年五月十日条。
(15) 明徳四年六月二十九日、旱魃のため七壇水天供が修された際の関係史料を参照（『大日本史料』第七編之一、当日条所収）。
(16) 「五壇法記」（『大日本史料』第七編之十一、応永十五年十一月十日条所収）。
(17) 「東寺王代記」（『大日本史料』第七編之十二、応永十六年十月十七日条所収）。
(18) 『大日本史料』第七編之二十三、応永二十二年年末雑載社寺条、二七八頁～三二八頁。後掲の史料①～④もここに掲載されている。
(19) 『大日本古文書　醍醐寺文書之十二』二五四八号。
(20) 東京大学史料編纂所架蔵レクチグラフ『成簣堂古文書』一三四所収。
(21) 「金剛界念誦私記」書写奥書（『大日本史料』第七編之十九、一六九頁）。
(22) 『東寺金剛蔵聖教目録』十七所収「孔雀経御修法記〈建久三年〉」書写奥書（『大日本史料』第七編之二十三、四一三頁）ほか。
(23) 『日記』応永二十二年九月十七日条。
(24) 『公卿補任』応永十一年。
(25) なお、師冬の息満冬も、応永十七年に権中納言に任じられたことが『公卿補任』に見えることを最後に史料上から姿を消す。その息持冬が永享四年に従三位に叙された際の『公卿補任』の尻付に「父故中納言満冬卿」とあることから、満冬は権中納言を極官として早世したと考えられる。
(26) 『日記』応永二十六年七月二日条。ちなみに満済は籠居中に命じられた変異御祈を手替で行った（『日記』同年六月十一日条）。

(27)「善乗院」については、『日記』応永二十年二月二十五日条に「善乗院出京」と見えるのが初見である。
(28) なお、同年九月六日条には「善無院金界加行始行云々」とあるが、時期的にも内容の面でも「善乗院」ではないだろうか。国立国会図書館デジタルコレクションより同館所蔵「満済准后日記」原本の画像を閲覧したところ、字形が近いのは「無」だが、「乗」の書き損じである可能性もあるだろう。
(29) 延徳二年（一四九〇）に久我家と地蔵院門跡との間に起こった山城国久我荘内浄蓮花院田をめぐる相論関係文書を参照のこと（『大日本史料』第八編之四十、延徳二年十二月三十日第二条所収）。
(30) 応永二十年八月二十八日聖快遺言状、後掲。
(31) この間の詳細に関しては、石田浩子「室町期における「都鄙」間交流―寺院社会から考える―」（『人民の歴史学』一八二、二〇〇九年十二月）を参照されたい。石田によれば、相覚は地蔵院において聖快の後継者とみなされていたという。
(32) 満済は、本文で後述する地蔵院の高弟大僧都覚演について「平民」と称している（『日記』応永三十一年三月二十六日条）。
(33) 応永十六年十一月十六日に、後村上天皇の皇孫成仁王が聖快のもとに入室し（『大日本史料』第七編之十一、当日条）、翌十七年三月二十七日には入壇しているが（『大日本史料』第七編之十三、当日条、および同日条補遺〈『大日本史料』第七編之十三所収「伝法灌頂雑記」〉）、成仁はその後史料上に現れなくなる。
(34) 本郷和人「『満済准后日記』と室町幕府」（五味文彦編『日記に中世を読む』吉川弘文館、一九九八年）。
(35)『日記』当日条。
(36)『日記』応永二十年正月二十四日条、同年三月八日条。
(37) 持円の実兄である宝池院義賢（三宝院門跡）、実弟である持弁（山門浄土寺門跡）ともに義持の猶子となり、偏諱を受けている。室町将軍の偏諱・猶子関係については、水野智之「室町将軍の偏諱と猶子―公家衆・僧衆を対象として―」（『室町時代公武関係の研究』吉川弘文館、二〇〇五年、初出一九九八年）参照。
(38)『日記』応永二十年三月二十七日条。
(39) すべて『大日本史料』第七編之二十八、応永二十四年十二月十一日条（聖快の没日）に収載されている。なお、註53参照。

(40) 写真帳『大通寺文書』三、六〇丁。
(41) 同右、六一丁。
(42) 同右、六二丁。
(43) 東京大学史料編纂所所蔵影写本『富岡文書』所収。この影写本は明治四十三年、深川八幡宮司富岡宣永氏所蔵文書を影写したもので、他にも、日輪寺別当職等の相伝領掌を安堵する応永二年十月十七日付足利義満御判御教書など地蔵院関係文書が含まれる。
(44) 応永二十年四月八日条。
(45) 日輪寺別当職がこの段階で持円に譲られた背景について、山家浩樹氏は、地蔵院と満詮母（足利義詮室）紀良子・満詮との間には駿河国内の鎌倉明王院別当職付帯所領や同国大岡荘内諸別当職を通じて所縁があったと推測されることから、聖快が満詮の子持円と関東諸職とを結び付けて意識していたためではないかと指摘する。また、満詮の子が地蔵院に入室した背景にはこうした所縁がある可能性も指摘している（「駿河国大岡荘と足利満詮」『静岡県史研究』一〇、一九九四年）。
(46) 「貞応」の例にあたると考えられるのは、貞応元年（一二二二）十二月二十日の成賢から道教への伝法灌頂である。この伝法についてては写真帳『大通寺文書』二（一九、二二丁）に同日付の印信と紹文が残るのみで、記録などは見出せないが、成賢の正嫡道教の嫡弟ゆえに自らが三宝院流正嫡であると主張した親快の嫡流である地蔵院門跡にとって、成賢から道教への伝法灌頂は特別の意味を有するものであったと考えられる。
(47) 史料④。
(48) 史料④。
(49) 史料③。
(50) 『醍醐寺文書記録聖教目録』三十四上、三百五十五函五七号。
(51) 応永二十年十一月十一日「金剛界念誦私記」書写奥書（徳富猪一郎氏所蔵、『大日本史料』第七編之十九、一六九頁）、応永二十一年二月十九日「後七日記」書写奥書（『東寺金剛蔵聖教目録』四十所収、『大日本史料』第七編之二十一、二二八頁）、応永二十二年五月二十一日「孔雀経御修法記」書写奥書（『東寺金剛蔵聖教目録』十七所収、『大日本史料』第七編之二十三、四一三頁）、応永二十二年五月二十九日「如法尊勝記」書写奥書（『東寺金剛蔵聖教目録』二所収、『大日本史料』第七編之二十三、四一四頁）。

(52) 『日記』応永二十四年九月十四日・十五日条。

(53) A～Eすべて写真帳『大通寺文書』三所収。これらの譲状は、註40～42の遺言状等とともに、『大日本史料』第七編之二十八、応永二十四年十二月十一日条に掲載されている。地蔵院流代々の相承に関わる文書は、近世には京都大通寺に伝来し、天保十五年（一八四四）八月に大通寺七十一世長老弘阿が修補を加え巻子装とし（各巻末識語）、その後、弘阿によって安政五年（一八五八）五月に六孫王社に神宝として奉納された（各巻裏書）。写真帳『大通寺文書』は、京都大学が作成した影写本『大通寺文書』を撮影・紙焼きしたものである。

(54) 「台皮子」については、佐々木覚如「地蔵院流における台皮籠について」（『密教学研究』三四、二〇〇二年三月）が詳しく論じている。藤原重雄氏の御教示による。

(55) 応安二年六月八日前大僧正覚雄譲状（写真帳『大通寺文書』三、五六丁）。

(56) 註42、応永二十年八月二十八日聖快遺言。

(57) 聖通への譲状が地蔵院に伝わっていることから、聖通への譲与が行われたとしても、最終的には地蔵院門跡に回収されたと考えられる。

(58) 称光天皇の大嘗会に関する史料は、『大日本史料』第七編之二十三の関連条に掲載されている。悠紀節会については十一月二十二日条、主基節会については同月二十三日条参照。本文中で検討する挿頭花の一件は、伏見宮貞成王による「称光院大嘗会御記」、関白一条経嗣の作とされる「大嘗会仮名記」に詳しい記載があるが、これらもそれぞれ該当する条に分載されている。なお、この一件については、石原比伊呂氏が「大嘗会仮名記」の記主を究明する過程で、先例の実態についての検証も含め詳細な検討を行っている（「『大嘗会仮名記』の作者に関する覚え書き」『史友』三九号、二〇〇七年）。

(59) 「称光院大嘗会御記」十一月九日・十七日・二十三日条。それぞれ『大日本史料』第七編之二十三、応永二十二年十一月九日条、同月十八日条、同月二十三日条所収。

(60) 管見の限りでは聖快に累が及んだ形跡はなく、通宣が失脚した後も、聖快は護持僧の一人として幕府修法の勤仕をつづけた。

(61) 当該条は国立国会図書館所蔵満済准后日記原本のデジタル画像によって補訂した。

(62) 足利満詮の死去、それにともなう仏事などに関しては、『大日本史料』第七編之三十、応永二十五年五月十四日条及び同第七編之三十三、応永二十五年五月十四日条補遺に関係史料が掲載されている。

(63) 『看聞日記』応永二十五年六月八日条。

(64) 『日記』応永三十三年五月一日条。

(65) 応永二十七年三月二十八日快玄紹文案（写真帳『大通寺文書』二、四七丁）。

(66) 「応永二十七年学衆方評定引付」十二月三日条、（写真帳『東寺百合文書』二〇九、ネ函九五号）。

(67) 東京大学史料編纂所所蔵影写本『森田清太郎氏所蔵文書』四五丁。

(68) 『日記』当日条。またこの日に院・内裏にも初参を遂げている。

(69) この月次祈禱は応安元年以来、護持僧が月番で勤仕してきた護持僧巡役の北斗法である。この北斗法については、西弥生「中世社会と密教修法―北斗法を通して―」（『日本女子大学大学院文学研究科紀要』八、二〇〇一年）を参照。『日記』によれば、この時期は一年をふた月ずつ六人の護持僧が順番に担当しており、五月・十一月が地蔵院の当番だった。

(70) 『日記』応永二十八年五月一日条。なお、同じく護持僧である竹内（曼殊院）も未灌頂ゆえに月次壇所を手代によって勤仕しており、満済は「此例地蔵院以下□当時連綿歟」と記している（同年六月一日条）。

(71) 『日記』応永二十九年正月八日条。

(72) 『日記』応永二十九年七月二十三日・二十九日条。なお、二十九日条には、結願前日に持円が権僧正から僧正へと転じたことが記されている。

(73) 同右、二十三日条。

(74) 『大日本古文書　醍醐寺文書別集　満済准后日記紙背文書之一』（以下、このシリーズは『別集一』と略す）二一四号～二一六号。

(75) 『大日本古文書　醍醐寺文書之十五』三六〇四号。

(76) 法楽寺については、佐々木裕子「大神宮法楽寺・法楽舎考」（『三重県史研究』二六号、二〇一一年三月）参照。

(77) 『大日本古文書　醍醐寺文書之十』二三四三号。
(78) 応永六年六月二十日足利義満御教書（『大日本古文書　醍醐寺文書之一』七五号）、応永七年三月九日将軍足利義持家御教書（同、七六号）。
(79) 『別集二』～『別集三』に所収。
(80) 『公卿補任』永享四年の今小路持冬尻付によれば、今小路満冬の男。母は不明。応永二十九年三月に左中将だったことが『康富記』同月二十七日条・『兼宣公記』同二十九日条からわかる以外に公卿になる前の官歴は不明。永享五年に権中納言となり（『公卿補任』）、永享八年十二月に従三位、権中納言で没した（『公卿補任』）。
(81) 春林周藤は、永享二年八月に相国寺住持となり、以降、鹿苑院塔主、南禅寺住持などを歴任した人物。玉村竹二著『五山禪僧傳記集成』（思文閣出版、二〇〇三年、初版は一九八三年、講談社）は周藤について「醍醐寺三宝院の満済准后の近親者である」とする。その典拠はおそらく『蔭凉軒日録』文明十九年（一四八七）正月十九日条に、足利義尚が「春林者故三宝院之兄弟」である由を語ったと記されることかと思われる。文明十九年時点での「故三宝院」は満済だけでなく義賢も該当するが、『日記』紙背文書には春林周藤の書状が含まれ、周藤は「静雲院」（出雲路殿の法名と同じ）と名乗っており、その号が満済周辺の人々の書状に散見する。満済との兄弟関係については傍証を見出せないが、周藤と満済とは近い関係にあったと思われる。
(82) 『日記』応永二十六年正月二十日条。
(83) 『日記』応永三十年正月二十日条。
(84) 『日記』同日条。「予妹尼衆西輪寺長老中終入滅、春秋四十八、」とある。
(85) 『日記』応永二十九年七月二十三日条。持円の修法始において伴僧としてみえる。
(86) 『日記』永享二年八月四日条。
(87) 金光図書館所蔵応永三十三年具注暦紙背「正長二年愛染王法記」（前闕）。これは修法阿闍梨を務めた持円自身の記録であり、東京大学史料編纂所研究成果報告二〇一三―一『金光図書館の具注暦』に翻刻及び解題を収める。
(88) 持円の修法始における扈従の件、拝堂における扈従の件、ともに『日記』永享五年三月二十一日条。

(89)『日記』正長元年五月十九日条、永享五年正月七日条、永享六年十一月十六日条。
(90)『別集一』四〇三～四〇六号。
(91)永享六年正月十三日条。
(92)『日記』永享六年六月二十一日条。
(93)後述するように、このときの法名は持円ではなかった可能性が高い。『見聞雑記』は当該期の地蔵院門跡の様子を伝える貴重な史料である。本稿では続群書類従本を用いた。
(94)『尊卑分脈』にも、公有弟として妙法院門跡に入った教覚のことはみえるが、醍醐寺僧はみられない。
(95)写真帳『大通寺文書』三、五一丁。
(96)「東寺百合文書」追加購入分一三―六（写真帳『東寺百合文書』六九九、四二丁）。
(97)譲状は原本、置文は影写本だが、日付および「前大僧正」という署名の筆跡は相似する。また譲状の奥上に据えられた花押はおそらく書き損じによって形が崩れているが、置文の花押影と似たものである。
(98)写真帳『大通寺文書』二、四八丁。
(99)醍醐寺文書八五函六号（写真帳『醍醐寺文書』二六六所収）。
(100)『系図纂要』（清和源氏十一、足利将軍家）では「持円、母贈従三藤誠子、妙雲院、地蔵院大僧正、」の左に「義快、母、地蔵院、」とあり、『諸家系図纂』（一之三　足利家将軍系譜）では、「持国（円）、大僧正、」の左に「義快、地蔵院、青蓮院門跡、」とある。後者は後述する青蓮院門跡の義快と混同したものだろう。これらの系図はいずれも『大日本史料』第七編之三十、応永二十五年五月十四日（満詮の没日）条に掲載されている。
(101)『大日本古文書　醍醐寺文書之四』八三七号。
(102)写真帳『大通寺文書』二、九七丁。
(103)同名の人物として、青蓮院門主義快がいる。義快は二条持基の息で、正長元年に青蓮院に入室したが、『看聞日記』永享九年十二月二十七日条によれば、「非二法器一之間、被レ返」、文明三年～九年の間に加賀国に下向し、没したという（小泉宜右「加賀に没した吉峯僧正」加能史料編纂委員会編『加賀・能登　歴史の窓』青史出版、一九九九年）。持円が改名したと思われる時期、この義快は蟄居状態にあったとされる。同時代に存在した人物の（それも吉例とはいえない）法名を改名に用いるかという点に疑問を残すが、政治的な大変動をへて新将軍が就任するといった時期にあたっており、改名はそれに関わるものであった可能性がある。

第四部

教線の拡大

I　醍醐寺と慈恩寺

高橋慎一朗

はじめに

慈恩寺（山形県寒河江市）の周辺には「醍醐」という地名が残されているが、この事実はまことに興味深い。醍醐と聞いてただちに思い起こされるのが、京都の醍醐寺であり、慈恩寺と醍醐寺とのあいだには何らかの密接な関係があることを示唆しているように思われる。そこで、本稿においては、両者の関係について、文献史料を中心に考察をしてみたい。

醍醐寺は、京都市伏見区にある平安時代開創の真言宗寺院で、真言宗醍醐派の総本山である。当初は山の上に堂や僧房が作られたが（上醍醐）、後に山の麓に伽藍が整備され（下醍醐）、寺の中心は下醍醐に移る。醍醐寺開山の聖宝は、大峰修験を再興したと伝えられ、また上醍醐は山岳修行の場でもあったため、醍醐寺は修験道（山伏）とも関わりが深く、江戸時代には醍醐寺三宝院が修験道当山派の棟梁（本山）になっている。平安時代建立の国宝五重塔や、豊臣秀吉の「醍醐の花見」などでも有名な寺院である。

醍醐寺には、現在、平安から明治までの間に蓄積された大量の史料が残されている。その数は、木箱で約八〇〇函にのぼる。大正三年（一九一四）に黒板勝美氏を中心とした本格的な調査が開始されて以降、連綿として調査が続けられ、さきごろ、そのうちの六〇〇函弱（約七万点）が「醍醐寺文書聖教《しょうぎょう》」として国宝に指定されるにいたっている。ちなみに、「聖教」とは仏教の教えを内容とする史料のことをいう。

一、慈恩寺と醍醐寺の関係

1.「醍醐」という地名

さて、慈恩寺近くに残る「醍醐」の地名は、室町時代の古文書類には見えているので、少なくとも室町時代までには成立していたと思われる。

醍醐寺と同様に、慈恩寺も鎌倉時代以降は背後の葉山を中心に修験道の修行が実践された寺院で、現在の伽藍は山の麓にあるが、山の中腹にはかつては堂や僧房が展開していた（宇井二〇一三ほか）。宝蔵院の墓地も、かつては山の中にあったのである。現在も、慈恩寺門前の集落付近から慈恩寺背後の葉山方面を眺めてみると、京都の下醍醐の伽藍から上醍醐の山を望んだ景色と大変よく似ていることに気づかされる。

また、宝蔵院所蔵の江戸時代の文書では、慈恩寺が真言宗である証拠の一つとして、麓に「上之醍醐」・「下之醍醐」という地名があることがあげられている（承応三年八月「慈恩寺真言宗証拠の条目」『山形県史　資料篇14　慈恩寺史料』第一類四号）。すなわち、京都の醍醐寺との関連が明確に意識されていたことがわかる。

慈恩寺の修験は、当山派と直接の関係はないが、同じく山の上下に展開する修験道関係の都の大寺院である醍醐寺にちなんで、「醍醐」という地名がつけられた可能性はきわめて高い。

2．醍醐寺の真言宗

周知のように、慈恩寺の仏教は多様な内容を含んでいる。「慈恩」という名からわかるように中国の慈恩大師が大成した法相宗の寺院として出発し、ついで天台宗が学ばれるようになり、さらに鎌倉時代初期には弘俊阿闍梨により真言宗も参入している〔寒河江市史編さん委一九九四・宇井二〇一三〕。

江戸時代に慈恩寺真言宗の中核を担ったのが真言方の二つの学頭寺院であるが、そのうち宝蔵院は高野山龍光院の末寺であり、もうひとつの華蔵院は仁和寺の末寺となっている。したがって、本寺・末寺の関係から見れば、慈恩寺と醍醐寺との間には関係がないようにも思われる。しかし、慈恩寺で実際にどのような流派の真言密教が学ばれてきたかは、残されている聖教を子細に分析してみる必要がある。そこで、宝蔵院・華蔵院に残された聖教（『寒河江市史慈恩寺中世史料』に「宝蔵院印信《いんじん》」および「華蔵院印信」として収録されている）から、慈恩寺に伝わった真言の流派を推測してみたい。

なお、「印信」というと、師匠から弟子へ法を伝えた証拠となる書類という意味であるが、実際には教えの解説書のようなものも含まれているため、「聖教」と呼んだほうが良いであろう。

まず、宝蔵院の聖教は、高野山の龍光院から伝えられた「中院《ちゅういん》流」という流派が中心であるが、醍醐寺系の聖教もかなり混ざっている〔内山一九九四〕。いっぽう、華蔵院の聖教は、ほとんどが仁和寺系の「保寿院流」のものであるが、ごくわずかに醍醐寺系のものも存在している。ちなみに、中世の僧は、一つの宗派に固定的に属するのではなく、むしろさまざまな流派を受けることが当たり前であった。よって、複数の流派の聖教が併存していること自体

醍醐寺弥勒菩薩坐像

慈恩寺弥勒菩薩坐像

は、決して不自然なことではない。

さらに、現在慈恩寺本堂に安置される弥勒菩薩坐像は快慶作との伝承があり、作風としても醍醐寺三宝院弥勒堂の弥勒菩薩坐像（快慶作）と同類型という〔山形県教委一九八三〕。ここにも醍醐寺の影響がうかがわれる。

以上より、慈恩寺の真言宗には、醍醐寺系の流派の教えも部分的に流入していたと考えられる。

3．大江氏を媒介とした関係

ところで、鎌倉時代初期には、鎌倉幕府の重臣である大江広元が慈恩寺周辺の寒河江荘および長井荘（置賜地方）の地頭に補任されている。そして、広元の子尊俊が慈恩寺別当になり、代々の大江氏が慈恩寺を保護することになるのである〔寒河江市史編さん委一九九四・宇井二〇一三〕。

そのいっぽうで、大江広元の弟である季厳（醍醐寺三宝院勝賢の弟子）は、醍醐寺の蓮蔵院主になっていることが知られる。以後、鎌倉時代後期まで、教厳（長井時広甥）・実深（長井時広甥）・覚雅

（長井頼重子）・運雅（長井頼重子）と、大江氏（長井氏）の一族が代々の蓮蔵院主になっており、法流はいずれも醍醐の三宝院流であった〔海老名他一九九二・関口二〇〇五〕。長井氏は、大江広元の二男時広の流れで、長井荘を本拠としていた。なお、彼ら代々の蓮蔵院主は、同時に幕府の信仰が厚い京都の六条八幡宮の歴代別当でもあった。

右のような事情から、大江氏（長井氏）を媒介とした人間関係を通じても、醍醐寺と慈恩寺の間に交流があったことが推測されるのである。

二、慈恩寺聖教から見た醍醐寺の影響

1．宝蔵院に残る醍醐寺系聖教

以下では、『寒河江市史　慈恩寺中世史料』所収の宝蔵院聖教のなかで、醍醐寺系のものを列挙し、その内容・伝来過程と、醍醐寺系のどの流派のテキストであるのかを考察してみたい。各項冒頭に『寒河江市史』の「宝蔵院印信」の番号を、ついで史料名を示している。ただし、一部については、私見により『寒河江市史』の史料名を改めている。

（7）「当流嫡々三重相承口決」…永暦元年（一一六〇）、実運の著作。建久七年（一一九六）、勝賢が受領。建仁三年（一二〇三）、実賢が書写。醍醐寺三宝院流。鎌倉初期の慈恩寺で醍醐寺系の僧の活動は確認できないので、実賢書写本をさらに書写したものが、戦国時代以降にもたらされたものであろう。

（19）「最極秘伝法灌頂印信」…元亨二年（一三二二）、賢尓から俊賀に伝授。俊賀は醍醐寺慈心院僧。成賢～道教～

浄尊（中略）～賢尓と相承したと記されているから、地蔵院流（三宝院流の支流）。
(21)「教授作法文　私」…房玄の著作。康暦元年（一三七九）、弘鑁の書写。地蔵院流。
(23)「灌頂印明」…成賢、勝賢、元海、実運らの著作の抜粋。宝徳三年（一四五一）、長宥が醍醐寺慈心院で書写。三宝院流。あるいは、(19)のような醍醐寺慈心院俊賀の印信も伝わっていることから、本史料も俊賀所持本を書写した可能性がある。
(26)「伝法灌頂印信紹文」／(27)「伝法灌頂印信印明」…文亀二年（一五〇二）、近江海津の西方院で、舜済が壱舜から伝法灌頂を受けた時の印信。『宝蔵院世代記』〔寒河江市史編纂委一九九九〕によれば、舜済は後に宝蔵院住持となる人物。壱舜から伝授したのは三宝院流とみられる〔内山一九九四〕。
(29)「最秘口決　大治記」…大治五年（一一三〇）、定海の著作。その後、醍醐寺乗琳院俊海法印が書写し注記を加える。享徳三年（一四五四）、俊海の弟子長宥から範済に伝授。さらに、壱済の手を経て永正七年（一五一〇）、壱舜から宝蔵院舜済に伝授される。三宝院流。

俊海は下野佐野の出身で、慈心院俊盛から醍醐寺無量寿院流（三宝院流の支流）を受け、後に下野に下り、六ヶ寺を開いている。本史料では俊海の弟子と記されている長宥も、下野の金剛乗院（現在の下野市小金井の金剛乗院慈眼寺か）の僧であり、俊増からも無量寿院流を授けられている〔坂本二〇〇二・同二〇〇四〕。すでに(23)で見たように、長宥は慈心院で聖教の書写をしているが、慈心院は当時、無量寿院流の拠点というべき位置を占めていた〔坂本二〇〇四〕。以上より、長宥は醍醐寺慈心院で三宝院流の聖教を書写し、三宝院流のなかでも特に無量寿院流の法流を伝えたものとみられる。そして長宥書写の聖教が、範済・壱済・壱舜の手を経て舜済に渡り、宝蔵院に残ったものと思われる。

(38)「伝法灌頂印信血脈」／(39)「伝法灌頂印信印明」…大永二年（一五二二）、奥州伊達郡（現福島県伊達市梁川町）龍宝寺にて、舜済が壱舜から伝法灌頂を受けた時の印信。地蔵院流。

(41)「伝法灌頂印信紹文」／(42)「伝法灌頂印信印明」…天文二年（一五三三）、伊達龍宝寺にて、善済が実海から伝法灌頂を受けた時の印信。端裏書に「伝法大事　地」とあるので、地蔵院流。また、「先師壱済僧正」とあるので、実海は(29)に登場した壱済の弟子ということになる。善済は不詳ながら、宝蔵院の住持かと思われる（『宝蔵院世代記』）。また、前項からも明らかなように、伊達の龍宝寺が、戦国期東国における地蔵院流の拠点となっていたことがわかる。

(49)「秘鈔」…勝賢の著作。建久七年（一一九六）、成賢が注記。建保四年（一二一六）、憲深が受領。正嘉元年（一二五七）、憲深弟子俊誉が書写。宝徳二年（一四五〇）、醍醐寺慈心院で、長宥が書写。天文四年（一五三五）、伊達龍宝寺にて、善済が、実海の所持本を書写。三宝院流。(29)を参考にすると、醍醐寺慈心院で長宥が書写し、さらに範済・壱済・実海の手を経て善済に伝来したものとみられる。

全体としては、醍醐寺の三宝院流（無量寿院流）と地蔵院流が宝蔵院には伝えられており、途中の過程では、慈心院と長宥の存在が重要な位置を占めていたことがわかった。

2．華蔵院に残る醍醐寺系聖教

同様に、華蔵院の聖教についても考察する。各項冒頭に『寒河江市史』の「華蔵院印信」の番号を、ついで史料名を示している。

（1）「座主相承大事」…建仁二年（一二〇二）、光宝の著作。勝覚、定海の故実を引用する。三宝院流。ただし、「甚恵」という人物が校合したとの記述があるので、原本ではない。華蔵院自体が、鎌倉時代に存在を確認できないので、戦国以降に入ってきた写本か。

（補遺1）「金剛界伝法灌頂次第」…勝覚の著作。元和十年（一六二四）、元寿が三宝院義演の所持本を書写。三宝院流。この元寿とは、京都智積院の第四世化主となった僧のことと思われる。さらに、光算が尊宣の所持本を書写。三宝院流。

（補遺2）「胎蔵界伝法灌頂次第」…勝覚の著作。三宝院流。補遺1と対になる聖教と思われる。

なお、補遺1・2は、華蔵院旧蔵で、現在は寒河江市丸内の長岡山長念寺（真言宗智山派）所蔵となっている。華蔵院に伝来した醍醐寺系の聖教はごくわずかなものにとどまるが、いずれも三宝院流の系統であった。

三、醍醐寺の史料から見た慈恩寺

1．慈恩寺僧への付法

本章では、前章とは逆に、醍醐寺側の史料から慈恩寺との関係を探ってみたい。膨大な量にのぼる醍醐寺の史料のうちの一部が、東京大学史料編纂所が編纂する『大日本古文書　醍醐寺文書』（東京大学出版会刊）という史料集によって全文翻刻されている。現在までに第一函から第二四函までが刊行され、さらに継続される予定である。以下では、『大日本古文書　醍醐寺文書』収録の文書の中から、関係史料を取り上げることにする。引用にあたっては、「大日本古文書」のシリーズ名を略し、巻数と文書番号のみを記すこととする。最初に、『醍醐寺文書之六』一〇八八号（八函一〇七号。醍醐寺における整理番号。以下、函と番号のみ記す）の、「印可伝授交名」に着目してみたい。

この史料は、寛永十一年（一六三四）に某師から法流を伝授された関東・東北の僧の、所属寺院と名前を列挙したリストで、そのなかに「慈恩寺花蔵院」（華蔵院）の「頼存房堅覚」の名が見えている。

他にも、同じく出羽の僧として、「羽州小松大光院」の「玄真房成正」という名もあがっている。小松の大光院とは、現在川西町上小松に存在する新義真言宗の大光院のことであろう。

このリストに見える五つの寺院（大音院・多門院・成願寺・大光院・広徳寺）が、戦国時代の無量寿院流僧の付法記録に登場していること〔坂本二〇〇二・同二〇〇四〕から、華蔵院堅覚に授法した某師は、醍醐寺無量寿院の僧ではないかと推測される。『東行記』（二一二函九号）という史料によれば、少し前の寛永二年（一六二五）に無量寿院尭円が関東・東北へ下向していることが知られ〔高橋・阿部二〇一四〕、無量寿院と東北の関係は密接であったことがわかる。

そして、決定的な証拠として、堅覚本人が記した寛永十四年（一六三七）五月二十三日華蔵院御朱印状下付願という文書（『寒河江市史　慈恩寺中世史料』「華蔵院文書」所収）の中の、「松橋大僧正尭円に伝授を受けた」との記述をあげることができる（この史料の存在については大宮富善氏よりご教示いただいた）。

「松橋」とは、醍醐寺無量寿院の通称であり、先の史料は、寛永十一年に無量寿院の尭円が付法した者のリストであったことがわかる。江戸時代の華蔵院には、醍醐寺無量寿院の法流も伝えられていたのである。

2．出羽の寺院と醍醐寺

実は、醍醐寺と出羽の寺院の関係は、戦国時代にさかのぼる。永正十二年（一五一五）、醍醐寺慈心院において、出羽大光院の玄道らが、澄恵から無量寿院流を付法されている〔坂本二〇〇二〕。出羽から、上醍醐まで赴いて法を受けていることが注目される。

大永二年（一五二二）には、右の大光院玄道の弟子で、千松寺（川西町下小松。豊山派）の専行が、醍醐寺慈心院の俊聡から無量寿院流を付法されている〔坂本二〇〇四〕。伝授の場所は上醍醐で、おそらくは慈心院であったと思われる。

続いて、『醍醐寺文書』からうかがわれる、江戸時代の醍醐寺と出羽の真言寺院の関係を見てみよう。

『醍醐寺文書之五』九六六号（七函九二号）「報恩院末寺帳」は、江戸初期、寛済の代の醍醐寺報恩院（三宝院流）の末寺目録である。それによると、「出羽国湯殿山別当　注連寺」（鶴岡市大網。智山派）、「出羽国村山郡新庄宮内　神宮寺」（廃寺。後身は新庄市宮内町の七所明神社）、「羽州飽海郡新井山村　最勝寺」（廃寺。後身は酒田市楢橋字新山の新山神社。鳥海山修験と関係が深い）の名があげられている。

『醍醐寺文書之十一』二三九〇号（一五函七二号）「報恩院末寺帳未載分注文」は、同じく江戸初期の報恩院末寺の追加分リストである。このリストに見える出羽の寺院は、「注連寺」（先の九六六号と重複）、「出羽国鶴岡　南学寺」（南岳寺。智山派。湯殿山修験の修行所）である。

『醍醐寺文書之六』一〇八二号（八函一〇二号）「印可伝授交名」は、宝暦四年（一七五四）の醍醐寺某の付法名簿である。「米澤法音寺」（米沢市御廟。上杉家菩提寺。八海山と号す。豊山派）の名が見えている。

『醍醐寺文書之十四』三一二一号（一九函七〇号）「光台院末寺印形状」は、貞享五年（一六八八）、醍醐寺光台院（地蔵院流の拠点）の末寺目録である。「羽州村山郡山形　宝幢寺」（廃寺。跡地は山形市東原町の「もみじ公園」）が見えている。

以上みてきたように、江戸時代に醍醐寺と関係を持った出羽の寺院は、山岳修験関係の寺院が多い。醍醐寺三宝院が修験道当山派の棟梁（本山）であったということから、醍醐寺が出羽の修験系寺院にも影響力を持とうとしたことや、逆に出羽の寺院側も修験の中核となる醍醐寺と関わりを持とうとしたことなどが、背景にはあるものと考えられる。

戦国時代から江戸時代にかけて、醍醐寺と出羽の真言宗寺院とは活発な交流があり、そうした状況を背景に、慈恩寺の僧も、高野山・仁和寺の密教に加えて、醍醐寺系の真言密教をも学習していたことがわかる。真言に限っても慈恩寺の多様性は明らかであるが、さらに周知のように、慈恩寺の仏教は真言に限らず、修験も含めて多様な内容を含んでいた。慈恩寺は、東北における仏教の総合大学というべき位置を占めていたと言える。

参考文献

宇井　啓　二〇一三年『みちのく慈恩寺の歴史』（寒河江市教育委員会）
内山純子　一九九四年「宝蔵院所蔵印信から考察した慈恩寺の性格について」（『西村山地域史の研究』一二号）
海老名尚・福田豊彦　一九九二年「『田中穣氏旧蔵典籍古文書』「六条八幡宮造営注文」について」（『国立歴史民俗博物館研究報告』四五集）
寒河江市史編さん委員会編　一九九四年『寒河江市史　上巻　原始・古代・中世編』（寒河江市）
寒河江市史編纂委員会編　一九九九年『寒河江市史編纂叢書六二　世代記―慈恩寺宝蔵院資料―』（寒河江市教育委員会）

坂本正仁　二〇〇二年「醍醐寺所蔵「澄恵僧正授与記」「授与引付澄恵」」（『豊山学報』四五号）
坂本正仁　二〇〇四年「醍醐寺所蔵「授与引付俊聡」「授与引付天文二年六月十二日俊聡」」（大正大学真言学豊山研究室小野塚幾澄博士古稀記念論文集刊行会編『空海の思想と文化』ノンブル社）
関口崇史　二〇〇五年「鎌倉幕府と醍醐寺蓮蔵院」（『鴨台史学』五号）
高橋充・阿部綾子　二〇一四年「寛永二年醍醐寺僧侶の東国下向記（1）」（『福島県立博物館紀要』二八号）
山形県教育委員会編・麻木脩平執筆　一九八三年『本山慈恩寺の仏像　山形県文化財調査報告書　第二四集』（山形県教育委員会）

Ⅱ

中世後期加賀国那谷寺の動向

―本泉坊事件と醍醐寺金剛王院門跡の下向を中心に―

室山　孝

はじめに―密教法流と問題の所在―

石川県の南加賀地域を代表する真言宗寺院である那谷寺《なたでら》（小松市那谷町、高野山真言宗別格本山）は、歴史的に白山信仰の拠点の一つであり、平安時代後期の長寛元年（一一六三）に原形が成立したと言われる白山縁起『白山記』（白山市白山比咩神社所蔵）に、「白山五院」と並ぶ「三ヶ寺」の一つとして初見し、「岩屋寺」とも称されていた。その後中世半ば頃に真言密教寺院となり、戦国時代を経て近世初頭までに衰微したものの、寛永十七年（一六四〇）、前田利常により高野山末の真言宗寺院として再建され、前田家の祈禱所となった。利常没後は那谷村と共に大聖寺藩に移管され、寺社方の触頭《ふれがしら》寺院となり、明治維新を経ながら現在に至っている。

ところで、真言密教（「東密」）は「教相」（教義の解釈・研究）と「事相（自相）」（教義に裏付けられた実践としての修法や作法）を二つの軸としているが、平安時代以来、貴族や武家を中心とする世俗社会が強く期待した「現世利益《げんぜりやく》」に応えるものとして、寺院社会では「事相」、特にその具体的・実践的な表現としての修法《すほう》が重視されて発展を遂げ、多くの法流が形成された。しかし各法流は「教相」即ち教義上の相違に起因するものではなく、願主《がんす》の所願に応じて、担当する密教僧が本尊を迎え供養し、一連の流れに基づいて行う独自の祈禱としての修法に、師僧から伝授された次第や口伝それぞれに独自性があった。こうした「事相」に関わる側面が多くの法流を形成した要因であり、逆に言えばこれが法流の独自性を支えるものでもあった。「東密」の法流は、平安中期に「広沢流」・「小野流」（「根本二流」）が成立し、その後平安院政期にそれぞれが六流にわかれ、「広沢六流」・「小野六流」（あわせて「野沢十二流」）と称されるが、「小野六流」は大きく「勧修寺三流」・「醍醐三流」の二系に分類される。これらはそれぞれさらに分かれて、鎌倉期には「野沢三十六流」と称された。

現在の那谷寺は寛永年間に再建後、幕藩体制下寺院統制政策の寺院法度に基づく本末制度によって、本山を高野山金剛峰寺としたが、それ以前は金剛王院《こんごうおういん》流を主流とする真言密教寺院であった。金剛王院流とは、「小野六流」のうち醍醐寺内の三宝院・理性院・金剛王院という三つの院家《いんげ》を拠点として相承された「醍醐三流」の一つであり、嘉承三年（一一〇八）勝覚から秘密灌頂を受けて醍醐寺金剛王院に住した聖賢《しょうけん》を流祖とする。[1] 那谷寺にとって、金剛王院はいわば法流の「本寺」であって、近世における固定的な本末関係とは異なっている。

筆者は別稿において、那谷寺東側谷あいの馬場町にかつて所在した長久寺《ちょうきゅうじ》が、那谷寺に金剛王院流を伝える媒介となり、また聖教書写の舞台となって、醍醐寺金剛王院またはそれに属した賀茂の神光院《じんこういん》の地方拠点である小規模な密教道場として活動したものの、中世末期までに廃絶する動向の一端を述べた。[2]

本稿においては、白山信仰の拠点としての伝統を維持しつつ、また長久寺と同様に金剛王院流を主流とする真言密教寺院として歩みながらも、子院本泉坊領をめぐる事件を契機に京都醍醐寺の金剛王院門跡が二度に渡って下向したことから見えてくる、中世那谷寺の動向の一端を明らかにしたいと思う。

一、中世那谷寺の真言密教受容

中世初頭の那谷寺の動向を伝える明確な史料は見当たらない。ただ『源平盛衰記』（巻四）に、安元三年（一一七七）のいわゆる「安元事件」に際し、加賀国目代藤原師経が白山中宮の末寺八院の一つ涌泉寺を焼き討ちにしたことに対して、中宮方衆徒を支援して「奈谷寺・栄谷寺・宇谷寺」の大衆も加賀国衙に押し寄せたことが記された程度である。[3]この記事が信頼できるとすれば、「奈谷寺」（那谷寺）ら三か寺は白山中宮グループの一員として行動していたことになる。

鎌倉時代に関しては、「金沢文庫文書」に含まれる、諸国から各一社（あるいは一寺）を書き上げた年未詳の「社寺交名」[4]に、「加賀国　那谷寺」（傍点筆者、「山」を抹消し右側に「寺」と傍記）と見えるのみである。能登国では「石動山」が記載されており、これらは鎌倉幕府の祈願所であったと推定されている。[5]

その後、南北朝内乱の初期に加賀守護富樫高家と提携したらしいことが『太平記』の記述からうかがえ、[6]このことは富樫氏と師檀関係が結ばれた可能性を示している。[7]また幕府＝北朝方として、南朝方の中宮八院勢力を没落させ、白山中宮系の伝統的基盤を掌握するという政治的動向もあった。[8]おそらくこれによって那谷寺は、平安後期以来比叡山延暦寺末寺となっていた白山本宮（白山寺）と袂を分かち、真言密教を受容して独自の路線を歩み始めるのである。

那谷寺の真言密教受容の初見は、醍醐寺（京都市伏見区、真言宗醍醐派総本山）に残る膨大な聖教《しょうぎょう》の一つで、南北朝中期頃に成立した「金剛界聞書」である。[9]外題に「金剛界聞書　金剛王院流」、内題に「金剛界聞書　観応第二卯月五日始之、」次いで「此次第作者事／延命院製作也、元杲僧都、（下略）」（「／」は改行マーク、以下同）とあって、原作者が上醍醐（笠取山）にあった延命院二代元杲僧都（九一一～九九五）(10)であることが示される。奥書には「観応二年卯月十九日、加州那谷寺／於歓喜院、染王院（長久寺）僧都御房仁受之聞書畢、義円／三十八歳、」とある。これは観応二年（一三五一）四月五日から十九日にかけ那谷寺歓喜院において、僧義円が那谷寺の東側山麓に接する粟津保《あわづのほう》馬場に所在した長久寺の染王院《せんのういん》(11)僧都某から口伝として伝授された、金剛頂経に基づく「金剛界法」という密教修法の元杲僧都以来の教説を、「聞書」としてまとめたものであることがわかる。

義円については那谷寺の僧かどうか明証を欠くが、口伝の場所が長久寺染王院ではなく那谷寺歓喜院であることが義円の所属を物語っていると思われ、地域における両寺の社会的地位（檀越の力関係を含めて）の差が反映されていると見るべきであろう。

その後、那谷寺の動向はしばらく知られないが、この間に金剛王院流の「本寺」である醍醐寺金剛王院院主（門跡）との間に、師資相承（師弟間の法流相承）を前提とする中世的な本末関係(12)が継続的に成立していたことは、次節以降で見る寺領紛争問題と金剛王院門跡の下向によって明らかである。ただ、那谷寺の僧が受容した真言密教は金剛王院流だけではなく、子院華王院《けおういん》の僧が京都の東岩蔵寺において、足利義満の祈禱僧であったという良日上人（増賢カ）の登壇授戒により岩蔵流《いわくら》（三宝院流の庶流で三十六流の一つ）を受けたことが知られ(13)、岩蔵流のその後の動向はわからないものの、華王院（花王院）は近代初頭まで存続した。

しかし一方で、大永五年（一五二五）八月上旬、九州豊前国彦山《ひこさん》（英彦山）霊山《りょうぜん》寺の僧即伝《そくでん》（阿吸坊）が那谷寺に掛錫して「白山千手峰」に登拝し、また那谷寺住僧の求めにより、入峰修行の「古山法則草案」を伝授したように(14)、白山登拝と山伏（修験者）の活動拠点としての伝統は維持されており、永禄十年（一五六七）六月「美濃国石徹白藤十郎申状案」に、那谷寺が白山禅頂の大汝社を支配したと記されるなど、[15]白山禅定道への深い関わりもあった。また、那谷寺山伏の活動が地元白山に留まらず、「西国三十三所」など諸国の観音霊場巡礼にも足を伸ばしていたらしいことは、大永四年四月、大和国興福寺大乗院門跡経尋の日記にもうかがえる。[16]

二、那谷寺本泉坊領額田荘得丸名をめぐる紛争

戦国時代初めの文明年間、那谷寺の子院本泉坊《ほんぜんぼう》の所領であった江沼郡額田荘《ぬかたのしょう》内の得丸名《とくまるみょう》の知行をめぐって紛争が起こる。これを大掴みに整理すると、まず本泉坊住持周応《しゅうおう》と渡部氏一族との間に数年にわたる紛争が続き、幕府への訴訟となって額田荘の本所領主中院通秀《なかのいんみちひで》が乗り出し、周応が敗訴する。次に第二段階として、敗訴した周応が、失った得丸名の替地と号して那谷寺の他の子院の田地を押領するという事件を起こし、幕府への訴訟となって本泉坊はこれにも敗訴するという展開であり、金剛王院は第二段階の訴訟で関わって来る。

本節では得丸名をめぐる最初の紛争の概略を追うことにする。

文明四年（一四七二）五月三日、本泉坊住職全尊《ぜんそん》が寺領の証文と額田荘得丸名の重書が長禄三年（一四五九）の火災で焼失したとして紛失状を作成し、坊領に対する濫妨を禁じたが、[17]これは次の本泉坊住職となる弟子周応のために作成し、紛争に備えたものであった。全尊は額田荘付近の在地領主八木《やぎ》盛実の子息で、得丸名は盛実がかつて正長二年（一四二九）八月二十二日に、治部卿某（おそらく盛実の後妻の子であろう）に一代限り譲渡し、没後は子息藤五郎

（後の全尊）に戻すとされた所領であったという(18)。

間もなく、文明六年七月、加賀国内では真宗専修寺門徒と結ぶ守護富樫幸千代に対し本願寺門徒が富樫政親と結んで度々合戦に及び、十月十四日、政親は幸千代の蓮台寺城（小松市蓮代寺町地内）を陥落させ(19)、本願寺門徒は守護代小杉氏を討死させる(20)。いわゆる「文明一揆」であり、これにより富樫政親は加賀守護職を回復する。

文明十年（一四七八）二月、渡部入道が得丸名は譜代相伝の地であるとして嫡男四郎に譲渡し、本泉坊（周応）は狩野《かのう》氏（富樫幸千代方国人《こくじん》）強縁の者として譲状を請い取ったものであり、以前の譲りは悔返すとした(21)。この渡部入道は越前平泉寺衆徒で中院通秀の被官となっていた渡部民部卿のことと思われる(22)。これに対し本泉坊周応は翌十一年二月、渡部四郎・同舎弟八木兄弟が得丸名の知行を競望しているとし幕府に訴えた(23)。この周応申状によれば、はじめ渡部兄弟は文明五年に額田惣荘《そうしょう》（額田荘百姓層の自治組織）に得丸名獲得を申し入れたが惣荘は拒否し、荘官衆の斡旋で周応は渡部兄弟に五貫文の扶持分を認め一旦落着した。しかし翌六年の「文明一揆」の際、渡部四郎は得丸名押取を通告し、一揆方として戦ったのは得丸名獲得のためと主張したものの、惣荘はその申し立てにも応じなかった。そこで渡部四郎は本所領主中院通秀の被官となり、訴訟を有利に導こうとしているとし、周応は幕府に得丸名の当知《とうち》行安堵《ぎょうあんど》を求めたのであった。

「文明一揆」のあと、加賀国内では守護方（国方、富樫政親）による寺社・本所領荘園に対する押妨が表面化し、各所で紛争が起こっていた。中院家領額田荘・加納八田荘《かんのうやたのしょう》(24)（江沼郡）や、甘露寺家領豊田・大桑(25)（石川郡）もそうであった。額田荘に対する国方の押妨について、中院通秀は文明九年二月二十九日参内し、荘内の本願寺門徒が文明七年十一月以来「能美・江沼両郡一揆」に加わり、政親の被官山川《やまごう》高藤の沙汰を支持し、まして一揆中が中院家に額田荘の避渡（譲渡）を要求して代官を拘束するなどしており、今も国方の押妨が続いているとして、本願寺蓮如に在地門徒中への掣肘を加えさせるため、禁裏に重ねて蓮如への綸旨の下付について、勧修寺教秀を通して要請したのであった。(26) 国方の押妨とは、中院家に認められた額田荘等の段銭《たんせん》の京済《きょうさい》（京都で幕府に定額の段銭を納入する）特権を無視した、守護方による現地での段銭賦課であったらしい。ところが事態は好転せず、通秀は現地荘官からの要請により、文明九年五月末から二年間加賀に下向し、在国《ざいこく》して額田荘の直務《じきむ》に当たっている。(27)

一方この間も、得丸名をめぐる紛争は解決せず、中院通秀は文明十三年十一月、将軍足利義尚に訴えたようである。(28) その詳しい経過はわからないが、同年のうちに幕府の裁定が下され、中院家＝渡部一族側の勝訴となった。裁定の内容は、中院家の申し立ての通り、由緒あるにより、得丸名（作職）を渡部右京進（中院家被官となった渡部四郎のことであろう）に充行ったというものであった。(29)

以上が、第一段階の紛争を時系列で追った概略である。

ここで、あらためて問題の争点を整理しながら考えてみたい。前述のように、得丸名（作職）は八木盛実が治部卿某に一代限り譲渡し、没後は子息藤五郎（後の全尊）に戻すとされた所領であった。(30) 全尊が本泉坊住持となり、治部卿某が亡くなったため、譲状の通り全尊に戻されたもので、本来は全尊の私的な所領であったが、これを本泉坊領とし、さらに本泉坊を継ぐ弟子周応のために、文明四年、紛失状を作成したのは紛争に備えるだけではなく、本泉坊の経済基盤確立という目論見もあった。

一方、平泉寺衆徒で中院家被官であった渡部入道某が文明十年二月、得丸名は譜代相伝の所領と主張し、以前の周応への譲状は狩野氏の強縁で請い取ったものなのでこれを悔返し、嫡子である四郎に譲るとしたため、(31) 翌年、周応は訴訟に及んだものであった。

周応の言い分(32)によれば、得丸名はもともと「帯刀方先祖《たてわき》」（おそらく周応の出身一族で、国人狩野氏の縁戚であろう）の知行名であったが、子細あって八木入道（盛実）方に与奪《よだつ》（権利譲渡）され、それを八木入道の実子である全尊が受け継いで数年間知行してきたものであり、これを自分が全尊の弟子として相続したものという。さらに、渡部氏については「今渡部□親父者、八木入道之継子之孫也」と説明しており、八木入道の「継子之孫」とは、おそらく八木入道の後妻の子で一代限り得丸名を知行した「治部卿」の子息であることを示している。申状の中で、渡部兄弟は「渡部方・同舎弟八木方」と称されており、四郎の舎弟が「八木」を名乗るのは、八木入道の血筋を引くことを示していると思われ、ここに渡部兄弟が得丸名知行を主張する根拠があるのではないだろうか。

このように見てくると、得丸名をめぐる紛争は、いわば姻戚関係のからむ在地（小）領主間の、この時代によくある所領争いの一つとも言えるが、幕府の裁定は本所領主中院家の後押しを受けた渡部方の主張を認めたもので、寺社・本所領荘園の保護という幕府の基本政策に加え、加賀の「文明一揆」における幸千代方狩野氏の縁戚という、周応に不利な政治的要素が加味された可能性もないとは言えない。

三、本泉坊周応による那谷寺三坊領押領事件

本泉坊周応が得丸名をめぐる訴訟に敗訴したことから、事態は思わぬ方向へ動く。得丸名の替地と号し、周応が那谷寺の他の子院の田地を押領するという強硬手段に出たのである。この第二段階の事件の具体的な展開はわからない

が、押領された那谷寺三坊がこれを幕府に訴える一方、醍醐寺金剛王院に訴訟の支援を要請したらしい。

文明十四年（一四八二）六月五日、甘露寺親長が中院通秀に、那谷寺本泉坊の件で金剛王院の意向を伝え、また十二日にも親長は通秀に本泉坊のことで書状を寄せた[33]。金剛王院はこの訴訟を担当する幕府奉行人にも申状を送っていたらしく、裁定後の同年十一月六日、奉行人の一人である布施英基が、中院家の雑掌大塚富元を呼び出し、得丸名に関する金剛王院の申状を一覧させたという[34]。同年閏七月二十四日、幕府が那谷寺三坊に伝えてきた裁定の内容は、中院家の申し立てで由緒あるにより得丸名を渡部右京進に充行ったにもかかわらず、本泉坊周応がそれを以前の知行地とし、その替地と号して那谷寺領内の田地を押取り、昨年下した幕府の裁定を承引しないのは言語道断であり、ここに再び下知を下し、周応に押領停止を命じたというものであった[35]。

中世の那谷寺には、本泉坊以外に、歓喜院・福蔵坊・宝光院・華王院・明王院などの子院の存在が知られ、また「那谷八院」[36]の表現も知られるのでこれら六院（坊）以外にも存在した可能性はあるが、「三坊」がどれに当たるかはわからない。

金剛王院が甘露寺親長を通じて中院通秀へ送り、また幕府へも提出した申状が、那谷寺三坊領を押領した周応への幕府の裁定に影響を及ぼしたことは疑いなく、どのような内容だったのであろうか。裁定の結果から類推すれば、得丸名が渡部右京進に充行われたこと自体を正当なものと認めている点は中院家側の主張通りで、本所領主の立場を全面的に擁護するものであったことは確かであり、また那谷寺内部の意見が反映されていた可能性も高い。

この点に関して、周応による三坊領押領事件には、得丸名をめぐる訴訟に対する那谷寺の他の子院が周応に協力的ではなく、あるいはむしろ敵対的であったという背景が想定されよう。この頃の那谷寺の組織についてはほとんどわからないが、本泉坊のように各子院はそれぞれ独自の所領を形成・維持しており、紛争が起こった場合、基本的には各子院の自力救済に任されていたようである。たとえば寛正四年（一四六三）四月十五日、那谷寺福蔵坊が、かつて買得した土地に本主が立ち帰っているとして、以前の沽却状（売券）は謀書であると幕府に訴えた事件も[37]、那谷寺の寺家「政所《まんどころ》」あるいは寺僧集団の「惣寺《そうじ》」としてではなく、子院である福蔵坊の責任で訴訟を起こしていることが実情を物語る。ただ、那谷寺の組織に「政所」や「惣寺」の存在が確認できないのは、子院の数が十に満たない那谷寺全体の規模も関係するからであろう。

全尊が本来私的な所領であった得丸名を本泉坊領としたのは、おそらく得丸名の安定的支配と本泉坊の経済基盤確保に有効と判断したためと推察されるが、実際にはそうでなかった。得丸名をめぐる紛争で本泉坊はいわば孤軍奮闘を強いられ、おそらく「三坊」からはむしろ敵対的姿勢を取られたが故に、敗訴後まさに自力救済的に田地押領事件を起こしてしまったと考えざるをえない。

その意味で、本泉坊に係る二つの紛争・訴訟事件は、那谷寺の組織的結合の脆弱性を浮き彫りにしたということができるのではないだろうか。その脆弱性の背景には各子院の成立事情も関係すると思われるが、少なくとも全尊や周応のように、その住持職が周辺地域の在地（小）領主層出身者であることから、地域社会における世俗関係が直接的に反映されるということなのであろう。

このことと、のちの金剛王院門跡の那谷寺下向の問題が深く関わっていると思われるので、節を改めて考えてみよう。

四、金剛王院門跡の那谷寺下向

三坊領押領事件の幕府裁定が出された六年後の長享二年（一四八八）とさらに九年後の明応六年（一四九七）の二度にわたり、醍醐寺金剛王院門跡で賀茂の神光院《じんこういん》院主を兼帯する高僧が那谷寺に下向した。

長享二年の下向は隆海《りゅうかい》僧正で、「親長卿記」（同年五月十二日条）に「今日参仕之次、神光院僧正可申入御訪之処、依灌頂事、罷下加州那多寺了、仍不参上之故申入了、」とあり、五月十二日、前権中納言甘露寺親長が出仕のついで陸海僧正訪問を申し入れたが、隆海は灌頂のため那谷寺へ既に出発してしまったため、訪問を中止したという。[38][39]この隆海の帰洛の時期はわからない。

明応六年の下向は空済《くうさい》僧正で、七月二十六日、兄の江南院《こうなんいん》龍霄《りゅうしょう》とともに京都を出発している。同じく「親長卿記」（同年七月二十六日条）に「今日江南入加州湯云々、仍罷下加州、神光院僧正空済予息、為法事下向加州那多寺、仍同道云々、」とあり、親長が江南院龍霄から聞いた話として、七月二十六日、龍霄が弟空済と同道して加賀の温泉に行き、空済は法事のため那谷寺に下向するとのことであった。[40]空済の那谷寺滞在の期間はわからないが、同道した龍霄が同年の十月三日に北国から帰洛したことが、父親長の甥（龍霄・空済とは従兄弟）に当たる三条西実隆（母が親長の姉）の日記「実隆公記」（明応六年十月八日条）に見える。[41]兄と同じ日程とすれば、約二カ月の滞在ということになる。

空済の師僧にあたる隆海は、公家鷲尾隆遠の子息で、摂政二条持基の猶子《ゆうじ》となり、宝徳元年（一四四九）八月までに金剛王院院主（門跡）となっている。[42]従って、前節の那谷寺三坊領押領事件の訴訟に関わった金剛王院とは隆海のことである。空済は無為丸《ぶいまる》と呼ばれた少年時代より金剛王院隆海の弟子として入室《にっしつ》し、得度して長深の法名を名乗り、二条持通の猶子となって、その後隆海の法流を相承し空済と改名、延徳三年（一四九一）八月頃、隆海より金剛王院を、ついで神光院等を継承した。[43]金剛王院は鎌倉時代以来摂関家二条家の私的な院家《いんげ》であったと思われ、同院院主（門跡）となるには二条家の猶子となることが先例となっていたらしい。[44]

さて、「親長卿記」によれば、この二度にわたる金剛王院門跡の那谷寺下向は、「灌頂」・「法事」（「灌頂」と同義であろう）のためとあるが、前節で見たような状況を考えれば、純粋な付法《ふほう》活動と見なすことはできないと思われる。

金剛王院は甘露寺家とも特別の関係にあったことは、明応六年に那谷寺へ下向した空済が甘露寺親長の子息であり、子息の師僧で長享二年に下向した隆海とも親しい関係であったことからもうかがえる。文明十四年（一四八二）、甘露寺親長が中院通秀に金剛王院（隆海）の意向を伝え、また重ねて通秀に本泉坊のことで書状を寄せていたのも、中院家と甘露寺家とはともに加賀国に所領を持つ本所領主という共通の立場があったからである。また得丸名知行を認められた渡部右京進は額田荘内に所職に持つ在地（小）領主と考えられ、譜代的に本所領主中院家の被官となり、文明一揆の際は額田荘の在地百姓衆の組織である惣荘に好印象を与えるために、守護富樫幸千代方ではなく政親＝一揆方に与同したのであろう。

一方、前節で指摘したように、那谷寺は在地（小）領主層を檀越とする子院の集合体であったとも言え、その組織的結合は、古代以来の伝統的な白山信仰と、南北朝期以来の真言密教法流「金剛王院流」という宗教的紐帯に頼るしかなかったのではないだろうか。金剛王院は法流の「本寺」であり、門跡隆海は那谷寺の有力者とおそらく師弟関係にあり、いわば師資相承を前提とする中世的な本末関係が継続的に成立していたと推定されることから、その訴訟を支援したものと思われる。しかし、三坊領押領事件は解決しても、那谷寺の組織的結合が危機に陥っていたことは確かであろう。

　時期は下るが、大永八年（一五二八）七月二十九日、神光院持詔が三条西実隆に那谷寺の宝光院のことで、故本願寺蓮如の六男で本願寺証如の外祖父にあたる光応寺蓮淳（顕誉）に知らせるよう頻りに指示してきたことに応じ、実隆はこの日蓮淳に書状を送ったということがあった[45]。神光院持詔は金剛王院門跡でもあり[46]、当時の権中納言甘露寺伊長の弟で、三条西実隆にとって伯父（または叔父）に当たる故甘露寺親長の孫である。また光応寺蓮淳は、大永五年の本願寺前住実如示寂の際、十二歳で本願寺を継いだ証如の補佐を託された重鎮でもあった[47]。このことは、宝光院の動向が加賀の本願寺門徒の趨勢に関わるものであったことを示しており、具体的には当時の加賀国内における三ヵ寺派（本泉寺蓮悟・松岡寺蓮綱・光教寺顕誓など）と、永正三年（一五〇六）の一揆の敗北で越前から加賀に転じた超勝寺実顕・本覚寺などとの対立の中で、三ヵ寺派に与《くみ》する動きを示したものと見られている[48]。

　宝光院の動向は、那谷寺にとって本願寺門徒の指導者どうしの対立に巻き込まれかねない危険なものとして金剛王院（持詔）に注進され、持詔から本願寺にパイプのある三条西実隆に蓮淳への報告を依頼したものであり、寺の基盤を揺るがしかねない問題に如何に対応すべきかを、持詔に指示を求めたものではないだろうか。

　このように、那谷寺はある程度の子院を抱えているものの、その組織的結合は外部勢力との紛争や政治動向によって常に内部分裂の要素を孕んでいたと思われる。長享二年・明応六年の二度にわたる金剛王院門跡の那谷寺下向は、おそらく那谷寺側からの要請によるものであり、その組織的脆弱性の克服のため、門跡下向による直接の付法という真言密教徒にとって極めて重要な宗教的行事により、あらためて僧徒の結集を図り、組織的結合を強化する狙いがあったのではないかと思われる。しかし果たしてそれが効果を上げたかというと、大永八年の宝光院問題が象徴的に示す通りであろう。

なお、那谷寺はその後一揆組織「江沼郡」の「東組」の配下にあったことが、本願寺証如の書状から知られ(49)、一揆組織と共に戦国期を衰微しながらも生き抜いたのである。

おわりに

中世那谷寺の歴史は、史料に恵まれないこともあり、組織形態すら明らかでなく、その実像はなかなか見えない。師檀関係に関しても明確ではないが、南北朝内乱期の動向から、守護富樫氏が檀越であった可能性を挙げておきたい。

本稿では、醍醐寺聖教から南北朝時代に隣接する馬場長久寺を介して那谷寺が金剛王院流の真言密教を受容したこと、それが法流「本寺」である醍醐寺金剛王院との間に師資相承（師弟間の法流相承）を前提とする中世的な本末関係に発展し、それが継続されたのではないかということを指摘した。ただ、金剛王院流との関わりは南北朝期に遡り、これは金剛王院・神光院から見れば、北陸地域への付法活動の成果として、那谷寺や長久寺が地方拠点として位置付けられたという側面もある。

また、戦国時代におこった子院本泉坊の寺領紛争の展開から、那谷寺の組織結合が危機に陥り、金剛王院門跡の二度にわたる下向は、那谷寺側の要請により、法流「本寺」の門跡自身による「灌頂」という付法活動によって那谷寺僧徒の結集をはかり、組織強化をねらったものと推定した。

しかし、その下向の意味についてまた別の見方もあろう。ご批判・ご意見をお願いするところである。

註

（1）東密の法流や中世醍醐寺等については、最新の研究成果である藤井雅子『中世醍醐寺と真言密教』（勉誠出版、二〇〇八）・西弥生『中世密教寺院と修法』（勉誠出版、二〇〇八）の二著に大いに啓発された。なお、かつての醍醐寺金剛王院は、近世に入って衰微し、明治七年（一八七四）に、醍醐寺の南方にある一言寺に併合され、現在は金剛王院一言寺（京都市伏見区、真言宗醍醐派）として名を残しているという（『国史大辞典』）。

（2）拙稿「真言密教金剛王院流と馬場長久寺—醍醐寺聖教に見る中世後期加賀の密教道場—」、長山直治氏追悼集刊行委員会編『加賀藩研究を切り拓く』（桂書房、二〇一六）。

（3）「安元事件」については浅香年木『治承・寿永の内乱論序説』（法政大学出版局、一九八一）に詳しい。涌泉寺焼討ちの記事は『源平盛衰記』巻四「涌泉寺喧嘩事」に見える（『加能史料平安Ⅳ』、安元三年三月二十一日条）。ただし『平家物語』諸本の中で「奈多寺」ら三か寺のことを記すのは、成立時期が比較的新しく内容が増補された『源平盛衰記』のみである。

（4）『金沢文庫古文書　第七輯』「所務文書篇」三三頁、五二四五号文書（金沢文庫、一九五五）。『加能史料　鎌倉Ⅱ』、鎌倉時代雑載。

（5）『日本歴史地名大系17石川県の地名』、「石動山」の項（平凡社、一九九一）。

（6）『太平記』巻十八「後醍醐天皇潜幸芳野事」に、建武三年（一三三六）南朝方となった「剱・白山ノ衆徒」が「富樫介カ籠リテ候那多城ヲ攻落」さんとし、巻二十「越後勢赴越前事」に、暦応元年（一三三八）頃、新田勢支援のため越後より越前に向かう途上の大井田氏経が安宅・篠原付近で富樫介の兵を討ち破り、「富樫カ兵二百余騎討レテ、那多城へ引籠ル」とある。さらに巻二十一「因遺勅被成輪旨附義助攻落黒丸城事」に、暦応二年七月、小勢の越前守護斯波高経が脇屋義助（新田義貞弟）に黒丸城を攻められたが、加賀の上木家光の献策により夜中に加賀国に退いたとあり、この記事は『参考太平記』（国書刊行会、一九一四）によれば、「天正本」に「富樫介カ構タル那谷城ニ立籠給」との割注がある。『加能史料　南北朝Ⅰ』、建武三年十月十日条・建武五年七月是頃条・暦応二年七月是月条。また『新修小松市史　資料編4国府と荘園』三五七～三五八頁。

（7）那谷寺と守護富樫高家との提携が確かであれば、高家の守護補任を契機に師檀関係が結ばれた可能性がある。また那谷寺が鎌倉幕府祈願寺であったとすれば、加賀の有力御家人である富樫氏との間にすでに何らかの関係が成立していたこともありえよう。

（8）中宮八院との抗争については、康永年中（一三四二～四五）頃と推定される「僧真如書状」（柳瀬福市氏旧蔵文書）・「僧某書状」（金沢文庫文書）に見えている（『加能史料　南北朝Ⅰ』、康永年中条）。また東四柳史明「白山中宮系の伝統を継承—小松市那谷寺—」（『図説白山信仰』白山比咩神社、二〇〇三）、及び同氏「中宮八院と那谷寺の盛衰」（『新修小松市史10図説こまつの歴史』）参照。

（9）「醍醐寺文書」一〇二函二一一号。『加能史料　南北朝Ⅲ』南北朝補遺（観応二年四月十九日条）。総本山醍醐寺編『醍醐寺文書聖教目録　第六巻』（勉誠出版、二〇〇三）。また『新修小松市史　資料編4国府と荘園』三五九頁。

（10）元杲が延命院二代であることは、「醍醐雑事記」（巻二）による（中島俊司編『醍醐雑事記』、醍醐寺、一九三九）。その生没年は、「真言宗附法本朝血脈図」第十四祖条による（『続真言宗全書　第二十五』、続真言宗全書刊行会、一九八五）。

（11）染王院が長久寺の子院であることは、本願寺一族の系図集「日野一流系図」のうち「大谷一流系図」（超勝寺・本蓮寺）の、超勝寺二代如遵（玄慶）の子珍祐（慶恵）の傍注に「賀州粟津保長久寺染王院住、道忠僧都弟子」、本蓮寺二代蓮覚（同意）の子如周（言忠）の傍注にも「元長久寺染王院住、道忠僧都弟子」と見えることから明らかである（大阪府門真市願得寺所蔵、平松令三編『真宗史料集成　第七巻伝記・系図』、同朋舎、一九七五）。

（12）中世的な本末関係については、註（1）藤井『中世醍醐寺と真言密教』第Ⅲ部第一章「はじめに」において、「付法を契機として師・資関係を結んだ僧侶間に存在した本・末関係」、「個人間の結びつきによって本末関係が成立し」、「両者の関係は一時的なものであった」と述べられており、おおむねこの見解に従いたい。

（13）僧行誉により文安二～三年（一四四五～四六）に編纂された『壒嚢鈔《あいのうしょう》』（巻十四—十当寺事）に見える（正宗敦夫編・校訂『日

本古典全集』五期二八、日本古典全集刊行会、一九三六)。『加能史料　室町Ⅳ』、室町時代雑載。また『新修小松市史　資料編4国府と荘園』三五九頁。良日上人については、能登国出身で俗姓町野氏であること、足利義満の帰依を受け、所領を寄付されたことで岩蔵寺が興行され、住坊を真性院と号したことなどが、「血脈記」に記載されている(『続真言宗全書』第二十五巻、一三二頁、続真言宗全書刊行会、一九八五)。また、東岩蔵寺については、細川武稔『京都の寺社と室町幕府』(吉川弘文館、二〇一〇)参照。華王院は近代初頭まで唯一存続した子院で、前田利常が寛永十七年(一六四〇)那谷寺訪問時、観音の由来を言上したのは花王院覚秀であったという(清水藤九郎「那谷寺歴代住職考(一)」、『加南地方史研究』十三号、一九六九)。

(14)「三峰相承法則密記」(巻下)識語(『増補改訂日本大蔵経第九四巻修験道章疏三』財団法人鈴木学術財団、一九七六)。また『加能史料　戦国Ⅶ』、大永五年八月上旬条。この聖教の奥書については、由谷裕哉「一向一揆時代における加賀白山をめぐる四つの宗教テキストについて：予備的考察」に分析がある(『北陸宗教文化』一七号、二〇〇五)。これによれば、阿吸坊即伝は中世後半の彦山を代表する修験者で、大和国金峰山先達快誉の法嗣とされ、彦山南谷華蔵院の客僧となり、永正六年(一五〇九)彦山の大先達位を授与され、大永四年(一五二四)に信濃国戸隠山を訪れたといい、翌大永五年、戸隠山から加賀に廻国したことになる。なお、「白山千手峰」については、おそらく「白山記」にいう白山妙理大菩薩(本地十一面観音)の住む禅頂(現在の御前峰《ごぜんがみね》)と思われる。那谷寺の本尊「十一面千手観音」(傍点筆者)と通ずるからである。

(15) 岐阜県郡上市白鳥町宝幢坊所蔵「長滝寺真鑑正編」(上巻)に「彼三ノ御山之儀ハ何モ加州内ニテ候へ共、(中略)御南路(大汝)ハ加賀那多寺ヨリ取持被申候、」とある。金沢大学日本海文化研究室編『白山史料集　下巻』(石川県図書館協会、一九八七)。

(16)「経尋記」(大永四年四月二十五日条)に、興福寺大乗院門跡経尋が興福寺北方三綱と酒宴した際、その席に那谷寺の山伏と若衆が召し出され同席したとある(国立公文書館内閣文庫所蔵『大乗院寺社雑事記』。『加能史料　戦国Ⅶ』、大永四年四月二十五日条)。なお、那谷寺山伏が修行の一環として諸国巡礼する場合、白山本地仏(十一面観音)や那谷寺本尊(十一面千手観音)をふまえると、伝統ある「西国三十三所観音霊場」順礼に赴くのは自然の理であったろう。

(17) 文明四年五月三日、那谷寺本泉坊全尊置文案(京都大学総合博物館所蔵「中院家文書」)。『加能史料　戦国Ⅰ』、文明四年五月三日条。また『新修小松市史　資料編4国府と荘園』三六〇頁。

(18) 永享元年（正長二年）八月二十二日、八木盛実譲状案（京都大学総合博物館所蔵「中院家文書」）、『加能史料　室町Ⅱ』、正長二年八月二十二日条。また『新修小松市史　資料編4国府と荘園』三二六頁。この文書、改元（九月五日）後の永享元年の年号で作成されているが、案文《あんもん》作成の際に改元後の年号を用いたものと理解される。なお、同年、相国寺林光院領江沼郡横北荘の年貢を未進し訴えられた斎藤御園五郎に関わった人物として「八木入道」も取り沙汰されており（「永享元年日記」、『加能史料　室町Ⅱ』、正長二年七月五日条）、八木盛実本人、あるいは同族と思われる。

(19) 白山比咩神社所蔵「白山宮荘厳講中記録」。『加能史料　戦国Ⅰ』、文明六年七月二十六日条。

(20) 白山比咩神社所蔵「白山宮荘厳講中記録」。国立公文書館内閣文庫所蔵「尋尊大僧正記」（文明六年十一月一日条）。『加能史料　戦国Ⅰ』、文明六年十月二十四日条。

(21) 文明十年二月吉日、渡部某譲状案（塚原周造氏所蔵文書）。『加能史料　戦国Ⅰ』、文明十年二月是月条。『新修小松市史　資料編4国府と荘園』三三四頁。

(22) 中院通秀の日記「十輪院内府記」文明九年二月四日条によれば、渡部民部卿は加賀から上洛し、中院通秀に守護方の押妨に対抗するため地下人が蜂起の準備をしていることを告げている（奥野高広・片山勝校訂『史料纂集　十輪院内府記』続群書類従完成会、一九七二。以下「十輪院内府記」はこれによる）。『加能史料　戦国Ⅰ』、文明九年二月六日条。『新修小松市史　資料編4国府と荘園』三三二頁。

(23) 文明十一年二月日、那谷寺本泉坊周応申状案（京都大学総合博物館所蔵「中院家文書」）。『加能史料　戦国Ⅰ』、文明十一年二月是月条。『新修小松市史　資料編4国府と荘園』三三四～五頁。

(24) 文明九年二月六日、「後土御門天皇綸旨」が本願寺蓮如に下され、中院家領額田荘・加納八田荘への守護使押妨に本願寺門徒が同意していることを停止させるよう命じており（京都大学総合博物館所蔵「中院家文書」）、額田荘・八田荘在住の同寺門徒が守護使に同調していたのであろう。『加能史料　戦国Ⅰ』、文明九年二月六日条。『新修小松市史　資料編4国府と荘園』三三二頁。

(25) 「親長卿記」文明九年二月二十日条に、甘露寺家の加賀の知行分（欠字）を守護被官人が違乱に及んだが、勅裁により安堵されたことを記し（『史料纂集　親長卿記　第二』、続群書類従完成会、二〇〇二）、「実隆公記」同日条に甘露寺家領加賀国大桑・豊田を安堵する「後土御門天皇綸旨」を載せている（高橋隆三校訂『実隆公記』巻一上、続群書類従完成会、一九五八再版。『加能史料　戦国Ⅰ』、文明九年二月二十日条）。

(26)「十輪院内府記」文明九年二月二十九日条所収「中院通秀申状案」（『加能史料　戦国Ⅰ』、文明九年二月六日条）。この史料に「能美・江沼両郡一揆沙汰居山川参河守候条」とあることから、一揆組織としての「郡」の性格をめぐり諸説があり、一向一揆全体の理解に関わることもあり大きな論争点となっている。神田千里「加賀一向一揆の発生」に諸説が整理されており（『史学雑誌』九〇―十一、一九八一。のち峰岸純夫編『戦国大名論集13本願寺・一向一揆』に収録）、神田氏は「郡」を本願寺門徒の組織とするが、「幕府奉公衆・御家人の一揆」との見解に立つ石田晴男「室町幕府・守護・国人体制と「一揆」」（『歴史学研究』五八六号、一九八八）・「文明九年二月の中院通秀「書状」について」（『加能史料』会報12、二〇〇〇）との論争も知られる。神田千里『一向一揆と戦国社会』（吉川弘文館、一九九八）も参照。

(27) 通秀の加賀下向については、「十輪院内府記」文明九年五月二十一日条・二十六日条。『加能史料　戦国Ⅰ』、文明九年五月二十一日条。また『新修小松市史　資料編4国府と荘園』三三三～四頁。帰洛については、同じく「十輪院内府記」文明十一年六月一日条。『加能史料　戦国Ⅰ』、文明十一年五月二十六日条。『新修小松市史　資料編4国府と荘園』三三五頁。

(28)「十輪院内府記」文明十三年十一月四日条。『加能史料　戦国Ⅱ』、文明十四年閏七月四日条。『新修小松市史　資料編4国府と荘園』三三六頁。

(29) 文明十四年閏七月二十四日、那谷寺三坊あて室町幕府奉行人連署奉書案（京都大学総合博物館所蔵「中院家文書」）。『加能史料　戦国Ⅰ』、文明十四年閏七月二十四日条。『新修小松市史　資料編4国府と荘園』三三七頁。

(30) 註（18）参照。

(31) 註（21）参照。

(32) 註（23）参照。

(33)「十輪院内府記」文明十四年六月五日条・十二日条。『加能史料　戦国Ⅱ』、文明十四年閏七月四日条。また『新修小松市史　資料編4国府と荘園』三三六頁。

(34)「十輪院内府記」文明十四年十一月六日条。前註『加能史料戦国Ⅱ』、及び『新修小松市史資料編4国府と荘園』三三六頁。

(35) 註(29)参照。

(36)「拾塵記」に、文明三年、蓮如の越前吉崎下向と御坊建立の記述のあと、白山系寺院による圧迫について「殊ニハ平泉寺・豊原寺、賀州ニハ白山寺・那谷八院等ヲ始トシテ、シキリノモヨヲシアリテ」（傍点筆者）とある（大阪府門真市願得寺所蔵、『真宗史料集成第二巻　蓮如とその教団』、同朋舎、一九七七）。また、『加能史料　戦国Ⅰ』（文明七年六月是月条）・『新修小松市史　資料編4国府と荘園』三六〇～一頁。

(37) 広島市立中央図書館浅野文庫所蔵「政所内評定記録」寛正四年条。桑山浩然校訂『室町幕府引付史料集成　上巻』所収「政所内談記録」（近藤出版社、一九八〇）。なお、『加能史料　室町Ⅳ』、寛正四年四月十五日条の綱文は、「本主より訴えられる。」とするが、これは主客が逆で、「本主を訴える」と訂正すべきと思う。

(38) 神光院（京都市北区、現在は真言宗単立寺院）は古代推古朝に建立という瓦屋寺の跡地で、近辺にあった西賀茂瓦窯の瓦職人たちの宿坊になったと伝え、また平安初期、空海が当地で修行した際愛染明王像を造り、上賀茂社に懇望されて自像を刻んで安置したとも伝える。寺伝によれば、建保五年（一二一七）、上賀茂社の社務松下能久が神託により瓦屋寺跡に神光院を造営、大和国三輪の慶円を開山に招聘したといい、慶円が3年の住持後、能久の子氏久が醍醐寺金剛王院の覚済を院主に招き、以後神光院は金剛王院に属し、その兼帯とされた（『日本歴史地名大系27　京都市の地名』、平凡社、一九七九）。

(39)『増補史料大成第四十三巻』「親長卿記三」（臨川書店、一九六五）。『加能史料戦国Ⅱ』、長享二年五月十二日条（石川県、二〇〇〇）。また『新修小松市史　資料編4国府と荘園』三六〇頁。

(40) 前註「親長卿記三」。『加能史料　戦国Ⅳ』、明応六年七月二十六日条（石川県、二〇〇四）参照。また『新修小松市史　資料編4国府と荘園』三六〇頁。なお、江南院龍霄が入湯した加賀の温泉は明確でないが、南加賀では『白山記』に見える「白山五院」の一つに「温泉寺」が知られ、「五院ハ山代庄内ヵ」とある。また平安時代の悉曇学大成者の一人「賀州隠者明覚」が「温泉寺」に住したといい（『加能史料　平安Ⅲ』、康和三年八月六日条・嘉承元年是年条）、明覚の供養塔と伝える南北朝期の五輪塔（国重文）が薬王院（加賀市山代温泉、高野山真言宗）に所在する（本岡三郎編集代表『石川県の文化財』、石川県教育委員会、一九八五）。また「葛川明王院文書」（国立国会図書館所蔵）に天台青蓮院門跡の所領「加賀国温泉寺」が見える（『加能史料』室町Ⅳ、康正二年十月十三日条、及び長禄二年五月十二日条）。一方、文明十年（一四七八）九月二十七日、桃源壽洞等連署請文（「尊経閣古文書纂」十三「長福寺文書」、『加能史料』未収録）に、京都長福寺末寺である山代荘内慶寿寺が長福寺に「開浴銭」を追納していた記事を山代温泉の「初見」とする見解もある（石田文一「戦国期加賀国の非真宗寺院について—山代荘慶寿寺と一向一揆・本願寺—」、地方史研究協議会編『〝伝統〟の礎—加賀・能登・金沢の地域史—』、雄山閣、二〇一四）。また地理的には粟津温泉（小松市粟津町）も那谷寺に近く、奈良時代以前泰澄による開湯と伝承されているが、近世より以前の文献史料は確認されていない。

（41）「実隆公記」明応六年十月八日条（高橋隆三校訂『実隆公記巻三下』）。『加能史料　戦国Ⅳ』、明応六年七月二十六日条。

（42）「金剛王院門跡列祖次第」の隆海条に、「鷲尾従二位大納言隆遠卿息、二条摂政持基公猶子」とあるが（『続群書類従　第四輯下』）、「尊卑分脈」（藤原末茂孫鷲尾）の隆遠条に、隆海の記載はない（『新訂増補国史大系59　尊卑分脈第二編』）。また、「醍醐寺新要録」巻十一金剛王院編「随所役事」条、成淳僧正の事績のあと、宝徳元年（一四四九）八月十九日、醍醐寺座主義賢の勤仕する幕府の法会に隆海法眼が随行しており、（醍醐寺文化財研究所編『醍醐寺新要録下』、法蔵館、一九九一）、これが隆海の金剛王院門跡としての初見と思われる。

（43）「親長卿記」によれば、無為《ぶい》丸の初見は文明三年（一四七一）二月十二日条で、故後花園法皇の六七日忌辰法会に「金剛王院代」として焼香している。その得度は文明四年十二月三十日で、長深の法名を名乗って「金剛王院附弟」（金剛王院の継承予定者）となり、翌五年正月二十三日、父甘露寺親長とともに参内し得度を報告（以上『史料纂集　親長卿記　第一』）。次いで文明十年四月三日、空済と改名、前関白二条持通の猶子となって、勅許により法眼和尚位（僧位では初階の権少僧都であろう）に叙された（『史料纂集　親長卿記　第三』）。文明十六年四月二十五日、神光院で隆海による空済の入壇灌頂があり、親長は勅許による権大僧都昇進を希望した（『増補史料大成　第四十二巻』「親長卿記二」）。その後長享二年（一四八八）から明応三年（一四九四）六月までの間に、「法印」（僧正に相当）に昇ったらしい（『増補史料大成　第四十三巻』「親長卿記三」）。またこの間の延徳三年（一四九一）八月二十四日、隆海は大慈院空済に神光院と嵯峨中院を譲っており（隆海譲状写、『山城名勝誌』巻九「（嵯峨）中院」条所収）、それまでに「大慈院」（醍醐寺内の子院）号を名乗り、金剛王院院主（門跡）も継承していたことがわかる。

（44）註（42）「金剛王院門跡列祖次第」によれば、十人目の実助が文永十二年（一二七五）から弘安十年（一二八七）まで左大臣であった二条師忠の猶子として金剛王院院主となって以来、数名を除き（記載洩れか）、二条家当主の猶子として院主（門跡）となっており、隆海・空済もそうである。

（45）「実隆公記」大永八年七月二十九日条（高橋隆三校訂『実隆公記巻七』）。『加能史料　戦国Ⅷ』、同年同月同日条。『新修小松市史　資料編4国府と荘園』三六一頁。

（46）註（42）「金剛王院門跡列祖次第」には甘露寺伊長息とあるが、元長の子息であることは、「尊卑分脈」（藤原高藤孫甘露寺）に明らかである（『新訂増補国史大系59　尊卑分脈　第二編』）。なお「尊卑分脈」では、名を「時詔」とする（傍点筆者）。

（47）井上鋭夫『一向一揆の研究』四四三頁（吉川弘文館、一九七一年三版）。

（48）『新修小松市史　資料編4国府と荘園』三六一頁、史料115、清水郁夫氏解説。

（49）天文六年（一五三七）三月十日、本願寺証如書状案（本願寺文書「証如上人書翰草稿」）、『加能史料　戦国Ⅸ』、天文六年三月十五日同日条。「天文日記」（天文五年十二月二十四日・二十八日条）に、西国大名大内義隆が遣明船の進貢物として、那谷の観音堂の下にあるという瑪瑙の調達を本願寺証如に要請があったので、これに応じて証如は翌天文六年三月十日「江沼郡」に充てた書状に、「東組」に属する那谷の観音堂から調達するよう指示したのである。

Ⅲ

当山派と吉野
―棟梁三宝院門跡の行場管理から―

関口真規子

はじめに

当山派に関する研究は、主に中世後期から中近世移行期における教団組織の展開に興味が向けられ、その成果も蓄積されつつある。[1]その一方で、近世の教団については組織体制が確立する過程や、それに伴う棟梁の動向が述べられてはいるものの、未だ考察の余地が残されている。

中世の当山派は、先達衆と呼ばれる大和国とその近国の寺院に止住する修験者の集団を中核に、自治的に運営されていた。そして十七世紀初頭に醍醐寺三宝院門跡を当山派の棟梁に戴くことで、漸く聖護院門跡を棟梁に仰ぐ本山派と比肩する組織体制が形成されたと言える。[2]これを踏まえれば、当山派は三宝院門跡の棟梁就任を境に組織の性格を区別することができる。それに加え、後掲史料では近世の先達衆が「当山方」と自称するなど、「当山派」という名称が絶対的ではなかったことが窺える。そこで本稿では混乱を避けるため、近世の当山派を指すにあたり史料の引用箇所を除き「当山」派の名称を用いたい。

さて「当山」派修験者に金襴地結袈裟の着用を認めることで、初めて棟梁として具体的な行動をとったのは、第三十八代三宝院門跡の義演であった（『義演准后日記』慶長七年〈一六〇二〉六月二十四日）。以後、三宝院門跡はそれまで行われてこなかった同門跡による袈裟許可に異議を唱える本山派棟梁聖護院門跡との相論を経る過程で、「当山」派棟梁として社会に認知されていく。その最も象徴的な出来事は、慶長十八年（一六一三）にいわゆる修験道法度が聖護院三宝院両門跡に下されたことであろう。(3) 近世の「当山」派といえば、本山派と共に全国の修験者を統括した修験道の大教団で、その棟梁である三宝院門跡は崇敬を集めた。三宝院門跡が全国の「当山」派修験者を従えて入峯する様は壮観なものであった。(4) こうした教団棟梁としての三宝院門跡の姿は、当然の所与のように通説化されているが、修験道法度を得たことにより即座に通説的な「当山」派棟梁の地位が確立したとも言いきれないのである。(5)

「当山」派が成立する上で義演の功績が大きいのは言うまでもないが、棟梁の地位を一層確たるものにしたのは、義演の二代後に門跡となった高賢といって過言ではない。その功績に、寛文八年（一六六八）に三宝院門跡として初めて入峯しただけではなく、元禄十三年（一七〇〇）には二度目の入峯を果たしたことがある。そして従来は棟梁の判を必要としなかった「当山」派先達衆発給の補任状等に、自らの判を捺させたことにも注目すべきである。(6) また高賢の在世中には、江戸青山に三宝院門跡修験道役所の鳳閣寺が設置され、祖師聖霊から歴代三宝院門跡に継がれてきたとする修験道法流恵印流も創始された。(7)

このように、元禄年間頃までに三宝院門跡が「当山」派や修験道に対する影響力を飛躍的に高めたことが窺われるが、その一端を窺わせる事柄に、幕府による吉野の鉱山開発への対応が挙げられる。そもそも大峯山脈に連なる金峯山が、金山として古くから期待されていたことは夙に指摘されている。(8) とはいえ、大峯が修験道場であることから鉱山開発の対象外とされてきたことも「既聖武帝之御宇ニ大佛御造営節、北山之金ほり被成度　勅諚候得共、大峯之儀者、他山各別之由緒有之ニ付、御停止被遊候御事、古傳旧記等ニもあまた書置申儀ニ御座候」（「醍醐寺史料」五一函一号一番、寛文九年〈一六六九〉六月十九円「源慶・村信連署申状写」、以下「醍醐寺史料」[9]は「醍」と表記する）との一文から知られる。

近世吉野における鉱山開発の先学の成果を繙いてみると、住民の反対運動や公害史等の観点から取り上げられている。[10]しかしそれだけでは、修験道場を擁する吉野の問題を説明しきれないのではなかろうか。そこで本稿では元禄年間の鉱山開発に注目しつつ、同時期に起こっていた修験道を取り巻く問題とも併せて門跡の行場管理の一端を考えたい。

なお、吉野は国軸山金峯山寺に限定する呼称として使用される場合もあるが、本稿では広域的に吉野郡を指している。また門跡の語句の意義は多様であり、個々の院主を指す用法の他、法人としての門跡を指すことがある。[11]本稿では三宝院門跡の語句に関して個人名を特に併記しない限り、法人としての門跡を表すことを予めことわっておきたい。

一、吉野の鉱山開発と門跡の対応

近世大和国は幕府領であり、老中管轄下の奈良奉行と勘定奉行管轄下の奈良代官が置かれ、吉野郡は奈良代官の支配を受けていた。[12]後述の通り、鉱山開発に関連する事柄については幕府方として奈良代官以下が三宝院門跡との交渉にあたっている。幕府方が開発許可を吟味する際に門跡の意向を伺ったことは、後掲「大峯山麓金銀問堀御断指上控」という史料の存在や、「和州吉野郡之内、所々ニかな山有之間、従　公儀御掘せ候之様ニ被仰付候而も、障儀者無御座候哉」（「醍」五一函三号四番、〈元禄二年〉十一月九日「竹村八郎兵衛書状」）などの記述から恒例だったことが判る。なお、三宝院門跡と幕府方との交渉に関する情報は、聖護院門跡と共有され、認識を一にしていたようである。それを示すように「和州吉野郡銅山願之日次記」（「醍」五一函四号、以下「日次記」）には、三宝院門跡方が聖護院門跡役人菊坊と奈良代官役人とのやりとりについて連絡しているのが確認される（元禄十三年十二月十日・十二日）。

さて、三宝院門跡に寄せられた鉱山開発願をまとめた「大峯山麓金銀問堀御断指上控」（「醍」五一函九号）[13]には、元和年間（一六一五～一六二四）から享保十五年（一七三〇）までの例が記されているが、特に元禄年間に集中している[14]。鉱山開発の歴史を概観すると次の通りである。江戸前期から中期にかけて石見や佐渡といった幕府領鉱山における生産量の低下があった。十八世紀初頭には鉱物資源確保の必要性から小規模鉱山の開発が行われ、元禄八年（一六九五）には幕府から諸国で金銀銅山の開発を奨励する触書が発せられた[15]。ちなみに奈良代官方の言によれば、元禄十三年時点での「御用銅不足」は「八百万斤」に上っていたという（「日次記」）。つまり元禄年間は幕府による鉱山開発が進められた時期であり、これが吉野における開発願の増加に影響していることが窺われる。

そうした背景の中で、元禄年間には幕府方に寄せられた鉱山開発願が三宝院門跡へ頻繁に持ち込まれた。これについて、三宝院門跡方と幕府方以下世俗との交渉を具に見られる史料に、「日次記」がある。その内容は元禄十三年から十四年にかけてと、同十五年の開発願に関連している。これに従って、鉱山開発への門跡の対応を他年の例も参考にしつつ辿りたい。

「日次記」は、元禄十三年十月廿三日に京銀座の願人吉右衛門が三宝院門跡へ参上した記述から始まる。この際に吉右衛門は、吉野の鉱山開発について奈良代官である辻弥左衛門下の松木江蔵が門跡を訪れることを伝えた。松木の来訪の目的は、鉱山開発の実施を吟味するよう門跡に願うことであった。

さて、この時に開発の対象となったのは吉野の紫園村（現奈良県吉野郡野迫川村）であった（次頁鉱山開発対象地略図）。当地は願人から「此度御願申上候場所ハ、吉野郡之内紫薗村と申所ニ而、大峯山ゟ道法拾六里御座候由」（「日次記」元禄十三年十月廿三日）とあるように、大峯から十六里離れている場所と説明されている。峯数でいえば「凡六拾峯計モ隔ッ」る場所であった（「醍」五一函五三号一番「大峯村近郷村々絵図」）。

前にも触れたように、幕府は修験道場の大峯を鉱山開発の対象外と認知していたが、寛文九年（一六六九）には川上村高原の地が採り上げられた。「修験之秘所・なびき《靡》の内」である高原は、「殊ニ毎年生長仕候草木さへ、天下国家之御祈禱所ニ候故、御停止被成候名山ニ而候」（前掲「源慶・村信連署申状写」）とあるように、草木の伐採さえも禁じられた場であった。結局のところ、大峯は修行所であるとの理由から、「向後大峯山ニ而金銀銅問堀之儀者、永代御停止候間、御心安可被思召」という幕府の言質を得た（「醍」五一函二九号二番「鳳閣寺口上書写等」）。

それにも関わらず、以後も大峯近辺の地は開発の対象となった（前掲図）。例えば元禄二年（一六八九）には、「吉野郡高原村　同郡十二村之内池津川村　同郡同断紫園村　同郡十津川之内樫原村　同郡北山之内小瀬村右之外ニも数ヶ所かな山御座候由申候、右四ヶ所、先者能山之様ニ風聞申候」（「醍」五一函三号六番「萱谷甚右衛門書状」）と、吉野の各地を潜在的な鉱山として高く評価している（鉱山開発対象地略図）。また元禄四年（一六九一）には、「大峯山之内、高原・天ヶ瀬・樫原・紫薗、此四ヶ所銀山之儀、先年ゟ銀掘共相願候由ニ御座候」（「醍」五一函三号二番、元禄四年三月「聖護院殿坊官連署口上書写」[16]）と四ヶ所が開発の俎上に載せられた。聖護院門跡はこのうち「高原・天ヶ瀬・樫原ハ大峯御祈禱所近辺」として、そして「紫薗村之儀ハ少々程隔」ているが、掘り入る範囲が不明で大峯まで損害の恐れがあることを理由に断っている。

しかし元禄十三年、再び紫薗の開発が願われた。ここに鉱山としての当所に対する期待が窺われるが、三宝院門跡は次のように開発に強く反対した。

鉱山開発対象地略図

※ ▭ 内の地名は史料の表記に拠る。−・− は大峯修行路を概略的に表している。
なお参考のため、現行の市町村名を付してある。

吉野郡一郡ハ遠近にかきらす、大峯山之麓ニ而候由、然者金峯山之黄金掘出候儀、冥慮不相叶事と上古ゟ申傳候、第一大峯山ハ天下御安全之御祈禱所ニ而御座候処、其麓掘穿候儀、弥以冥慮難計思召、御断被仰入候、（「日次記」元禄十三年十一月廿九日）

ここでは、吉野全域が「大峯山之麓」であり、聖地大峯に連なる地と位置づけられている。その見方は、「大峯山者内道場、吉野山者外道場と立来■候得者、吉野一郡之儀者、御行所ゟ十里廿里相隔候共、山道之事故、失道ニ仕候得者、御行所近所之事故、御断被　仰立候事」（「大峯山麓金銀問堀御断指上控」、元禄十一年の例）といった認識を根拠としているのではないか。このように吉野全体を大峯と同等の霊場にみることは、「吉野郡之義、大峯同事之霊場ニ而、往古行所等も所々ニ致散在候由候得共、及退転其所不分明」（「日次記」元禄十三年十二月十日）とも明記されている。そして例年、大峯の小篠宿では禁裏や将軍の大護摩祈禱が執行されており、寛文八年に三宝院門跡が初めて入峯した折には、門跡が導師を勤めている（「醍」四一函三号三番「高賢御入峯雑集三」）。いわば大峯は文字通りの「天下御安全之御祈禱所」なのであった。ここに見られる様に、吉野総体が「天下御安全之御祈禱所」たる大峯と不可分の霊場であるが故、三宝院門跡方は紫薗の開掘を「冥慮」に叶わぬものとして開発を拒否したのである。

さらに具体的に、土地の開拓による弊害も挙げられている。「大峯麓方々ニ修験秘密之行所有之事御座処《間》、若堀申儀相調候得《時》者、何方ニ而も、他所ゟ数人猥入込、浄穢わか《(分)》たす誹謗仕事ニ御座候故、天下之御祈禱所穢敷罷成申段」（「醍」五一函二号一番、元禄二年十一月廿三日「三宝院門跡内北村監物等連署口上書」）との記述からは、「浄穢」に関わらず多くの人間が入り込むことで吉野の清浄性が損なわれ、「穢敷」なると考えられたことが判る。

このように三宝院門跡は吉野の鉱山開発に反対したのであるが、「日次記」を見る限りでは、ここに「当山」派先達衆が深く関与したようには見受けられない。寛永二年（一六二五）までに見られる例からは、峯中修行や修験道の根幹に纏わる事柄について、先達衆が積極的に「当山」派運営に関わったことが指摘される。(17) しかし「日次記」にみる鉱山開発において先達衆の動きが史料上から確認できるのは、当時の銅不足という社会状況を考慮する形で、三宝院門跡が「当山」派先達に「神慮」を窺う峯中小篠での祈禱を申しつけたことと（「日次記」元禄十三年十一月廿九日）(18)、この問題について醍醐寺成身院で一度先達衆による会合が開かれた程度であった（「日次記」十一月）。これから察するに、「当山」派の行場管理は三宝院門跡の主導により行われていたようである。すなわち元禄年間の三宝院門跡には、修験道教団の棟梁としての知識や、その根拠となる前例が蓄積されており、統率力を強めていたことが再確認されるのである。

二、世俗の反応

吉野の鉱山開発が住民反対運動や公害の側面から語られてきたことは先に触れたとおりであるが、世俗による開発反対の論理は如何に展開されたのであろうか。史料的制約はあるが、本章で、可能な限り追うことにしたい。

「大峯御祈禱所近辺」（前掲「聖護院殿坊官連署口上書写」）である樫原村内「くきの谷」での鉱山開発について、住民の反対を物語る史料が残されている（『十津川宝蔵文書』二一[19]、「かな山開発反対陳情書」）。これが記された宝永二年（一七〇五）から四十余年遡る寛文三年（一六六三）の試掘では地域住民の利益はなく、「銅之煙ニ而立毛実入不申候」、「栃之実・樫之実ヲ百姓之飯米ニ専仕候処ニ、栃・樫之木を伐、大分炭ニ焼申候故、百姓之飯米乏敷相成、ひしと迷惑仕候」、「葛・蕨も右同前ニ少ク罷成候」、「銅之煙ニ而柿・栗・栢等之実大分落申候」、「かな山仕候間ハ鮎一円無御座候」、「あぶれ者共入込申」といった損害を被った。そのため、住民が当時の奈良代官小野喜左衛門へこれらを申上して試掘は停止したという。さらに元禄四年、奈良代官竹村八郎兵衛が樫原に「かな山御見分」に訪れた際にも、これらの「迷惑」を訴えたため開山に至らなかった（「かな山開発反対陳情書」）。また、後世の例ではあるが、元文四年（一七三九）に北山の小瀬村・栃本村・川合村・白川村の住民らが鉱山開発に反対した理由も「かね汁」・「銅煙」

による環境汚染から生じる木材や食物の汚染、洪水の危険などであった（白川区有文書、元文四年十一月「乍恐口上書を以奉言上候」[20]）。

また多くはないが、大峯の宗教的側面に触れての反対も見ることができる。とは言うものの、「先達も書上申候大峯山江掘入候得者、貴キ御山咎不時之洪水抔仕、諸作実生不申、木ノ実も出来不申、百姓難儀可仕故差構ニ罷成申候」（寛保二年〈一七四二〉「吉野郡北山郷下組九ヶ村并白川村川合村之者共申□」[21]）とあり、洪水や収穫の減少の可能性を裏付けるため修験者の言を借りるに留まっている。このように、北山各村や樫原のように大峯山や修行場に程近い地での反対さえ、より生業に密着した観点を中心に行われるのみであった。

後世の例であるが、前章でも触れた紫薗の住民の認識も窺える。紫園村はじめ中津川村・池津川村・立里村からなる川波組では「尤聖護院宮様・三宝院宮様大峯御行場続ニ付、彼是御両所様ゟ故障御申立被成候趣承候得共、大峯山江は道法拾五六里程有之、大川相隔罷在候故山続并御行場続ニ而は無御座候処、何故両御宮様ゟ彼是御申立有之候哉相分不申候」[22]（北殿区長保管黒箱文書、天保六年〈一八三五〉「乍恐御尋〈ニ〉付以書付奉申上候」）と、修験道教団の棟梁である両門跡が、大峯から遠く、行場続きでもない紫薗の鉱山開発に反対したことに困惑すら見せている。さらに住民は「右山稼等之儀は所潤ニも可相成候儀ニ付、万一此上開掘被仰付候儀ニ候ハハ、郷中百姓共を召遣候様、銀主共江被仰付被下置候様仕度奉存候」（同前）とあるように、鉱山の開発や操業に伴う収入の向上に期待すら抱いていた。

以上のようにみると、世俗と修験者側との間には大峯という地に対する認識の相違があったことが判る。幕府をはじめ、鉱山開発の願人は行場の中核たる大峯山を「各別」の霊場と位置づけて開発の対象外としてきたが、それ以外の場所は例外と捉えた。故に、幕府は大峯の外殻である吉野の鉱山開発を進めようとしたのである。そして住民も大峯からの距離を意識しつつも、自らの生業を守る立場から開発反対の論理を展開するに留まっており、中には開発を望む声すらあった。

一方、前章で確認した通り三宝院門跡は大峯を内道場、これを取り巻く吉野を外道場とみなして吉野郡全域を聖地と位置づけた。言い換えれば、吉野を大峯の行場を中核とした不離一体の霊場と捉えていたのである。だからこそ門跡は「天下之御祈禱所」の清浄性を保持するため、吉野における鉱山開発の反対に努めた。故に、幕府も領内のことはいえ、聖俗両界の反対や門跡の意向を看過して随意に開発を進めることはできなかったのである。

三、元禄における修験道の揺らぎ

元禄年間の銅不足は深刻なものであり、幕府としてその解消は急務であった。しかし吉野の鉱山開発の実現は行場を毀損させる可能性が高く、修験道の存続を左右しかねないものであったと言い換えられよう。すなわち三宝院門跡をはじめ修験者は、修験道存続のために是が非でも鉱山開発を回避せねばならなかったことは言うまでもない。ただ、当該期において修験道の存続に影響を及ぼした問題は鉱山開発だけではなかったことに目を向けたい。

明暦元年（一六五五）、吉野山内の宗林という者が参詣者を猥りに大峯に引き入れるという事態が起こった。「当山」派先達は、これを「宗林引手仕、摂津国之者両人為致入峯申候、ケ様之作法、大峯之古法には堅法度之義に御座候、（中略）急度御吟味被成被仰付可被下候、無左候へは大峯之作法相立不申事に御座候」（喜蔵院所蔵「当山先達盛雅書状(23)」）と非難した。ここでは、先達以外の引率による入峯は「大峯之古法」で堅く禁じられていることであり、このまま放置されれば「大峯之作法」が成り立たないと糾弾した。なお以下でも度々触れられる「古法」については、管見の限りそれに概当する史料を見ることはできないが、旧来より継承されてきた大峯入峯の作法や慣習と解釈しておいてよかろう。いずれにしても、「大峯之古法」を無視した宗林の行為は先達の存在意義や、先達によって継承されてきた修験道の在り方を否定するに等しいものであった。

しかし「大峯之古法」を乱す同様の行為は宗林のみによるものではなかったことが、奈良代官の五味藤九郎が三宝院門跡方に出した書状から読み取れる。

大峯山上参詣之儀、先規者六月六日・七日両日ニ限申候処、近年猥ニ罷成候、就夫吉野満山并山下之在々所々、右両日之外、参詣仕諸人堅留候様ニ可申付旨、御門主仰之由、奉承御意之趣候（後略）

（「醍」四一函四一号、元禄二年〈一六八九〉「五味藤九郎書状」）

ここでは、先規により六月六・七日と限られていた大峯山上への参詣が、猥りに行われていたことが判る。この時に三宝院門跡は吉野山内や周辺の地域に規定に従わぬ参詣者を「留」めるよう命ずるといった対応をとったようだ。しかし問題は収束せず、元禄七年には参詣の乱れを制止し難かったことが、「山上参詣之事、内々遂吟味候通、古法ハ六月六日・七日之両日ニ候得共、近年仰信之諸人多集、難制止候」（前坊家所蔵「旧書類写　第壱番(24)」）と記されている。さらに元禄九年には、上醍醐(25)の寛春が花供・逆峯修行以外の時期に「押而入峯仕」り大峯小篠に参籠したことで、「当山」派先達衆へ詫状を認めているが（「松尾寺文書」一六一「花供逆峯之外小篠へ参候ニ付詫状」）、これも「古法」を乱す行為と捉えられよう。

ここに見られるように、江戸前期から中期にかけて大峯参詣が盛んに行われ、山上には多くの信者が集ったが、それは「古法」が破られるという弊害も招いた。しかも「古法」を犯した者は、本来であれば「大峯之古法」に精通し、なおかつその遵守に努めねばならない吉野山内の者や上醍醐の行者であった。それだけに「大峯之古法」に則して入峯し教団として存続してきた「当山」派が、こうした秩序の乱れを憂慮していたことは間違いない。そこでこうした問題を「当山」派先達は厳しく追求し、門跡もこれを把握して猥りなる参詣を「堅留」るなど、この事態に対応した。

ところでこれとさほど違わない時期、「当山」派による行場の整備が行われた。元禄十三年、高賢が二度目の入峯を遂げたが、これは同十一年十二月、「当山」派先達から願われたことから始まる。その経緯は次のようなものであった。

和州吉野郡大峯山小篠諸伽藍者、当山方支配所之内ニ候處、役行者堂・聖宝堂及大破候故、当山諸先達中　公儀江御断申上、近年諸国催勧化、右之以助力、伽藍修覆漸成就有之ニ付、来辰年逆峯之砌、大御門主小篠迄御入峯被成、右両堂入仏供養御執行被遊可被下之旨、諸先達中ゟ願有之、

（「醍」四一函二五号「大峯小篠伽藍就入佛供養初中終之覚」元禄十一年十二月朔日）

大峯山中の小篠は「当山方支配所之内」であり、役行者堂・聖宝堂が建立されていた。特に聖宝堂には、寛文八年に三宝院門跡が初めて入峯した時以来、「当山」派祖の聖宝像が安置されていたが（「醍」四一函三号三番「高賢御入峯雑集三」）、元禄に至った頃には「大破」の状態にあった。そのため「当山」派先達衆により数年間勧化が催され、漸く堂舎が修復されたので三宝院門跡に入仏供養の入峯が願われたのである。本来であれば、この入峯は新門跡房演が執行すべきところであったが、先達衆は高賢による入峯を望んだ。その理由は、「新御門跡様御入峯、御一代之内壱度、天下御安全為御祈禱、御入峯可被遊御事ニ御座候得者、此度供養之儀、奉願候而者、天下之為御祈禱、御入峯被遊

候儀、右之次ニ罷成候故、其段恐入遠慮仕」（「大峯小篠伽藍就入仏供養初中終之覚」元禄十一年十二月三日）と、入仏供養と天下安全の祈禱とを同時に行うことを先達衆が避けたためであった。

なお、堂舎の破損は既に元禄四年の時点で「大峯諸堂及大破候得共、少々之修理さへ難成候故、今度国々江諸堂再興之奉加仕度奉存候御事」（「松尾寺文書」一四八、元禄四年八月十二日「雑用支払等之儀ニ付諸先達中願書写」）とあるように、既に看過できぬ有様であったと思われる。つまり小篠の両堂の修復に向けた作業が開始されたのは、先に触れた山上参詣者の増加による「大峯之古法」の乱れや、吉野の鉱山開発願が頻出した時期と重複していたと考えてよかろう。つまり「当山」派は、本章で述べてきたような修験道が直面していた問題を強く意識し、これを克服する一つの手段として堂舎の整備を目指したのではなかろうか。

なお、堂舎修復の勧化や門跡の入峯を行うにあたっては、伝奏を通じて幕府方へ申請されている（「大峯小篠伽藍就入仏供養初中終之覚」元禄十二年四月二十五日）。つまり門跡入峯に至る過程で、修験道における大峯の重要性や、その場をとりまく吉野の意義も充分伝わるであろうことは想像に難くない。

管見の限り、元禄十三年の入峯と鉱山開発の拒否とを直接結びつける史料を見ることはできない。しかし既に確認した通り、度重なる鉱山開発願を拒否するにあたっては、吉野が「天下御安全之御祈禱所」と不離一体の霊場であることが重要な拠りどころとなっていた。故に「天下御安全之御祈禱所」大峯の整備や、祈禱を懃仕する三宝院門跡自身の入峯は、頻繁に寄せられた鉱山開発の願いを退けることにも有効に作用したのではなかろうか。

おわりに

以上、本稿では元禄年間における吉野の鉱山開発を中心に、三宝院門跡による行場管理の一端を示した。江戸時代における幕府を頂点とした中央集権体制下においては、宗教的権威は世俗権威の統制下におかれてきたことは言を俟たない。そのような社会的状況下で取り沙汰されてきた吉野の鉱山開発は、幕府が抱えていた鉱山資源不足という問題を解決し得るものであったが、結局は本格的な開発や操業には至らなかった。

幕府による鉱山開発は、大峯の清浄性の保持、ひいては修験道そのものの存続さえ覆しかねない問題であった。そこで門跡が「天下之御祈禱所」たる大峯と一体である吉野の性格を強調した結果、社会的に重要な課題を克服するよりも、その清浄性を守ることが優先されたのである。つまり世俗権威をもってしても、門跡の行場管理は無碍に侵すことのできぬものなのであった。そこに霊場としての吉野の特性と近世社会における修験道の重要性が垣間見られよう。そして近世の門跡による堅固な行場管理が、吉野から大峯、熊野にかかる広大な地が霊場として現代に継承される素地となっていることに間違いはなかろう。

以下、紙数の関係から表面的な事例の紹介に留まり、多くの課題を残してしまったが、今後一層掘り下げていきたい。

註

（1）宮家準氏「教派修験の成立と展開」（『修験道組織の研究』春秋社、一九九九年）、鈴木昭英氏「当山派先達衆と醍醐寺三宝院」（修験道歴史民俗論集1『修験教団の形成と展開』法蔵館、二〇〇三年）、拙著『修験道教団成立史―当山派を通して―』（勉誠出版、二〇〇九年）など。

（2）前掲拙著『修験道教団成立史』。

（3）当山・本山派を各別として相互に混乱なきように申しつけるもの、本山派から真言宗修験者に役銭を賦課することを禁じたものとが、慶長十八年五月二十一日に大御所の徳川家康から、同年六月六日に幕府将軍の徳川秀忠から下されている（「醍」四〇函四号「徳川家康判物写」、同三七函一号「徳川家康判物」、同三七函二・三号「徳川秀忠判物」）。その制定の過程については、前掲拙著「「当山」派成立と修験道法度制定」を参照されたい。なお、ここでは便宜的にこれらの判物を総称して修験道法度とした。

（4）「醍」六八九函八七号「三宝院門跡高演入峯行列図」（醍醐寺霊宝館名品解説Ⅱ『修験道と醍醐寺―山に祈り、里に祈る―』所収）には、文化元年（一八〇四）の三宝院門跡高演による入峯行列が描かれている。行列には当山派先達衆、三宝院坊官や寺内諸院家の院主、そして諸国の当山派修験者が従っているのが見て取れる。

（5）拙稿「三宝院門跡と「修験道之管領」」（永村眞編『醍醐寺の歴史と文化財』勉誠出版、二〇一一年）。

（6）「舒明天皇・役行者・三宝院先門高賢、右御三判押之次、（後略）」（「松尾寺文書」九四八「似せ補任状ニ付三宝院門跡使僧口上覚写」）。また「（前略）右之補任者、舒明天皇・役行者・三宝院御門跡御三判、大宿・二宿・三宿実名之上ニ奉押之」（「松尾寺文書」一二九「公儀御尋ニ付品川寺差上候由緒書」）。

（7）註1宮家準氏「教派修験の成立と展開」、鈴木昭英氏「当山派先達衆と醍醐寺三宝院」。

（8）和歌森太郎氏「修験道の由来」（『修験道史研究』、初出は一九四二年、本稿では一九七二年刊の東洋文庫版を参照した）。宮家準氏「吉野山と修験道」（『大峰修験道の研究』佼成出版社、一九八八年）。

（9）京都府京都市の総本山醍醐寺には、およそ一〇万点に及ぶ史料が伝存されており、このうち六万九三七八点が「醍醐寺文書聖教」として、平成二十五年六月十九日に国宝に指定された。本稿で用いさせていただいた同寺の伝存史料には国宝に指定されていない分を含む。そのため本稿では当該史料群を「醍醐寺史料」と表しておきたい。
(10) 安藤精一氏『近世公害史の研究』「近世近畿地方の公害」（吉川弘文館、一九九二年）、後呂忠一氏「近世大和国北山郷の銅山開掘反対運動」（『東大寺学園中学校・高等学校研究紀要』六、一九九四年）などがある。
(11) 永村眞氏「「門跡」と門跡」（大隅和雄編『中世の仏教と社会』吉川弘文館、二〇〇〇年）。
(12) 近世における大和国支配については、杣田善雄氏『幕藩権力と寺院・門跡』（思文閣、二〇〇三年）、大宮守友氏『近世の畿内と奈良奉行』（清文堂出版、二〇〇九年）等に詳しい。なお、元禄十四年に寺社奉行から条々が出されるなど、近世中期には吉野一山の支配に奈良奉行所と奈良代官が介入したことが指摘されている（宮家準氏「金峯山の一山組織」『修験道組織の研究』春秋社、一九九九年）。
(13) 「醍」五一函には、主に鉱山開発に関連した史料が収められている（総本山醍醐寺編『醍醐寺叢書目録編　醍醐寺文書聖教目録』第三巻）。当該函内を概観するだけでも、天明四年（一七八四）（一四号「大峯山正先達衆披露状案」など）、天明六年（一七八六）（二九号一番「銅山問堀記」など）、文化六年（一八〇九）（三四号一七―一番「吉野郡紫薗村問堀願一件」）、文政二年（一八一九）（三五号七番「銅山問堀一件写」等）、文政七年（一八二四）（三七号「銅山問堀一件写」等）、天保六年（一八三五）（四二号一番「銅山問堀一件写」）などを確認することができる。
(14) これには、元和年中、寛文四・九年、貞享四年、元禄二・四（当年中に三度）・十・十一・十三年、宝永四年、享保二・五・十五年の例が記されている。
(15) 原田洋一郎氏『近世日本における鉱物資源開発の展開―その地域的背景―』（古今書院、二〇一一年）。
(16) 「醍」五一函三号三番「三宝院内坊官連署口上書写」（元禄四年三月十四日）は、これとほぼ内容を同じくしている書状である。
(17) 前掲拙稿「三宝院門跡と「修験道之管領」」。
(18) この結果は「日次記」で物語られないが、二年後に再度紫薗の開発が三宝院門跡に願われているため、元禄十三年の開発は実現しなかったと理解できる。
(19) 『十津川宝蔵文書』（中南芳春氏、一九八六年）所収。

(20)『上北山村文化叢書（2）上北山の歴史』一五八頁所収。
(21)本稿では原本閲覧の機会を得なかったため、註9後呂忠一氏「近世大和国北山郷の銅山開掘反対運動」に掲げられた翻刻史料に従わせていただいた。
(22)奈良県教育委員会編『奈良県文化財調査報告書第十八集　野迫川村民俗資料緊急調査報告書』第十四章所収。
(23)首藤善樹編『金峯山寺史料集成』第三部古文書、一八七。
(24)元興寺文化財研究所編『吉野山修験道関係資料調査報告書：日本自転車振興会補助事業による』（一九八三年）所収。
(25)醍醐寺は醍醐山麓の伽藍を下醍醐、山上の伽藍を上醍醐と区別しており、それぞれ寺僧集団が存在していた。中世以来、醍醐寺内の修験者の多くが上醍醐に止住していた。また上醍醐は寺内における修験道の道場でもあったことが絵図からも知ることができる（「醍」六四九函八号「上醍醐寺総絵図」）。上醍醐の修験者については前掲拙著「上醍醐寺と修験道」を参照されたい。

【付記】史料閲覧にあたり、醍醐寺三宝院門跡仲田順和猊下、長瀬福男氏をはじめ御寺当局の方々に御高配賜った。また本稿執筆にあたり、日本女子大学藤井雅子氏には大変お世話になった。ここに記し、篤く御礼申し上げたい。

【初出一覧】

総　論

西　弥生「中世の醍醐寺」（新稿）

第一部　関東と醍醐寺

Ⅰ　石田浩子「醍醐寺地蔵院親玄の関東下向—鎌倉幕府勤仕僧をめぐる一考察—」（『ヒストリア』第一九〇号、二〇〇四年）

Ⅱ　永村　眞「醍醐寺報恩院と走湯山密厳院」（『静岡県史研究』第六号、静岡県立中央図書館歴史文化情報センター、一九九〇年）

Ⅲ　中島丈晴「中世における関東醍醐寺領の基礎的考察」（『ヒストリア』第二〇四号、二〇〇七年）

第二部　武家祈禱の展開

Ⅰ　橘　悠太「南北朝期における醍醐寺三宝院光済と室町幕府」（『日本史研究』第六二六号、二〇一四年）

Ⅱ　小池勝也「南北朝末期の醍醐寺三宝院院主と理性院院主—宗助の座主就任の背景—」（『日本歴史』第八一三号、二〇一六年）

Ⅲ　石田　出「十五～十六世紀前半における室町幕府祈禱体制—醍醐寺三宝院の動向を中心に—」（『学習院史学』第五三号、二〇一五年）

第三部　院家と法流

Ⅰ　藤井雅子「三宝院門跡と門徒―主に室町時代を中心に―」（『日本女子大学文学部紀要』第六五号、二〇一六年）

Ⅱ　佐藤亜莉華「三宝院門跡満済と報恩院隆源―法流相承をめぐって―」（『史艸』第五七号、二〇一六年）

Ⅲ　伴瀬明美「室町期の醍醐寺地蔵院―善乗院聖通の生涯を通して―（『東京大学史料編纂所研究紀要』第二六号、二〇一六年）

第四部　教線の拡大

Ⅰ　高橋慎一朗「醍醐寺と慈恩寺」（『西村山地域史の研究』第三三号、二〇一五年）

Ⅱ　室山　孝「中世後期加賀国那谷寺の動向―本泉坊事件と醍醐寺金剛王院門跡の下向を中心に―」（『加南地方史研究』第六三号、二〇一六年）

Ⅲ　関口真規子「当山派と吉野―棟梁三宝院門跡の行場管理から―」（『山岳修験』第五二号、二〇一三年）

【執筆者一覧】

総論

西　弥生　別掲

第一部

石田浩子　一九七五年生。現在、公益財団法人三康文化研究所附属三康図書館図書係。
永村　眞　一九四八年生。現在、日本女子大学名誉教授。
中島丈晴　一九七三年生。現在、目黒区めぐろ歴史資料館研究員。

第二部

橘　悠太　一九八八年生。現在、関西大学東西学術研究所準研究員。
小池勝也　一九八七年生。現在、日本学術振興会特別研究員ＰＤ。
石田　出　一九八五年生。現在、戎光祥出版株式会社勤務。

第三部

藤井雅子　一九七〇年生。現在、日本女子大学文学部准教授。
佐藤亜莉華　一九九三年生。現在、日本女子大学文学研究科史学専攻博士後期課程在学。

伴瀬明美　一九六七年生。現在、東京大学史料編纂所准教授。

第四部

高橋慎一朗　一九六四年生。現在、東京大学史料編纂所教授。
室山　孝　一九四八年生。現在、石川県立図書館加能史料調査委員・新修小松市史編集委員。
関口真規子　一九七四年生。現在、埼玉県立文書館公文書担当主任学芸員。

【編著者紹介】

西　弥生（にし・やよい）

1977 年生まれ。慶應義塾大学文学部卒。日本女子大学大学院文学研究科博士課程後期修了。現在、種智院大学人文学部仏教学科講師。
主な業績に、『中世密教寺院と修法』（勉誠出版、2008 年）、「東寺一門像の形成過程―「東要記」を中心に―」（『日本歴史』第 833 号、2017 年）、「弘法大師伝を語る媒体―絵巻・版本・曼荼羅に注目して―」（『史学』第 87 巻第 3 号、2018 年）などがある。

シリーズ装丁：川本　要

シリーズ・中世の寺社と武士　第一巻

醍醐寺《だいごじ》

二〇一八年六月八日　初版初刷発行

編著者　西　弥生

発行者　伊藤光祥

発行所　戎光祥出版株式会社
東京都千代田区麹町一-七
相互半蔵門ビル八階
電　話　〇三-五二七五-三三六一㈹
ＦＡＸ　〇三-五二七五-三三六五

編集協力　株式会社イズシエ・コーポレーション

印刷・製本　モリモト印刷株式会社

ISBN978-4-86403-292-6